여러분의 합격을 응원하는
해커스공무원  혜택!

KB093670

FREE
공무원 국어 특강

해커스공무원(gosi.Hackers.com) 접속 후 로그인 ▶ 상단의 [무료강좌] 클릭 ▶ [교재 무료특강] 클릭 후 이용

온라인 단과강의 20% 할인쿠폰

42B6F543FF83ADDH

해커스공무원(gosi.Hackers.com) 접속 후 로그인 ▶ 상단의 [나의강의실] 클릭 ▶ 좌측의 [쿠폰등록] 클릭 ▶ 쿠폰번호 입력 후 이용

* 쿠폰 등록 후 7일간 사용 가능(ID당 1회에 한해 등록 가능)

합격예측 모의고사 응시권 + 해설강의 수강권

78293828ED8D7C8C

해커스공무원(gosi.Hackers.com) 접속 후 로그인 ▶ 상단의 [나의강의실] 클릭 ▶ 좌측의 [쿠폰등록] 클릭 ▶ 쿠폰번호 입력 후 이용

* 쿠폰 등록 후 1년 내 사용 가능(ID당 1회에 한해 등록 가능)

해커스 매일국어 어플 이용권

0149FZ3RE701I6R8

구글플레이/앱스토어에서 [해커스 매일국어] 검색 ▶ 어플 다운로드 ▶ 어플 이용 시 노출되는 쿠폰 입력란에 쿠폰번호 입력 후 사용

* 등록 후 1년간 사용 가능(ID당 1회에 한해 등록 가능)
* 해당 자료는 [해커스공무원 국어 기본서] 교재 내용으로 제공되는 자료로, 공무원 시험 대비에 도움이 되는 유용한 자료입니다.

쿠폰 이용 관련 문의 **1588-4055**

단기 합격을 위한
해커스공무원 커리큘럼

입문
탄탄한 기본기와 핵심 개념 완성!
누구나 이해하기 쉬운 개념 설명과 풍부한 예시로 부담없이 쌩기초 다지기

TIP 베이스가 있다면 **기본 단계**부터!

▼

기본+심화
필수 개념 학습으로 이론 완성!
반드시 알아야 할 기본 개념과 문제풀이 전략을 학습하고
심화 개념 학습으로 고득점을 위한 응용력 다지기

▼

기출+예상 문제풀이
문제풀이로 집중 학습하고 실력 업그레이드!
기출문제의 유형과 출제 의도를 이해하고 최신 출제 경향을 반영한
예상문제를 풀어보며 본인의 취약영역을 파악 및 보완하기

▼

동형문제풀이
동형모의고사로 실전력 강화!
실제 시험과 같은 형태의 실전모의고사를 풀어보며 실전감각 극대화

▼

최종 마무리
시험 직전 실전 시뮬레이션!
각 과목별 시험에 출제되는 내용들을 최종 점검하며 실전 완성

PASS

단계별 교재 확인 및
수강신청은 여기서!

gosi.Hackers.com

* 커리큘럼 및 세부 일정은 상이할 수 있으며,
자세한 사항은 해커스공무원 사이트에서 확인하세요.

해커스공무원

국어

문학 333 Vol.1

해커스공무원

해커스공무원
gosi.Hackers.com

"매일 문학 문제를 풀고 싶은데 풀 만한 교재가 없네."

"꼭 알아야 하는 필수 작품을 완벽하게 마스터하고 싶어."

"잘 모르는 작품이 나오면 머리가 하얘져."

해커스가 자신 있게 만들었습니다.

매일 문제를 풀면서 다양한 작품을 익히고 싶지만 풀 만한 문학 교재가 없어 갈증을 느꼈던 수험생 여러분을 위해 30일 동안 문학 영역을 집중적으로 연습할 수 있는 교재를 만들었습니다.

『해커스공무원 국어 문학 333 Vol. 1』으로
하루 30분씩 30일 동안 300문제를 풀어 보며 문학 실력을 완성할 수 있습니다.

공무원 시험에 꾸준히 출제되었던 빈출 작품과, 시험장에서 마주치면 우리를 당황하게 만드는 낯선 작품까지 모두 모아 한 권에 담았습니다. 문제풀이를 통해 매일 한 작품씩 익히면서 문학 영역을 완벽하게 대비해 보세요.

문학 자신감 향상을 위한 30일 간의 여정
해커스가 여러분과 함께 합니다.

차례

PART 1 운문 문학

약점 보완 해설집 [책 속의 책]

PART 2 산문 문학

책의 특징 및 구성

01 필수 문학 작품을 매일 한 작품씩 풀어 볼 수 있는 DAY별 구성

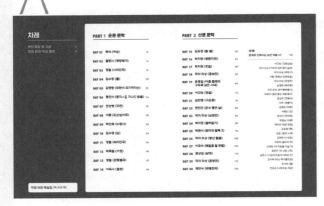

- 하루에 한 작품씩 시험에 자주 나오는 필수 문학 작품을 학습할 수 있습니다.

- DAY별로 작품당 최대 10문제까지, 시험에 출제될 가능성이 있는 모든 유형의 문제를 수록하였습니다. 핵심 포인트로 구성된 문제들을 통해 문제풀이 감을 유지하는 동시에 실전에서 어떤 문제를 만나더라도 자신 있게 풀 수 있습니다.

02 기출 이력이 없는 작품까지 완벽 대비할 수 있는 낯선 문학 작품 25

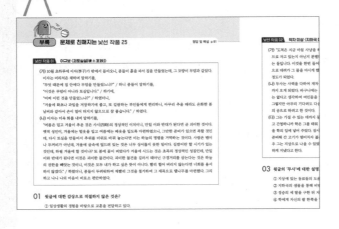

- 부록 '문제로 친해지는 낯선 작품 25'를 통해 기출 이력이 없는 작품을 접해 보고 이에 대한 문제를 풀면서 낯선 문학 작품까지 완벽하게 학습할 수 있습니다.

- 문제풀이를 통해 실전에서 낯선 작품을 접했을 때 적용할 수 있는 작품 분석 능력을 기를 수 있습니다.

03 수록된 모든 작품의 핵심 내용을 담은 작품 분석 노트

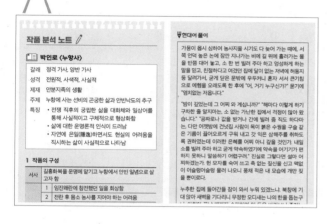

핵심 정리
작품의 배경, 주제, 특징 등 꼭 알아야 할 핵심적인 내용을 한 눈에 볼 수 있도록 정리하였습니다.

출제 포인트
작품의 주요 포인트를 분석하여 항목별로 제시하고, 이해하기 쉽게 구조화하였습니다.

현대어 풀이
고전 작품은 현대어 풀이도 함께 수록하였습니다.

04 학습 효과를 극대화하는 자세하고 풍부한 해설

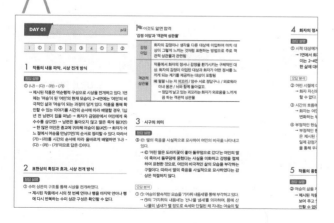

정답 설명 + 오답 분석
정답의 근거뿐만 아니라 오답의 이유까지 상세하게 설명하여 문제풀이 학습 효과를 극대화할 수 있습니다.

이것도 알면 합격
문제풀이에 필요한 문학 이론을 정리하여 깊이 있는 내용까지 심화 학습할 수 있습니다.

30일 완성 학습 플랜

매일 학습 점검표

매일 한 작품씩 풀어 본 후 맞은 개수를 기록하며 실력을 점검해 보세요.

DAY 1	DAY 2	DAY 3	DAY 4	DAY 5
여승	제망매가	사미인곡	풀	모란이 피기까지는
___ 월 ___ 일	___ 월 ___ 일	___ 월 ___ 일	___ 월 ___ 일	___ 월 ___ 일
___ 개 / 5개	___ 개 / 5개	___ 개 / 10개	___ 개 / 5개	___ 개 / 5개
DAY 6	**DAY 7**	**DAY 8**	**DAY 9**	**DAY 10**
동지ㅅ둘 기나긴 밤을	귀천	도산십이곡	누항사	눈
___ 월 ___ 일	___ 월 ___ 일	___ 월 ___ 일	___ 월 ___ 일	___ 월 ___ 일
___ 개 / 5개	___ 개 / 5개	___ 개 / 5개	___ 개 / 10개	___ 개 / 5개
DAY 11	**DAY 12**	**DAY 13**	**DAY 14**	**DAY 15**
속미인곡	가정	관동별곡	절정	봄·봄
___ 월 ___ 일	___ 월 ___ 일	___ 월 ___ 일	___ 월 ___ 일	___ 월 ___ 일
___ 개 / 10개	___ 개 / 5개	___ 개 / 10개	___ 개 / 5개	___ 개 / 10개
DAY 16	**DAY 17**	**DAY 18**	**DAY 19**	**DAY 20**
광문자전	호질	흥보전	아홉 켤레의 구두로 남은 사내	경설
___ 월 ___ 일	___ 월 ___ 일	___ 월 ___ 일	___ 월 ___ 일	___ 월 ___ 일
___ 개 / 10개	___ 개 / 10개	___ 개 / 10개	___ 개 / 10개	___ 개 / 10개
DAY 21	**DAY 22**	**DAY 23**	**DAY 24**	**DAY 25**
구운몽	운수 좋은 날	심청전	열하일기	엄마의 말뚝 2
___ 월 ___ 일	___ 월 ___ 일	___ 월 ___ 일	___ 월 ___ 일	___ 월 ___ 일
___ 개 / 10개	___ 개 / 10개	___ 개 / 10개	___ 개 / 10개	___ 개 / 10개
DAY 26	**DAY 27**	**DAY 28**	**DAY 29**	**DAY 30**
봉산 탈춤	메밀꽃 필 무렵	삼대	춘향전	태평천하
___ 월 ___ 일	___ 월 ___ 일	___ 월 ___ 일	___ 월 ___ 일	___ 월 ___ 일
___ 개 / 10개	___ 개 / 10개	___ 개 / 10개	___ 개 / 10개	___ 개 / 10개

〈문학 333 Vol. 1〉 학습 방법

유형 1 "주요 작품을 확실하게 익히고 싶어!"

STEP 1 아래와 같은 내용을 점검하며 제시된 작품을 천천히, 꼼꼼하게 정독합니다.

[운문] 이 시의 주제는 무엇인가? / 화자의 정서나 태도는 어떠한가? / 주요 시어 및 시구의 의미는 무엇인가?

[산문] 이 서사를 통해 작가가 말하고자 하는 바(주제)는 무엇인가? / 이야기의 흐름을 이해하고 있는가? / 등장인물들은 어떤 상황인가?

STEP 2 작품을 읽으면서 파악한 내용을 토대로 문제를 정확하게 풉니다.

STEP 3 해설을 보며 잘못 해석했거나 이해가 가지 않았던 부분을 확인하고 작품 분석 노트를 활용하여 작품의 핵심 내용들을 확실히 정리합니다.

STEP 4 핵심 포인트들은 밑줄을 긋거나 따로 정리해 두고 틈틈이 복습하면서 시험 직전까지 반복 학습합니다.

유형 2 "작품 분석 능력을 기르고 싶어!"

STEP 1 제목을 읽고 작품의 내용을 짐작해 봅니다.

STEP 2 '등장인물의 상황/화자의 정서 및 태도/주요 소재' 등을 파악하며 작품을 읽고, 앞뒤 맥락을 통해 전반적인 내용을 이해합니다.

STEP 3 지문 속에서 선택지의 근거를 찾아가며 문제를 풉니다.

STEP 4 정답 설명·오답 분석·이것도 알면 합격을 통해 분석한 내용과 문제풀이의 근거로 삼은 부분이 옳은지 확인합니다.

STEP 5 '작품 분석 노트'를 활용하여 작품의 핵심 내용을 키워드 중심으로 정리합니다.

유형 3 "문제풀이 스킬을 향상시키고 싶어!"

STEP 1 권장 풀이 시간을 참고하여 타이머를 맞추고 제한 시간 내에 최대한 정확하게 문제를 풀어 봅니다.

STEP 2 문제를 풀 때는 선택지의 근거를 지문에 체크하며 풉니다.

STEP 3 정답을 채점한 뒤 틀린 문제뿐 아니라 헷갈렸던 문제, 정·오답의 근거가 확실하지 않았던 문제까지 모두 표시합니다.

STEP 4 해설을 읽으면서 이해가 가지 않는 부분이 있는지 체크하고, 정·오답의 이유를 확실하게 정리합니다.

STEP 5 표시해 둔 문제는 반복 학습하며 동일한 유형의 문제를 틀리지 않도록 주의합니다.

해커스공무원
국어 **문학 333 vol. 1**

Part 1
운문 운문 문학

DAY 01~14

[1~5] 다음 시를 읽고 물음에 답하시오.

여승은 합장하고 절을 했다
㉠ 가지취의 내음새가 났다
㉡ 쓸쓸한 낯이 옛날같이 늙었다
나는 불경처럼 서러워졌다

평안도의 어느 산 깊은 금덤판
나는 파리한 여인에게서 옥수수를 샀다
여인은 나 어린 딸아이를 따리며 가을밤같이 차게 울었다

섶벌같이 나아간 지아비 기다려 십 년이 갔다
지아비는 돌아오지 않고
㉢ 어린 딸은 도라지꽃이 좋아 돌무덤으로 갔다

산 꿩도 섧게 울은 슬픈 날이 있었다
㉣ 산 절의 마당귀에 여인의 머리오리가 눈물방울과 같이 떨어진 날이 있었다

- 백석, '여승'

1 〈보기〉의 (가) ~ (라)를 시간의 순서에 따라 올바르게 배열한 것은?

─────〈보기〉─────

(가): 1연 - 화자가 어느 절에서 여승을 만남
(나): 2연 - 화자가 금덤판에서 여인에게 옥수수를 삼
(다): 3연 - 남편은 돌아오지 않고 딸은 죽게 됨
(라): 4연 - 한 많은 여인은 종교에 귀의해 여승이 됨

① (나) - (다) - (라) - (가)
② (나) - (라) - (다) - (가)
③ (라) - (나) - (다) - (가)
④ (라) - (다) - (나) - (가)

2 위 시에 대한 설명으로 옳지 않은 것은?

① 수미 상관의 구조를 통해 시상을 전개하였다.

② 감정 이입을 통해 인물의 정서를 효과적으로 드러내었다.

③ 공감각적 표현을 사용하여 여인의 고달픈 삶을 선명하게 나타내었다.

④ 화자가 관찰자가 되어 서사적인 구조로 이야기를 전달하는 형식을 취하였다.

3 ㉠~㉣에 대한 감상으로 적절하지 않은 것은?

① ㉠: 여승의 탈속적인 모습을 '가지취 내음새'를 통해 부각하고 있다.

② ㉡: 화자가 과거에 여승을 만난 적이 있음을 알 수 있다.

③ ㉢: 딸의 죽음을 사실적으로 묘사하여 여인의 비극을 나타내고 있다.

④ ㉣: 여인의 한을 시각적으로 형상화하고 있다.

4 위 시의 화자에 대한 설명으로 적절한 것은?

① 시적 대상에게 연민을 느끼고 있다.

② 어린 시절에 대한 향수를 드러내고 있다.

③ 시간의 흐름에 따른 감정 변화를 사실적으로 전달하고 있다.

④ 부정적인 현실을 극복하고자 하는 강한 의지를 표출하고 있다.

5 위 시에 대한 이해로 적절하지 않은 것은?

① 시적 화자와 시적 대상이 분리되어 있다.

② 여승의 삶을 자연과 대조하여 비극성을 심화하고 있다.

③ 중의적 표현을 사용하여 과거의 장면을 묘사하고 있다.

④ 감각적 이미지를 활용하여 여승의 모습을 형상화하고 있다.

정답 및 해설 p.2

[1~5] 다음 시를 읽고 물음에 답하시오.

生死路隱	생사(生死) 길흔
此矣有阿米次肹伊遣	㉠ 이에 이샤매 머믓거리고,
吾隱去內如辭叱都	㉡ 나는 가ᄂᆞ다 말ㅅ도
毛如云遣去內尼叱古	몯다 니르고 가ᄂᆞ닛고.
於內秋察早隱風未	어느 ᄀᆞ슬 이른 ᄇᆞᄅᆞ매
此矣彼矣浮良落尸葉如	이에 뎌에 ᄠᅳ러딜 닙곤,
一等隱枝良出古	㉢ 한ᄃᆞ 가지라 나고
去奴隱處毛冬乎丁	가논 곧 모ᄃᆞ론뎌.
阿也彌陀刹良逢乎吾	아야, ㉣ 미타찰(彌陀刹)아 맛보올 나
道修良待是古如	도(道) 닷가 기드리고다.

- 월명사, '제망매가(祭亡妹歌)'

1 ㉠~㉣에 대한 설명으로 적절하지 않은 것은?

① ㉠은 이승을 의미하며, 화자의 죽음에 대한 인식이 드러난다.

② ㉡은 누이를 의미하며, 화자가 그리워하는 대상이다.

③ ㉢은 누이와의 이별을 의미하며, 화자의 고독을 심화시키는 소재이다.

④ ㉣은 극락세계를 의미하며, 화자가 슬픔을 종교적으로 승화했음을 알 수 있다.

2 위 시에 대한 설명으로 옳지 않은 것은?

① 삶과 죽음에 대한 성찰이 드러난다.

② 누이의 죽음을 자연물에 빗대어 표현하였다.

③ 돌이킬 수 없는 운명에 대한 비관적 인식이 드러난다.

④ 감탄사 '아야'를 통해 10구체 향가의 특징을 확인할 수 있다.

3 위 시에서 〈보기〉의 밑줄 친 '눈'과 가장 유사한 의미를 지닌 것은?

─────────────── 〈보기〉 ───────────────

눈 마ㅈ 휘여진 딕를 뉘라셔 굽다턴고
구블 졀(節)이면 눈 속의 프를소냐
아마도 세한 고절(歲寒孤節)은 너뿐인가 ᄒ노라

                                                        – 원천석

──────────────────────────────────────

① ㄱ술   ② ᄇ룸

③ 닙   ④ 가지

4 다음 중 위 시와 가장 유사한 정서가 드러나는 것은?

① 날러는 엇디 살라 ᄒ고 / ᄇ리고 가시리잇고 나는

② 낭(郎)이여 그리는 마음에 가는 길 / 다북쑥 우거진 마을에서 잘 밤이 있으리

③ 낚시 드리우니 고기 아니 무노매라 / 무심(無心)한 달빛만 싣고 빈 배 저어 오노라

④ 혼 손에 막디 잡고 쏘 혼 손에 가싀 쥐고 / 늙는 길 가싀로 막고 오는 백발(白髮) 막디로 치려터니

5 위 시의 화자에 대한 설명으로 가장 적절한 것은?

① 관조적 태도로 대상을 떠올리고 있다.

② 미래에 대한 부정적인 전망을 나타내고 있다.

③ 대상의 부재로 인한 외로움을 드러내고 있다.

④ 종교적 인식을 바탕으로 슬픔을 극복하고 있다.

정답 및 해설 p.4

[1~5] 다음 시를 읽고 물음에 답하시오.

(가) 이 몸 삼기실 제 님을 조차 삼기시니, ᄒ 싱 연분(緣分)이며 하늘 모를 일이런가. 나 ᄒ나 졈어 잇고 님 ᄒ나 날 괴시니, 이 ᄆᆞᆷ 이 ᄉ랑 견졸 ᄃᆡ 노여 업다. 평싱(平生)애 원(願)ᄒ요ᄃᆡ ᄒᆞᆫᄃᆡ 녜쟈 ᄒᆞ얏더니, 늙거야 므ᄉ 일로 외오 두고 그리ᄂᆞᆫ고. 엇그제 님을 뫼셔 광한뎐(廣寒殿)의 올낫더니, 그 더ᄃᆡ 엇디ᄒᆞ야 ᄀ 하계(下界)예 ᄂ려오니, 올 저긔 비슨 머리 헛틀언디 삼년(三年)일싀. 연지분(臙脂粉) 잇ᄂᆡ마ᄂ 눌 위ᄒᆞ야 고이 홀고. ᄆᆞᄋᆞᆷ의 ᄆᆞ친 실음 텹텹(疊疊)이 ᄡ혀 이셔, 짓ᄂᆞ니 한숨이오 디ᄂᆞ니 눈믈이라. 인싱(人生)은 유흔(有限)ᄒᆞᆫᄃᆡ 시름도 그지업다. 무심(無心)ᄒᆞᆫ 셰월(歲月)은 믈 흐ᄅᆞᆺ 흐ᄂᆞᆫ고야. ᄂ 염냥(炎涼)이 ᄯ를 아라 가ᄂᆞᆫ 듯 고뎌 오니, 듯거니 보거니 늣길 일도 하도 할샤.

(나) 동풍(東風)이 건듯 부러 젹셜(積雪)을 헤텨 내니, 창(窓)밧ᄀᆡ 심근 미화(梅花) 두세 가지 픠여셰라. ᄀᆞ득 닝담(冷淡)ᄒᆞᆫᄃᆡ ᄃ 암향(暗香)은 므ᄉ 일고. 황혼(黃昏)의 ᄃᆞᆯ이 조차 벼마ᄐᆡ 빗최니, 늣기ᄂᆞᆫ 듯 반기ᄂᆞᆫ 듯 님이신가 아니신가. 뎌 ᄅ 미화(梅花) 것거 내여 님 겨신 ᄃᆡ 보내오져. 님이 너를 보고 엇더타 너기실고.

(다) 곳 디고 새닙 나니 녹음(綠陰)이 ᄭᆯ렷ᄂᆞᆫᄃᆡ, 나위(羅幃) 젹막(寂寞)ᄒᆞ고 슈막(繡幕)이 뷔여 잇다. 부용(芙蓉)을 거더 노코 공작(孔雀)을 둘러 두니, ᄀᆞ득 시름 한ᄃᆡ 날은 엇디 기돗던고. 원앙금(鴛鴦錦) 버혀 노코 오ᄉᆡ션(五色線) 플텨내여 금자히 견화이셔 님의 옷 지어 내니, 수품(手品)은ᄏ니와 졔도(制度)도 ᄀᆞ졀시고. 산호수(珊瑚樹) 지게 우히 백옥함(白玉函)의 다마 두고, 님의게 보내오려 님 겨신 ᄃᆡ ᄇᆞ라보니 ⓐ 산(山)인가 ⓑ 구름인가 머흐도 머흘시고. 쳔리(千里) 만리(萬里) 길히 뉘라셔 ᄎ자갈고. 니거든 여러 두고 날인가 반기실가.

- 정철, '사미인곡(思美人曲)'

1 〈보기〉를 참고하였을 때, ㄱ~ㄹ에 대한 설명으로 적절하지 않은 것은?

〈보기〉

〈사미인곡〉은 작가인 정철이 당쟁으로 인해 조정에서 물러난 후 고향인 전남 창평으로 내려가 은거할 때 지은 작품으로, 임금에 대한 그리움과 충정을 노래하고 있다.

① ㄱ: 작가가 은거하고 있는 창평을 의미한다.
② ㄴ: 임과 헤어진 후 흘러간 세월을 의미한다.
③ ㄷ: 작가를 조정에서 밀어낸 정적들의 폐단을 의미한다.
④ ㄹ: 임금에 대한 변함없는 충절을 의미한다.

2 위 시의 내용과 부합하지 않는 것은?

① 시적 화자는 여성이다.

② 화자는 임과의 인연을 운명으로 생각하고 있다.

③ 화자는 자신의 충정을 임에게 알리고 싶어 한다.

④ 임의 사랑을 받지 못하게 된 화자의 체념이 나타난다.

3 위 시의 특징으로 적절하지 않은 것은?

① 추상적인 관념을 구체화하여 표현하였다.

② 대구법을 통해 임에 대한 원망을 드러냈다.

③ 설의법을 사용하여 화자의 외로운 처지를 부각했다.

④ 안타까움의 정서를 직접적으로 드러내는 표현이 사용되었다.

4 다음의 밑줄 친 부분의 의미가 (다)의 ⓐ, ⓑ와 가장 유사한 것은?

① 수양산(首陽山) 브라보며 이제(夷齊)를 한(恨)ᄒ노라 / 주려 주글진들 채미(採薇)도 ᄒ는 것가 / 비록애 푸새엣 거신들 긔 뉘 싸헤 낫드니

② 풍상(風霜)이 섯거 친 날에 ᄀ 픠온 황국화(黃菊花)를 / 금분(金盆)에 ᄀ득 담아 옥당(玉堂)에 보닉오니, / 도리(桃李)야, 곳이온 양 마라, 님의 뜻을 알괘라.

③ 농암(聾巖)애 올라보니 노안(老眼)이 유명(猶明)이로다. / 인사(人事)이 변(變)ᄒᆫ들 산천이ᄯᆫ 가실가. / 암전(巖前)에 모수 모구(某水某丘)이 어제 본 듯ᄒ예라.

④ ᄇᄅ름도 쉬여 넘는 고기, 구름이라도 쉬여 넘는 고기 / 산진(山眞)이 수진(水眞)이 해동청(海東靑) 보르믹도 다 쉬여 넘는 고봉(高峰) 장성령(長城嶺) 고기 / 그 너머 임이 왓다 ᄒ면 나는 아니 ᄒ 번도 쉬여 넘어 가리라.

5 위 시에 대한 감상으로 적절한 것은?

① 음성 상징어를 사용하여 운율을 형성하고 있다.

② 자연물에 대한 묘사를 통해 계절의 변화를 나타낸다.

③ '광한뎐(廣寒殿)'은 화자가 현재 위치해 있는 공간이다.

④ 화자는 자신을 향한 임의 사랑이 회복될 것을 확신하고 있다.

⇒ 뒷장에 계속

[6~10] 다음 시를 읽고 물음에 답하시오.

(라) ᄒᆞᄅᆞ밤 서리 김의 기러기 우러 녤 제, 위루(危樓)에 혼자 올나 슈졍념(水晶簾)을 거든 말이, 동산(東山)의 ᄃᆞᆯ이 나고 북극(北極)의 별이 뵈니, 님이신가 반기니 눈믈이 절로 난다. 쳥광(淸光)을 믜여 내여 봉황누(鳳凰樓)의 븟티고져. 누(樓) 우히 거러 두고 팔황(八荒)의 다 비최여 심산궁곡(深山窮谷) 졈낫ᄀᆞ티 밍그쇼셔.

(마) ⊙ 건곤(乾坤)이 폐ᄉᆡᆨ(閉塞)ᄒᆞ야 ᄇᆡᆨ셜(白雪)이 ᄒᆞᆫ 빗친 제, 사ᄅᆞᆷ은ᄏᆞ니와 ᄂᆞᆯ새도 긋쳐 잇다. 쇼샹남반(瀟湘南畔)도 ⓛ 치오미 이러커든, 옥루(玉樓) 고쳐(高處)야 더옥 닐너 므슴ᄒᆞ리. 양츈(陽春)을 부쳐 내여 님 겨신 ᄃᆡ 쏘이고져. 모쳠(茅簷) 비쵠 ᄒᆡ를 옥루(玉樓)의 ⓒ 올리고져. 홍샹(紅裳)을 니믜ᄎᆞ고 취슈(翠袖)를 반(半)만 거더 일모슈듁(日暮脩竹)의 혬가림도 하도 할샤. ⓔ 댜ᄅᆞᆫ 히 수이 디여 긴 밤을 고초 안자, 쳥등(靑燈) 거른 겻티 뎐공후(鈿箜篌) 노하두고, ᄭᅮ믜나 님을 보려 ᄐᆞᆨ 밧고 비겨시니, ⓐ 앙금(鴦衾)도 ᄎᆞ도 출샤 이 밤은 언제 샐고.

(바) ᄒᆞᄅᆞ도 열두 ᄯᅢ ᄒᆞᆫ ᄃᆞᆯ도 셜흔 날 져근덧 ᄉᆡᆼ각 마라 이 시름 닛쟈 ᄒᆞ니, ᄆᆞ음의 ᄆᆡ쳐 이셔 골슈(骨髓)의 ᄭᅦ텨시니, 편쟉(扁鵲)이 열히 오나 이 병을 엇디ᄒᆞ리. 어와, 내 병이야 이 님의 타시로다. 출하리 싀어디여 범나븨 되오리라. 곳나모 가지마다 간 ᄃᆡ 죡죡 안니다가 향므틴 ᄂᆞᆯ애로 님의 오시 올므리라. 님이야 날인 줄 모ᄅᆞ셔도 내 님 조ᄎᆞ려 ᄒᆞ노라.

- 정철, '사미인곡(思美人曲)'

---

6 위 시에 대한 설명으로 가장 적절한 것은?

① 3음보 연속체의 운율을 형성하고 있다.
② 화자는 임과 물리적으로 떨어진 곳에 위치해 있다.
③ 대화 형식을 사용하여 임에 대한 그리움을 표현하고 있다.
④ '양춘(陽春)'을 통해 (마)의 계절적 배경이 봄임을 알 수 있다.

7 ⓐ에 나타난 화자의 정서로 가장 적절한 것은?

① 과거의 행동에 대한 뉘우침과 한탄
② 임과 화자 사이를 가로막는 방해물에 대한 원망
③ 홀로 적막한 밤을 보내야 하는 독수공방의 외로움
④ 자신의 처지와 상반되는 자연물을 보고 느끼는 쓸쓸함

8 ㉠~㉣의 의미로 적절하지 않은 것은?

① ㉠은 '온 세상'을 의미한다.
② ㉡은 '추움이'를 의미한다.
③ ㉢은 '올리고 싶다'를 의미한다.
④ ㉣은 '다른 해가'를 의미한다.

9 위 시에 대한 이해로 적절하지 않은 것은?

① 추운 날씨에 임의 건강을 염려하고 있다.
② 임이 선정을 베풀어 주기를 기원하고 있다.
③ 죽어서도 임을 따르겠다는 염원을 드러내고 있다.
④ 임과 이별한 상황에 대한 억울함을 호소하고 있다.

10 위 시의 표현상의 특징으로 적절하지 않은 것은?

① 자연물에 화자의 감정을 이입하였다.
② 상징적 소재를 통해 대상을 표현하였다.
③ 계절의 변화에 따라 시상을 전개하고 있다.
④ 대조적 상황을 제시하여 화자의 정서를 부각했다.

정답 및 해설 p.6

[1~5] 다음 시를 읽고 물음에 답하시오.

풀이 눕는다
㉠ 비를 몰아오는 동풍에 나부껴
풀은 눕고 / 드디어 울었다
날이 흐려서 더 울다가 / 다시 누웠다

풀이 눕는다
바람보다도 더 빨리 눕는다
바람보다도 더 빨리 울고
㉡ 바람보다 먼저 일어난다

날이 흐리고 풀이 눕는다
발목까지 / ㉢ 발밑까지 눕는다
바람보다 늦게 누워도 / 바람보다 먼저 일어나고
바람보다 늦게 울어도 / ㉣ 바람보다 먼저 웃는다
날이 흐리고 풀뿌리가 눕는다

- 김수영, '풀'

1   위 시에 대한 설명으로 적절하지 않은 것은?

① '비'는 암울한 시대 현실을 의미한다.
② '풀'은 나약해 보이지만 끈질긴 생명력을 지닌 대상이다.
③ '날이 흐려서'는 억압적인 외적 상황과 관련지을 수 있다.
④ '풀뿌리가 눕는다'에는 다시 일어날 것이라는 기대감이 반영되어 있다.

2   위 시의 표현상 특징으로 적절하지 않은 것은?

① 대구법을 통해 운율을 형성한다.
② 상징적인 시어를 통해 주제를 형상화한다.
③ 서로 대립되는 의미 구조가 반복적으로 나타난다.
④ 점층적 시상 전개를 활용하여 현실 상황에 대한 희망을 암시한다.

3 〈보기〉에서 위 시의 '바람'과 성격이 다른 하나는?

─────────────── 〈보기〉 ───────────────

누가 하늘을 보았다 하는가
누가 구름 한 송이 없이 맑은
하늘을 보았다 하는가.

네가 본 건, 먹구름
그걸 하늘로 알고
일생을 살아갔다.

네가 본 건, 지붕 덮은 / 쇠 항아리,
그걸 하늘로 알고
일생을 살아갔다.

                           - 신동엽, '누가 하늘을 보았다 하는가'

① 하늘   ② 구름   ③ 먹구름   ④ 쇠 항아리

4 ㉠~㉣에 대한 설명으로 적절하지 않은 것은?

① ㉠: 풀을 억압하는 세력의 힘을 의미한다.
② ㉡: 풀의 적극적이고 능동적인 모습이 드러난다.
③ ㉢: 민중을 억압하는 힘이 더 거세짐을 나타낸다.
④ ㉣: 고통을 의연하게 받아들이고 인내하는 모습이다.

5 〈보기〉를 참고할 때 위 시에 대한 설명으로 적절한 것은?

─────────────── 〈보기〉 ───────────────

  1960년대는 독재 권력으로부터 해방된 4·19 혁명과 군사 쿠데타로 인한 민주화의 좌절을 모두 겪었던
격변의 시기로, 이 시기 문인들은 주체적인 자기 모색을 통해 다양한 시적 흐름을 보여 주었다. 김수영의
유작인 '풀'은 독재 권력에 맞서는 민중의 생명력을 형상화한 작품으로 평가받고 있다.

① 바람이 점차 거세게 부는 것은 민중을 억압하는 힘이 극심함을 나타낸다.
② 풀이 바람보다 빨리 눕고 먼저 일어나는 모습을 통해 풀의 수동성을 드러낸다.
③ '풀이 눕는다'라는 시구를 반복하여 독재 권력 앞에서 무력한 민중의 모습을 드러낸다.
④ 풀이 바람에 의해 눕혀져도 계속해서 일어나는 모습을 통해 민중들의 연대 의식을 강조한다.

정답 및 해설 p.10

[1~5] 다음 시를 읽고 물음에 답하시오.

모란이 피기까지는

㉠ 나는 아직 나의 봄을 기다리고 있을 테요

㉡ 모란이 뚝뚝 떨어져 버린 날

나는 비로소 봄을 여읜 설움에 잠길 테요

오월 어느 날 그 하루 무덥던 날

떨어져 누운 꽃잎마저 시들어 버리고는

천지에 모란은 자취도 없어지고

뻗쳐오르던 내 보람 서운케 무너졌느니

㉢ 모란이 지고 말면 그뿐 내 한 해는 다 가고 말아

㉣ 삼백예순날 하냥 섭섭해 우옵내다

모란이 피기까지는

나는 아직 기다리고 있을 테요 찬란한 슬픔의 봄을

　　　　　　　　　　　　　　　　　　　　　　　　- 김영랑, '모란이 피기까지는'

1 　 위 시에 대한 이해로 적절하지 않은 것은?

① 수미 상관의 구성을 취하여 주제 의식을 강조하고 있다.

② 과장된 표현을 사용하여 화자의 절망감을 드러내고 있다.

③ 차분한 어조로 대상에 대한 감정을 절제하여 표현하고 있다.

④ 역설법과 도치법을 활용하여 화자의 심경을 나타내고 있다.

2 　 ㉠~㉣에 대한 설명으로 적절하지 않은 것은?

① ㉠: '아직'을 통해 '봄'에 대한 기다림의 자세가 계속될 것임을 나타낸다.

② ㉡: '뚝뚝'을 통해 '모란'이 떨어진 것에 대한 절망감을 드러낸다.

③ ㉢: '다'를 통해 '모란'이 다시 피지 못할 것이라는 체념적 태도를 나타낸다.

④ ㉣: '하냥'을 통해 '모란'을 보지 못하는 것에 대한 슬픔을 부각한다.

3 다음 중 내포적 의미가 유사한 것끼리 묶은 것은?

① 모란, 봄, 보람
② 모란, 봄, 어느 날
③ 봄, 어느 날, 보람
④ 어느 날, 보람, 삼백예순날

4 위 시에 대한 설명으로 적절하지 않은 것은?

① 부정적인 현실에 대항하고자 하는 의지를 표출하고 있다.
② '봄'은 화자에게 기쁨과 슬픔이 복합된 감정을 유발하는 계절이다.
③ 상승 이미지와 하강 이미지를 교차하여 화자의 상실감을 강조하고 있다.
④ 봄에 대한 '기다림 → 상실 → 기다림'의 순환 구조로 시상을 전개하고 있다.

5 〈보기〉를 바탕으로 위 시를 감상한 내용으로 적절하지 않은 것은?

───── 〈보기〉 ─────

　　김영랑은 아름답게 잘 다듬어진 우리말을 통해 서정의 세계를 표현하는 순수시를 추구하였다. 그의 작품에서는 특히 섬세한 표현 기교와 언어의 조탁, 세련된 시어의 사용 등이 돋보이는데 이를 통해 시의 순수성과 예술성을 끌어올리는 데 큰 공헌을 했다는 평가를 받고 있다.

① 경어체를 사용하여 부드러운 어감을 표현했다.
② 색채 대비를 통해 화자의 정서를 섬세하게 묘사했다.
③ 'ㄴ, ㄹ, ㅁ' 등의 울림소리를 사용하여 운율을 형성했다.
④ 두 개의 행으로 하나의 단락을 구성하여 호흡의 속도를 조절했다.

정답 및 해설 p.12

[1~5] 다음 시를 읽고 물음에 답하시오.

> **(가)** ㉠ 동지(冬至)ㅅ돌 기나긴 밤을 한 허리를 버혀 내여
> 　　 ㉡ 춘풍(春風) 니불 아리 서리서리 너헛다가
> 　　 ㉢ 어론 님 오신 날 밤이여든 ㉣ 구뷔구뷔 펴리라
> 　　　　　　　　　　　　　　　　　　　　　　　　　　- 황진이
>
> **(나)** 마음이 어린 후(後)니 하는 일이 다 어리다
> 　　 만중운산(萬重雲山)에 어느 님 오리마는
> 　　 ⓐ 지는 잎 부는 바람에 행여 건가 하노라.
> 　　　　　　　　　　　　　　　　　　　　　　　　　　- 서경덕

1　(가)와 (나)의 공통점으로 적절하지 않은 것은?

① 인간의 보편적인 감정에 대해 노래했다.
② 정형화된 형식을 사용하여 운율을 형성했다.
③ 음성 상징어를 사용하여 우리말의 묘미를 살렸다.
④ 시적 화자와 시적 대상 사이에 물리적인 거리가 존재한다.

2　(가)의 밑줄 친 ㉠~㉣에 대한 설명으로 적절하지 않은 것은?

① ㉠: 임이 부재하여 화자에게 길다고 느껴지는 시간이다.
② ㉡: 임과 화자의 추억이 담긴 대상이다.
③ ㉢: 화자의 소망이 실현된 시간이다.
④ ㉣: '구비구비 펴리라'를 뜻하며 시간을 시각화한 표현이다.

3 (가)의 표현상의 특징으로 적절한 것은?

① 추상적 개념을 구체적 사물로 형상화했다.

② 객관적 상관물을 사용하여 화자의 정서를 드러냈다.

③ 공감각적 심상을 활용하여 배경을 감각적으로 묘사했다.

④ 역설적 표현을 통해 임을 기다리겠다는 의지를 표출했다.

4 (나)에 대한 이해로 적절한 것은?

① 과장적인 표현으로 임에 대한 그리움의 정서를 강조했다.

② 화자는 임과의 만남에 대해 체념적인 태도를 보이고 있다.

③ 구체적인 사례를 제시한 이후 일반적인 진술을 제시했다.

④ 상징적인 소재를 사용하여 과거 일에 대해 후회하고 있음을 표현했다.

5 다음 중 밑줄 친 부분의 의미가 (나)의 @와 가장 유사한 것은?

① 반중(盤中) 조홍(早紅)감이 고아도 보이느다.
유자(柚子) 안이라도 품엄즉도 ᄒ다마ᄂᆞᆫ
품어 가 반기리 없슬싀 글노 설워ᄒᄂ이다.

② 개를 여라믄이나 기르되 요 개ᄀᆞ치 얄믜오랴.
뮈온 님 오며ᄂᆞᆫ 꼬리를 홰홰 치며 쒸락 ᄂᆞ리쒸락 반겨서 내닷고 고온 님 오며ᄂᆞᆫ 뒷발을 버동버동 므르락 나으락 캉캉 즈져서 도라 가게 흔다.
쉰밥이 그릇그릇 난들 너 머길 줄이 이시랴.

③ 빈천(貧賤)을 풀랴 ᄒ고 권문(權門)에 드러가니
침 업슨 흥졍을 뉘 몬져 ᄒ쟈 ᄒ리
강산과 풍월을 달나 ᄒ니 그는 그리 못하리.

④ 벽사창(碧紗窓) 밖이 어른어른커늘 임만 너겨 나가 보니
임은 아니 오고 명월(明月)이 만정(滿廷)흔듸 벽오동(碧梧桐) 져즌 닙헤 봉황(鳳凰)이 ᄂᆞ려와 짓다듬ᄂᆞᆫ 그림재로다.
모쳐라 밤일싀만졍 ᄂᆞᆷ 우일 번ᄒ괘라.

정답 및 해설 p.14

[1~5] 다음 시를 읽고 물음에 답하시오.

나 **하늘**로 돌아가리라.
새벽빛 와 닿으면 스러지는
㉠ 이슬 더불어 손에 손을 잡고,

나 하늘로 돌아가리라.
노을빛 함께 단둘이서
기슭에서 놀다가 **구름** 손짓하면은,

나 하늘로 돌아가리라.
아름다운 이 세상 소풍 끝내는 날,
가서, 아름다웠더라고 말하리라…….

- 천상병, '귀천(歸天)'

1   위 시에 대한 설명으로 적절하지 않은 것은?

① 죽음에 대한 초월적 인식이 드러난다.
② '소풍'은 인간의 삶을 비유한 표현이다.
③ 욕심 없이 순수하게 삶을 즐기는 태도가 나타난다.
④ 초월적 존재에게 의지하고자 하는 수동적 자세를 보인다.

2   다음 중 함축적 의미가 ㉠과 가장 유사한 것은?

① 하늘   ② 기슭
③ 구름   ④ 노을빛

3 위 시의 표현상의 특징으로 적절한 것은?

① 4음보의 반복을 통해 리듬감을 형성하고 있다.

② 청각적 이미지를 중심으로 시상을 전개하고 있다.

③ 감정 이입을 통해 비극적 분위기를 조성하고 있다.

④ 말줄임표를 사용하여 화자의 삶을 함축적으로 표현하였다.

4 위 시의 화자에 대한 설명으로 적절하지 않은 것은?

① 존재의 유한성에 대해 인지하고 있다.

② 고통스러웠던 현실을 냉소적으로 바라보고 있다.

③ 달관적인 자세로 삶과 죽음에 대해 생각하고 있다.

④ 죽음을 원래 있던 곳으로 돌아가는 것으로 인식하고 있다.

5 위 시에 대한 감상으로 적절하지 않은 것은?

① 독백적 어조를 통해 주제를 부각하고 있다.

② 특정한 시구를 반복하여 운율을 형성하고 있다.

③ '노을빛'은 아름다운 이미지와 소멸의 이미지를 동시에 지닌 시어이다.

④ 시간의 흐름에 따라 변화하는 화자의 심리를 중심으로 시상을 전개하고 있다.

정답 및 해설 p.16

[1~5] 다음 시를 읽고 물음에 답하시오.

<제1곡: 언지(言志) 1>
이런들 엇더ᄒ며 뎌런들 엇더ᄒ료.
㉠ 초야우생(草野遇生)이 이러타 엇더ᄒ료.
ᄒ믈며 천석고황(泉石膏肓)을 고뎌 므슴ᄒ료.

<제5곡: 언지(言志) 5>
산전(山前)에 유대(有臺)ᄒ고 대하(臺下)애 유수(有水)ㅣ로다.
㉡ 떼 만흔 ᄀᆯ며기는 오명가명 ᄒ거든
엇다다 교교백구(皎皎白駒)는 멀리 ᄆᆞᆷ ᄒᄂᆞᆫ고.

<제9곡: 언학(言學) 3>
고인(古人)도 날 몯 보고 나도 고인(古人)을 몯 뵈.
㉢ 고인(古人)을 몯 봐도 녀던 길 알ᄑᆡ 잇ᄂᆡ.
녀던 길 알ᄑᆡ 잇거든 아니 녀고 엇뎔고.

<제11곡: 언학(言學) 5>
청산(靑山)은 엇뎨ᄒ야 만고(萬古)애 프르르며,   ⎤
유수(流水)는 엇뎨ᄒ야 주야(晝夜)애 긋디 아니ᄂᆞᆫ고. [A]
㉣ 우리도 그치디 마라 만고상청(萬古常靑)호리라.   ⎦

- 이황, '도산십이곡(陶山十二曲)'

1

〈보기〉는 위 시의 제10곡이다. 〈보기〉와 [A]를 비교한 내용으로 적절하지 않은 것은?

───── 〈보기〉 ─────

당시(當時)에 녀든 길흘 몃 ᄒᆡ를 ᄇᆞ려 두고
어듸 가 ᄃᆞ니다가 이제야 도라온고
이제야 도라오나니 년 듸 ᄆᆞᆷ 마로리

① 〈보기〉와 달리 [A]는 자연의 불변성을 예찬하고 있다.
② [A]와 달리 〈보기〉는 과거를 반성하는 모습이 드러난다.
③ [A]와 〈보기〉는 모두 학문에 정진하고자 하는 의지가 드러난다.
④ 〈보기〉의 '년 듸'는 [A]의 '만고상청(萬古常靑)'과 유사한 의미를 지닌다.

2 위 시의 표현상의 특징으로 적절하지 않은 것은?

① 생경한 한자어를 사용하고 있다.

② 유사한 통사 구조의 반복이 나타난다.

③ 설의적 표현을 사용하여 의미를 강조하고 있다.

④ 청각적 이미지를 사용해 현실에 대한 비판 의식을 드러내고 있다.

3 ㉠~㉣에 대한 설명으로 적절하지 않은 것은?

① ㉠: 자신을 '시골에 사는 어리석은 사람'으로 낮추어 표현하고 있다.

② ㉡: 자연을 멀리하는 이들을 '굴며기'에 비유하고 있다.

③ ㉢: 성현의 가르침을 책을 통해 배울 수 있다고 말하고 있다.

④ ㉣: 학문 수양에 대한 변함없는 의지를 드러내고 있다.

4 위 시의 화자에 대한 설명으로 적절하지 않은 것은?

① 삶에 대한 달관적인 태도를 보이고 있다.

② 자연의 불변성과 영원성을 예찬하고 있다.

③ 자연을 멀리했던 과거의 삶을 후회하고 있다.

④ 성현들의 삶을 따르려는 의지를 드러내고 있다.

5 (가)~(라)에 대한 이해로 가장 적절한 것은?

(가) 잔 들고 혼자 안자 먼 뫼흘 ᄇ라보니 / 그리던 님이 오다 반가옴이 이리ᄒ랴.
　　말ᄉ도 우움도 아녀도 몯내 됴하ᄒ노라.
　　　　　　　　　　　　　　　　　　　　　　　　　　　　　　　　　　　- 윤선도, '만흥'

(나) 초암(草庵)이 적료(寂廖)ᄒᄃᆡ 벗 업시 흔ᄌ 안ᄌ, / 평조(平調) 한 닙히 백운(白雲)이 절로 존다.
　　언의 뉘 이 됴흔 뜻을 알 리 잇다 ᄒ리오.
　　　　　　　　　　　　　　　　　　　　　　　　　　　　　　　　　　　- 김수장

(다) 춘풍(春風)에 화만산(花滿山)ᄒ고 추야(秋夜)애 만월대(滿月臺)라. / 사시가흥(四時佳興)ㅣ 사ᄅ름과
　　ᄒ가지라. / ᄒ믈며 어약연비(魚躍鳶飛) 운영천광(雲影天光)이아 어늬 그지 이슬고.
　　　　　　　　　　　　　　　　　　　　　　- 이황, '도산십이곡' 中 〈제6곡 언지(言志) 6〉

(라) 말 업슨 청산(靑山)이오 태(態) 업슨 유수(流水)로다 / 갑 업슨 청풍(淸風)이오 님ᄌ 업슨 명월(明月)
　　이로다 / 이 즁에 병(病) 업슨 이 몸이 분별(分別) 업시 늘그리라.
　　　　　　　　　　　　　　　　　　　　　　　　　　　　　　　　　　　- 성혼

---

① (가)의 화자는 속세에 대한 그리움을 드러내고 있다.

② (나)의 화자는 청자를 설정하여 내적 갈등을 표출하고 있다.

③ (다)에서는 대구법을 사용하여 대상을 묘사하고 있다.

④ (라)에서는 문답법을 사용하여 주제를 형상화하고 있다.

정답 및 해설 p.18

[1~5] 다음 시를 읽고 물음에 답하시오.

한기태심(旱旣太甚)ㅎ여 시절(時節)이 다 느즌 졔
서주(西疇) 놉흔 논애 잠깐 긴 널비예
도상무원수(道上無源水)를 반만짠 듸혀 두고
쇼 흔 젹 듀마 ㅎ고 엄섬이 ㅎ는 말삼
㉠ 친절호라 너긴 집의 달 업슨 황혼의 허위허위 다라셔,
구디 다든 문 밧긔 어득히 혼자 셔셔
큰 기츰 아함이를 양구(良久)토록 ㅎ온 후에
어화 긔 뉘신고 ㉡ 염치업산 닉옵노라.
초경(初更)도 거읜듸 긔 엇지 와 겨신고.
연년(年年)에 이러ㅎ기 구차흔 줄 알건마는
㉢ 쇼 업슨 궁가(窮家)애 헤염 만하 왓삽노라.
공ㅎ니나 갑시나 주엄 즉도 ㅎ다마는, / 다만 어제밤의 거넨 집 져 사람이
목 불근 수기치(雉)를 옥지읍(玉脂泣)게 쑤어 닉고
간 이근 삼해주(三亥酒)를 취(醉)토록 권ㅎ거든
이러한 은혜를 어이 아니 갑흘넌고.
내일로 주마 ㅎ고 큰 언약 ㅎ야거든, / 실약(失約)이 미편(未便)ㅎ니 사셜이 어려왜라.
실위(實爲) 그러ㅎ면 혈마 어이흘고.
헌 먼덕 수기 스고 측 업슨 집신에 설피설피 물너 오니
㉣ 풍채(風採) 저근 형용(形容)애 긔 즈칠 쑨이로다.

- 박인로, '누항사(陋巷詞)'

1 〈보기〉를 바탕으로 위 시를 감상한 내용으로 가장 적절한 것은?

〈보기〉

'누항사'는 임진왜란이 끝난 후 고향에 내려와 살던 작가가 시골에서의 생활에 대해 묻는 그의 친구 이덕형에게 답가로 지은 가사이다. 화자는 전쟁 직후의 혼란한 사회 속에서 사대부로서의 지위를 보장받지 못하는 현실과 경제적으로 곤궁한 처지에 놓인 어려움을 표현하고 있다.

① 전란 이후 피폐해진 농촌의 상황을 보여 준다.
② 경제적 기반을 잃어버린 양반 계층의 현실이 드러 난다.
③ 사대부의 지위를 포기하고 농민으로 살아가는 양반이 등장한다.
④ 변화된 현실을 받아들이지 못하는 화자의 내적 갈등이 드러난다.

2 화자에 대한 설명으로 적절하지 않은 것은?

① 이웃에게 소를 빌리기 위해 고기와 술을 대접하였다.

② 소가 없어 농사를 짓지 못할 정도로 궁핍한 처지에 있다.

③ 지나가는 말로 소를 빌려주겠다고 말한 이웃을 찾아갔다.

④ 소 주인에게 소를 빌리지 못하고 수모를 당한 채로 돌아온다.

3 위 시의 표현상 특징으로 적절하지 않은 것은?

① 운문 형식 속에 서사적 요소가 드러난다.

② 대화체를 활용하여 내용을 전개하고 있다.

③ 반어적 표현을 통해 화자의 정서를 부각했다.

④ 일상 언어를 사용하여 생활상을 구체적으로 묘사했다.

4 ㉠~㉣ 중 나머지 셋과 성격이 다른 하나는?

① ㉠   ② ㉡   ③ ㉢   ④ ㉣

5 〈보기〉는 조선 전기의 가사이다. 위 시와 비교 감상한 내용으로 적절한 것은?

〈보기〉

　홍진(紅塵)에 뭇친 분네 이내 생애(生涯) 엇더흔고. 녯 사룸 풍류(風流)룰 미출가 못 미출가. 천지간(天地間) 남자(男子) 몸이 날 만흔 이 하건마는 산림(山林)에 뭇쳐 이셔 지락(至樂)을 므룰 것가. 수간모옥(數間茅屋)을 벽계수(碧溪水) 앏픠 두고, 송죽(松竹) 울울리(鬱鬱裏)예 풍월주인(風月 主人) 되어셔라.

- 정극인, '상춘곡(賞春曲)'

---

① 〈보기〉와 달리 위 시는 일상적인 언어를 사용하고 있군.

② 위 시와 달리 〈보기〉는 사대부의 소외된 처지를 반영하고 있군.

③ 위 시와 〈보기〉 모두 공간의 이동에 따라 시상을 전개하고 있군.

④ 위 시와 〈보기〉의 화자 모두 속세를 떠나 자연에서 은거하고 있군.

⇒ 뒷장에 계속

와실(蝸室)에 드러간들 잠이 와사 누어시랴.
북창(北牕)을 비겨 안자 새배를 기다리니 / 무정(無情)한 대승(戴勝)은 이닉 한(恨)을 도우ᄂᆞ다.
종조 추창(終朝惆悵)ᄒᆞ야 먼 들흘 바라보니
㉠ 즐기는 농가(農歌)도 흥(興) 업서 들리ᄂᆞ다.
세정(世情) 모른 한숨은 그칠 줄을 모르ᄂᆞ다.
아까온 져 소뷔는 볏보임도 됴흘세고.
가시 엉긘 묵은 밧도 용이(容易)케 갈련마는 / 허당 반벽(虛堂半壁)에 슬듸업시 걸려고야.
춘경(春耕)도 거의거다 후리쳐 더뎌두쟈.
강호(江湖) 혼 쑴을 쑤언 지도 오릴려니,
㉡ 구복(口腹)이 위루(爲累)ᄒᆞ야 어지버 이져쩌다.
쳠피 기욱(瞻彼淇澳)혼디 녹죽(綠竹)도 하도 할샤.
┌ 유비군자(有斐君子)들아 낙디 ᄒᆞ나 빌려스라.
│ 노화(蘆花) 깁픈 곳애 명월청풍(明月淸風) 벗이 되야,
[A] 님지 업슨 풍월강산(風月江山)애 절로절로 늘그리라.
│ 무심(無心)한 백구(白鷗)야 오라 ᄒᆞ며 말라 ᄒᆞ랴.
└ 다토리 업슬슨 다문 인가 너기로라.
무상(無狀)한 이 몸애 무슨 지취(志趣) 이스리마는
두세 이렁 밧논를 다 무겨 더뎌두고,
이시면 죽(粥)이오 업시면 굴물망졍, / 남의 집 남의 거슨 전혀 부러 말렷노라.
니 빈천(貧賤) 슬히 너겨 손을 헤다 물너가며 / 남의 부귀(富貴) 불리 너겨 손을 치다 나아오랴.
㉢ 인간(人間) 어닉 일이 명(命) 밧긔 삼겨시리.
빈이 무원(貧而無怨)을 어렵다 ᄒᆞ건마는 / 니 생애(生涯) 이러호디 설온 뜻은 업노왜라.
단사표음(簞食瓢飮)을 이도 족(足)히 너기로라.
평생(平生) 혼 뜻이 온포(溫飽)애는 업노왜라.
㉣ 태평천하(太平天下)애 충효(忠孝)를 일을 삼아
화형제(和兄弟) 신붕우(信朋友) 외다 ᄒᆞ리 뉘 이시리.
그 밧긔 남은 일이야 삼긴 디로 살렷노라.

- 박인로, '누항사(陋巷詞)'

6 위 시에 대한 설명으로 적절하지 않은 것은?

① '대승(戴勝)'은 화자의 마음을 위로하는 대상이다.
② '빈이 무원(貧而無怨)'은 화자가 지향하는 삶의 태도이다.
③ '강호(江湖)'는 화자가 생계로 인해 잊고 있었던 공간이다.
④ '백구(白鷗)'는 화자와 하나가 되어 물아일체를 이루는 대상이다.

7 위 시의 특징으로 적절하지 않은 것은?

① 대구법을 활용하여 현실의 어려움을 강조한다.

② 한자어를 사용하여 유교적 가치관을 드러낸다.

③ 설의적 표현을 통해 운명론적 인생관을 드러낸다.

④ 감탄형 어미를 활용하여 자연친화적 태도를 나타낸다.

8 [A]를 통해 알 수 있는 내용으로 적절하지 않은 것은?

① 자연과의 물아일체를 이루고 있다.

② 세속을 떠나 자연 속에서 은거하는 삶을 살고자 한다.

③ 현실에 만족하며 안빈낙도하려는 일념을 가지고 있다.

④ 공명(功名)을 추구하는 사대부로서의 면모가 드러난다.

9 ㉠~㉣에 대한 설명으로 적절하지 않은 것은?

① ㉠: 소를 빌리지 못해 낙담한 화자에게 농가가 흥겹게 들리지 않음

② ㉡: 농사를 포기하여 생계를 꾸려 나가기 어렵게 됨

③ ㉢: 인간 세상의 모든 일은 운명대로 흘러간다는 인생관을 드러냄

④ ㉣: 사대부로서 지켜야 할 유교적 도리를 지향하고 있음

10 〈보기〉는 위 시에 대한 설명이다. ⓐ~ⓓ 중 적절하지 않은 것은?

〈보기〉

　'누항사'는 ⓐ 자연에서의 풍류를 추구하는 조선 전기 가사의 흐름을 이어가는 한편 사대부의 신분이지만 직접 생계를 꾸려 나가야 하는 어려움을 사실적으로 담아내어 가사 문학의 전환점으로 평가받고 있다. 작품의 제목인 '누항(陋巷)'은 누추하고 좁은 집을 뜻하는데, ⓑ 화자의 궁핍한 처지를 나타낸 표현이기도 하면서 가난하지만 이를 원망하지 않겠다는 '빈이 무원(貧而無怨)'의 태도와도 일맥상통한다.

　'누항사'의 ⓒ 화자는 자신의 처지를 받아들이면서도 적극적으로 운명을 개척해 나가겠다는 의지를 보이는데, 이는 작가의 인생관이 반영된 것으로 볼 수 있다. 또한 마지막 부분에서는 '충효(忠孝), 화형제(和兄弟) 신붕우(信朋友)'와 같은 ⓓ 유교적 충의 사상을 드러내어 자연 속에서의 삶을 추구하면서도 선비로서 고결한 삶을 살고자 하는 의지를 다지고 있다.

---

① ⓐ　　　　② ⓑ　　　　③ ⓒ　　　　④ ⓓ

정답 및 해설 p.21

[1~5] 다음 시를 읽고 물음에 답하시오.

> ⊙ 눈은 살아 있다
> 떨어진 눈은 살아 있다
> 마당 위에 떨어진 눈은 살아 있다
>
> 기침을 하자
> ⓛ 젊은 시인이여 ⓒ 기침을 하자
> 눈 위에 대고 기침을 하자
> 눈더러 보라고 마음 놓고 마음 놓고
> 기침을 하자
>
> 눈은 살아 있다
> 죽음을 잊어버린 영혼과 육체를 위하여
> 눈은 새벽이 지나도록 살아 있다
>
> 기침을 하자
> 젊은 시인이여 기침을 하자
> 눈을 바라보며
> 밤새도록 고인 가슴의 ⓒ 가래라도
> 마음껏 뱉자
>
> - 김수영, '눈'

1   위 시의 특징으로 가장 적절한 것은?

① 연쇄적인 표현을 통해 운율을 형성하고 있다.

② 감정을 절제하여 화자의 정서를 심화시키고 있다.

③ 유사한 시구의 반복을 통해 시적 의미를 강조하고 있다.

④ 역설적인 표현을 통해 화자는 자신의 과거 행적을 반성하고 있다.

2 위 시에 대한 감상으로 적절한 것은?

① 표현의 자유를 억압하는 현실을 풍자하고 있군.

② 공동체적 삶의 회복에 대한 염원이 드러나는군.

③ 부정한 현실을 몰아내고 순수한 삶을 살고 싶은 의지가 느껴지는군.

④ 부패한 현실 상황에 맞서지 못하는 자신에 대한 자조가 나타나 있군.

3 밑줄 친 ㉠~㉣ 중 나머지 셋과 성격이 다른 하나는?

① ㉠

② ㉡

③ ㉢

④ ㉣

4 위 시의 시상 전개 방식으로 옳은 것은?

① 시상이 점층적으로 전개되고 있다.

② 공간의 이동에 따라 시상이 전개되고 있다.

③ 수미 상관의 구조로 시상이 전개되고 있다.

④ 자연적인 시간의 흐름에 따라 시상이 전개되고 있다.

5 다음은 위 시에 대한 감상이다. ⓐ~ⓓ 중 적절하지 않은 것은?

ⓐ '눈'은 1950년대 한국의 부패한 정치 상황에 대한 비판 의식을 드러내고, 자유롭고 정의로운 삶을 회복하려는 의지를 나타내고 있는 작품이다. 시의 중심 제재는 중의적인 의미를 지닌 '눈'이다. ⓑ '눈'은 '내리는 눈(雪)'과 '사람의 눈(眼)'으로 모두 해석될 수 있는데, 이에 따라 '눈은 살아있다'라는 표현은 순수한 생명력을 나타냄과 동시에 옳고 그름을 판단하는 비판적인 시선을 상징하기도 한다. 또한 ⓒ 밤과 아침의 경계인 '새벽'이 시간적 배경으로 제시되어, 절망(밤)에서 희망(아침)으로 화자의 인식이 변화하는 순간을 나타내고 있다. 마지막으로 이 시에는 주로 ⓓ 단정적 어조와 청유형 어미가 사용되었는데, 이를 통해 순수하고 정의로운 삶을 살고자 하는 화자의 강렬한 의지를 나타내고 있다.

① ⓐ

② ⓑ

③ ⓒ

④ ⓓ

정답 및 해설 p.25

[1~5] 다음 시를 읽고 물음에 답하시오.

> 뎨 가는 뎌 각시 본 듯도 흐뎌이고. 텬샹(天上) 빅옥경(白玉京)을 엇디ᄒᆞ야 니별(離別)ᄒᆞ고, 히 다 뎌 져믄 날의 ⊙ <u>눌을 보라 가시ᄂᆞᆫ고</u>.
>
> 어와 네여이고 내 스셜 드러 보오. 내 얼굴 이 거동이 님 **괴얌 즉ᄒᆞ가마ᄂᆞᆫ** 엇딘디 날 보시고 ⊙ <u>녜로다 녀기</u><u>실ᄉᆡ</u> 나도 님을 미더 **군ᄠᅳ디 전혀 업서** 이릭야 교틱야 어ᄌᆞ러이 ᄒᆞ돗썬디 ⊙ <u>반기시ᄂᆞᆫ 눗비치</u> 녜와 엇디 다ᄅᆞ신고. 누어 싱각ᄒᆞ고 **니러 안자 혜여ᄒᆞ니** 내 몸의 지은 죄 뫼ᄀᆞ티 싸혀시니 하ᄂᆞᆯ히라 원망ᄒᆞ며 **사ᄅᆞᆷ이라 허믈ᄒᆞ랴**. 셜워 플텨 혜니 조믈(造物)의 타시로다.
>
> 글란 싱각 마오.
>
> 미친 일이 이셔이다. 님을 뫼셔 이셔 님의 일을 내 알거니 믈 ᄀᆞ튼 얼굴이 편ᄒᆞ실 적 몃 날일고. 춘한고열(春寒苦熱)은 엇디ᄒᆞ야 디내시며 츄일동쳔(秋日冬天)은 뉘라셔 뫼셧ᄂᆞᆫ고. 죽조반(粥早飯) 죠셕(朝夕) 뫼 ⊙ <u>녜와 ᄀᆞ티</u> 셰시ᄂᆞᆫ가. 기나긴 밤의 줌은 엇디 자시ᄂᆞᆫ고.
>
> - 정철, '속미인곡(續美人曲)'

1 위 시에 대한 설명으로 적절하지 않은 것은?

① 화자의 정서를 직접적으로 표현하고 있다.

② 계절의 흐름에 따라 시상 전개가 이루어진다.

③ 두 여인의 대화 형식으로 내용이 전개되고 있다.

④ 진솔한 감정을 담은 순우리말 표현을 구사하고 있다.

2 〈보기〉를 참고할 때 위 시에 대한 설명으로 적절하지 않은 것은?

> ───〈보기〉───
>
> '속미인곡'은 두 여인이 대화하는 형식을 취하고 있는데, 편의상 중심인물에게 질문을 던지며 대화에 짧게 개입하는 보조 인물을 '갑녀'라 하고 자신의 사연을 얘기하며 작품의 주제 의식을 드러내는 중심인물을 '을녀'라 지칭한다.

① 을녀는 자신의 행위를 자책하고 있다.

② 을녀는 헤어진 임을 원망하며 그리워하고 있다.

③ 갑녀는 을녀의 사연을 듣고 위로를 건네고 있다.

④ 갑녀는 을녀가 백옥경을 떠난 이유를 궁금해 하고 있다.

3 밑줄 친 ㉠~㉣ 중 행동의 주체가 다른 하나는?

① ㉠

② ㉡

③ ㉢

④ ㉣

4 다음 중 뜻풀이로 옳지 않은 것은?

① 괴얌 즉흔가마는: 사랑함 직한가마는

② 군쁘디 전혀 업서: 나쁜 생각이 전혀 없어

③ 니러 안자 혜여ᄒ니: 일어나 앉아 생각해 보니

④ 사름이라 허믈ᄒ랴: 사람을 탓하겠는가

5 위 시와 가장 유사한 정서가 나타나는 것은?

① 매화 옛 등걸에 봄철이 돌아오니
   옛 피던 가지에 피엄직도 하다마는
   춘설이 난분분(亂紛紛)하니 필 동 말 동 하여라.

② 대쵸 볼 불근 골에 밤은 어이 뜻드르며,
   벼 뷘 그르헤 게는 어이 ᄂᆞ리는고.
   술 닉쟈 체 쟝수 도라가니 아니 먹고 어이리.

③ 님 그린 상사몽(相思夢)이 실솔(蟋蟀)이 넉시 되여
   추야장(秋夜長) 깁픈 밤에 님의 방(房)에 드럿다가
   날 잇고 깁피 든 잠을 ᄭᆡ와 볼가 ᄒᆞ노라.

④ 국화(菊花)야 너는 어이 삼월 동풍(東風) 다 지ᄂᆡ고
   낙목한천(落木寒天)에 네 홀로 픠엿는다.
   아마도 오상고절(傲霜孤節)은 너ᄲᅮᆫ인가 ᄒᆞ노라.

⇒ 뒷장에 계속

[6~10] 다음 시를 읽고 물음에 답하시오.

님다히 쇼식(消息)을 아므려나 아쟈 ᄒ니 오늘도 거의로다. 뉘일이나 사름 올가. 내 ᄆ음 둘 ᄃᆡ 업다. 어드러로 가쟛 말고. 잡거니 밀거니 놉픈 뫼희 올라가니 구롬은ᄏᆞ니와 **안개**는 므스 일고. 산천(山川)이 어둡거니 **일월(日月)**을 엇디 보며 지척(咫尺)을 모르거든 쳔리(千里)를 ᄇᆞ라보랴. 출하리 믈ᄀᆞ의 가 ᄇᆡ 길히나 보랴 ᄒ니 ᄇᆞ람이야 믈결이야 어둥졍 된뎌이고. 샤공은 어ᄃᆡ 가고 븬 ᄇᆡ만 걸렷ᄂᆞᆫ고. 강텬(江天)의 혼쟈 셔셔 디ᄂᆞᆫ ᄒᆡ를 구버보니 님다히 쇼식(消息)이 더옥 아득ᄒ뎌이고.

모쳠(茅簷) ᄎᆞᆫ 자리의 밤듕만 도라오니 **반벽 청등(半壁靑燈)**은 눌 위ᄒᆞ야 불갓ᄂᆞᆫ고. 오르며 ᄂᆞ리며 헤뜨며 바니니 져근덧 녁진(力盡)ᄒᆞ야 풋ᄌᆞᆷ을 잠간 드니 정셩(精誠)이 지극ᄒᆞ야 ㅣ꿈ㅣ의 님을 보니 옥(玉) ᄀᆞᆮᄐᆞᆫ 얼굴이 반(半)이나마 늘거셰라. ᄆᆞ음의 머근 말ᄉᆞᆷ 슬ᄏᆞ장 ᄉᆞᆲ쟈ᄒ니 눈믈이 바라 나니 말인들 어이ᄒᆞ며 졍(情)을 못다 ᄒᆞ야 목이조차 몌여ᄒ니 오뎐된 계셩(鷄聲)의 ᄌᆞᆷ은 엇디 ᄭᆡ돗던고.

[A] 어와, 허ᄉ(虛事)로다. 이 님이 어ᄃᆡ 간고. 결의 니러 안쟈 창(窓)을 열고 ᄇᆞ라보니 어엿븐 그림재 날 조출 ᄲᅢᆫ이로다. 출하리 싀여디여 ㉠**낙월(落月)**이나 되야이셔 님 겨신 창(窓) 안히 번드시 비최리라.

각시님 ᄃᆞᆯ이야ᄏᆞ니와 ㉡**구준비**나 되쇼셔.

- 정철, '속미인곡(續美人曲)'

6 〈보기〉를 참고할 때, 위 시에 대한 반응으로 적절하지 않은 것은?

〈보기〉

'속미인곡'은 작가 정철이 벼슬을 그만두고 고향에서 은거하던 시절에 쓴 작품으로, 사랑하는 임과 이별한 여인을 화자로 설정하여 임금을 그리워하는 마음을 표현했다. 작가의 다른 작품인 '사미인곡'과 함께 가사 문학의 백미로 꼽히는데, 한자 어구와 고사가 많이 쓰인 '사미인곡'과 달리 순우리말 표현의 묘미를 잘 살렸다는 평가를 받고 있다.

① 우리말 표현을 통해 진솔한 정서를 드러내고 있군.

② 임금에게 버림받은 신하로서 느끼는 한의 정서가 드러나는군.

③ 임에 대한 일편단심은 임금에 대한 충정으로 해석할 수 있겠군.

④ 여성 화자의 목소리를 빌려 정서를 효과적으로 형상화하고 있군.

7 ㉠과 ㉡에 대한 설명으로 가장 적절한 것은?

① ㉠은 화자의 소망을, ㉡은 소망의 성취를 의미한다.

② ㉠은 소극적인 사랑을, ㉡은 적극적인 사랑을 의미한다.

③ ㉠은 화자의 감정이 이입된 대상이며, ㉡은 임과의 만남을 막는 장애물이다.

④ ㉠은 임의 부재로 인한 외로움을, ㉡은 임을 향한 그리움을 형상화한 소재이다.

8 '쏨'에 대한 설명으로 가장 적절한 것은?

① 임은 화자가 기억하던 모습 그대로이다.

② 임과 화자의 거리감은 좁혀지지 않는다.

③ 화자는 임에 대한 원망을 토로하고 있다.

④ 화자는 임에게 하고 싶은 말을 모두 전했다.

9 [A]에 대한 설명으로 적절하지 않은 것은?

① 화자의 외로움이 강조되어 있다.

② 임에 대한 화자의 의지를 표현하였다.

③ 임을 걱정하는 마음이 심화되고 있음을 보여 준다.

④ 꿈에서 임을 만나고 깨어난 후의 허무함이 드러난다.

10 시어에 대한 설명으로 적절하지 않은 것은?

① '빈 빅'는 화자의 외로운 처지를 부각한다.

② '일월(日月)'은 화자가 그리워하는 대상이다.

③ '안개'는 화자와 임 사이를 가로막는 장애물이다.

④ '반벽 청등(半壁靑燈)'은 임에 대한 화자의 마음이다.

정답 및 해설 p.26

[1~5] 다음 시를 읽고 물음에 답하시오.

> 지상에는
> 아홉 켤레의 신발.
> 아니 현관에는 아니 들깐에는
> 아니 어느 시인의 가정에는
> ㉠ 알전등이 켜질 무렵을
> 문수(文數)가 다른 아홉 켤레의 신발을.
>
> 내 신발은
> 십구 문 반(十九文半).
> ㉡ 눈과 얼음의 길을 걸어
> 그들 옆에 벗으면
> 육 문 삼(六文三)의 코가 납작한
> 귀염둥아 귀염둥아
> 우리 막내둥아.
>
> 미소하는
> 내 얼굴을 보아라.
> ㉢ 얼음과 눈으로 벽(壁)을 짜 올린
> 여기는 / 지상.
> 연민(憐憫)한 삶의 길이여.
> 내 신발은 십구 문 반.
>
> 아랫목에 모인
> 아홉 마리의 강아지야.
> 강아지 같은 것들아.
> ㉣ 굴욕과 굶주림과 추운 길을 걸어
> 내가 왔다.
> 아버지가 왔다.
> 아니 십구 문 반의 신발이 왔다.
> 아니 지상에는
> 아버지라는 어설픈 것이 / 존재한다.
> 미소하는 / 내 얼굴을 보아라.
>
> — 박목월, '가정(家庭)'

1 위 시에 대한 설명으로 적절하지 않은 것은?

① 화자가 작품 표면에 직접적으로 드러난다.
② 힘든 삶을 살아온 아버지에 대한 그리움이 나타난다.
③ 일상적이고 소박한 소재를 사용하여 시상을 전개한다.
④ 특정한 대상을 청자로 설정하여 말을 건네는 형식을 취한다.

2 화자에 대한 설명으로 옳지 않은 것은?

① 가장으로서의 권위를 강조하고 있다.
② 아홉 명의 자식을 부양하고 있는 시인이다.
③ 자신의 삶에 대해 연민의 감정을 가지고 있다.
④ 아버지로서 책임을 다하지 못한다는 자책감을 느끼고 있다.

3 위 시의 특징으로 적절하지 않은 것은?

① 동일한 시어를 반복하여 운율을 형성하고 있다.
② 직유와 은유를 통해 대상에 대한 애정을 드러내고 있다.
③ 대조적인 시어를 통해 화자가 느끼는 책임감을 부각하고 있다.
④ 후각적 심상을 활용하여 시적 상황을 감각적으로 나타내고 있다.

4 ㉠~㉣ 중 나머지 셋과 성격이 다른 하나는?

① ㉠ 알전등이 켜질 무렵
② ㉡ 눈과 얼음의 길
③ ㉢ 얼음과 눈으로 벽(壁)을 짜 올린
④ ㉣ 굴욕과 굶주림과 추운 길

5 위 시에 대한 감상으로 적절하지 않은 것은?

① 고달픈 삶을 사는 아버지의 애환을 엿볼 수 있다.
② 가족에 대한 아버지의 사랑과 책임 의식이 나타난다.
③ 가정과 사회에서 소외된 아버지의 외로움을 확인할 수 있다.
④ 고통스러운 현실을 극복하고자 하는 아버지의 의지가 드러난다.

정답 및 해설 p.30

[1~5] 다음 시를 읽고 물음에 답하시오.

(가) 강호(江湖)애 병(病)이 깁퍼 듁님(竹林)의 누엇더니, 관동(關東) 팔빅(八白) 니(里)에 방면(方面)을 맛디시니, 어와 셩은(聖恩)이야 가디록 망극(罔極)ᄒ다. ㉠ 연츄문(延秋門) 드리ᄃ라 경회남문(慶會南門) 브라보며, 하직(下直)고 믈너나니 옥졀(玉節)이 알픠 셧다. 평구역(平丘驛) 물을 ᄀ라 흑슈(黑水)로 도라드니, 셤강(蟾江)은 어듸메오 티악(雉岳)이 여긔로다.

(나) 쇼양강(昭陽江) ᄂ린 믈이 어드러로 든단 말고. 고신(孤臣) 거국(去國)에 빅발(白髮)도 하도 할샤. 동쥐(東州) 밤 계오 새와 븍관뎡(北寬亭)의 올나ᄒ니, 삼각산(三角山) 뎨일봉(第一峰)이 ᄒ마면 뵈리로다. 궁왕(弓王) 대궐(大闕) 터희 오쟉(烏鵲)이 지지괴니, 쳔고(千古) 흥망(興亡)을 아ᄂ다 몰ᄋᄂ다. 회양(淮陽) 녜 일홈이 마초아 ᄀ틀시고. 급댱유(汲長孺) 풍치(風彩)를 고텨 아니 볼 게이고.

(다) 영듕(營中)이 무ᄉ(無事)ᄒ고 시졀(時節)이 삼월(三月)인 제, 화쳔(花川) 시내길히 풍악(楓岳)으로 버더 잇다. 힝장(行裝)을 다 썰티고 셕경(石逕)의 막대 디퍼, 빅쳔동(百川洞) 겨틱 두고 만폭동(萬瀑洞) 드러가니, ㉡ 은(銀) ᄀ튼 무지게 옥(玉) ᄀ튼 룡(龍)의 초리, 섯돌며 ᄲᆷᄂ 소ᄅᆞᆯ 십 리(十里)의 ᄌ자시니, 들을 제ᄂ 우레러니 보니ᄂ 눈이로다. 금강ᄃᆡ(金剛臺) 믠 우층(層)의 션학(仙鶴)이 삿기 치니, 츈풍(春風) 옥뎍셩(玉笛聲)의 첫ᄌᆷ을 ᄭᅵ돗던디, 호의현샹(縞衣玄裳)이 반공(半空)의 소소 ᄯᅳ니, 셔호(西湖) 녯 쥬인(主人)을 반겨셔 넘노ᄂ ᄃᆞᆺ.

(라) 쇼향노(小香爐) 대향노(大香爐) 눈 아래 구버보고, 졍양ᄉ(正陽寺) 진헐ᄃᆡ(眞歇臺) 고텨 올나 안ᄌᆞᆫ마리, 녀산(廬山) 진면목(眞面目)이 여긔야 다 뵈ᄂ다. 어와 조화옹(造化翁)이 헌ᄉᄐᆞ 헌ᄉᄒᆞᆯ샤. 늘거든 ᄯᅱ디 마나 셧거든 솟디 마나. 부용(芙蓉)을 고잣ᄂ ᄃᆞᆺ 빅옥(白玉)을 믓것ᄂ ᄃᆞᆺ, 동명(東溟)을 박ᄎᄂ ᄃᆞᆺ 북극(北極)을 괴왓ᄂ ᄃᆞᆺ. 놉흘시고 망고ᄃᆡ(望高臺), 외로올샤 혈망봉(穴望峰)이 하ᄂᆯ의 추미러 무ᄉ 일을 ᄉᄅᆞ리라, 쳔만겁(千萬劫) 디나ᄃᆞ록 구필 줄 모ᄅᆞᄂ다. 어와 너여이고 너 ᄀᄐᄂ니 ᄯᅩ 잇ᄂ가. 기심ᄃᆡ(開心臺) 고텨 올나 듕향셩(衆香城) 브라보며, 만(萬) 이쳔봉(二千峰)을 녁녁(歷歷)히 혀여ᄒ니, 봉(峰)마다 ᄆᆡᆺ텨 잇고 긋마다 서린 긔운, ㉢ ᄆᆞᆰ거든 조티 마나 조커든 ᄆᆞᆰ디 마나. 뎌 긔운 흐터 내야 인걸(人傑)을 ᄆᆞᆫ들고쟈. 형용(形容)도 그지업고 톄셰(體勢)도 하도 할샤. 텬디(天地) 삼기실 제 ᄌᄋ연(自然)이 되연마ᄂ, 이제 와 보게 되니 유졍(有情)도 유졍(有情)ᄒᆞᆯ샤.

- 정철, '관동별곡(關東別曲)'

1 위 시에 대한 설명으로 옳지 않은 것은?

① 공간 이동에 따라 시상을 전개하고 있다.

② 자연물에 인격을 부여하여 표현하고 있다.

③ 대유법을 사용해 화자의 의지를 강조하고 있다.

④ 동적 이미지와 정적 이미지의 대조를 통해 풍경을 묘사하고 있다.

2 위 시에 드러난 화자의 태도로 적절하지 않은 것은?

① 고사를 인용하여 선정(善政)에 대한 포부를 드러냈다.

② 색채 이미지를 활용하여 우국지정(憂國之情)을 나타냈다.

③ 관조적이고 달관적인 태도로 중용(中庸)에 대해 강조했다.

④ 왕을 연상하게 하는 자연물을 이용하여 연군지정(戀君之情)을 표현했다.

3 ㉠~㉣에 대한 설명으로 적절하지 않은 것은?

① ㉠: 관찰사로 임명된 과정을 속도감 있게 표현하고 있다.

② ㉡: 폭포의 역동적인 모습을 묘사하고 있다.

③ ㉢: 왕을 절대적 존재에 빗대어 찬양하고 있다.

④ ㉣: 산봉우리의 기운이 맑고 깨끗하다는 의미이다.

4 〈보기〉의 밑줄 친 부분에 사용된 표현법과 가장 유사한 것은?

───〈보기〉───
棉布新治雪樣鮮　　새로 짜낸 무명이 눈결같이 고왔는데
黃頭來博吏房錢　　이방 줄 돈이라고 황두가 뺏어 가네
漏田督稅如星火　　누전 세금 독촉이 성화같이 급하구나
三月中旬道發船　　삼월 중순 세곡선(稅穀船)이 서울로 떠난다고
－ 정약용, '탐진촌요(耽津村謠)'

① 셤강(蟾江)은 어듸메오 티악(雉岳)이 여긔로다

② 은(銀) ▽튼 무지게 옥(玉) ▽튼 룡(龍)의 초리

③ 쇼양강(昭陽江) ᄂ린 믈이 어드러로 든단 말고

④ 강호(江湖)애 병(病)이 깁퍼 듁님(竹林)의 누엇더니

5 위 시에 대한 이해로 적절하지 않은 것은?

① (가)에서 화자의 내적 갈등이 해소된다.

② (나)에서 인생무상의 정취를 드러내고 있다.

③ (다)에서 감각적 이미지를 통해 대상에 대한 감상을 표현했다.

④ (라)에서 화자는 '진헐ᄃᆡ'와 '기심ᄃᆡ'에 올라갔다.

⇒ 뒷장에 계속

[6~10] 다음 시를 읽고 물음에 답하시오.

(마) 비로봉(毗盧峰) 샹샹두(上上頭)의 올라 보니 긔 뉘신고. 동산(東山) 태산(泰山)이 어느야 놉돗던고. 노국(魯國) 조븐 줄도 우리는 모르거든, 넙거나 넙은 텬하(天下) 엇찌ᄒ야 젹닷 말고. ㉠ 어와 뎌 디위를 어이ᄒ면 알 거이고. 오르디 못ᄒ거니 ᄂᆞ려가미 고이ᄒᆞᆯ가. 원통(圓通)골 ᄀᆞᄂᆞᆫ 길로 ᄉᆞᄌᆞ봉(獅子峰)을 ᄎᆞ자가니, 그 알픠 너러바회 화룡(化龍)쇠 되여셰라. 쳔년(千年) 노룡(老龍)이 구비구비 서려 이셔, 듀야(晝夜)의 흘녀 내여 창ᄒᆡ(滄海)예 니어시니, 풍운(風雲)을 언제 어더 삼일우(三日雨)를 디련ᄂᆞᆫ다. ㉡ 음애(陰崖)예 이온 플을 다 살와 내여ᄉᆞ라.

(바) 산듕(山中)을 ᄆᆡ양 보랴 동ᄒᆡ(東海)로 가쟈ᄉᆞ라. 남여 완보(籃輿緩步)ᄒ야 산영누(山映樓)의 올나ᄒᆞ니, 녕농(玲瓏) 벽계(碧溪)와 수셩(數聲) 데됴(啼鳥)ᄂᆞᆫ 니별(離別)을 원(怨)ᄒᆞᄂᆞᆫ 듯, 졍긔(旌旗)를 썰티니 오ᄉᆡᆨ(五色)이 넘노ᄂᆞᆫ 듯, 고각(鼓角)을 섯부니 ᄒᆡ운(海雲)이 다 것ᄂᆞᆫ 듯. 명사(鳴沙)길 니근 ᄆᆞᆯ이 취션(醉仙)을 빗기 시러, 바다홀 겻ᄐᆡ 두고 ᄒᆡ당화(海棠花)로 드러가니, ᄇᆡᆨ구(白鷗)야 ᄂᆞ디 마라 네 버딘 줄 엇디 아는.

(사) 진쥬관(眞珠館) 듁셔루(竹西樓) 오십쳔(五十川) ᄂᆞ린 믈이, 태ᄇᆡᆨ산(太白山) 그림재를 동ᄒᆡ(東海)로 다마 가니, 출하리 한강(漢江)의 목멱(木覓)의 다히고져. 왕뎡(王程)이 유ᄒᆞᆫ(有)ᄒᆞ고 풍경(風景)이 못 슬믜니, 유회(幽懷)도 하도 할샤 긱수(客愁)도 둘듸 업다. 〈중 략〉 텬근(天根)을 못내 보와 망양뎡(望洋亭)의 올은말이, 바다 밧근 하늘이니 하늘 밧근 므서신고. ᄀᆞᄃᆞᆨ 노훈 고래 뉘라셔 놀내관ᄃᆡ, 블거니 ᄲᅮᆷ거니 어즈러이 구는디고. 은산(銀山)을 것거 내여 뉵합(六合)의 ᄂᆞ리는 듯, 오월(五月) 댱텬(長天)의 ᄇᆡᆨ셜(白雪)은 므ᄉᆞ 일고.

(아) 져근덧 밤이 드러 풍낭(風浪)이 뎡(定)ᄒᆞ거ᄂᆞᆯ, 부상(扶桑) 지쳑(咫尺)의 명월(明月)을 기ᄃᆞ리니, 셔광(瑞光) 쳔댱(千丈)이 뵈ᄂᆞᆫ 듯 숨ᄂᆞᆫ고야. 쥬렴(珠簾)을 고텨 것고 옥계(玉階)를 다시 쓸며, 계명셩(啓明星) 돗도록 곳초 안자 ᄇᆞ라보니, ᄇᆡᆨ년화(白蓮花) ᄒᆞᆫ 가지를 뉘라셔 보내신고. ㉢ 일이 됴흔 셰계(世界) ᄂᆞᆷ대되 다 뵈고져. 뉴하쥬(流霞酒) ᄀᆞᄃᆞᆨ 부어 ᄃᆞᆯᄃᆞ려 무론 말이, 영웅(英雄)은 어디 가며, ᄉᆞ션(四仙)은 긔 뉘러니, 아미나 맛나 보아 녯 긔별 뭇쟈 ᄒᆞ니, 션산(仙山) 동ᄒᆡ(東海)예 갈 길히 머도 멀샤.

(자) 송근(松根)을 볘여 누어 픗ᄌᆞᆷ을 얼픗 드니, 꿈애 ⓐ ᄒᆞᆫ 사ᄅᆞᆷ이 날ᄃᆞ려 닐온 말이, 그ᄃᆡ를 내 모ᄅᆞ랴 상계(上界)예 진션(眞仙)이라. 황뎡경(黃庭經) 일ᄌᆞ(一字)를 엇디 그릇 닐거 두고, 인간(人間)의 내려와셔 ⓑ 우리를 ᄯᆞ오ᄂᆞᆫ다. 져근덧 가디 마오 이 술 ᄒᆞᆫ 잔 머거 보오. ㉣ 북두셩(北斗星) 기우려 창ᄒᆡ슈(滄海水) 부어 내여, ⓒ 저 먹고 날 머겨늘 서너 잔 거후로니, 화풍(和風)이 습습(習習)ᄒ야 냥익(兩腋)을 추혀드니, 구만(九萬) 리(里) 댱공(長空)애 져기면 ᄂᆞᆯ리로다. 이 술 가져다가 ᄉᆞᄒᆡ(四海)예 고로 ᄂᆞ화, 억만창ᄉᆡᆼ(億萬蒼生)을 다 취(醉)케 ᄆᆡᆼ근 후(後)의, 그제야 고텨 맛나 또 ᄒᆞᆫ 잔 ᄒᆞ쟛고야. 말 디쟈 학(鶴)을 ᄐᆞ고 구공(九空)의 올나가니, 공듕(空中) 옥쇼(玉簫) 소ᄅᆡ 어제런가 그제런가. ⓓ 나도 ᄌᆞᆷ을 ᄭᆡ여 바다홀 구버 보니, 기픠를 모ᄅᆞ거니 ᄀᆞ인들 엇디 알리. 명월(明月)이 쳔산만낙(千山萬落)의 아니 비쵠 ᄃᆡ 업다.

— 정철, '관동별곡(關東別曲)'

6 다음 중 ㉠~㉣에 대한 감상으로 적절하지 않은 것은?

① ㉠: 성인의 정신적 경지를 흠모하는 표현이다.
② ㉡: 단사표음의 자세가 엿보이는 표현이다.
③ ㉢: 애민 정신과 선정의 포부를 드러내는 표현이다.
④ ㉣: 화자의 호탕한 기상이 부각되는 표현이다.

7 위 시에 대한 특징으로 옳은 것은?

① 역순행적 구성으로 시상을 전개하고 있다.

② 계절의 변화에 따라 시상을 전개하고 있다.

③ 수미 상관의 구조로 시상을 마무리하고 있다.

④ 구체적인 장소를 언급하며 시상을 전개하고 있다.

8 위 시에 대한 설명으로 적절하지 않은 것은?

① (바)에서 '산'에서 '바다'로 시상의 전환이 이루어진다.

② (사)에서 화자는 공적인 의무와 사적인 욕망 사이에서 갈등한다.

③ (아)에서 시간적 배경의 변화가 나타난다.

④ (자)에서 화자는 자연을 즐기고 싶은 본연의 욕망을 선택한다.

9 (자)의 밑줄 친 @~@ 중 가리키는 대상이 다른 것은?

① @ 흔 사름 　　　　　　② ⓑ 우리

③ ⓒ 저 　　　　　　　　④ ⓓ 나

10 위 시의 화자에 대한 설명으로 적절하지 않은 것은?

① '빅구'를 활용하여 자연 친화적 태도를 드러내고 있다.

② 자신을 신선으로 비유하며 도교적 사상을 나타내고 있다.

③ 중의적인 표현을 통해 나라에 대한 근심을 드러내고 있다.

④ 대상에 감정을 이입하여 금강산을 떠나는 아쉬움을 표현하고 있다.

정답 및 해설 p.32

[1~5] 다음 시를 읽고 물음에 답하시오.

매운 계절(季節)의 ⊙ 채찍에 갈겨
마침내 ⓒ 북방(北方)으로 휩쓸려 오다.

하늘도 그만 지쳐 끝난 고원(高原)
서릿발 칼날진 그 위에 서다

어데다 무릎을 꿇어야 하나?
ⓒ 한 발 재겨 디딜 곳조차 없다.

ⓔ 이러매 눈 감아 생각해 볼밖에
ⓐ 겨울은 강철로 된 무지갠가 보다.

- 이육사, '절정(絶頂)'

1 　 위 시의 특징으로 적절하지 않은 것은?

① 색채 이미지의 대비를 통해 주제를 부각하고 있다.

② 한시(漢詩)의 '기-승-전-결'과 유사한 구성 방식을 취하고 있다.

③ 강렬하고 남성적인 시어를 사용하여 굳은 의지를 형상화하고 있다.

④ 극한의 상황들을 점층적으로 제시하여 화자의 처지를 드러내고 있다.

2 　 ⊙~ⓔ에 대한 설명으로 적절한 것은?

① ⊙: 무기력했던 자신의 과거를 비판하고 있다.

② ⓒ: 화자가 도달하기를 소망했던 이상적 공간이다.

③ ⓒ: 극한 상황에 몰린 화자의 심리를 표현했다.

④ ⓔ: 비극적인 상황을 외면하기 위해 눈을 감고 있다.

3 ⓐ에 사용된 표현법과 가장 유사한 것은?

① 오늘 내 여기서 너를 불러 보노라!

② 비인 밭에 밤바람 소리 말을 달리고

③ 두 볼에 흐르는 빛이 / 정작으로 고와서 서러워라.

④ 가르마 같은 논길을 따라 꿈속을 가듯 걸어만 간다.

4 위 시의 화자에 대한 설명으로 가장 적절한 것은?

① 과거를 회상하며 성찰적인 태도를 드러낸다.

② 부정적인 현실에 처해 고통 속에서 좌절한다.

③ 동경의 대상을 상실한 것에 대한 비애를 표출한다.

④ 관조적인 자세로 시련을 극복하고자 하는 의지를 보인다.

5 위 시에 대한 감상으로 적절하지 않은 것은?

① 현재형 시제를 사용하여 화자의 강한 의지를 드러냈다.

② 모순적인 시어를 결합시킨 표현을 통해 주제를 효과적으로 나타냈다.

③ '고원'과 '무지개'는 화자가 희망을 잃지 않았음을 보여 주는 시어이다.

④ 1-2연에서 화자의 외적 상황을 제시한 뒤 3-4연에서 화자의 내면을 제시했다.

정답 및 해설 p.36

해커스공무원
국어 **문학 333 vol. 1**

Part 2
산문 문학

DAY 15~30

DAY 15

[1~5] 다음 글을 읽고 물음에 답하시오.

(가) 구장님도 내 이야기를 자세히 듣더니 퍽 딱한 모양이었다. 하기야 구장님뿐만 아니라 누구든지 다 그럴 게다.

㉠ 길게 길러 둔 새끼손톱으로 코를 후벼서 저리 탁 튀기며

"그럼 봉필 씨! 얼른 성롈 시켜 주구려, 그렇게까지 제가 하구 싶다는 걸……."

하고 내 짐작대로 말했다. 그러나 이 말에 장인님이 삿대질로 눈을 부라리고

"아, 성례구 뭐구 기집애년이 미처 자라야 할 게 아닌가?"

하니까 고만 멀쭈룩해서 입맛만 쩍쩍 다실 뿐이 아닌가…….

"그것두 그래!"

"그래, 거진 사 년 동안에도 안 자랐다니 그 킨 은제 자라지유? 다 그만두구 사경 내슈……."

"글쎄, 이 자식아! 내가 크질 말라구 그랬니, 왜 날 보구 떼냐?"

㉡ 빙모님은 참새만 한 것이 그럼 어떻게 앨 낳지유?(사실 장모님은 점순이보다도 귓배기 하나가 적다.)"

장인님은 이 말을 듣고 껄껄 웃드니 (그러나 암만해두 돌 씹은 상이다.) 코를 푸는 척하고 날 은근히 골릴랴구 팔꿈치로 옆 갈비께를 퍽 치는 것이다. 더럽다. 나두 종아리의 파리를 쫓는 척하고 허리를 구부리며 어깨로 그 궁둥이를 콱 떼밀었다. 장인님은 앞으로 우찔근하고 싸리문께로 씨러질 듯하다 몸을 바루 고치드니 눈총을 몹시 쏘았다. 이런 쌍년의 자식 하곤 싶으나, 남의 앞이라서 차마 못 하고 섰는 그 꼴이 보기에 퍽 쟁그러웠다.

(나) 그러나 이 말에는 별반 신통한 귀정을 얻지 못하고 도루 논으로 돌아와서 모를 부었다. 왜냐면, 장인님이 뭐라구 귓속말로 수군수군하고 간 뒤다. 구장님이 날 위해서 조용히 데리구 아래와 같이 일러 주었기 때문이다. (뭉태의 말은 구장님이 장인님에게 땅 두 마지기 얻어 부치니까 그래 꾀였다고 하지만 난 그렇게 생각하지 않는다.)

"자네 말두 하기야 옳지. 암, 나이 찼으니까 아들이 급하다는 게 잘못된 말은 아니야. 하지만 농사가 한창 바쁜 때 일을 안 한다든가 집으로 달아난다든가 하면 손해죄루 그것두 징역을 가거든! ㉢ (여기에 그만 정신이 번쩍 났다.) 〈중 략〉 또, 결혼두 그렇지. 법률에 성년이란 게 있는데 스물하나가 돼야지 비로소 결혼을 할 수가 있는 걸세. 자넨 물론 아들이 늦을 걸 염려하지만, 점순이로 말하면 이제 겨우 열여섯이 아닌가. 그렇지만 아까 빙장님의 말씀이 올 갈에는 열 일을 제치고라두 성례를 시켜 주겠다 하시니 좀 고마울 겐가. 빨리 가서 모 붓든 거나 마저 붓게. 군소리 말구 어서 가."

㉣ 그래서 오늘 아침까지 끽소리 없이 왔다.

- 김유정, '봄·봄'

1 윗글을 읽고 알 수 있는 내용으로 적절하지 않은 것은?

① 구장은 장인의 사주를 받고 '나'를 설득했다.

② 장인은 점순이의 키를 핑계로 성례를 미뤄 왔다.

③ '나'는 장인의 이중적인 모습을 못마땅하게 여긴다.

④ '나'는 구장이 장인의 눈치를 보고 있다고 생각한다.

2 (나)에서 드러나는 구장의 말하기 방식으로 적절하지 않은 것은?

① 법적 근거를 들어 협박하고 있다.

② 타인의 말을 인용하여 상대를 달래고 있다.

③ 상대의 말에 동의하는 척하면서 회유하고 있다.

④ 제안을 수락하면 얻을 수 있는 이점을 언급하고 있다.

3 윗글에 대한 설명으로 옳은 것만을 〈보기〉에서 모두 고르면?

---- 〈보기〉 ----

ㄱ. '나'는 장인의 태도에 불만을 가지고 있다.

ㄴ. '나'는 구장이 장인의 편을 들자 실망하고 있다.

ㄷ. 구장은 줏대 없이 우유부단한 모습을 보이고 있다.

ㄹ. 장인은 구장에게 억울함을 호소하며 중재를 요청했다.

① ㄱ, ㄴ   ② ㄱ, ㄷ

③ ㄴ, ㄹ   ④ ㄱ, ㄴ, ㄹ

4 윗글의 서술상 특징에 대한 설명으로 적절하지 않은 것은?

① 인물을 희화화하여 웃음을 유발한다.

② 사건의 서술이 역순행적으로 구성되어 있다.

③ 1인칭 서술자가 주요 인물을 관찰하고 있다.

④ 방언과 비속어 등을 사용하여 현장감을 높이고 있다.

5 ⊙~㉢에 대한 설명으로 적절하지 않은 것은?

① ⊙: 구장이 '나'의 상황에 대해 대수롭지 않게 생각하고 있음을 알 수 있다.

② ⊙: 장인의 이중 잣대를 지적하며 반어적 표현을 통해 웃음을 유발하고 있다.

③ ⊙: 구장의 말을 곧이곧대로 믿는 '나'의 어수룩한 면모가 드러나 있다.

④ ㉢: 앞서 서술한 내용이 '나'가 과거의 일을 회상한 것임을 알 수 있다.

⇒ 뒷장에 계속

(다) 장인님은 더 약이 바짝 올라서 잡은 참 지게막대기로 내 어깨를 그냥 내려갈겼다. 정신이 다 아찔하다. 다시 고개를 들었을 때 그때엔 나도 온몸에 약이 올랐다. ㉠ 이 녀석의 장인님을, 하고 눈에서 불이 퍽 나서 그 아래 밭 있는 넝 알로 그대로 떠밀어 굴려 버렸다.

기어오르면 굴리고 굴리면 기어오르고 이러길 한 너덧 번을 하며 그럴 적마다

"부려만 먹구 왜 성례 안 하지유!"

나는 이렇게 호령했다. 하지만, 장인님이 선뜻 오냐 낼이라두 성례시켜 주마 했으면 나도 성가신 걸 그만두었을지 모른다. 나야 이러면 때린 건 아니니까 나중에 장인 쳤다는 누명도 안 들을 터이고 얼마든지 해도 좋다.

(라) 한번은 장인님이 헐떡헐떡 기어서 올라오더니 내 바짓가랑이를 요렇게 노리고서 단박 움켜잡고 매달렸다. 악, 소리를 치고 나는 그만 세상이 다 팽그르 도는 것이

"빙장님! 빙장님! 빙장님!" / "이 자식! 잡아먹어라, 잡아먹어!"

"아! 아! 할아버지! 살려 줍쇼, ㉡ 할아버지!"

하고 두 팔을 허둥지둥 내저을 적에는 이마에 진땀이 쭉 내솟고 인젠 참으로 죽나 부다 했다. 그래두 장인님은 놓질 않드니 내가 기어이 땅바닥에 쓰러져서 거진 까무러치게 되니까 놓는다. 더럽다, 더럽다. 이게 장인님인가?

(마) 내가 머리가 터지도록 매를 얻어맞은 것이 이 때문이다. 그러나 여기가 또한 우리 장인님이 유달리 착한 곳이다. 여느 사람이면 사경을 주어서라도 당장 내쫓았지, 터진 머리를 불솜으로 손수 지져 주고, 호주머니에 히연 한 봉을 넣어 주고, 그리고

"올 갈엔 꼭 성례를 시켜 주마. 암말 말구 가서 뒷골의 콩밭이나 얼른 갈아라."

하고 등을 뚜덕여 줄 사람이 누구냐.

나는 장인님이 너무나 고마워서 어느덧 눈물까지 났다. 점순이를 남기고 인젠 내쫓기려니 하다 뜻밖의 말을 듣고,

"㉢ 빙장님! 인제 다시는 안 그러겠어유⋯⋯." / 이렇게 맹서를 하며 불랴살야 지게를 지고 일터로 갔다.

(바) 그러나 이때는 그걸 모르고 장인님을 원수로만 여겨서 잔뜩 잡아당겼다.

"아! 아! 이놈아! 놔라, 놔⋯⋯."

장인님은 헛손질을 하며 솔개미에 챈 닭의 소리를 연해 질렀다. 놓긴 왜, 이왕이면 호되게 혼을 내 주리라 생각하고 짓궂이 더 당겼다마는, 장인님이 땅에 쓰러져서 눈에 눈물이 피잉 도는 것을 알고 좀 겁도 났다.

"㉣ 할아버지! 놔라, 놔, 놔, 놔놔." / 그래도 안 되니까,

"얘, 점순아! 점순아!"

이 악장에 안에 있었든 장모님과 점순이가 헐레벌떡하고 단숨에 뛰어나왔다.

나의 생각에 장모님은 제 남편이니까 역성을 할는지도 모른다. 그러나 점순이는 내 편을 들어서 속으로 고수해서 하겠지⋯⋯. 대체 이게 웬 속인지(지금까지도 난 영문을 모른다.) 아버질 혼내 주기는 제가 내래 놓고 이제 와서는 달려들며

"에그머니! 이 망할 게 아버지 죽이네!"

하고 귀를 뒤로 잡아당기며 마냥 우는 것이 아니냐. 그만 여기에 기운이 탁 꺾이어 나는 얼빠진 등신이 되고 말았다. 장모님도 덤벼들어 한쪽 귀마저 뒤로 잡아채면서 또 우는 것이다.

이렇게 꼼짝도 못 하게 해 놓고 장인님은 지게막대기를 들어서 사뭇 나려조겼다. 그러나 나는 구태여 피하려 하지도 않고 암만해도 ⓐ 그 속 알 수 없는 점순이의 얼굴만 멀거니 들여다보았다.

- 김유정, '봄·봄'

6 윗글에 대한 설명으로 적절하지 않은 것은?

① '나'는 장인이 때리려고 하자 도망쳤다.

② '나'는 점순이 자신의 편을 들 것이라 생각했다.

③ 장인은 성례를 빌미 삼아 '나'에게 일을 시키고 있다.

④ 점순은 '나'가 장인에게 대들도록 충동질한 적이 있다.

7 (마)에 대한 설명으로 적절하지 않은 것은?

① 시간상으로 가장 나중에 벌어진 사건이다.

② 갈등이 고조되는 작품의 절정 부분에 해당한다.

③ 장인의 속셈을 알아차리지 못하는 '나'의 모습이 해학성을 유발한다.

④ 갈등의 원인이 완전히 해소되지 않아 내년 봄에도 같은 상황이 반복될 것임을 암시한다.

8 ㉠~㉣ 중 가리키는 대상이 다른 하나는?

① ㉠   ② ㉡   ③ ㉢   ④ ㉣

9 ⓐ의 상황에 어울리는 한자 성어로 가장 적절한 것은?

① 오매불망(寤寐不忘)   ② 좌불안석(坐不安席)

③ 망연자실(茫然自失)   ④ 노심초사(勞心焦思)

10 〈보기〉를 참고할 때 윗글에 대한 반응으로 적절하지 않은 것은?

〈보기〉

'봄·봄'은 일반적인 소설의 구성과 달리 결말과 절정을 서로 바꾸어 배치하는 역순행적 구성을 취하고 있다.

---

① 장인이 '나'의 상처를 치료해 주는 장면이 결말에 해당하겠군.

② 주인공의 회상에 따라 사건을 배치하는 입체적인 구성을 취하고 있군.

③ '나'와 장인의 대결 장면을 마지막 부분에 배치함으로써 긴장감을 극대화하고 있군.

④ '나'가 다시 일터로 나가는 장면을 통해 '나'와 장인의 갈등이 완전히 해소되었음을 나타내고 있군.

정답 및 해설 p.38

[1~5] 다음 글을 읽고 물음에 답하시오.

광문(廣文)이라는 자는 거지였다. 일찍이 종루(鐘樓)의 저잣거리에서 빌어먹고 다녔는데, ㉮ 거지 아이들이 광문을 추대하여 패거리의 우두머리로 삼고, 소굴을 지키게 한 적이 있었다.

하루는 날이 몹시 차고 눈이 내리는데, 거지 아이들이 다 함께 빌러 나가고 그중 한 아이만이 병이 들어 따라가지 못했다. 조금 뒤 그 아이가 추위에 떨며 숨을 몰아쉬는데 그 소리가 몹시 처량하였다. ㉠ 광문이 너무도 불쌍하여 몸소 나가 밥을 빌어 왔는데, 병든 아이를 먹이려고 보니 아이는 벌써 죽어 있었다. 거지 아이들이 돌아와서는 광문이 그 애를 죽였다고 의심하여 다 함께 광문을 두들겨 쫓아내니, ㉡ 광문이 밤에 엉금엉금 기어서 마을의 어느 집으로 들어가다가 그 집 개를 놀라게 하였다. 집주인이 광문을 잡아다 꽁꽁 묶으니, 광문이 외치며 하는 말이,

"나는 날 죽이려는 사람들을 피해 온 것이지 감히 도적질을 하러 온 것이 아닙니다. 영감님이 믿지 못하신다면 내일 아침에 저자에 나가 알아보십시오."

하는데, 말이 몹시 순박하므로 집주인이 내심 광문이 도적이 아닌 것을 알고서 새벽녘에 풀어 주었다. ㉢ 광문이 고맙다는 인사를 하고는, 떨어진 거적을 달라 하여 가지고 떠났다. 집주인이 끝내 몹시 이상히 여겨 그 뒤를 밟아 멀찍이서 바라보니, 거지 아이들이 시체 하나를 끌고 수표교(水標橋)에 와서 그 시체를 다리 밑으로 던져 버리는데, 광문이 다리 속에 숨어 있다가 떨어진 거적으로 그 시체를 싸서 가만히 짊어지고 가, ㉣ 서쪽 교외 공동묘지에다 묻고서 울다가 중얼거리다가 하는 것이었다.

이에 집주인이 광문을 붙들고 사유를 물으니, 광문이 그제야 그전에 한 일과 어제 그렇게 된 상황을 낱낱이 고하였다. 집주인이 내심 광문을 의롭게 여겨, 데리고 집에 돌아와 의복을 주며 후히 대우하였다. 그리고 마침내 광문을 약국을 운영하는 어느 부자에게 천거하여 고용인으로 삼게 하였다.

오랜 후 어느 날 그 부자가 문을 나서다 말고 자주자주 뒤를 돌아보다, 도로 다시 방으로 들어가서 자물쇠가 걸렸나 안 걸렸나를 살펴본 다음 문을 나서는데, 마음이 몹시 미심쩍은 눈치였다. 얼마 후 돌아와 깜짝 놀라며, 광문을 물끄러미 살펴보면서 무슨 말을 하고자 하다가, 안색이 달라지면서 그만두었다. 광문은 실로 무슨 영문인지 몰라서 날마다 아무 말도 못하고 지냈는데, 그렇다고 그만두겠다고 말할 수도 없었다.

그 후 며칠이 지나, 부자의 처조카가 돈을 가지고 와 부자에게 돌려주며,

"얼마 전 제가 아저씨께 돈을 빌리러 왔다가, 마침 아저씨가 계시지 않아서 제멋대로 방에 들어가 가져갔는데, 아마도 아저씨는 모르셨을 것입니다."

하는 것이었다. 이에 부자는 광문에게 너무도 부끄러워서 그에게,

"나는 소인이다. 장자(長者)의 마음에 상처를 주었으니 나는 앞으로 너를 볼 낯이 없다."

하고 사죄하였다. 그러고는 알고 지내는 여러 사람들과 다른 부자나 큰 장사치들에게 광문을 의로운 사람이라고 두루 칭찬을 하고, 또 여러 종실(宗室)의 빈객들과 공경(公卿) 문하(門下)의 측근들에게도 지나치리만큼 칭찬을 해 대니, 공경 문하의 측근들과 종실의 빈객들이 모두 이야깃거리를 만들어 밤이 되면 자기 주인에게 들려주었다. 그래서 두어 달이 지나는 사이에 사대부까지도 모두 광문이 옛날의 훌륭한 사람들과 같다는 이야기를 듣게 되었다.

- 박지원, '광문자전(廣文者傳)'

1 ⑦~② 중 인물의 성격을 보여 주는 행동이 아닌 것은?

① ⑦
② ⓛ
③ ⓒ
④ ②

2 밑줄 친 ㉮에 대한 설명으로 가장 적절한 것은?

① 광문에게 일어날 일을 암시하는 복선 역할을 한다.
② 광문이 신분적 한계를 극복하고자 했음을 보여 준다.
③ 광문에 대한 세간의 평가가 엇갈리는 이유를 보여 준다.
④ 광문이 사람들의 관심을 피해 은둔하는 중이었음을 알 수 있다.

3 〈보기〉를 참고할 때, 윗글에 대한 반응으로 적절하지 않은 것은?

─── 〈보기〉 ───

'광문자전(廣文者傳)'은 연암 박지원의 한문 소설로, 실제로 존재했던 광문 또는 달문이라는 인물에 대한 여러 일화를 엮어 만든 소설이다. 연암은 신분이 미천하고 외모가 추한 인물을 주인공으로 내세움으로써 아무것도 가진 것 없는 거지나 부귀를 누리는 양반이나 인간은 모두가 평등하다고 생각했던 자신의 가치관을 드러내었다.

① 광문의 인간됨을 보여 주는 여러 일화들이 병렬 구조로 제시되어 있겠군.
② 대립되는 위치에 있는 인물과 광문의 갈등이 주된 서사 구조로 작용하겠군.
③ 인물의 주요 행적을 기록하는 '전(傳)'의 형식을 취한 것은 광문이 실존 인물임을 염두에 둔 것이군.
④ 일반적인 고전 소설과 달리 재자가인형(才子佳人形) 주인공을 내세우지 않은 것은 작가의 사상과 관련이 있군.

4 윗글에 대한 설명으로 적절하지 않은 것은?

① 요약적 제시를 통해 사건이 전개되고 있다.
② 인물의 긍정적인 면을 부각하여 서술하고 있다.
③ 말과 행동을 통해 인물의 성격을 보여 주고 있다.
④ 다양한 관점에서 사건을 입체적으로 조명하고 있다.

5 윗글에 제시된 약국 부자와의 일화에 대한 이해로 적절하지 않은 것은?

① 부자는 돈이 없어진 것을 알고 광문을 의심하였다.
② 광문의 신의 있는 성품이 널리 알려지는 계기가 된다.
③ 부자는 미심쩍은 상황에도 광문을 직접 추궁하지는 않았다.
④ 광문은 자신의 실수로 인해 부자의 심기가 불편해졌음을 알고 그를 피했다.

⇒ 뒷장에 계속

㉮ 광문은 외모가 극히 추악하고, 말솜씨도 남을 감동시킬 만하지 못하며, 입은 커서 두 주먹이 들락날락하고, 만석희(曼碩戲)를 잘하고 철괴무(鐵拐舞)를 잘 추었다. 우리나라 아이들이 서로 욕을 할 때면, "니 형은 달문(達文)이다."라고 놀려 댔는데, 달문은 광문의 또 다른 이름이었다.

광문이 길을 가다가 싸우는 사람을 만나면 그도 역시 옷을 홀랑 벗고 싸움판에 뛰어들어, 뭐라고 시부렁대면서 땅에 금을 그어 마치 누가 바르고 누가 틀리다는 것을 판정이라도 하는 듯한 시늉을 하니, 온 저자 사람들이 다 웃어 대고 싸우던 자도 웃음이 터져, 어느새 싸움을 풀고 가 버렸다.

광문은 나이 마흔이 넘어서도 머리를 땋고 다녔다. 남들이 장가가라고 권하면, 하는 말이,

㉠ "잘생긴 얼굴은 누구나 좋아하는 법이다. 그러나 사내만 그런 것이 아니라 비록 여자라도 역시 마찬가지다. 그러기에 나는 본래 못생겨서 아예 용모를 꾸밀 생각을 하지 않는다."

하였다. 남들이 집을 가지라고 권하면,

㉡ "나는 부모도 형제도 처자도 없는데 집을 가져 무엇하리. 더구나 나는 아침이면 소리 높여 노래를 부르며 저자에 들어갔다가, 저물면 부귀한 집 문간에서 자는 게 보통인데, 서울 안에 집 호수가 자그만치 팔만 호다. 내가 날마다 자리를 바꾼다 해도 내 평생에는 다 못 자게 된다."

고 사양하였다.

서울 안에 명기(名妓)들이 아무리 곱고 아름다워도, 광문이 성원해 주지 않으면 그 값이 한 푼어치도 못 나갔다.

예전에 궁중의 우림아(羽林兒), 각 전(殿)의 별감(別監), 부마도위(駙馬都尉)의 청지기들이 옷소매를 늘어뜨리고 운심(雲心)의 집을 찾아간 적이 있다. 운심은 유명한 기생이었다. 대청에서 술자리를 벌이고 거문고를 타면서 운심더러 춤을 추라고 재촉해도, 운심은 일부러 늑장을 부리며 선뜻 추지를 않았다. 광문이 밤에 그 집으로 가서 대청 아래에서 어슬렁거리다가, 마침내 자리에 들어가 스스로 상좌(上坐)에 앉았다. 광문이 비록 해진 옷을 입었으나 행동에는 조금의 거리낌도 없이 의기가 양양하였다. 눈가는 짓무르고 눈꼽이 끼었으며 취한 척 구역질을 해 대고, 헝클어진 머리로 북상투[北髻]를 튼 채였다. 온 좌상이 실색하여 광문에게 눈짓을 하며 쫓아내려고 하였다. 광문이 더욱 앞으로 나아가 무릎을 치며 곡조에 맞춰 높으락낮으락 콧노래를 부르자, 운심이 곧바로 일어나 옷을 바꿔 입고 광문을 위하여 칼춤을 한바탕 추었다. 그리하여 온 좌상이 모두 즐겁게 놀았을 뿐 아니라, 또한 광문과 벗을 맺고 헤어졌다.

– 박지원, '광문자전(廣文者傳)'

6 ㉮와 같이 서술한 이유로 가장 적절한 것은?

① 광문의 또 다른 이름인 '달문'의 유래를 설명하기 위해

② 추한 용모와 달리 정직하고 성실한 광문의 성품을 부각하기 위해

③ 광문이 여러 사람들의 신의를 얻을 만한 인물이었음을 보여 주기 위해

④ 광문이 우스꽝스러운 외모를 활용하여 여러 연희에서 활약했음을 보여 주기 위해

7 ㉠에 대한 감상으로 적절하지 않은 것은?

① 자신의 분수에 맞게 살겠다는 삶의 태도를 드러내고 있다.

② 상대의 입장을 고려하는 역지사지(易地思之)의 태도를 드러내고 있다.

③ 외모에 대한 기준은 여성도 남성과 똑같다는 진보적 인식을 반영하고 있다.

④ 사람의 외면보다 내면의 아름다움이 더 중요하다는 깨달음을 나타내고 있다.

8 ㉡에 어울리는 한자 성어로 가장 적절한 것은?

① 견물생심(見物生心)　　　　② 폐포파립(敝袍破笠)

③ 호의호식(好衣好食)　　　　④ 안분지족(安分知足)

9 윗글에 대한 이해로 가장 적절한 것은?

① 광문은 마흔이 넘어서도 결혼을 하지 않았다.

② 광문은 운심의 집에 초대를 받아 손님으로 참석했다.

③ 운심은 모인 사람들의 성화에 못 이겨 춤을 추기 시작했다.

④ 운심은 유명한 기생이었으나 광문의 인정을 받지는 못했다.

10 윗글을 통해 얻을 수 있는 교훈으로 적절하지 않은 것은?

① 원만한 인간관계를 위한 겸손의 미덕

② 신분의 귀천보다 인간됨을 중시하는 가치관

③ 물질적인 풍족함에 연연하지 않는 삶의 태도

④ 모든 사람이 동등한 권리를 지닌다는 평등 의식

정답 및 해설 p.42

[1~5] 다음 글을 읽고 물음에 답하시오.

(가) 정(鄭)나라 어느 고을에 벼슬을 탐탁하게 여기지 않는 학자가 살았으니 '북곽 선생(北郭先生)'이었다. 그는 나이 마흔에 손수 교정(校正)해 낸 책이 만 권이었고, 또 육경(六經)의 뜻을 부연해서 다시 저술한 책이 일만 오천 권이었다. 천자(天子)가 그의 행의(行義)를 가상히 여기고 제후(諸侯)가 그 명망을 존경하고 있었다.

그 고장 동쪽에는 동리자(東里子)라는 미모의 과부가 있었다. 천자가 그 절개를 가상히 여기고 제후가 그 현숙함을 사모하여, 그 마을의 둘레를 봉(封)해서 '동리과부지려(東里寡婦之閭)'라고 정표(旌表)해 주기도 했다. 이처럼 동리자가 수절을 잘하는 부인이라 했는데 실은 슬하의 다섯 아들이 저마다 성(姓)을 달리하고 있었다.

(나) 어느 날 밤, 다섯 놈의 아들들이 서로 지껄이기를,

"강 건너 마을에서 닭이 울고 강 저편 하늘에 샛별이 반짝이는데, ⓐ <u>방 안</u>에서 흘러나오는 말소리는 어찌도 그리 북곽 선생의 목청을 닮았을까."

하고, 다섯 놈이 차례로 문틈으로 들여다보았다. 동리자가 북곽 선생에게,

"오랫동안 선생님의 덕을 사모했사온데 오늘 밤은 선생님 글 읽는 소리를 듣고자 하옵니다."

라고 간청하매, 북곽 선생은 옷깃을 바로잡고 점잖게 앉아서 시(詩)를 읊는 것이 아닌가.

"원앙새는 병풍에 그려 있고,

반딧불이 흐르는데 잠 못 이루어

저기 저 가마솥 세 발 솥은

무엇을 본떠서 만들었나.

이는 흥(興)이로다."

(다) 다섯 놈이 서로 소근대기를,

"《예기(禮記)》에 이르기를 '과부의 문에는 함부로 들지 않는다.' 하였는데, 북곽 선생과 같은 점잖은 어른이 과부의 방에 들어올 리가 있겠나. 우리 고을의 성문이 무너진 데에 여우가 사는 굴이 있다더라. 여우란 놈은 천 년을 묵으면 사람 모양으로 둔갑할 수가 있다더라. 저건 틀림없이 그 여우란 놈이 북곽 선생으로 둔갑한 것이다."

하고 함께 의논했다.

"들으니 여우의 머리를 얻으면 큰 부자가 될 수 있고, 여우의 발을 얻으면 대낮에 그림자를 감출 수 있고, 여우의 꼬리를 얻으면 애교를 잘 부려서 남에게 예쁘게 보일 수 있다더라. 우리 저놈의 여우를 때려잡아서 나누어 갖도록 하자."

다섯 놈이 방을 둘러싸고 우르르 쳐들어갔다. 북곽 선생은 크게 당황하여 도망쳤다. 사람들이 자기를 알아볼까 겁이 나서 모가지를 두 다리 사이로 쑤셔 박고 귀신처럼 춤추고 낄낄거리며 문을 나가서 내닫다가 그만 들판의 구덩이 속에 빠져 버렸다. 그 구덩이에는 똥이 가득 차 있었다. 간신히 기어올라 머리를 들고 바라보니 뜻밖에 범이 길목에 앉아 있는 것이 아닌가.

- 박지원, '호질(虎叱)'

1 윗글에 대한 감상으로 가장 적절한 것은?

① 북곽 선생은 존경받을 만한 도덕적인 선비이다.

② 동리자는 그녀의 실상과 달리 열녀로 추앙받고 있다.

③ 북곽 선생은 오래전부터 동리자와 밀회를 즐겨 왔다.

④ 동리자의 아들들은 금전적 이익을 위해 북곽 선생을 여우로 몰았다.

2 윗글에서 '북곽 선생'과 '동리자'의 태도를 나타낸 한자 성어로 가장 적절한 것은?

① 무위도식(無爲徒食)

② 면종복배(面從腹背)

③ 아비규환(阿鼻叫喚)

④ 양두구육(羊頭狗肉)

3 ⓐ에 대한 설명으로 가장 적절한 것은?

① 인물의 이중성이 드러나는 공간이다.

② 인물의 내적 갈등이 해소되는 공간이다.

③ 인물의 자아 성찰이 이루어지는 공간이다.

④ 인물의 긍정적 속성이 부각되는 공간이다.

4 (가) ~ (다)에 대한 이해로 적절하지 않은 것은?

① (가)에서는 작품의 배경과 등장인물을 소개하고 있다.

② (다)에서는 북곽 선생의 행동을 희화화하여 풍자하고 있다.

③ (나)와 (다)에서는 시간의 흐름에 따라 사건이 전개되고 있다.

④ (다)에서는 북곽 선생의 위선적인 모습을 밝혀낸 다섯 아들의 현명함이 부각된다.

5 윗글의 서술상의 특징으로 가장 적절한 것은?

① 역설적 표현을 사용하여 대상을 풍자하고 있다.

② 인물의 외양을 구체적으로 묘사하여 성격을 드러내고 있다.

③ 잦은 장면의 전환을 통해 속도감 있게 이야기를 전개하고 있다.

④ 서술자는 작품의 외부에서 인물의 행동과 심리를 서술하고 있다.

⇒ 뒷장에 계속

(라) 범은 북곽 선생을 보고 오만상을 찌푸리고 구역질을 하며 코를 싸쥐고 외면을 했다.

"어허, 유자(儒者)여! 더럽다."

북곽 선생은 머리를 조아리고 범 앞으로 기어가서 세 번 절하고 꿇어앉아 우러러 아뢴다.

"호랑님의 덕은 지극하시지요. 대인(大人)은 그 변화를 본받고, 제왕(帝王)은 그 걸음을 배우며, 자식된 자는 그 효성을 본받고, 장수는 그 위엄을 취하며, 거룩하신 이름은 신령스러운 용(龍)의 짝이 되는지라, 풍운의 조화를 부리시매 ⊙ 하토(下土)의 천신(賤臣)은 감히 아랫바람에 서옵나이다."

(마) 범은 북곽 선생을 여지없이 꾸짖었다.

"내 앞에 가까이 오지 마라. 내 듣건대 유(儒)는 유(諛)라 하더니 과연 그렇구나. 네가 평소에 천하의 악명을 죄다 나에게 덮어씌우더니, 이제 사정이 급해지자 면전에서 아첨을 떠니 누가 곧이듣겠느냐. 천하의 원리는 하나뿐이다. 범의 본성(本性)이 악한 것이라면 인간의 본성도 악할 것이요, 인간의 본성이 선한 것이라면 범의 본성도 선할 것이다. 너희가 떠드는 천 소리 만 소리는 오륜(五倫)에서 벗어난 것이 아니고, 경계하고 권면하는 말은 내내 사강(四綱)에 머물러 있다. ⓒ 그런데 도회지에 코 베이고, 발꿈치 짤리고, 얼굴에다 자자(刺字)질하고 다니는 것들은 다 오륜을 지키지 못한 자들이 아니냐. 포승줄과 먹실, 도끼, 톱 같은 형구(刑具)를 매일 쓰기에 바빠 겨를이 나지 않는데도 죄악을 중지시키지 못하는구나. 범의 세계에서는 원래 그런 형벌이 없으니 이로 보면 범의 본성이 인간의 본성보다 어질지 않느냐?"

(바) "대체 제 것이 아닌데 취하는 것을 도(盜)라 하고, 생(生)을 빼앗고 물(物)을 해치는 것을 적(賊)이라 하나니, 너희가 밤낮으로 쏘다니며 팔을 걷어붙이고 눈을 부릅뜨고 노략질하면서 부끄러운 줄 모르고, 심한 놈은 돈을 불러 형님이라 부르고, 장수가 되기 위해서 제 아내를 살해하였은즉 다시 윤리 도덕을 논할 수 없다. 뿐만 아니라 메뚜기에게서 먹이를 빼앗아 먹고, 누에에게서 옷을 빼앗아 입고, 벌을 막고 꿀을 따며, 심한 놈은 개미 새끼를 젖 담아서 조상에게 바치니 잔인무도한 것이 무엇이 너희보다 더하겠느냐? 너희가 이(理)를 말하고 성(性)을 논할 적에 걸핏하면 하늘을 들먹이지만, ⓒ 하늘의 소명(召命)으로 보자면 범이나 사람이나 다 같이 만물 중의 하나이다. 천지가 만물을 낳은 인(仁)으로 논하자면 범과 메뚜기·누에·벌·개미 및 사람이 다 같이 땅에서 길러지는 것으로 서로 해칠 수 없는 것이다."

(사) 북곽 선생은 자리를 옮겨 부복(俯伏)해서 머리를 재삼 조아리고 아뢰었다.

"《맹자(孟子)》에 일렀으되, '비록 악인이라도 목욕재계하면 상제(上帝)를 섬길 수 있다.' 하였습니다. 하토의 천신은 감히 아랫바람에 서옵니다."

북곽 선생이 숨을 죽이고 명령을 기다렸으나 오랫동안 아무 동정이 없기에 참으로 황공해서 절하고 조아리다가 머리를 들어 우러러보니, 이미 먼동이 터 주위가 밝아 오는데 범은 간 곳이 없었다. 그때 새벽 일찍 밭을 갈러 나온 농부가 있었다.

"선생님, 이른 새벽에 들판에서 무슨 기도를 드리고 계십니까?"

북곽 선생은,

"성현(聖賢)의 말씀에 '하늘이 높다 해도 머리를 아니 굽힐 수 없고, 땅이 두껍다 해도 조심스럽게 딛지 않을 수 없다.' 하셨느니라."

라고 엄숙히 말했다.

- 박지원, '호질(虎叱)'

6 윗글을 감상한 내용으로 적절하지 않은 것은?

① 북곽 선생은 살아남기 위해 범에게 아첨하고 있다.

② 북곽 선생은 범의 꾸짖음을 들은 후 깊게 뉘우치고 있다.

③ 범은 인간의 부도덕함과 탐욕스러움에 대해 비판하고 있다.

④ 농부는 일을 하기 위해 밭으로 나왔다가 북곽 선생과 마주쳤다.

7 ㉠~㉣에 대한 이해로 적절하지 않은 것은?

① ㉠: 스스로를 낮추어 표현하고 있다.

② ㉡: 유학자들의 한계를 지적하고 있다.

③ ㉢: 인간에게 생명을 해칠 권리가 없음을 강조하고 있다.

④ ㉣: 목숨을 부지한 것에 대해 절대자에게 감사를 표하고 있다.

8 윗글에 대한 설명으로 적절하지 않은 것은?

① 우화적 설정을 사용하여 현실의 비리를 고발하고 있다.

② 등장인물 간의 대화를 중심으로 이야기를 전개하고 있다.

③ 동음이의어를 이용한 언어유희를 통해 대상을 비판하고 있다.

④ 서술자가 등장인물을 직접 비판하여 주제 의식을 강화하고 있다.

9 윗글에서 나타난 말하기 방식으로 가장 적절한 것은?

① 열거법을 사용하여 범의 본성을 드러내고 있다.

② 옛글을 인용하여 상대의 부정적인 면을 지적하고 있다.

③ 설의적 표현을 통해 말하고자 하는 바를 강조하고 있다.

④ 유추를 통해 인간이 본받아야 할 범의 특성을 제시하고 있다.

10 '북곽 선생'의 태도로 가장 적절한 것은?

① 범의 비판에 대해 반박하고 있다.

② 거짓말을 통해 범을 안심시키고 있다.

③ 위기를 모면하자 다시 위선을 부리고 있다.

④ 진심으로 죄를 뉘우치며 용서를 구하고 있다.

정답 및 해설 p.45

[1~5] 다음 글을 읽고 물음에 답하시오.

(가) "애기 어멈, 게 있는가. 문을 열고 이것 보시오. 대장부 한 걸음에 삼십 냥이 들어가네."

홍보 아내 이른 말이, / "그 돈은 웬 돈이며 삼십 냥은 웬 돈이오?"

홍보 이른 말이, / "천기누설(天機漏洩)이라, 말부터 앞세우면 일이 이뤄질 일 없으니, 그 돈으로 양식 팔아 배불리 질끈 먹고."

홍보 아내 이른 말이, / "먹으니 좋소만 그 돈은 어디서 났소?"

홍보 이른 말이, / "본읍 좌수 대신으로 병영 가서 곤장 맞기로 삼십 냥에 결단하고 마샀 돈 닷 냥 받아 왔네."

홍보 아내 이 말 듣고 기가 막혀 이른 말이,

"그놈의 죄상(罪狀)도 모르고 병영으로 올라갔다가 저 모습 저 몰골에 곤장 열을 맞으면 곤장 아래 혼백 될 것이니 제발 덕분 가지 마오."

(나) 홍보 이른 말이, / "⊙ 볼기의 구실이 있나니."

"볼기의 구실이 있단 말이오?"

"그렇지. 볼기 구실 들어 보소. 이내 몸이 정승 되어 평교자(平轎子)에 앉아 볼까, 육판서 하였으면 초헌(軺軒) 위에 앉아 볼까, 사복시(司僕寺) 관리 하였으면 임금 타는 말에 앉아 볼까, 팔도 감사(監司)하여 선화당(宣化堂)에 앉아 볼까, 각 읍 수령 하여 좋은 가마에 앉아 볼까, 좌수 별감(別監) 하여 향사당(鄕射堂)에 앉아 볼까, 이방 호장 하여 작청(作廳) 좋은 자리에 앉아 볼까, 소리 명창 되어 크고 넓은 좋은 집 양반 앞에 앉아 볼까, 풍류 호걸 되어 기생집에 앉아 볼까, 서울 이름난 기생 되어 가마 안에 앉아 볼까, 많은 돈 벌어 부담마(負擔馬)에 앉아 볼까, 쓸데없는 이내 볼기 놀려 무엇 한단 말인가. 매품이나 팔아 먹세." ⌉ [A]

(다) 홍보 자식들이 벌 떼같이 나앉으며,

"⊙ 아버지 말씀을 들으니 호사(豪奢)가 큼직하오. 그래 아버지 병영 가신다 하니, 나 오동철병(烏銅鐵甁) 하나 사다 주오."

홍보 이른 말이, / "고의 벗은 놈이 어디다 차게야?"

"© 귀밑머리에 차도 찰 터이옵고 생갈비를 뚫고 차도 찰 터이오니 사 오기만 사 오오."

또 한 놈 나앉으며, / "나는 남수주(籃水紬) 비단으로 만든 큰 창옷 한 벌 사다 주오."

"고의 벗은 놈이 어디다 입게야?"

홍보 큰아들 나앉으며 제 동생들을 꾸짖는데 옳게 꾸짖는 게 아니라 하늘에 사무칠 듯 꾸짖어,

"② 에라 심하구나, 후레아들 놈들. 아버지 그렇잖소. 나는 담비 가죽 탕평채(蕩平菜)에 모초의(毛稍衣) 한 놈과, 한포단 허리띠 비단 주머니 당팔사(康八絲) 끈 꿰어, 쇠거울 돌거울 넣어다 주오."

홍보 이른 말이,

"네 아무것도 안 찾을 듯이 하더니 단계를 높여 하는구나. 너희 놈들이 내 마른 볼기를 대송방(大松房)으로 아는 놈들이로구나."

– 작자 미상, '흥보전(興甫傳)'

1   윗글의 내용과 부합하지 않는 것은?

① 흥보 아내는 흥보가 병영에 가는 것을 반대하고 있다.
② 흥보의 큰아들은 아버지가 매를 맞는 것을 만류하고 있다.
③ 흥보의 자식들은 아버지에게 물건을 사 올 것을 요구하고 있다.
④ 흥보는 매품으로 삼십 냥을 받기로 했고 마삯으로 다섯 냥을 받아 왔다.

2   [A]에 나타난 말하기 방식에 대한 설명으로 옳지 않은 것은?

① 반어적 표현을 통해 해학성을 유발하고 있다.
② 대구와 반복을 통하여 리듬감을 형성하고 있다.
③ 구체적인 상황들을 열거하여 주장을 강화하고 있다.
④ 사설을 장황하게 늘어놓으며 흥미를 고조시키고 있다.

3   윗글에 대한 이해로 적절하지 않은 것은?

① 작품이 창작될 당시의 불합리한 사회상을 엿볼 수 있다.
② 판소리의 영향을 받아 운율이 느껴지는 문체가 사용되고 있다.
③ 비상한 능력을 가진 인물을 중심으로 이야기가 전개되고 있다.
④ 서민 계층의 언어와 양반 계층의 언어가 뒤섞여서 나타나고 있다.

4   윗글을 읽고 알 수 있는 내용으로 가장 적절한 것은?

① 흥보는 가난한 현실을 외면하고 있다.
② 흥보는 벼슬길에 오르겠다고 다짐하고 있다.
③ 흥보는 자식들에 대한 야속함을 드러내고 있다.
④ 흥보는 매품을 파는 것을 내키지 않아 하고 있다.

5   ㉠~㉣에 대한 설명으로 적절하지 않은 것은?

① ㉠: 매품을 팔아야 하는 이유를 설명하기 위한 말이다.
② ㉡: 가난에서 벗어나길 바라는 소망이 반영되어 있다.
③ ㉢: 불가능한 상황을 제시하는 해학적 표현이 나타난다.
④ ㉣: 흥보가 자식들에게 탄식하는 이유가 드러난다.

⇒ 뒷장에 계속

(라) "이번 매품은 먼저 온 순서대로 들어간다니 그리 하옵세."

"저분 언제 왔소?"

"나 온 지는 저 지난 장날 아침밥 먹기 전 동틀 때 왔소."

한 놈 나앉으며, / "나는 온 지가 십여 일이라도 생나무 곤장 한 대 맞아 본 내 아들놈 없소."

흥보 이른 말이, / "그리 말고 서로 가난 자랑하여 아무라도 제일 가난한 사람이 팔아 갑세."

(마) 그 말이 옳다 하고, / "저분 가난 어떠하오?"

"내 가난 들어 보오. 집이라고 들어가면 사방 어디로도 들어갈 작은 곳이 없어 ⓐ 닫는 벼룩 쪼그려 앉을 데 없고 (ⓐ) 먹어 본 내 아들 없소."

한 놈 나앉으며, / "족히 먹고살 수는 있겠소. 저분 가난 어떠하오?"

"내 가난 들어 보오. 내 가난 남과 달라 이 대째 내려오는 광주산(廣州産) 사발 하나 선반에 얹은 지가 팔 년 이로되, 여러 날 내려오지 못하고 아침저녁으로 눈물만 뚝뚝 짓고, ⓒ 부엌의 노랑 쥐가 밥알을 주우려고 다니다가 다리에 가래톳 서서 종기 터뜨리고 드러누운 지가 석 달 되었소. 좌우 들으신 바 내 신세 어떠하오?"

김딱직이 썩 나앉으며, / "ⓒ 거기는 참으로 장자라 할 수 있소. 내 가난 들어 보오. 조그마한 한 칸 초막 발뺄을 길 전혀 없어, 우리 아내와 나와 둘이 안고 누워 있으면 내 상투는 올 밖으로 우뚝 나가고, 우리 아내 궁둥이는 담 밖으로 알궁둥이 보이니, 동네에서 숨바꼭질하는 아이들이 우리 아내 궁둥이 치는 소리 사월 팔일 관등(觀燈) 다는 소리 같고, 집에 연기 나지 않은 지가 삼 년째 되었소. 좌우 들으신바 내 신세는 어떠하오? ⓒ 아무 목득의 아들놈도 못 팔아 갈 것이니."

이놈 아주 거기서 계정을 먹더니라. 흥보 슴슴 생각하니, 자기에게는 어느 시절에 차례가 돌아올 줄 몰라,

"동무님 내 매품이나 잘 팔아 가지고 가오. 나는 돌아가오."

(바) "얼씨구나 즐겁도다. 우리 낭군 병영 내려갔다 매 아니 맞고 돌아오니, 이런 영화 또 있을까."

"배고픔을 생각하여 음식 노래 불러 보자. 무슨 밥이 좋던 게요? 보리밥이 좋거던. 무슨 국이 좋던 게요? 비짓국이 좋거던. 음식을 맛있게 하여 먹으려면, 개장국에 늙은 호박을 따 넣고 숭늉에는 고춧가루를 많이 치고 들기름을 많이 쳐, 사곰은 괴곰이 먹을 만하고, 이만큼 시장할 때는 들깨 깻묵 두어 둘레쯤 먹고 찬물 댓 사발쯤 먹었으면 든든커던."

이렇게 말을 할 제 흥보 아내 우는 말이, / "우정 가장(家長) 애중(愛重) 자식 배 곯리고 못 입히는 내 설움 의논컨대, 피눈물이 반죽 되면 아황 여영 설움이요, 홍곡가를 지어 내던 왕소군의 설움이요, 장신 궁중 꽃이 피니 반첩여의 설움이요, 옥으로 장식한 장막 속에서 죽으니 우미인의 설움이요, 목을 잘라 절사하니 하 씨 열녀 설움이요, 만경창파(萬頃蒼波) 너른 물을 말말이 다 되인들 끝없는 이내 설움 어디다 하소연할꼬."

흥보 역시 슬퍼, 샘물같이 솟아나오는 눈물 가랑비같이 흩뿌리며 목이 막혀 기절하더니 다시 살아나서, 들릴 듯 말 듯한 말로 겨우 내어 기운 없이 가는 목소리를 처량하게 슬피 울며 만류하여 이른 말이,

"마음만 옳게 먹고 의롭지 않은 일 아니 하면 장래 한때 볼 것이니 서러워 말고 살아나네."

부부 앉아 탄식할 제, 청산은 높이 솟아 있고 온갖 꽃이 화려하고 찬란하게 피어 있는 때 접동 두견 꾀꼬리는 때를 찾아 슬피 우니 뉘 아니 슬퍼하리.

- 작자 미상, '흥보전(興甫傳)'

6 윗글에 대한 이해로 적절한 것은?

① 흥보는 김딱직에게 자신의 궁핍한 처지를 설명했다.

② 흥보의 처는 흥보가 빈손으로 돌아오자 아쉬워했다.

③ 매품을 팔러 온 사람들은 누가 더 가난한지를 다투었다.

④ 김딱직은 '가난 자랑'을 통해 매품 팔 사람을 정하자고 제안했다.

7 ㉠~㉣에 대한 설명으로 적절하지 않은 것은?

① ㉠: 집이 매우 좁음을 과장하여 표현하고 있다.

② ㉡: 먹을 것조차 없는 극심한 가난을 강조하고 있다.

③ ㉢: 앞서 말한 가난 자랑을 인정하지 않고 있다.

④ ㉣: 아무도 자신의 가난을 알아주지 않음을 불평하고 있다.

8 ⓐ에 들어갈 한자 성어로 적절한 것은?

① 약육강식(弱肉強食) 　　　② 삼순구식(三旬九食)

③ 이식위천(以食爲天) 　　　④ 발분망식(發憤忘食)

9 (라)~(바)에 나타난 서술상의 특징으로 적절하지 않은 것은?

① 자연물에 감정을 투영하여 표현했다.

② 서술자의 생각을 나타내는 편집자적 논평이 드러난다.

③ 고사를 인용하여 등장인물의 정서를 효과적으로 전달했다.

④ 복선을 통해 주인공의 삶이 더욱 어려워질 것임을 나타냈다.

10 윗글에 대한 감상으로 적절한 것은?

① 입체적 인물을 등장시켜 갈등을 심화하고 있군.

② 상식에서 벗어난 표현을 사용하여 웃음을 유발하는군.

③ 요약적인 서술을 통해 속도감 있게 사건을 전개하는군.

④ 흥보는 반복되는 비극으로 인해 삶에 대한 의지를 상실했군.

정답 및 해설 p.49

[1~5] 다음 글을 읽고 물음에 답하시오.

[앞부분 줄거리] '나'의 집 문간방에 권 씨가 임신한 아내, 두 아이와 함께 세를 들어온다. 권 씨는 시위를 주동했다는 이유로 감옥에 다녀온 뒤 경찰의 감시를 받고 있다. 그는 가난한 형편에도 여러 켤레의 구두를 윤이 나게 닦아 신고 다닌다. 어느 날 권 씨의 아내가 아이를 낳기 위해 병원에 갔다가 수술해야 하는 상황이 생기고, 권 씨는 수술 보증금이 없어 '나'에게 돈을 빌리러 찾아온다.

(가) "빌려만 주신다면 무슨 짓을, 정말 무슨 짓을 해서라도 반드시 갚겠습니다."

　반드시 갚는 조건임을 강조하면서 그는 마치 성경책 위에다 오른손을 얹고 말하듯이 엄숙한 표정을 했다. 하마터면 나는 잊을 뻔했다. 그가 적시에 일깨워 주었기 망정이지 안 그랬더라면 빌려주는 어려움에만 골똘한 나머지 빌려줬다 나중에 돌려받는 어려움이 더 클 거라는 사실은 생각도 못 할 뻔했다. 그렇다. 끼니조차 감당 못 하는 주제에 막벌이가 아니면 어쩌다 간간이 얻어걸리는 출판사 싸구려 번역 일 가지고 어느 해가에 빚을 갚을 것인가. 책임이 따르는 동정은 피하는 게 상책이었다. 그리고 기왕 피할 바엔 저쪽에서 감히 두말을 못 하도록 야멸차게 굴 필요가 있었다.

"병원 이름이 뭐죠?"

"원 산부인괍니다."

"지금 내 형편에 현금은 어렵군요. 원장한테 바로 전화 걸어서 내가 보증을 서마고 약속할 테니까 권 선생도 다시 한번 매달려 보세요. 의사도 사람인데 설마 사람을 생으로 죽게야 하겠습니까. 달리 변통할 구멍이 없으시다면 그렇게 해 보세요."

(나) "원장이 어리석은 사람이길 바라고 거기다 희망을 걸기엔 너무 늦었습니다. 그 사람은 나한테서 수술 비용을 받아 내기가 수월치 않다는 걸 입원시키는 그 순간에 벌써 알아차렸어요."

　얼굴에 흐르는 진땀을 훔치는 대신 ⊙ 그는 오른발을 들어 왼쪽 바짓가랑이 뒤에다 두어 번 문질렀다. 발을 바꾸어 같은 동작을 반복했다.

"바쁘실 텐데 실례 많았습니다."

　'썰면'처럼 두툼한 입술이 선잠에서 깬 어린애같이 움씰거리더니 겨우 인사말이 나왔다. 무슨 말이 더 있을 듯싶었는데 그는 이내 돌아서서 휘적휘적 걷기 시작했다. 〈중 략〉

　그래서 그가 갑자기 돌아서면서 나를 똑바로 올려다봤을 때 그처럼 흠칫 놀랐을 것이다.

"⊙ 오 선생, 이래 봬도 나 대학 나온 사람이오."

(다) 산 고팽이를 돌아 그의 모습이 벌거벗은 황토의 언덕 저쪽으로 사라지는 찰나, 나는 뛰어가서 그를 부르고 싶은 충동을 느꼈다. 돌팔매질을 하다 말고 뒤집힌 삼륜차로 달려들어 아귀아귀 참외를 깨물어 먹는 군중을 목격했을 당시의 권 씨처럼, ⓐ 이건 완전히 나체구나 하는 느낌이 팍 들었다. 그리고 내가 그에게 암만의 빚을 지고 있음을 퍼뜩 깨달았다. 전셋돈도 일종의 빚이라면 빚이었다. 왜 더 좀 일찍이 그 생각을 못 했는지 모른다.

　원 산부인과에서는 만단의 수술 준비를 갖추고 보증금이 도착하기만을 기다리고 있었다. 학교에서 우격다짐으로 후려 낸 가불에다 가까운 동료들 주머니를 닥치는 대로 떨어 간신히 마련한 일금 십만 원을 건네자 금테의 마비츠 안경을 쓴 원장이 바로 마취사를 부르도록 간호원에게 지시했다. 원장은 내가 권 씨하고 아무 척분도 없으며 다만 그의 셋방 주인일 따름인 걸 알고는 혀를 찼다.

"아버지가 되는 방법도 정말 여러 질이군요. 보증금을 마련해 오랬더니 오전 중에 나가서는 여지껏 얼굴 한 번 안 비치지 뭡니까."

"맞습니다. 의사가 애를 꺼내는 방법도 여러 질이듯이 아버지 노릇 하는 것도 아마 여러 질일 겁니다."

나는 내 말이 제발 의사의 귀에 농담으로 들리지 않기를 바랐으나 유감스럽게도 금테 안경의 상대방은 한 차례의 너털웃음으로 그걸 간단히 눙쳐 버렸다.

- 윤흥길, '아홉 켤레의 구두로 남은 사내'

1 〈보기 1〉과 〈보기 2〉를 참고할 때 ⓐ의 의미로 가장 적절한 것은?

――― 〈보기 1〉 ―――

작품의 배경이 되는 '광주 대단지 사건'은 경기도 광주 대단지(지금의 경기도 성남시) 주민 5만여 명이 정부의 무계획적인 도시화에 반발하여 일으킨 대규모 시위이다. 권 씨는 시위가 벌어진 날 서울로 몸을 피하려고 나섰다가, 시위 도중에 길을 잘못 든 삼륜차가 쏟아 낸 참외를 "어적어적 깨물어 먹는" 시위 군중을 목격하고서는 시위 대열에 섞여 든다.

――― 〈보기 2〉 ―――

삼륜차 한 대가 어쩌다 길을 잘못 들어가지고는 그만 소용돌이 속에 파묻힌 거예요. 〈중 략〉 누렇게 익은 참외가 와그르르 쏟아지더니 길바닥으로 구릅니다. 경찰을 상대하던 군중들이 돌멩이질을 딱 멈추더니 참외 쪽으로 벌떼처럼 달라붙습니다. 한 차분이나 되는 참외가 눈 깜짝할 새 동이 나버립니다. 진흙탕에 떨어진 것까지 주워서는 어적어적 깨물어 먹는 거예요.

- 윤흥길, '아홉 켤레의 구두로 남은 사내' 中

① 물질주의에 대한 비판 의식
② 이웃의 고통을 나누려는 마음
③ 상이한 처지의 대상에 대한 이질감
④ 자신의 이기적인 본성에 대한 깨달음

2 윗글에 대한 설명으로 적절하지 않은 것은?

① 원장은 권 씨에게 수술 보증금을 요구했다.
② '나'와 권 씨는 집주인과 세입자의 관계이다.
③ 권 씨는 '나'에게 아내의 수술비를 빌리러 왔다.
④ 권 씨는 직장에서 월급을 가불 받아 수술 보증금을 마련했다.

⇒ 뒷장에 계속

3 윗글에 대한 설명으로 적절하지 않은 것은?

① '권 씨'는 부탁을 거절한 '나'를 원망한다.

② '나'는 '권 씨'의 사정을 딱하게 여기고 있다.

③ '원장'은 '권 씨'에 대해 불만을 가지고 있다.

④ '나'는 '원장'을 속물적인 사람이라고 생각한다.

4 ㉠과 ㉡에 대한 설명으로 적절하지 않은 것은?

① ㉠과 ㉡은 모두 권 씨의 자존심과 관련이 있다.

② ㉠은 잠시나마 아내에 대한 걱정을 잊기 위한 행동이다.

③ ㉡은 자신이 대학까지 나온 지식인임을 강조하는 것이다.

④ ㉡은 부탁을 거절당한 후 상처 입은 자존심을 회복하기 위한 의도이다.

5 윗글에 대한 설명으로 적절한 것은?

① 작품의 주인공이 자신의 이야기를 서술하고 있다.

② 상징적인 소재를 통해 인물의 내면 심리를 드러내고 있다.

③ 의식의 흐름 기법으로 인물의 내적 독백을 서술하고 있다.

④ 인물 간의 갈등이 첨예하게 드러나며 분위기가 고조되고 있다.

(라) 우리 집에 강도가 든 것은 공교롭게도 그날 밤이었다. 난생처음 당해 보는 강도였다. 자꾸만 누군가 내 어깨를 흔들어 대고 있었다. 귀찮다고 뿌리쳐도 잠자코 계속 흔들었다. 나를 깨우려는 손의 감촉이 내 식구의 그것이 아님을 퍼뜩 깨닫고 눈을 떴을 때 나는 빨간 꼬마전구 불빛 속에서 복면의 사내를 보았다. 그리고 똑바로 내 멱을 겨누고 있는 식칼의 서슬도 보았다. 술 냄새가 확 풍겼다. 조명 빛깔을 감안해서 붉은빛을 띤 검정 계통의 보자기일 복면 위로 드러난 코의 일부와 눈자위가 나우 취해 있음을 나는 재빨리 간파했다.

"일어나, 얼른 일어나라니까."

나 외엔 더 깨우고 싶지 않은지 강도의 목소리는 무척 낮고 조심스러웠다. 나는 일어나고 싶었지만 도무지 일어날 수가 없었다. 멱을 겨눈 식칼이 덜덜덜 위아래로 춤을 추었다. 만약 강도가 내 목통이라도 찌르게 된다면 그것은 고의에서가 아니라 지나친 떨림으로 인한 우발적인 상해일 것이었다. 무척 모자라는 강도였다.

(마) "내놔, 얼른 내놓으라니까."

내가 다 일어나 앉기를 기다려 강도가 속삭였다.

"하라는 대로 하죠. 허지만 당신도 내가 하라는 대로 해야만 일이 수월할 거요."

잔뜩 의심을 품고 쏘아보는 강도를 향해 나는 덧붙여 말했다.

"집 안에 현금은 변변찮소. 화장대 위에 돼지 저금통하고 장롱 서랍 속에 아마 마누라가 쓰다 남은 돈이 약간 있을 거요. 그 밖에 돈이 될 만한 건 당신이 알아서 챙겨 가시오."

강도가 더욱 의심을 두고 경거히 움직이려 하지 않았으므로 나는 시험 삼아 조금 신경질을 부려 보았다.

[A] ┌ "마누라가 깨서 한바탕 소동을 벌여야만 시원하겠소? 난처해지기 전에 나를 믿고 일러 주는 대로 하는 게
   └ 당신한테 이로울 거요."

(바) "도둑맞을 물건 하나 제대로 없는 주제에 이죽거리긴!"

"그래서 경험 많은 친구들은 우리 집을 거들떠도 안 보고 그냥 지나치죠."

"누군 뭐 들어오고 싶어서 들어왔나? ㉠ 피치 못할 사정 땜에 어쩔 수 없이⋯⋯."

나는 강도를 안심시켜 편안한 맘으로 돌아가게 만들 절호의 기회라고 판단했다.

"그 피치 못할 사정이란 게 대개 그렇습디다. 가령 식구 중에 누군가 몹시 아프다든가 빚에 몰려서⋯⋯."

그 순간 강도의 눈이 ㉡ 의심의 빛으로 가득 찼다. 분개한 나머지 이가 딱딱 마주칠 정도로 떨면서 그는 대청마루를 향해 나갔다. 내 옆을 지나쳐 갈 때 그의 몸에서는 역겨울 만큼 술 냄새가 확 풍겼다. 그가 허둥지둥 끌어안고 나가는 건 틀림없이 갈기갈기 찢어진 한 줌의 자존심일 것이었다.

애당초 ㉢ 의도했던 바와는 달리 내 방법이 결국 그를 편안케 하긴커녕 외려 더욱더 낭패케 만들었음을 깨닫고 나는 그의 등을 향해 말했다.

"어렵다고 꼭 외로우란 법은 없어요. 혹 누가 압니까, 당신도 모르는 사이에 당신을 아끼는 어떤 이웃이 당신의 어려움을 덜어 주었을지?"

"개수작 마! 그따위 이웃은 없다는 걸 난 똑똑히 봤어! 난 이제 아무도 안 믿어!"

(사) 그는 현관에 벗어 놓은 구두를 신고 있었다. 그 구두를 보기 위해 전등을 켜고 싶은 충동이 불현듯 일었으나 나는 꾹 눌러 참았다. 현관문을 열고 마당으로 내려선 다음 부주의하게도 그는 식칼을 들고 왔던 ㉣ 자기 본분을 망각하고 엉겁결에 문간방으로 들어가려 했다. 그의 실수를 지적하는 일은 훗날을 위해 나로서는 부득이한 조처였다.

"대문은 저쪽입니다."

문간방 부엌 앞에서 한동안 망연해 있다가 이윽고 그는 대문 쪽을 향해 느릿느릿 걷기 시작했다. 비틀비틀 걷

기 시작했다. 대문에 다다르자 그는 상체를 뒤틀어 이쪽을 보았다.

　ⓐ "이래 뵈도 나 대학까지 나온 사람이오."

　누가 뭐라고 그랬나? 느닷없이 그는 자기 학력을 밝히더니만 대문을 열고는 보안등 하나 없는 칠흑의 어둠 저편으로 자진해서 삼켜져 버렸다.

　　　　　　　　　　　　　　　　　　　　　　　　　　　　- 윤흥길, '아홉 켤레의 구두로 남은 사내'

6　'나'에 대한 설명으로 적절하지 않은 것은?

① 강도에 대한 평가를 직접적으로 제시하고 있다.

② 강도의 엉성한 행동을 보고 그의 정체를 알아차렸다.

③ 권 씨에게 자신이 수술비를 냈음을 우회적으로 전달했다.

④ 끝까지 자존심을 내세우는 권 씨를 고지식하다고 생각했다.

7　〈보기〉를 참고할 때 윗글에 대한 반응으로 적절하지 않은 것은?

> ───〈보기〉───
>
> 　'나'는 권 씨에게 애정 어린 관심을 가지고 있지만 적극적으로 돕지는 못하는 소시민으로서 권 씨의 삶을 관찰하고 있다. '나'는 권 씨가 가난한 처지에도 아홉 켤레의 구두를 윤이 나게 닦아 신고 다니는 것을 보며 구두가 그의 자존심과도 같음을 알게 된다.

① '나'는 강도로 침입한 권 씨에게 적대적인 태도를 취하지 않는군.

② '나'는 작품의 서술자로서 권 씨의 모습을 관찰하여 전달하고 있군.

③ '나'는 권 씨가 자존심을 지키며 살려는 모습에 거리감을 느끼고 있군.

④ '나'가 평범한 소시민이라면, 권 씨는 소외된 소시민이라고 볼 수 있겠군.

8 ⊙~㉣이 의미하는 바로 적절하지 않은 것은?

① ⊙: 아내의 수술비를 마련해야 하는 것

② ㉡: 정체를 들켰을지도 모른다는 생각

③ ㉢: 권 씨의 정체를 알고 있음을 밝히는 것

④ ㉣: 강도 행위를 벌이는 것

9 [A]의 상황에 어울리는 한자 성어로 가장 적절한 것은?

① 자가당착(自家撞着)   ② 일도양단(一刀兩斷)

③ 주객전도(主客顚倒)   ④ 동병상련(同病相憐)

10 ⓐ에 대한 설명으로 적절하지 않은 것은?

① 권 씨에 대한 연민을 유발한다.

② 권 씨의 미래가 불투명함을 보여 준다.

③ 권 씨의 자존심이 회복될 수 없음을 나타낸다.

④ 권 씨가 집으로 돌아오게 될 것임을 암시한다.

정답 및 해설 p.52

[1~5] 다음 글을 읽고 물음에 답하시오.

거사가 거울 하나를 갖고 있었는데 먼지가 끼어서 흐릿한 것이 마치 구름에 가리운 달빛 같았다. 그러나 그 거사는 아침저녁으로 이 거울을 들여다보며 얼굴을 가다듬곤 하였다. 한 나그네가 거사를 보고 이렇게 물었다. "ⓐ 거울이란 얼굴을 비추어 보는 물건이든지, 아니면 군자가 거울을 보고 그 맑은 것을 취하는 것으로 알고 있는데, 지금 거사의 거울은 안개가 낀 것처럼 흐리고 때가 묻어 있습니다. 그럼에도 당신은 항상 그 거울에 얼굴을 비춰 보고 있으니 그것은 무슨 뜻입니까?"

거사는 이렇게 대답했다.

"얼굴이 잘생기고 예쁜 사람은 맑고 아른아른한 거울을 좋아하겠지만, 얼굴이 못생겨서 추한 사람은 오히려 맑은 거울을 싫어할 것입니다. 그러나 잘생긴 사람은 적고 못생긴 사람은 많기 때문에 맑은 거울 속에 비친 추한 얼굴을 보기 싫어할 것인즉 흐려진 그대로 두는 것이 나을 것입니다. 그래서 차라리 깨쳐 버릴 바에야 먼지에 흐려진 그대로 두는 것이 나을 것입니다. 먼지로 흐리게 된 것은 겉뿐이지 거울의 맑은 바탕은 속에 그냥 남아 있는 것입니다. 만일, 잘생기고 예쁜 사람을 만난 뒤에 닦고 갈아도 늦지 않습니다. 아! 옛날에 거울을 보는 사람들은 그 맑은 것을 취하기 위함이었지만, 내가 거울을 보는 것은 오히려 흐린 것을 취하는 것인데, 그대는 어찌 이를 이상스럽게 생각합니까?"

하니, 나그네는 아무 대답이 없었다.

- 이규보, '경설(鏡說)'

1 윗글의 '거사'와 <보기>의 '관상가'에 대한 설명으로 적절하지 않은 것은?

─── <보기> ───

부귀하면서 살지고 기름기 흐르는 사람을 보고서는 다음과 같이 말하였다.
"당신의 모습이 몹시 야위겠으니, 당신처럼 천한 사람도 없을 것이오."
빈천하면서 아프고 파리한 사람을 보고서는 다음과 같이 말하였다.
"당신의 모습이 살찌겠으니, 당신처럼 귀한 사람도 드물 것이오." <중 략>
내가 깜짝 놀라 일어나면서 말하였다.
"과연 내 말이 맞았군. 이 사람은 참으로 기이한 관상가로다. 그의 말은 좌우명으로 삼고, 법으로 삼을 만하다. 어찌 얼굴과 형상에 따라 귀한 상을 말할 때는 '몸에 거북이의 무늬가 있으니 높은 벼슬을 하겠고, 이마가 무소의 뿔처럼 튀어나왔으니 임금의 아내가 될 상'이라 하고, 나쁜 상을 말할 때는 '벌의 눈과 승냥이의 목소리를 가졌으니 흉악한 상'이라 하여, 잘못을 고치지 않고 틀에 박힌 것만을 따르면서 스스로 거룩한 체, 신령스러운 체하는 관상가이겠는가."

- 이규보, '이상자대(異相者對)'

① '거사'는 현실주의적인 태도가 필요함을 이야기하고 있다.

② '관상가'는 현재의 모습이 아닌 미래를 기준으로 관상을 본다.

③ '관상가'와 '거사'는 고정 관념에 얽매이지 않는 시각을 지니고 있다.

④ '관상가'는 대상의 본질을, '거사'는 대상의 이면에 숨겨진 의미를 강조하고 있다.

2 〈보기〉를 참고할 때 윗글을 통해 작가가 말하고자 하는 바로 적절한 것은?

─────────── 〈보기〉 ───────────

　　이규보는 고려 말 신흥 사대부의 대표적 인물로, 그의 정계 진출에는 무신의 난 이후 정권을 잡은 최충헌의 영향력이 크게 작용하였을 정도로 당대의 무신 정권과 적극적으로 관계를 맺었다고 알려진다. 기존의 고려 귀족 중에는 강좌칠현(고려 후기에 명리를 떠나 사귀던 일곱 선비)을 결성하고 현실 정치와 멀어진 이들도 있었는데, 이규보는 이들의 처세관에 대해 비판적이었다.

① 일상의 소중함을 자각하면서 살아야 한다.
② 결점을 유연하게 수용할 줄 아는 태도가 필요하다.
③ 잘못을 일찍 바로잡아야 더 큰 화를 면할 수 있다.
④ 자신의 부족함을 인정하는 태도가 성장의 밑거름이다.

3 윗글에 대한 설명으로 적절하지 않은 것은?

① '거사'는 흐린 거울을 통해 통찰한 삶의 이치를 설명하고 있다.
② '나그네'는 군자의 사회적 역할에 대한 고정관념을 지니고 있다.
③ '거사'는 인간의 보편적인 심리를 근거로 들어 견해를 밝히고 있다.
④ '나그네'는 '거사'의 행동이 거울을 보는 목적에 어긋난다는 점을 지적한다.

4 ⓐ에서 알 수 있는 '나그네'의 태도와 관련된 한자 성어로 적절한 것은?

① 견리사의(見利思義)　　　　　② 선입지견(先入之見)
③ 각주구검(刻舟求劍)　　　　　④ 아전인수(我田引水)

5 윗글의 서술상의 특징으로 가장 적절한 것은?

① 다양한 관점을 제시하여 공감을 유도하고 있다.
② 등장인물 간의 문답 형식으로 주제를 드러내고 있다.
③ 서술자의 어릴 적 일화를 들어 교훈을 이끌어 내고 있다.
④ 사물에 대한 의문을 제기하고 올바른 삶의 태도를 스스로 깨달아 가는 과정을 그리고 있다.

⇒ 뒷장에 계속

[6~10] 다음 글을 읽고 물음에 답하시오.

거사가 거울 하나를 갖고 있었는데 먼지가 끼어서 흐릿한 것이 마치 구름에 가리운 달빛 같았다. 그러나 그 거사는 아침저녁으로 이 거울을 들여다보며 얼굴을 가다듬곤 하였다. 한 나그네가 거사를 보고 이렇게 물었다.
"거울이란 얼굴을 비추어 보는 물건이든지, 아니면 군자가 거울을 보고 그 맑은 것을 취하는 것으로 알고 있는데, 지금 거사의 거울은 안개가 낀 것처럼 흐리고 때가 묻어 있습니다. 그럼에도 당신은 항상 그 거울에 얼굴을 비춰 보고 있으니 그것은 무슨 뜻입니까?"
거사는 이렇게 대답했다.
"㉠ 얼굴이 잘생기고 예쁜 사람은 맑고 아른아른한 거울을 좋아하겠지만, 얼굴이 못생겨서 추한 사람은 오히려 ㉡ 맑은 거울을 싫어할 것입니다. 그러나 잘생긴 사람은 적고 못생긴 사람은 많기 때문에 맑은 거울 속에 비친 추한 얼굴을 보기 싫어할 것인즉 흐려진 그대로 두는 것이 나을 것입니다. 그래서 차라리 ⓐ 깨쳐 버릴 바에야 ㉢ 먼지에 흐려진 그대로 두는 것이 나을 것입니다. 먼지로 흐리게 된 것은 겉뿐이지 거울의 맑은 바탕은 속에 그냥 남아 있는 것입니다. 만일, 잘생기고 예쁜 사람을 만난 뒤에 닦고 갈아도 늦지 않습니다. 아! ㉣ 옛날에 거울을 보는 사람들은 그 맑은 것을 취하기 위함이었지만, 내가 거울을 보는 것은 오히려 흐린 것을 취하는 것인데, 그대는 어찌 이를 이상스럽게 생각합니까?"
하니, 나그네는 아무 대답이 없었다.

– 이규보, '경설(鏡說)'

6 〈보기〉와 윗글의 공통점으로 적절하지 않은 것은?

〈보기〉

어떤 손[客]이 나에게 이런 말을 했다.
"어제 저녁엔 아주 처참한 광경을 보았습니다. 어떤 불량한 사람이 큰 몽둥이로 돌아 다니는 개를 쳐서 죽이는데, 보기에도 너무 참혹하여 실로 마음이 아파서 견딜 수가 없었습니다. 그래서 이제부터는 맹세코 개나 돼지의 고기를 먹지 않기로 했습니다."
이 말을 듣고, 나는 이렇게 대답했다.
"어떤 사람이 불이 이글이글하는 화로를 끼고 앉아서, 이를 잡아서 그 불 속에 넣어 태워 죽이는 것을 보고, 나는 마음이 아파서 다시는 이를 잡지 않기로 맹세했습니다." 〈중 략〉
"무릇 피[血]와 기운[氣]이 있는 것은 사람으로부터 소, 말, 돼지, 양, 벌레, 개미에 이르기까지 모두가 한결같이 살기를 원하고 죽기를 싫어하는 것입니다. 어찌 큰 놈만 죽기를 싫어하고, 작은 놈만 죽기를 좋아하겠습니까? 그런즉, 개와 이의 죽음은 같은 것입니다."

– 이규보, '슬견설(虱犬說)'

① 대조적 예시를 통해 주제를 부각하고 있다.
② 두 사람의 대화 형식으로 글을 전개하고 있다.
③ 일상적인 소재를 이용하여 교훈을 전하고 있다.
④ 반어를 활용하여 말하고자 하는 바를 강조하고 있다.

7 ㉠~㉣ 중 성격이 다른 하나는?

① ㉠   ② ㉡

③ ㉢   ④ ㉣

8 ⓐ의 의미로 적절한 것은?

① 고정관념을 깨는 것

② 과욕에 사로잡히는 것

③ 남의 단점을 눈감아 주는 것

④ 상황을 파국으로 몰아가는 것

9 '거울'에 대한 거사의 견해로 적절한 것은?

① '거울'이 흐려져도 본질은 변하지 않는다.

② '거울'에 낀 먼지는 제거해야 할 대상을 의미한다.

③ '거울'의 본래 목적은 맑음을 취하기 위함이다.

④ '거울'을 통해 부정적인 사고를 깨뜨릴 수 있다.

10 윗글의 특징으로 적절하지 않은 것은?

① 나그네가 제기한 의문은 거사의 말을 통해 해소된다.

② 거울을 보는 행위에 빗대어 올바른 처세관을 설명하고 있다.

③ 일반적인 통념을 제시하고 그 통념을 깨뜨리는 방식으로 주제가 부각된다.

④ 대조적인 두 예시를 들고 이를 절충하여 작가가 말하고자 하는 바를 드러낸다.

정답 및 해설 p.55

[1~5] 다음 글을 읽고 물음에 답하시오.

(가) 성진이 동정호에 이르러 물결을 헤치고 수정궁(水晶宮)에 들어가니 용왕이 크게 기뻐하며 몸소 궁문 밖에 나아가 맞이하였다. 성진을 상좌에 앉히고 진찬을 갖추어 잔치를 열어 대접하여 용왕이 손수 잔을 들어 권하자 성진이 가로되, / "술은 마음을 흐리게 하는 광약(狂藥)이라 불가에서는 크게 경계하는 것이니 감히 파계를 하지 못하겠나이다." 〈중 략〉

성진이 용왕이 지성으로 권하니 차마 사양하지 못하고 잇따라 석 잔을 기울였다. 용왕께 하직하고 바람을 타고 연화봉을 향하여 돌아오다 산 아래에 이르러, 스스로 깨닫기를 술기운이 올라 낯이 달아오르니 마음속으로 생각하기를, / '만일 얼굴이 붉으면 사부께서 이상하게 생각하여 크게 꾸짖지 않으리오.'

하고 즉시 냇물로 내려가 웃옷을 벗고 두 손으로 물을 움켜 취한 낯을 씻는데, 문득 기이한 향내가 코에 진동하여 향로(香爐) 기운도 아니요, 화초(花草) 향내도 아닌데 사람의 뼛속에 사무쳐 정신이 호탕하여 능히 표현할 수 없었다.

(나) 다시 의복을 정제한 다음 물을 따라 올라가니, 이때에 팔선녀가 석교 위에 앉아서 서로 말하고 있었다. 성진과 팔선녀가 서로 만나니, 성진이 육환장을 놓고 공손히 재배하며 말하였다.

"여보살이여, ⊙ 빈승은 연화 도량 육관 대사의 제자로 스승의 명을 받들어 산 밑에 나갔다가 장차 돌아오는 길이옵니다. 좁은 석교 위에 보살님들이 앉아 있어, 남자와 여자가 같은 길에 함께 있을 수 없으니, 부디 잠시 발걸음을 옮겨 주시면 길을 빌리고자 합니다."

팔선녀가 답례하여 말하기를,

"우리는 위 부인의 시녀들이옵니다. 부인의 명을 받들어 육관 대사께 문안을 하고 돌아가는 길입니다. 첩들이 들으니 '길에서 남자는 왼쪽으로 가고 여자는 오른쪽으로 간다.' 하였으나 이 다리가 매우 좁고 첩들이 이미 먼저 앉았으니 도인의 말씀이 마땅치 아니하니, 바라건대 다른 길로 행하소서."

성진이 답하기를, / "냇물이 깊고 다른 다리가 없으니 빈승으로 하여금 어느 길로 가라 하십니까?"

팔선녀가 가로되, / "옛날 ⓒ 달마 존자(達摩尊者)는 갈잎을 타고 바다를 건넜다고 하였사옵니다. ⓒ 화상께서 육관 대사에게 도를 배웠다면 반드시 신통한 도술이 있을 것이니, 어찌 이런 조그마한 냇물을 건너지 못하여 아녀자와 더불어 길을 다투시나이까."

성진이 웃으며 대답하되, / "여러 낭자의 뜻을 보니 행인으로 하여금 길 값을 받고자 하려는 듯싶소. 그러나 ⓔ 가난한 중에게 어이 금전이 있으리오. 마침 명주(明珠) 여덟 개가 있으니 이것으로 길 값을 치르겠나이다."

손을 들어 복사꽃 가지 하나를 꺾어 팔선녀 앞에 던지니, 그 여덟 봉오리 땅에 떨어져 여덟 개의 명주로 화하였다. 팔선녀가 각각 주워 손에 쥐고 성진을 돌아보며 찬연히 한 번 웃고 몸을 솟구치더니 바람을 타고 공중으로 올라갔다. 성진이 석교 위에서 오랫동안 팔선녀가 가는 곳을 바라보더니 구름 그림자가 사라지고 향기로운 바람이 가라앉았다. 바야흐로 성진이 석교를 떠나 스승을 가서 뵈니, 스승이 늦게 온 이유를 묻기에 대답하기를,

"용왕이 심히 후하게 대접하고 떠나는 것을 만류하니 차마 떨치고 일어나지 못하였습니다."

대사가 더는 묻지 않고 말하기를, / "물러가 쉬어라" 하여, 성진이 자신의 선방(禪房)에 돌아오니 날이 이미 어두워졌다.

- 김만중, '구운몽(九雲夢)'

1 윗글의 특징으로 가장 적절한 것은?

① 서술자의 직접적인 개입이 나타나고 있다.
② 부분적으로 역순행적 구성을 취하고 있다.
③ 전기적인 사건들을 통해 이야기가 전개되고 있다.
④ 입체적인 인물을 등장시켜 긴장감을 조성하고 있다.

2 윗글에 대한 이해로 적절하지 않은 것은?

① 성진은 연화봉으로 돌아가는 길에 팔선녀를 만났군.
② 성진은 불교의 교리를 지키기 위해 술을 마시지 않았군.
③ 팔선녀는 성진의 스승을 만나고 돌아오는 길에 성진을 만났군.
④ 팔선녀는 일반화되어 있는 사회적 규칙을 언급하며 주장을 피력하고 있군.

3 (나)의 밑줄 친 ㉠~㉣ 중에서 가리키는 대상이 다른 것은?

① ㉠   ② ㉡   ③ ㉢   ④ ㉣

4 윗글의 내용과 부합하지 않는 것은?

① 성진은 팔선녀와 서로 희롱하고 있다.
② 성진은 세속적 가치에 관심을 가지고 있다.
③ 대사는 성진의 실수를 관대하게 용서하고 있다.
④ 성진은 자신이 불교의 계율을 어겼음을 인지하고 있다.

5 윗글에 대한 설명으로 적절하지 않은 것은?

① 장면의 전환이 빈번하게 일어난다.
② 성진은 전형적인 영웅의 모습을 드러내고 있다.
③ 도교 사상과 불교 사상이 작품에 반영되어 있다.
④ 비현실적인 공간이 극중 배경으로 제시되고 있다.

⇒ 뒷장에 계속

(다) "사부는 어디로부터 오신고?"

호승이 웃어 왈, / "평생 ㉠ 고인(故人)을 몰라보시니 귀인이 잊음 헐타는 말이 옳도소이다."

㉡ 승상이 자세히 보니 과연 낯이 익은 듯하거늘 홀연 깨쳐 능파 낭자를 돌아보며 왈,

"소유가 전일 토번(吐藩)을 정벌할 제 꿈에 동정 용궁에 가 잔치하고 돌아오는 길에 남악에 가 놀았는데, 한 화상이 법좌에 앉아서 경을 강론하더니 ㉢ 노부(老父)가 그 화상이냐?"

호승이 박장대소(拍掌大笑)하고 가로되,

"옳다, 옳다. 비록 옳으나 몽중에 잠깐 만나 본 일은 생각하고 십 년을 동처하던 일을 알지 못하니 뉘 ㉣ 양 장원을 총명타 하더뇨?"

승상이 망연하여 가로되, / "소유가 십오륙 세 전은 부모 좌하를 떠나지 않았고 십육 세에 급제하여 연하여 직명이 있었으니, 동으로 연국에 봉사하고 서로 토번을 정벌한 밖은 일찍 경사를 떠나지 않았으니 언제 사부로 더불어 십 년을 상종하였으리오?"

호승이 웃어 왈, / "㉤ 상공이 오히려 춘몽을 깨지 못하였도소이다."

승상 왈, / "사부가 어찌하면 소유로 하여금 춘몽을 깨게 하리오?"

호승 왈, / "이는 어렵지 아니하니이다."

하고, 손 가운데 석장을 들어 석난간을 두어 번 두드리니 홀연 네 녘 산골로부터 구름이 일어나 대 위에 끼이어 지척을 분변치 못하니, 승상이 정신이 아득하여 마치 취몽 중에 있는 듯하더니 오래되어서야 소리 질러 가로되, / "사부가 어이 정도로 소유를 인도치 아니하고 환술로 서로 희롱하느뇨?"

(라) 말을 떨구지 못하여서 구름이 걷히니 호승이 간 곳이 없고 좌우를 돌아보니 여덟 낭자가 또한 간 곳이 없는지라. 정히 경황하여 하더니, 그런 높은 대와 많은 집이 일시에 없어지고 제 몸이 한 작은 암자 중의 한 포단(蒲團) 위에 앉았으되, 향로에 불이 이미 사라지고, 지는 달이 창에 이미 비치었더라.

스스로 제 몸을 보니 일백여덟 낱 염주가 손목에 걸렸고 머리를 만지니 갓 깎은 머리털이 가칠가칠하였으니, 완연히 소화상의 몸이요 다시 대승상의 위의 아니니, 정신이 황홀하여 오랜 후에 비로소 제 몸이 연화 도량 성진 행자인 줄 알고 생각하니, 처음에 스승에게 수책하여 풍도(酆都)로 가고 인세에 환도하여 양가의 아들 되어 장원 급제 한림학사 하고 출장입상(出將入相)하여 공명신퇴(功名身退)하고 두 공주와 여섯 낭자로 더불어 즐기던 것이 다 하룻밤 꿈이라. 〈중 략〉

급히 세수하고 의관을 정제하며 방장에 나아가니 다른 제자들이 이미 다 모였더라. 대사가 소리하여 묻되,

"성진아, 인간 부귀를 지내니 과연 어떠하더요?"

성진이 고두하며 눈물을 흘려 가로되, / "성진이 이미 깨달았나이다. 제자가 불초하여 염려를 그릇 먹어 죄를 지으니 마땅히 인세에 윤회할 것이거늘, 사부가 자비하사 하룻밤 꿈으로 제자의 마음을 깨닫게 하시니 사부의 은혜를 천만 겁이라도 갚기 어렵도소이다."

[A]
대사가 가로되, / "네, 승흥(乘興)하여 갔다가 흥진(興盡)하여 돌아왔으니 내 무슨 간예(干預)함이 있으리오? 네 또 이르되 '인세에 윤회한 것을 꿈을 꾸었다' 하니 이는 인세와 꿈을 다르다 함이니 네 오히려 꿈을 채 깨지 못하였도다. '장주가 꿈에 나비 되었다가 나비 장주가 되니', 어느 것이 거짓 것이요 어느 것이 참된 것인 줄 분변치 못하나니, 어제 성진과 소유가 어느 것은 정말 꿈이요 어느 것은 꿈이 아니뇨?"

– 김만중, '구운몽(九雲夢)'

6 윗글에 대한 설명으로 적절하지 않은 것은?

① (다)는 꿈이고, (라)는 현실이다.

② (다)와 (라)의 서술 시점은 다르다.

③ 인물의 생애를 요약적으로 제시하고 있다.

④ 배경 묘사를 통해 시공간의 변화를 나타냈다.

7 윗글에 대한 감상으로 적절하지 않은 것은?

① '양소유'는 과거에 급제한 뒤 여러 벼슬을 지냈다.

② '성진'은 죄를 지어 인간 세상으로 내려가게 되었다.

③ '대사'는 '성진'이 경험한 꿈에 대해 알지 못하고 있다.

④ '양소유'는 '호승'을 꿈에서 만난 것으로 기억하고 있다.

8 [A]에 대한 설명으로 가장 적절한 것은?

① 꿈과 현실을 구분하는 것이 무의미함을 일깨우고 있다.

② '성진'이 여전히 꿈속에 있다는 사실을 각인시키고 있다.

③ 호접지몽 고사를 인용하여 현재의 소중함을 부각하고 있다.

④ '성진'이 꿈속의 부귀영화를 그리워하는 것에 대해 질책하고 있다.

9 윗글의 서술 방식에 대한 설명으로 가장 적절하지 않은 것은?

① 비현실적인 사건을 제시하고 있다.

② 일상에서 잘 사용하지 않는 문어체 표현이 사용됐다.

③ 두 가지 이야기가 교차되는 액자 구성 방식의 작품이다.

④ 갈등이 심화되고 있음을 인물 간의 대화를 통해 드러내고 있다.

10 밑줄 친 ㉠~㉤ 중 지시하는 대상이 동일한 것끼리 묶인 것은?

① ㉠, ㉡

② ㉠, ㉢, ㉤

③ ㉡, ㉢, ㉣

④ ㉡, ㉣, ㉤

정답 및 해설 p.58

[1~5] 다음 글을 읽고 물음에 답하시오.

(가) ⓐ 새침하게 흐린 품이 눈이 올 듯하더니, 눈은 아니 오고 얼다가 만 비가 추적추적 나리는 날이었다. 이날 이야말로 동소문 안에서 인력거꾼 노릇을 하는 김 첨지에게는 오래간만에도 닥친 운수 좋은 날이었다. 〈중 략〉

첫 번에 30전, 둘째 번에 50전, 아침 댓바람에 그리 훗치 않은 일이었다. 그야말로 재수가 옴 붙어서 근 열흘 동안 돈 구경도 못한 ① 김 첨지는 10전짜리 백동화 서 푼, 또는 다섯 푼이 찰깍하고 손바닥에 떨어질 제 거의 눈물을 흘릴 만큼 기뻤다.

(나) 그의 아내가 기침으로 쿨룩거리기는 벌써 달포가 넘었다. 조밥도 굶기를 먹다시피 하는 형편이니 물론 약 한 첩 써 본 일이 없다. 구태여 쓰랴면 못 쓸 바도 아니로되, ⓒ 그는 병이란 놈에게 약을 주어 보내면 재미를 붙여서 자꾸 온다는 자기의 신조에 어디까지나 충실하였다. 따라서 의사에게 보인 적이 없으니 무슨 병인지는 알 수 없으나, 반듯이 누워 가지고 일어나기는커녕 세로로도 못 눕는 걸 보면 중증은 중증인 듯. 병이 이다지 심해지기는 열흘 전에 조밥을 먹고 체한 때문이다. 그때도 김 첨지가 오래간만에 돈을 얻어서 좁쌀 한 되와 10전 짜리 나무 한 단을 사다 주었더니 김 첨지의 말에 의지하면, 오라질 년이 천방지축으로 냄비에 대고 끓였다. 마음은 급하고 불길은 닿지 않아 채 익지도 않은 것을 그 오라질 년이 숟가락은 고만두고 손으로 움켜서 두 뺨에 주먹 덩이 같은 혹이 불거지도록 누가 빼앗을 듯이 처먹더니만 그날 저녁부터 가슴이 땅긴다, 배가 켕긴다 하고 눈을 홉뜨고 지랄을 하였다. 그때 김 첨지는 열화와 같이 성을 내며, / "에이, 오라질 년, 조롱복은 할 수가 없어. 못 먹어 병, 먹어서 병, 어쩌란 말이야! 왜 눈을 바루 뜨지 못해!" / 하고 앓는 이의 뺨을 한 번 후려갈겼다. 홉뜬 눈은 조금 바루어졌건만 이슬이 맺혔다. ⓒ 김 첨지의 눈시울도 뜨근뜨근하였다. / 이 환자가 그러고도 먹는 데는 물리지 않았다. 사흘 전부터 설렁탕 국물이 마시고 싶다고 남편을 졸랐다. 〈중 략〉

인제 설렁탕을 사 줄 수도 있다. 앓는 어미 곁에서 배고파 보채는 개똥이(세 살배기)에게 죽을 사 줄 수도 있다. 80전을 손에 쥔 김 첨지의 마음은 푼푼하였다.

(다) "남대문 정거장까지 말씀입니까?" / 하고 김 첨지는 잠깐 주저하였다. 그는 이 우중에 우장도 없이 그 먼 곳을 철벅거리고 가기가 싫었음일까? 처음 것, 둘째 것으로 고만 만족하였음일까? 아니다, 결코 아니다. 이상하게도 꼬리를 맞물고 덤비는 이 행운 앞에 조금 겁이 났음이다. 그리고 집을 나올 제 아내의 부탁이 마음에 켕겼다. 앞집 마나님한테서 부르러 왔을 제 병인은 그 뼈만 남은 얼굴에 6월의 샘물 같은 유달리 크고 움푹한 눈에다 애걸하는 빛을 띠며,

"ⓓ 오늘은 나가지 말아요. 제발 덕분에 집에 붙어 있어요. 내가 이렇게 아픈데……."   – 현진건, '운수 좋은 날'

---

1   윗글에 대한 설명으로 적절하지 않은 것은?

① 김 첨지에게는 아내와 어린아이가 있다.

② 김 첨지는 최근에 돈을 거의 벌지 못했다.

③ 김 첨지는 앓고 있는 아내의 병명을 모른다.

④ 김 첨지는 날씨 때문에 세 번째 손님 받기를 망설인다.

2 〈보기〉를 참고할 때, ⓐ에 대한 반응으로 적절하지 않은 것은?

<보기>

'운수 좋은 날'은 인력거꾼 김 첨지가 유난히 운수 좋은 날에 아내의 죽음을 맞이하게 되는 반어적 상황을 그려 낸 작품이다. 작품의 제목과 배경, 김 첨지의 행동이 모두 하나의 초점을 향해 치밀하게 구성되어 그 비극적 효과를 극대화하고 있다.

① 불길한 겨울비의 이미지는 아내의 죽음을 암시한다고도 볼 수 있군.

② 겨울비가 내리는 배경은 작품 전체에 음울한 분위기를 형성하고 있군.

③ 흐린 하늘은 김 첨지가 자신의 비극적인 운명을 인식하고 있음을 보여 주는군.

④ 눈을 기대했지만 비가 내렸다는 것은 김 첨지의 하루도 기대와 다르게 흘러갈 것임을 암시하는군.

3 ㉠~㉣에 대한 설명으로 적절하지 않은 것은?

① ㉠: 적은 돈에도 크게 기뻐하는 김 첨지의 소박한 성품을 보여 준다.

② ㉡: 돈이 없어서 약을 쓰지 못하는 자신의 형편을 합리화하고 있다.

③ ㉢: 아내가 회복하지 못할 것을 깨달은 김 첨지의 절망감을 나타내고 있다.

④ ㉣: 아내가 자신의 불길한 운명을 예감하고 있음을 알 수 있다.

4 윗글의 서술상의 특징으로 적절하지 않은 것은?

① 인물의 외양을 사실적으로 묘사하고 있다.

② 부분적으로 3인칭 관찰자 시점이 나타난다.

③ 하층민의 언어를 생동감 있게 그려 내고 있다.

④ 인물 간의 갈등 양상을 구체적으로 서술하고 있다.

5 '김 첨지'에 대한 설명으로 적절하지 않은 것은?

① 아픈 아내를 안쓰러워하고 있다.

② 어리석고 고지식한 성격을 지녔다.

③ 돈 앞에서 계산적인 모습을 보인다.

④ 잇따른 행운에 불안감을 느끼고 있다.

⇒ 뒷장에 계속

(라) "안 죽었어. 안 죽었대도 그래."

김 첨지는 화증을 내며 확신 있게 소리를 질렀으되, 그 소리엔 안 죽은 것을 믿으려고 애쓰는 가락이 있었다. 기어이 1원어치를 채워서 곱빼기 한 잔씩 더 먹고 나왔다. 궂은비는 의연히 추적추적 나린다.

(마) 김 첨지는 취중에도 설렁탕을 사 가지고 집에 다다랐다. 집이라 해도 물론 셋집이요, 또 집 전체를 세든 게 아니라 안과 뚝 떨어진 행랑방 한 간을 빌려 든 것인데, 물을 길어 대고 한 달에 1원씩 내는 터이다. 만일 김 첨지가 주기를 띠지 않았던들 한 발을 대문 안에 들여놓았을 제 그곳을 지배하는 무시무시한 정적—폭풍우가 지나간 뒤의 바다 같은 정적에 다리가 떨렸으리라. 쿨룩거리는 기침 소리도 들을 수 없다. 걸으렁거리는 숨소리조차 들을 수 없다. 다만 이 무덤 같은 침묵을 깨뜨리는—깨뜨린다느니보다 한층 더 침묵을 깊게 하고 불길하게 하는, 빡빡 하는 그윽한 소리—어린애의 젖 빠는 소리가 날 뿐이다. 만일 청각이 예민한 이 같으면 그 빡빡 소리는 빨 따름이요, 꿀떡꿀떡 하고 젖 넘어가는 소리가 없으니 빈 젖을 빤다는 것도 짐작할는지 모르리라. 혹은 ㉠김 첨지도 이 불길한 침묵을 짐작했는지도 모른다. 그렇지 않으면 대문에 들어서자마자 전에 없이,

"이 난장 맞을 년, 남편이 들어오는데 나와 보지도 안 해, 이 오라질 년." / 이라고 고함을 친 게 수상하다. 이 고함이야말로 제 몸을 엄습해 오는 무시무시한 증을 쫓아 버리려는 ⓐ 인 까닭이다.

하여간 김 첨지는 방문을 왈칵 열었다. 구역을 나게 하는 추기—떨어진 삿자리 밑에서 올라온 먼지내, 빨지 않은 기저귀에서 나는 똥내와 오줌내, 가지각색 때가 켜켜이 앉은 옷내, 병인의 땀 썩은 내가 섞인 추기가 무딘 김 첨지의 코를 찔렀다.

방 안에 들어서며 설렁탕을 한구석에 놓을 사이도 없이, 주정꾼은 목청을 있는 대로 다 내어 호통을 쳤다.

"㉡이런 오라질 년, 주야장천(晝夜長川) 누워만 있으면 제일이야? 남편이 와도 일어나지를 못해?"

라는 소리와 함께 발길로 누운 이의 다리를 몹시 찼다. 그러나 발길에 채이는 건 사람의 살이 아니고 나뭇등걸과 같은 느낌이 있었다.

(바) 발로 차도 그 보람이 없는 걸 보자, 남편은 아내의 머리맡으로 달겨 들어 그야말로 ㉢까치집 같은 환자의 머리를 꺼들어 흔들며, / "이년아, 말을 해, 말을! 입이 붙었어, 이 오라질 년!" / "……."

"으응, 이것 봐, 아모 말이 없네." / "……."

"이년아, 죽었단 말이냐, 왜 말이 없어?" / "……."

"으응, 또 대답이 없네, 정말 죽었나 버이."

이러다가 누운 이의 흰창이 검은창을 덮은, 위로 치뜬 눈을 알아보자마자,

"이 눈깔! 이 눈깔! 왜 나를 바루보지 못하고 천정만 보느냐, 응?" / 하는 말끝엔 목이 메이었다. 그러자 산 사람의 눈에서 떨어진 닭의 똥 같은 눈물이 죽은 이의 뻣뻣한 얼굴을 어룽어룽 적신다. 문득 김 첨지는 미친 듯이 제 얼굴을 죽은 이의 얼굴에 한데 부벼 대며 중얼거렸다.

"㉣설렁탕을 사다 놓았는데 왜 먹지를 못하니, 왜 먹지를 못하니…… 괴상하게도 오늘은 ⓑ운수가 좋더니만……."

- 현진건, '운수 좋은 날'

6 ⓐ에 들어갈 말로 가장 적절한 것은?

① 허장성세(虛張聲勢)　　　　② 고식지계(姑息之計)

③ 자격지심(自激之心)　　　　④ 경거망동(輕擧妄動)

7 윗글에 대한 이해로 적절하지 않은 것은?

① '궂은비'는 음울한 분위기를 형성하고 있다.
② '무덤 같은 침묵'은 아내의 죽음을 암시한다.
③ '집'은 김 첨지의 내적 갈등이 해소되는 공간이다.
④ '설렁탕'은 아내에 대한 김 첨지의 사랑을 의미한다.

8 ⑦~②에 대한 설명으로 적절한 것은?

① ⑦: 서술자의 개입이 나타난다.
② ⓒ: 아내에 대한 원망을 드러내고 있다.
③ ⓒ: 폭력적인 행동을 정당화하고 있다.
④ ②: 작품의 비극성을 심화시킨다.

9 다음 밑줄 친 부분 중 ⓑ에 사용된 표현법과 가장 유사한 것은?

① 낙동강 빈 나루에 달빛이 푸릅니다. / 무엔지 그리운 밤 지향 없이 가고파서 / <u>흐르는 금빛 노을에 배를 맡겨 봅니다.</u>
② 쫓기는 마음! 지친 몸이길래 / 그리운 지평선을 한숨에 기오르면 / <u>시궁치는 열대 식물처럼 발목을 에워쌌다.</u>
③ 먼 훗날 당신이 찾으시면 / 그때에 내 말이 "잊었노라." / 당신이 속으로 나무라면 / "무척 그리다가 잊었노라."
④ 봄안개 어리인 시냇가에, 푸른 고양이 / 곱다랗게 단장하고 있소, 울고 있소. / 기름진 꼬리를 쳐들고 / <u>밝은 애달픈 노래를 부르지요.</u>

10 ⟨보기⟩를 참고할 때 윗글에 대한 감상으로 적절하지 않은 것은?

⟨보기⟩

　이 작품은 일제강점기의 서울 빈민가를 배경으로 가난한 인력거꾼인 김 첨지의 하루를 그려 내고 있다. 거칠고 투박한 문체는 하층민의 언어를 생생하게 표현할 뿐만 아니라, 주제 의식과도 긴밀하게 관련을 맺으며 사실성을 높이고 있다.

① 일제강점기 우리 민족의 삶이 사실적으로 반영되어 있다.
② 김 첨지의 속되고 거친 말투는 하층민의 언어를 나타낸 것이다.
③ 궁핍한 하층민의 비극적 삶과 극복 과정을 구체적으로 형상화했다.
④ 김 첨지는 고난을 겪는 식민지 빈민층을 대표하는 전형적 인물로 볼 수 있다.

정답 및 해설 p.61

[1~5] 다음 글을 읽고 물음에 답하시오.

(가) "아버지, 진지 많이 잡수시오."

"오냐. 많이 먹으마. 오늘은 각별하게 반찬이 매우 좋구나. 뉘 집 제사 지냈느냐?"

심청이는 기가 막혀 속으로만 느껴 울며 훌쩍훌쩍 소리 나니, 심 봉사는 물색없이 귀 밝은 체 말을 한다.

"아가, 너 몸 아프냐? 감기가 들었나 보구나. 오늘이 며칠이냐? 오늘이 열닷새지, 응?"

㉠ 부녀의 천륜이 중하니 몽조(夢兆)가 어찌 없을쏘냐. 심 봉사가 간밤 꿈 이야기를 하되,

"간밤에 꿈을 꾸니, 네가 큰 수레를 타고 한없이 가 보이니 수레라 하는 것은 귀한 사람이 타는 것이라. 아마도 오늘 무릉촌 승상 댁에서 너를 가마에 태워 가려나 보다."

㉡ 심청이 들어 보니 분명히 자기 죽을 꿈이로다. 속으로 슬픈 생각 가득하나 겉으로는 아무쪼록 부친이 안심하도록, / "그 꿈이 참 좋습니다."

대답하고, 진짓상을 물려 내고 담배 피워 물려 드린 후에, 사당에 하직차로 세수를 정히 하고 눈물 흔적을 없앤 후에 정한 의복 갈아입고 후원에 돌아가서 사당문 가만히 열고 주과(酒果)를 차려 놓고 통곡 재배 하직할 제,

"불효 여식 심청이는 부친 눈을 뜨게 하려고 남경 장사 선인들에게 삼백 석에 몸이 팔려 인당수로 돌아가니, 소녀가 죽더라도 부친의 눈 뜨게 하고 착한 부인 작배(作配)하여 아들 낳고 딸을 낳아 조상향화(祖上香火) 전하게 하소서."

(나) "제가 불효 여식으로 아버지를 속였소. 공양미 삼백 석을 누가 저를 주오리까. 남경 장사 선인들께 삼백 석에 몸이 팔려 인당수 제수(祭需)로 가기로 하여 오늘이 행선날이오니 저를 오늘 망종 보오."

㉢ 사람이 슬픔이 극진하면 도리어 가슴이 막히는 법이라.

심 봉사가 하도 기가 막혀 울음도 아니 나오고 실성을 하는데,

"애고, 이게 웬 말이냐, 응! 참말이냐, 농담이냐? 말 같지 아니하다. 나더러 묻지도 않고 네 마음대로 한단 말이냐? 네가 살고 내 눈 뜨면 그는 응당 좋으려니와 네가 죽고 내 눈 뜨면 그게 무슨 말이 되랴. 너의 모친 너를 낳은 지 7일 만에 죽은 후에, 눈조차 어두운 놈이 품안에 너를 안고 이집 저집 다니면서 동냥젖 얻어 먹여 그만치 자랐기로 한시름 잊었더니, 이게 웬 말이냐? 눈을 팔아 너를 살지언정 너를 팔아 눈을 산들 그 눈 해서 무엇하랴. 어떤 놈의 팔자로 아내 죽고 자식 잃고 사궁지수(四窮之首)가 된단 말인가. 네 이 선인놈들아! 장사도 좋거니와 사람 사다 제수하는 걸 어디서 보았느냐? 하느님의 어지심과 귀신의 밝은 마음, 앙화가 없을쏘냐. 눈먼 놈의 무남독녀 철모르는 어린 것을 나 모르게 유인하여 산단 말이 웬 말이냐? 쌀도 싫고 돈도 싫고 눈 뜨기 내 다 싫다. 〈중 략〉 너희놈들 나 죽여라. 평생에 맺힌 마음 죽기가 원이로다. 나 죽는다. 지금 내가 죽어 놓으면 네놈들이 무사할까. 무지한 강도놈들아, 생사람 죽이면 대전통편(大典通編) 율(律)이니라."

이렇듯이 심 봉사는 홀로 장담(壯談)하고 이를 갈며 죽기로 기를 쓰니, 심청이 부친을 붙들고,

"아버지, 이 일은 남의 탓이 아니오니 그리 마옵소서."

부녀(父女)가 서로 붙들고 뒹굴며 통곡하니, ㉣ 도화동 남녀노소 뉘 아니 슬퍼하리.

– 작자 미상, '심청전(沈淸傳)'

1 **윗글에 대한 설명으로 가장 적절한 것은?**

① 비극적인 상황을 웃음으로 승화하고 있다.

② 유교적 가치를 권장하는 내용을 담고 있다.

③ 독백을 통해 고조된 감정을 드러내고 있다.

④ 인물 간의 갈등을 중심으로 사건이 전개된다.

2 **윗글을 통해 알 수 있는 내용이 아닌 것은?**

① '수레를 타고 가는 것'은 심청의 죽음을 의미한다.

② '진짓상'은 아버지에 대한 심청의 마음이 담긴 소재이다.

③ '꿈'은 심 봉사와 심청이 모두 긍정적으로 여기는 징조이다.

④ '공양미 삼백 석'은 심청이 인당수의 제물이 되기로 마음먹은 계기이다.

3 **다음 중 '심 봉사'의 말하기 방식으로 적절하지 않은 것은?**

① 대구법을 사용해 비통한 심정을 드러내고 있다.

② 선인들에 대한 적대감과 원망을 표현하고 있다.

③ 과거의 경험을 서술하며 불행한 처지를 부각하고 있다.

④ 전기적인 요소를 활용하여 일어난 사건을 서술하고 있다.

4 **㉠~㉣ 중 가장 성격이 다른 것은?**

① ㉠   ② ㉡

③ ㉢   ④ ㉣

5 **윗글에 대한 설명으로 적절하지 않은 것은?**

① 유교적 덕목인 '효'를 강조하고 있다.

② 시간의 흐름에 따라 사건이 전개되고 있다.

③ 서술자가 사건에 대해 직접적으로 견해를 드러낸다.

④ 고난을 겪는 인물 앞에 조력자가 나타나 도울 것임을 암시한다.

⇒ 뒷장에 계속

(다) 각설 이때 무릉촌 장 승상 댁 부인이 심 소저의 글을 벽에 걸어 두고 날마다 징험하되 빛이 변하지 아니하더니, ㉠ 하루는 글 족자에 물이 흐르고 빛이 변하여 검어지니, '심 소저가 물에 빠져 죽었는가?' 하여 무수히 슬퍼하고 탄식하더니, 이윽고 ㉡ 물이 걷고 빛이 황홀해지니, 부인이 괴이히 여겨 '누가 구하여 살아났는가?' 하며 십분 의혹하나 어찌 그러하기 쉬우리오.

(라) 그날 밤에 장 승상 댁 부인이 제물을 갖추어 강가에 나아가 심 소저를 위하여 혼을 불러 위로하는 제사를 바치려 마음먹고 시비를 데리고 강가에 다다르니, ㉢ 밤은 깊어 삼경(三更)인데 첩첩이 쌓인 안개 산골짜기에 잠겨 있고, 첩첩이 이는 연기 강물에 어리었다. 편주(片舟)를 흘리저어 중류에 띄워 놓고, 배 안에서 제사상을 차리고 부인이 친히 잔을 부어 오열하며 소저를 불러 위로하니,

"아아! 슬프다, 심 소저야. 죽기를 싫어하고 살기를 즐거워함은 인정에 당연커늘 일편단심에 양육하신 부친의 은덕을 죽음으로써 갚으려 하고, 한 가닥 쇠잔한 목숨을 스스로 끊으니, ㉣ 고운 꽃이 흩어지고 나는 나비 불에 드니 어찌 아니 슬플쏘냐. 한 잔 술로 위로하니 응당 소저의 혼이 아니면 없어지지 아니하리니 고이 와서 흠향함을 바라노라."

하며 눈물 뿌려 통곡하니 천지 미물인들 어찌 아니 감동하리.

(마) "내 딸 심청아!"

하고 부르는 소리에 모친인 줄 알고 왈칵 뛰어 나서며,

"어머니 어머니, 나를 낳고 초칠일 안에 죽었으니 지금까지 십오 년을 얼굴도 모르오니 천지간 끝없이 깊은 한이 갤 날이 없었습니다. 오늘날 이곳에 와서야 어머니와 만날 줄을 알았더라면, 오던 날 부친 앞에서 이 말씀을 여쭈었더라면 날 보내고 설운 마음 적이 위로했을 것을……. 우리 모녀는 서로 만나 보니 좋지만은 외로우신 부친은 뉘를 보고 반기시리까. 부친 생각이 새롭습니다."

부인이 울며 말하기를,

"나는 죽어 귀히 되어 인간 생각 아득하다. 너의 부친 너를 키워 서로 의지하였다가 너조차 이별하니, 너 오던 날 그 모습이 오죽하랴. 내가 너를 보니 반가운 마음이야 너의 부친 너를 잃은 설움에다 비길쏘냐. 묻노라. 너의 부친 가난에 절어 그 모습이 어떠하냐? 응당 많이 늙었으리라. 그간 십수 년에 홀아비나 면했으며, 뒷마을 귀덕 어미 네게 극진하지 않더냐?"

얼굴도 대어 보며, 수족도 만져 보며,

"귀와 목이 희니 너의 부친 같기도 하다. 손과 발이 고운 것은 어찌 아니 내 딸이랴. 내 끼던 옥지환도 네가 지금 가졌으며, '수복강녕', '태평안락' 양편에 새긴 돈 붉은 줌치 청홍당사 벌매듭도 애고 네가 찼구나. 아비 이별하고 어미 다시 보니 다 갖추기 어려운 건 인간 고락이라. 그러나 오늘날 나를 다시 이별하고 너의 부친을 다시 만날 줄을 네가 어찌 알겠느냐? 광한전 맡은 일이 직분이 허다하여 오래 비우기 어렵기로 도리어 이별하니 애통하고 딱하나 내 맘대로 못 하나니 한탄한들 어이할쏘냐. 후에 다시 만나 즐길 날이 있으리라."

하고 떨치고 일어서니, 소저 만류하지 못하고 따를 길이 없어 울며 하직하고 수정궁에 머물더라.

- 작자 미상, '심청전(沈淸傳)'

6 ⊙~@에 대한 설명으로 적절하지 않은 것은?

① ⊙: 전기적 요소를 통해 비현실성을 드러내고 있다.
② ⓒ: 인당수에 뛰어든 심청이 용왕에게 구출되었음을 암시한다.
③ ⓒ: 부인의 슬픈 심경과 대비되는 배경을 제시하고 있다.
④ @: 심청의 희생을 자연물에 빗대어 애도하고 있다.

7 윗글을 통해 알 수 있는 내용이 아닌 것은?

① '장 승상 댁 부인'은 심청의 효심을 칭송하고 있다.
② '심청'은 환생하여 아버지와 재회하기를 소망하고 있다.
③ '부인'은 자신이 세상을 떠난 후 그동안의 일을 궁금해하고 있다.
④ '심청'은 어머니를 만나 기뻐하면서도 홀로 남겨진 아버지를 염려하고 있다.

8 (마)에 대한 설명으로 적절하지 않은 것은?

① 요약적 서술로 사건이 빠르게 전개되고 있다.
② 심청의 희생에 대한 보상이 이루어지고 있다.
③ 비현실적 세계에서 벌어지는 일들이 제시되고 있다.
④ 심청이 아버지와 재회하게 될 것임을 암시하고 있다.

9 '옥지환'에 대한 설명으로 가장 적절한 것은?

① 사건의 흐름이 전환되는 계기이다.
② 심청이 겪었던 고난에 대한 개연성을 부여한다.
③ 두 사람이 모녀 사이임을 확인할 수 있는 징표이다.
④ 귀한 신분으로 거듭날 운명을 지닌 사람만이 가질 수 있다.

⇒ 뒷장에 계속

10 〈보기〉는 '심청전'의 다른 판본이다. 이에 대한 반응으로 적절하지 않은 것은?

〈보기〉

용왕이 빙그레 웃으며,

"너는 전생에 초간왕의 딸로서 요지(瑤池)의 서왕모 잔치에서 술을 맡아보게 했더니, 네가 노군성(老君星)과 사사로운 정이 있어 술을 많이 먹여서 잔치에 술이 부족하게 되었더란다.

그랬더니 도솔천이 옥황상제께 벌을 내리라고 청하게 되었고, 옥황상제께서 진노하시어 말씀하시기를,

'이는 도솔천의 죄가 아니라 술 맡아 보는 시녀의 죄이니 자세히 조사하여 중한 벌을 내리도록 하라.'

하시고, '노군성을 인간 세상에 내쳐 40년을 병 없이 지내다가 너와 부녀간이 되어 네 효성을 나타내라.' 하시었다.

그리하여 노군성은 심학규가 되어 인간 세상에 귀양 보내지고, 그런 지 40년 만에 너를 내려 보내 그 딸이 되게 하였다. 하늘나라에서 술 훔쳐 먹은 죄로 노군성에게는 먹을 복을 점지하지 아니하여 13년을 빌어먹게 하고, 또 눈을 멀게 하며 규성이 빌어먹이는 것을 받아 먹어 하늘에서 지은 죄의 벌을 받게 정하여 주셨다."

① '초간왕의 딸'과 '노군성'은 부녀지간으로 환생하게 되었군.

② '옥황상제'가 등장하는 것으로 보아 도교 사상을 배경으로 하고 있군.

③ 천상계의 존재가 인간 세상에서 다시 태어난다는 적강(謫降) 화소가 나타나는군.

④ 심청이 아버지를 지극정성으로 봉양했던 것은 전생에 지은 죄를 뉘우치기 위함이군.

정답 및 해설 p.64

[1~5] 다음 글을 읽고 물음에 답하시오.

(가) 초팔일 갑신(甲申), 맑다.

정사 박명원(朴明源)과 같은 가마를 타고 삼류하(三流河)를 건너 냉정(冷井)에서 아침밥을 먹었다. 십여 리 남짓 가서 한 줄기 산기슭을 돌아 나서니 태복(泰卜)이 국궁(鞠躬)을 하고 말 앞으로 달려 나와 땅에 머리를 조아리고 큰 소리로,

"ⓐ 백탑(白塔)이 현신(現身)함을 아뢰오." / 한다.

태복이란 자는 정 진사(鄭進士)의 말을 맡은 하인이다. 산기슭이 아직도 가리어 백탑은 보이지 않았다. 말을 채찍질하여 수십 보를 채 못 가서 겨우 산기슭을 벗어나자 눈앞이 아찔해지며 눈에 헛것이 오르락내리락하여 현란했다. ㉠ 나는 오늘에서야 비로소 사람이란 본디 어디고 붙어 의지하는 데가 없이 다만 하늘을 이고 땅을 밟은 채 다니는 존재임을 알았다.

말을 멈추고 사방을 돌아보다가 나도 모르게 손을 이마에 대고 말했다.

"좋은 울음터로다. 한바탕 울어 볼 만하구나!"

(나) 정 진사가,

"이 천지간에 이런 넓은 안계(眼界)를 만나 홀연 울고 싶다니 그 무슨 말씀이오?"

하기에 나는,

"참 그렇겠네. 그러나 아니거든! 천고의 영웅은 잘 울고 미인은 눈물이 많다지만 불과 두어 줄기 소리 없는 눈물이 그저 옷깃을 적셨을 뿐이요, 아직까지 그 울음소리가 쇠나 돌에서 짜 나온 듯하여 천지에 가득 찼다는 소리를 들어 보진 못했소이다. ㉡ 사람들은 다만 안다는 것이 희로애락애오욕(喜怒哀樂愛惡欲) 칠정(七情) 중에서 '슬픈 감정[哀]'만 이 울음을 자아내는 줄 알았지, 칠정이 모두 울음을 자아내는 줄은 모를 겝니다. 기쁨[喜]이 극에 달하면 울게 되고, 노여움[怒]이 사무치면 울게 되고, 즐거움[樂]이 극에 달하면 울게 되고, 사랑[愛]이 사무치면 울게 되고, 미움[惡]이 극에 달하여도 울게 되고, 욕심[欲]이 사무치면 울게 되니, 답답하고 울적한 감정을 확 풀어 버리는 것으로 소리쳐 우는 것보다 더 빠른 방법은 없소이다. 울음이란 천지간에 있어서 뇌성벽력에 비할 수 있는 게요. 복받쳐 나오는 감정이 이치에 맞아 터지는 것이 웃음과 뭐 다르리오? 사람들의 보통 감정은 이러한 지극한 감정을 겪어 보지도 못한 채 교묘하게 칠정을 늘어놓고 '슬픈 감정[哀]'에다 울음을 짜 맞춘 것이오. 이러므로 사람이 죽어 초상을 치를 때 이내 억지로라도 "아이고", "어이"라고 부르짖는 것이지요."

(다) "그래, 지금 울 만한 자리가 저토록 넓으니 나도 당신을 따라 한바탕 통곡을 할 터인데 칠정 가운데 어느 '정'을 골라 울어야 하겠소?"

"갓난아이에게 물어보게나. 아이가 처음 배 밖으로 나오며 느끼는 '정'이란 무엇이오? 처음에는 광명을 볼 것이요, 다음에는 부모 친척들이 눈앞에 가득히 차 있음을 보니 기쁘고 즐겁지 않을 수 없을 것이오. 이 같은 기쁨과 즐거움은 늙을 때까지 두 번 다시 없을 일인데 슬프고 성이 날 까닭이 있으랴? 〈중 략〉 ㉢ 아이가 어미 태 속에 자리 잡고 있을 때에는 어둡고 갑갑하고 얽매이고 비좁게 지내다가 하루아침에 탁 트인 넓은 곳으로 빠져나오자 팔을 펴고 다리를 뻗어 정신이 시원하게 될 터이니, 어찌 한번 감정이 다하도록 참된 소리를 질러 보

지 않을 수 있으랴! 그러므로 갓난아이의 울음소리에는 거짓이 없다는 것을 마땅히 본받아야 하리이다."

- 박지원, '열하일기(熱河日記) 中 통곡할 만한 자리[好哭場論]'

1 ⊙과 ⓒ의 관점에 대한 설명으로 적절하지 않은 것은?

① ⊙의 발상은 창의적이며, ⓒ의 발상은 보편적이다.
② ⓒ은 울음이 감정을 해소하는 수단이라고 생각한다.
③ ⊙은 모든 칠정(七情)이 눈물을 자아낸다고 생각한다.
④ ⓒ은 눈물이 슬픈 감정으로부터 비롯된다고 생각한다.

2 윗글에 대한 설명으로 적절하지 않은 것은?

① 대상을 관찰하며 얻은 깨달음을 강조하고 있다.
② 여행의 여정을 기록한 기행문의 형식을 띠고 있다.
③ 화제에 대해 묻고 답하는 형식으로 이루어져 있다.
④ 경치에 대한 묘사보다 작가의 주장이 주를 이룬다.

3 ⓐ에 사용된 표현법과 가장 유사한 것은?

① 애수는 백로처럼 날개를 펴다
② 해설피 금빛 게으른 울음을 우는 곳
③ 금방울과 같이 호동그란 고양이의 눈에
④ 도체비꽃이 낮에 혼자 무서워 파랗게 질린다

4 윗글의 내용과 일치하지 않는 것은?

① 작가는 광활한 자연을 바라보며 충격을 받았다.

② 갓난아이의 울음은 칠정 가운데 '희(喜)'와 '락(樂)'에 속한다.

③ 정 진사는 요동 벌판에 대한 작가의 생각에 공감하지 못하고 있다.

④ 울음에 대한 기존의 통념을 먼저 제시한 뒤 이와 다른 새로운 해석을 제시하고 있다.

5 〈보기〉를 참고할 때, ⓒ을 읽고 보인 반응으로 가장 적절하지 않은 것은?

─── 〈보기〉 ───

'열하일기(熱河日記)'는 박지원이 청나라를 여행하고 돌아와 쓴 기행문으로, 청나라의 정치·경제·사회·문화 등에 대한 풍부한 견문을 담고 있다. 박지원은 실학사상을 바탕으로 청나라의 선진 문물을 수용하여 조선의 낙후된 현실을 개혁할 구체적 방안들을 제시했는데, 당시 조선 양반들에게 청나라의 문화는 오랑캐의 문화라는 인식이 뿌리 깊게 박혀 있어 좀처럼 받아들여지지 않았다.

① 원영: 드넓은 요동 벌판을 보고 울기 좋은 곳이라고 생각한 이유를 아이가 태어날 때 우는 것에 비유하여 설명하고 있어.

② 유진: '아이'가 작가 자신이라면 비좁은 '어미 태 속'은 당대 조선 사회를 의미하는 것이 아닐까?

③ 해린: 그렇다면 '탁 트인 넓은 곳'은 선진 문물로 가득한 청나라를 비유한 것이겠구나.

④ 민지: 갓난아이가 세상에 나왔을 때 울음을 터뜨리듯 작가도 청나라의 신문물을 목격한 후 조선의 현실에 대해 느낀 충격과 절망감으로 인해 울고 싶었던 것이 아닐까?

⇒ 뒷장에 계속

(라) 산중의 내 집 문 앞에는 큰 시내가 있어 매양 여름철이 되어 큰비가 지나가면, 시냇물이 갑자기 불어서 항상 거기(車騎, 전차와 기마)와 포고(砲鼓, 대포와 북)의 소리를 듣게 되어 드디어 귀에 젖어 버렸다. 내가 일찍이 문을 닫고 누워서 소리 종류를 비교해 보니, 깊은 소나무가 퉁소 소리를 내는 것은 듣는 이가 청아한 탓이요, 산이 찢어지고 언덕이 무너지는 듯한 것은 듣는 이가 분노한 탓이요, 뭇 개구리가 다투어 우는 듯한 것은 듣는 이가 교만한 탓이요, 대피리가 수없이 우는 듯한 것은 듣는 이가 노한 탓이요, 천둥과 우레가 급한 듯한 것은 듣는 이가 놀란 탓이요, 찻물이 끓는 듯이 문무(文武)가 겸한 듯한 것은 듣는 이가 취미로운 탓이요, 거문고가 궁(宮)과 우(羽)에 맞는 듯한 것은 듣는 이가 의심나는 탓이니, 모두 바르게 듣지 못하고 특히 흉중에 먹은 뜻을 가지고 귀에 들리는 대로 소리를 만든 것이다.

(마) 지금 나는 밤중에 한 강을 아홉 번 건넜다. 강은 새외(塞外)로부터 나와서 장성을 뚫고 유하(楡河)와 조하(潮河)·황화(黃花)·진천(鎭川) 등 모든 물과 합쳐 밀운성 밑을 거쳐 백하(白河)가 되었다. 나는 어제 두 번째 배로 백하를 건넜는데, 이것은 하류(下流)였다.

내가 아직 요동에 들어오지 못했을 때 바야흐로 한여름이라, 뜨거운 별 밑을 가노라니 홀연 큰 강이 앞에 당하는데 ㉠ 붉은 물결이 산같이 일어나 끝을 볼 수 없으니, 이것은 대개 천 리 밖에서 폭우(暴雨)가 온 것이다. ⓐ 물을 건널 때는 사람들이 모두 머리를 우러러 하늘을 보는데, 나는 생각하기에 사람들이 머리를 들고 쳐다보는 것은 하늘에 묵도(默禱)하는 것인 줄 알았더니, 나중에 알고 보니 물을 건너는 사람들이 물이 돌아 탕탕히 흐르는 것을 보면, 자기 몸은 물을 거슬러 올라가는 것 같고, 눈은 강물과 함께 따라 내려가는 것 같아서 갑자기 현기가 나면서 물에 빠지는 것이기 때문에 그들이 머리를 우러러보는 것은 하늘에 비는 것이 아니라, 물을 피하여 보지 않으려 함이다. 또한 어느 겨를에 잠깐 동안의 목숨을 위하여 기도할 수 있으랴.

(바) 그 위험함이 이와 같으니, 물소리도 듣지 못하고 모두 말하기를,

"㉡ 요동 들은 평평하고 넓기 때문에 물소리가 크게 울지 않는거야."

하지만 이것은 물을 알지 못하는 것이다. 요하(遼河)가 일찍이 울지 않는 것이 아니라 특히 밤에 건너 보지 않은 때문이니, 낮에는 눈으로 물을 볼 수 있으므로 눈이 오로지 위험한 데만 보느라고 도리어 눈이 있는 것을 걱정하는 판인데, 다시 들리는 소리가 있을 것인가. 지금 나는 밤중에 물을 건너는지라 ㉢ 눈으로는 위험한 것을 볼 수 없으니, 위험은 오로지 듣는 데만 있어 바야흐로 귀가 무서워하여 걱정을 이기지 못하는 것이다.

(사) 나는 이제야 도(道)를 알았도다. ㉣ 마음이 어두운 자는 귀와 눈이 누(累)가 되지 않고, 귀와 눈만을 믿는 자는 보고 듣는 것이 더욱 밝혀져서 병이 되는 것이다. 이제 내 마부가 발을 말굽에 밟혀서 뒤차에 실리었으므로, 나는 드디어 혼자 고삐를 늦추어 강에 띄우고 무릎을 구부려 발을 모으고 안장 위에 앉았으니, 한번 말에서 떨어지면 곧 물인 것이다. 거기로 떨어지는 경우에는 ⓑ 강이나 물로 땅을 삼고, 물로 옷을 삼으며, 물로 몸을 삼고, 물로 성정을 삼으니, 이제야 내 마음은 한번 떨어질 것을 판단한 터이므로 내 귓속에 강물 소리가 없어지고 무릇 아홉 번 건너는데도 걱정이 없어 의자 위에서 좌와(坐臥)하고 기거(起居)하는 것 같았다.

- 박지원, '열하일기(熱河日記) 中 일야구도하기(一夜九渡河記)'

6 (라)에 대한 설명으로 적절하지 않은 것은?

① 흐르는 물을 의인화하여 역동적 이미지로 표현하였다.

② 직접 체험한 내용을 통해 깨달은 바를 제시하고 있다.

③ 시냇물이 흐르는 소리를 전차와 대포 소리에 비유하였다.

④ 물소리가 듣는 이의 마음가짐에 따라 달라질 수 있음을 설명하고 있다.

7 ⓐ의 이유로 가장 적절한 것은?

① 날씨를 확인하기 위해

② 흘러가는 물을 보지 않기 위해

③ 배가 강을 건너는 방향을 가늠하기 위해

④ 강을 무사히 건널 수 있도록 기도를 올리기 위해

8 ㉠~㉣에 대한 설명으로 적절하지 않은 것은?

① ㉠: 홍수로 인해 붉어진 황톳빛 물이 거세게 흐르는 모습

② ㉡: 보이는 것에만 집중하므로 물소리가 들리지 않는다고 착각함

③ ㉢: 낮과 달리 오직 들리는 것에만 신경을 써서 물소리에 두려움을 느낌

④ ㉣: 걱정이 많아 마음이 쉽게 동요하는 사람

9 윗글을 통해 이끌어 낼 수 있는 교훈으로 가장 적절한 것은?

① 세상을 살아가는 올바른 처세관

② 세속적 욕망에 흔들리지 않는 태도

③ 외물(外物)에 흔들리지 않는 마음가짐

④ 주어진 삶에 만족하며 사는 낙천적인 태도

10 ⓑ의 문맥적 의미에 해당하는 한자 성어로 가장 적절한 것은?

① 창해일속(滄海一粟) ② 물아일체(物我一體)

③ 조변석개(朝變夕改) ④ 상하탱석(上下撑石)

정답 및 해설 p.67

[1~5] 다음 글을 읽고 물음에 답하시오.

(가) 어머니의 손놀림은 허공에서 분주하게 빨래를 분류하고 개키고 있었고, 전체적으로 기세가 등등했다. 하루 전부터의 금식, 관장, 마취, 대수술 끝에 느닷없이 그런 기운이 솟다니. 나는 놀랍다기보다는 다리가 후들댈 만큼 겁부터 났다. 이때 간호원이 들어왔다.

"어머니가 좀 이상하세요. 들입다 헛손질을 하시고 헛것도 보이시는 모양이에요."

"㉠ 마취 끝에 더러 그런 환자들도 있어요. 차차 나아지겠죠."

간호원은 심드렁하게 말하고 체온과 맥박을 체크하고 나가 버렸다.

(나) "왜 그래, 엄마!"

나는 덩달아 무서움에 떨며 어머니한테로 달려갔다. 어머니의 팔이 내 목을 감으며 용을 쓰는 바람에 나는 숨이 칵 막혔다. 굉장한 힘이었다. 숨이 막혀 허덕이는 나의 귓전에 어머니는 지옥의 목소리처럼 공포에 질린 소리로 속삭였다.

"그놈이 또 왔다. 하느님 맙소사, 그놈이 또 왔어."

어머니는 아직도 한 손으론 방어의 태세를 취한 채 문 쪽을 보고 있었다. 나는 혹시 내 뒤에 누가 따라 들어왔는가 해서 돌아다보았지만 아무도 없었다. 순간 머리끝이 쭈뼛했다. 〈중 략〉 순간 나는 저승의 사자가 어머니를 데리러 와 거기 버티고 서 있는 게 어머니에게만 보일지도 모른다는 생각이 들었다. 피가 얼어붙는 것처럼 무서 워서 감히 그쪽으로 발을 옮길 수도 없었다. 그러니 누구한테 구원을 요청할 가망도 없었다. ㉡ 여든여섯의 노 인의 병실을 저승의 사자가 넘보는 건 당연했다. 오늘의 수술 환자 중에서뿐 아니라 이 거대한 종합 병원에 입 원한 모든 환자 중에서도 어머니는 최고령일지도 모른다. 그만큼 분별이 있는 저승의 사자라면 앙탈을 해 봤댔 자일 것 같았다. 나는 이미 저승의 사자한테 어머니를 내줄 각오를 하고 있었다.

(다) "ⓐ 그놈 또 왔다. 뭘 하고 있냐? 느이 오래빌 숨겨야지, 어서."

"엄마, 제발 이러시지 좀 마세요. 오빠가 어디 있다고 숨겨요?"

"그럼 느이 ⓑ 오래빌 벌써 잡아갔냐."

"엄마, 제발."

어머니의 손이 사방을 더듬었다. 그러다가 붕대 감긴 자기의 다리에 손이 닿자 날카롭게 속삭였다.

"가엾은 ⓒ 내 새끼 여기 있었구나. 꼼짝 말아. 다 내가 당할 테니."

어머니의 떨리는 손이 다리를 감싸는 시늉을 했다. 그때부터 어머니의 다리는 어머니의 아들이었다. 어머니는 온몸으로 그 다리를 엄호하면서 ⓓ 어머니의 적을 노려보았다. 어머니의 적은 저승의 사자가 아니었다.

"ⓔ 군관 동무, 군관 선생님, 우리 집엔 여자들만 산다니까요."

어머니의 눈의 푸른 기가 애처롭게 흔들리면서 입가에 비굴한 웃음이 감돌았다. 나는 어머니가 환각으로 보 고 있는 게 무엇이라는 걸 알아차렸다. ㉢ 가엾은 어머니, 차라리 저승의 사자를 보시는 게 나았을 것을……

(라) "안 된다. 안 돼. 이노옴. 안 돼. 너도 사람이냐? 이노옴, 이노옴."

나는 벽까지 떠다밀린 채 와들와들 떨면서 점점 심해 가는 어머니의 광란을 지켜볼 수밖에 없었다. 어머니 의 몸에서 수술한 다리만 빼고는 온몸이 노한 파도처럼 출렁였다. 그래서 더욱 그 다리는 어머니의 몸이 아닌 이 물질처럼 괴기스러워 보였다. 어머니의 그 다리와 아들과의 동일시가 나한테까지 옮아 붙은 것처럼 나는 그 다리가 무서웠다.

"ⓔ 안 된다, 이노옴."이라는 호통과 "군관 나으리, 군관 선생님, 군관 동무"라는 아부를 번갈아 하며 몸부림치는 서슬에 마침내 링거 줄이 주사 바늘에서 빠져 버렸다. 혈관에 꽂힌 채인 주사 바늘을 통해 피가 역류해 환자복과 시트를 점점 물들였다. 피를 보자 어머니의 광란은 극에 달했다.

"이노옴, 게 섰거라. 이노옴, 나도 죽이고 가거라, 이노옴."

- 박완서, '엄마의 말뚝 2'

1 윗글의 내용과 부합하지 않은 것은?

① '어머니'는 수술을 받고 병원에 입원해 있다.
② '나'는 흥분한 '어머니'를 만류하여 진정시켰다.
③ '어머니'는 자신의 다리를 '오빠'라고 생각하고 있다.
④ '나'는 '어머니'가 저승사자의 환각을 본다고 생각했다.

2 〈보기〉를 참고하였을 때 윗글에 대한 이해로 가장 적절한 것은?

─── 〈보기〉 ───

우리나라의 분단은 이제는 하나의 기정사실입니다. 분단은 오래전에 피 흘리기를 멈추고 굳은 딱지가 되었고, 통일을 꿈꾸지 않은 지도 오래입니다. 통일이란 말은 도처에 범람하고 있습니다만 산 채로 분단된 자의 애절한 꿈으로서가 아니라 그것을 직업으로 삼고 사는 사람들이 만들어낸 구호로서 행세하고 있을 뿐입니다.

- 박완서, '제5회 이상문학상을 받으며'

① 6·25 참전 용사로서 후유증을 겪는 오빠를 통해 전쟁의 폭력성을 고발하고 있다.
② 이북에 가족을 남겨 두고 온 어머니를 통해 이산가족의 고통과 외로움을 묘사한다.
③ 전쟁의 상처를 안고 살아온 어머니를 통해 분단의 아픔이 계속되고 있는 현실을 보여 준다.
④ 분단을 기정사실로 여기는 '나'와 통일을 염원하는 어머니의 갈등을 통해 분단 현실에 대한 인식을 드러낸다.

⇒ 뒷장에 계속

3 ㉠~㉣에 대한 설명으로 적절하지 않은 것은?

① ㉠: 간호원은 어머니의 상태를 대수롭지 않게 여기고 있다.

② ㉡: '나'는 어머니에게 죽음이 가까워졌다고 생각하고 있다.

③ ㉢: 수술 후 고통을 겪는 어머니에 대한 걱정이 드러난다.

④ ㉣: 아들을 지키고자 하는 어머니의 절박함을 엿볼 수 있다.

4 윗글의 서술 방식으로 가장 적절한 것은?

① 작품 속의 서술자가 주인공의 행위를 관찰하고 있다.

② 작품 속의 서술자가 자신의 내면을 상세하게 서술하고 있다.

③ 1인칭 시점과 3인칭 시점이 교차되어 다각도로 사건을 서술하고 있다.

④ 전지적 존재인 서술자가 인물의 심리와 사건의 전모를 상세하게 전달하고 있다.

5 ⓐ~ⓔ 중 지시하는 대상이 같은 것끼리 묶인 것은?

① ⓐ, ⓑ

② ⓒ, ⓔ

③ ⓐ, ⓒ, ⓓ

④ ⓐ, ⓓ, ⓔ

[6~10] 다음 글을 읽고 물음에 답하시오.

[앞부분 줄거리] 한국 전쟁 중 '나'의 오빠는 인민군 치하에서 어쩔 수 없이 북한 의용군에 지원했다가 몸과 마음이 다친 채 탈출해 집에 돌아온다. 가족들은 돌아온 오빠를 보호하기 위해 피난을 가려고 했지만 서울을 떠나는 것이 어렵게 되자, 결국 '나'가 어린 시절을 보냈던 현저동으로 가서 숨어 지낸다. 하지만 얼마 지나지 않아 굴뚝에서 나는 연기로 인해 인민군에게 발각되고, 오빠는 다리에 총을 맞아 숨진다. 현재의 어머니는 다리에 수술을 하게 되는데, 수술 후유증으로 환각 속에서 아들을 죽인 군관을 보게 된다. 그 후 며칠 동안 혼수상태에 빠져 있던 어머니가 문뜩 정신이 돌아와 '나'를 찾는다.

(마) "호숙 에미 나 좀 보자."

어머니가 정정한 목소리로 나를 곁으로 불렀다.

"네 어머니."

나는 어머니에게로 조심스럽게 다가갔다. 어머니의 손이 내 손을 잡았다. 알맞은 온기와 악력(握力)이 나를 놀라게도 서럽게도 했다.

"나 죽거든 행여 묘지 쓰지 말거라."

어머니의 목소리는 평상시처럼 잔잔하고 만만치 않았다.

"네? 다 들으셨군요?"

"그래, 마침 듣기 잘했다. 그렇잖아도 언제고 꼭 일러두려 했는데. 유언 삼아 일러두는 게니 잘 들어 뒀다 어김없이 시행토록 해라. 나 죽거든 내가 느이 오래비한테 해 준 것처럼 해 다오. 누가 뭐래도 그렇게 해 다오. ⓐ 누가 뭐라든 상관하지 않고 그럴 수 있는 건 너밖에 없기에 부탁하는 거다."

"오빠처럼요?"

"그래 꼭 그대로, 그걸 설마 잊고 있진 않겠지?"

"잊다니요. 그걸 어떻게 잊을 수가……."

ⓐ 어머니의 손의 악력은 정정했을 때처럼 아니, 나를 끌고 농바위 고개를 넘을 때처럼 강한 줏대와 고집을 느끼게 했다.

(바) 오빠의 시신은 처음엔 무악재 고개 너머 벌판의 밭머리에 가매장했다. 행려병사자 취급하듯이 형식과 절차 없는 매장이었지만 무정부 상태의 텅 빈 도시에서 우리 모녀의 가냘픈 힘만으로 그것 이상은 가능한 일이 아니었다.

서울이 수복되고 화장장이 정상화되자마자 어머니는 오빠를 화장할 것을 의논해 왔다. 그때 우리와 합하게 된 올케는 아비 없는 아들들에게 무덤이라도 남겨 줘야 한다고 공동묘지로라도 이장할 것을 주장했다. 어머니는 오빠를 죽게 한 것이 자기 죄처럼, 젊어 과부된 며느리한테 기가 죽어 지냈었는데 그때만은 조금도 양보할 기세가 아니었다. 남편의 임종도 못 보고 과부가 된 것도 억울한데 그 무덤까지 말살하려는 시어머니의 모진 마음이 야속하고 정떨어졌으련만 그런 기세 속엔 거역할 수 없는 위엄과 비통한 의지가 담겨져 있어 종당엔 올케도 순종을 하고 말았다.

(사) 오빠의 살은 연기가 되고 뼈는 한 줌의 가루가 되었다. 어머니는 앞장서서 강화로 가는 시외버스 정류장으로 갔다. 우린 묵묵히 뒤따랐다. 강화도에서 내린 어머니는 사람들에게 묻고 물어서 멀리 개풍군 땅이 보이는 바닷가에 섰다. ⓒ 그리고 지척으로 보이되 갈 수 없는 땅을 향해 그 한 줌의 먼지를 휠휠 날렸다. 개풍군 땅은 우리 가족의 선영이 있는 땅이었지만 선영에 못 묻히는 한을 그런 방법으로 풀고 있다곤 생각되지 않았다. 어머니의 모습엔 운명에 순종하고 한을 지그시 품고 삭이는 약하고 다소곳한 여자 티는 조금도 없었다. 방금 출전하려는 용사처럼 씩씩하고 도전적이었다.

(아) 어머니는 한 줌의 먼지와 바람으로써 너무도 엄청난 것과의 싸움을 시도하고 있었다. 어머니에게 그 한 줌의 먼지와 바람은 결코 미약한 게 아니었다. 그야말로 어머니를 짓밟고 모든 것을 빼앗아 간, 어머니가 도저히 이해할 수 없는 분단이란 괴물을 홀로 거역할 수 있는 유일한 수단이었다. 어머니는 나더러 그때 그 자리에서 또 그 짓을 하란다. 이젠 자기가 몸소 그 먼지와 바람이 될 테니 나더러 그 짓을 하란다. ⓒ 그 후 삼십 년이란 세월이 흘렀건만 그 괴물을 무화(無化)시키는 길은 정녕 그 짓밖에 없는가?

"너한테 미안하구나, 그렇지만 부탁한다."

어머니도 그 짓밖에 물려줄 수 없는 게 진정으로 미안한 양 표정이 애달프게 이지러졌다.

아아, 나는 그 짓을 또 한 번 할 수밖에 없을 것 같다.

ⓔ 어머니는 아직도 투병 중이시다.

- 박완서, '엄마의 말뚝 2'

6 윗글에 대한 감상으로 가장 적절한 것은?

① 오빠는 올케의 뜻에 따라 화장되었군.

② '나'는 오빠의 장례를 기억하지 못하는군.

③ 올케는 오빠의 장례식에 참석하지 않았군.

④ 어머니는 오빠의 유골을 바닷가에 뿌렸군.

7 ⊙~ⓔ에 대한 이해로 가장 적절하지 않은 것은?

① ⊙: 고령의 어머니가 건강했던 시절을 그리워하고 있다.

② ⓒ: 직접 갈 수 없는 고향으로 아들을 보내고자 하는 소망이 드러난다.

③ ⓒ: 시간이 흘러도 변하지 않은 현실에 대한 문제의식이 드러난다.

④ ⓔ: 전쟁으로 인한 어머니의 상처가 여전히 아물지 않았음을 의미한다.

8 윗글의 서술상의 특징으로 가장 적절한 것은?

① 인물 간의 대화를 통해 갈등이 심화되고 있다.

② 인물의 내면 심리가 변화하는 과정을 나타내고 있다.

③ 과거의 사건을 회상하는 역순행적 구성을 취하고 있다.

④ 비유적 표현을 활용하여 풍경을 실감나게 묘사하고 있다.

9 '어머니'가 ⓐ와 같이 말한 이유로 가장 적절한 것은?

① '나'라면 어머니의 뜻을 이해할 것이라고 생각했기 때문이다.

② '나'는 어머니와 동일한 신념을 가지고 있다고 생각했기 때문이다.

③ 오빠의 장례를 기억하는 것은 '나'밖에 없다고 생각했기 때문이다.

④ 어머니를 화장하겠다는 '나'의 의지가 강하다고 생각했기 때문이다.

10 윗글에 대한 설명으로 적절하지 않은 것은?

① '나'의 오빠는 6·25 전쟁 중에 목숨을 잃었다.

② 올케는 남편의 죽음의 원인이 어머니에게 있다고 믿고 있다.

③ 비극적인 현실에 맞서는 어머니의 의지적 태도를 엿볼 수 있다.

④ 서술자가 관찰한 어머니의 모습을 통해 분단의 비극을 드러내고 있다.

정답 및 해설 p.71

[1~5] 다음 글을 읽고 물음에 답하시오.

말뚝이: (가운데쯤에 나와서) ⓐ <u>쉬이.</u> (음악과 춤 멈춘다.) 양반 나오신다아! 양반이라고 하니까 노론(老論), 소론(少論), 호조(戶曹), 병조(兵曹), 옥당(玉堂)을 다 지내고 삼정승(三政丞), 육판서(六判書)를 다 지낸 퇴로 재상(退老宰相)으로 계신 양반인 줄 아지 마시오. 개잘량이라는 '양'자에 개다리소반이라는 '반'자 쓰는 양반이 나오신단 말이오.

양반들: 야아, 이놈, 뭐야아!

말뚝이: ㉠ <u>아, 이 양반들, 어찌 듣는지 모르겠소. 노론, 소론, 호조, 병조, 옥당을 다 지내고 삼정승, 육판서 다 지내고 퇴로 재상으로 계신 이 생원네 삼 형제분이 나오신다고 그리하였소.</u>

양반들: (합창) 이 생원이라네. (굿거리장단으로 모두 춤을 춘다. 도령은 때때로 형들의 면상을 치며 논다. 끝까지 그런 행동을 한다.)

말뚝이: 쉬이. (반주 그친다.) 여보, 구경하시는 양반들, 말씀 좀 들어 보시오. 짤따란 곰방대로 잡숫지 말고 저 연죽전(烟竹廛)으로 가서 돈이 없으면 내게 기별이래도 해서 양칠간죽(洋漆竿竹), 자문죽(自紋竹)을 한 발 가옷씩 되는 것을 사다가 육모깍지 희자죽(喜子竹), 오동수복(烏銅壽福) 연변죽을 이리저리 맞추어 가지고 저 재령(載寧) 나무리 거이 낚시 걸듯 죽 걸어 놓고 잡수시오.

양반들: 뭐야아!

말뚝이: 아, 이 양반들, 어찌 듣소. 양반 나오시는데 담배와 훤화(喧譁)를 금하라 그리 하였소.

양반들: (합창) 훤화를 금하였다네. (굿거리장단으로 모두 춤을 춘다.)

말뚝이: 쉬이. (춤과 반주 그친다.) 여보, 악공들 말씀 들으시오. 오음 육률(五音六律) 다 버리고 저 버드나무 홀뚜기 뽑아다 불고 바가지장단 좀 쳐 주오.

양반들: 야아, 이놈, 뭐야!

말뚝이: 아, 이 양반들, 어찌 듣소. 용두 해금(奚琴), 북, 장고, 피리, 젓대 한 가락도 뽑지 말고 건건드러지게 치라고 그리 하였소.

양반들: (합창) 건건드러지게 치라네. (굿거리장단으로 춤을 춘다.)

생 원: 쉬이. (춤과 장단 그친다.) 말뚝아.

말뚝이: 예에.

생 원: 이놈, 너도 양반을 모시지 않고 어디로 그리 다니느냐?

말뚝이: 예에, 양반을 찾으려고 찬밥 국 말어 일조식(日早食)하고, 마구간에 들어가 ⓑ <u>노새 원님</u>을 끌어다가 등에 솔질을 솰솰 하여 말뚝님 내가 타고 서양(西洋) 영미(英美), 법덕(法德), 동양 삼국 무른 메주 밟듯하고, 동은 여울이요, 서는 구월이라, 동여울 서구월 남드리 북향산 방방곡곡(坊坊曲曲) 면면촌촌(面面村村)이, 바위 틈틈이, 모래 쨈쨈이, 참나무 결결이 다 찾아다녀도 샌님 비뚝한 놈도 없습니다.

- 작자 미상, '봉산 탈춤'

1 다음 중 '말뚝이'에 대한 설명으로 옳은 것은?

① 양반과 천민을 화합시키는 중재자적 인물이다.

② 양반의 권위를 이용해 신분 상승을 노리는 인물이다.

③ 자신이 원하는 방향대로 상황을 이끌어 가는 인물이다.

④ 재치 있는 입담을 통해 서민 계층의 무지를 풍자하고 있다.

2 윗글에 대한 설명으로 적절하지 않은 것은?

① 언어유희를 통해 해학성을 드러내고 있다.

② 무대와 객석이 엄격하게 구분되어 있지 않다.

③ 근대 사회에 대한 비판 의식을 반영한 작품이다.

④ 인과 관계가 없는 사건들이 연속적으로 나열되고 있다.

3 ⓐ의 역할과 기능으로 적절하지 않은 것은?

① 관객의 주의를 환기한다.

② 춤과 음악을 중단시킨다.

③ 새로운 사건의 시작을 예고한다.

④ 갈등이 일시적으로 해소되었음을 알린다.

4 ⓑ '노새 원님'에 사용된 표현 방법과 가장 유사한 것은?

① 충신(忠臣)은 만조정(滿朝廷)이요 효자(孝子)는 가가재(家家在)라.

② 님그려 우는 눈물은 올커니와 입ᄒᆞ고 코ᄂᆞᆫ 어이 므스 일 조차셔 후루룩 빗죽 ᄒᆞᄂᆞ니

③ 미암이 밉다 울고 쓰르람이 쓰다 우니, / 산채(山菜)를 밉다는가 박주(薄酒)를 쓰다는가.

④ 사랑(思郞)이 엇써터니 둥고더냐 모지더냐 / 길더냐 져르더냐 발일넌냐 ᄌᆞ힐너냐 / 각별(各別)이 긴 줄을 모로ᄃᆡ 긋 간 ᄃᆡ를 몰ᄂᆞ라

5 밑줄 친 ㉠에서 말뚝이의 태도와 어울리는 한자 성어로 적절한 것은?

① 표리부동(表裏不同)　　　　② 득의만면(得意滿面)

③ 당랑거철(螳螂拒轍)　　　　④ 백척간두(百尺竿頭)

⇒ 뒷장에 계속

[6~10] 다음 글을 읽고 물음에 답하시오.

생　원: 네 이놈, 양반을 모시고 나왔으면 새처를 정하는 것이 아니고 어디로 이리 돌아다니느냐?

말뚝이: (채찍을 가지고 원을 그리며 한 바퀴 돌면서) 예에, ⊙ 이마만큼 터를 잡고 참나무 울장을 드문드문 꽂고, 깃을 푸근푸근히 두고, 문을 하늘로 낸 새처를 잡아 놨습니다.

생　원: 이놈, 뭐야!

말뚝이: 아, 이 양반, 어찌 듣소. 자좌오향(子坐午向)에 터를 잡고, 난간 팔자(八字)로 오련각(五聯閣)과 입구 (口) 자로 집을 짓되, 호박 주초(琥珀柱礎)에 산호(珊瑚) 기둥에 비취 연목(翡翠椽木)에 금파(金波) 도 리를 걸고 입구 자로 풀어 짓고, 쳐다보니 천판자(天板子)요, 내려다보니 장판방(壯版房)이라. 화문석 (花紋席) 칫다 펴고 부벽서(付壁書)를 바라보니 동편에 붙은 것이 담박녕정(澹泊寧靜) 네 글자가 분 명하고, 서편을 바라보니 백인당중유태화(百忍堂中有泰和)가 완연히 붙어 있고, 남편을 바라보니 인 [A] 의예지(仁義禮智)가, 북편을 바라보니 효제충신(孝悌忠信)이 분명하니, 이는 가위 양반의 새처방이 될 만하고, 문방제구(文房諸具) 볼작시면 용장봉장(龍欌鳳欌), 궤(櫃), 두지, 자개 함롱(函籠), 반달이, 샛별 같은 놋요강, 놋대야 받쳐 요기 놓고, 양칠간죽, 자문죽을 이리저리 맞춰 놓고, 삼털 같은 칼담 배를 저 평양 동푸루 선창에 돼지 똥물에다 축축 축여 놨습니다.

생　원: 이놈, 뭐야!

말뚝이: 아, 이 양반, 어찌 듣소. 쇠털 같은 담배를 꿀물에다 축여 놨다 그리 하였소.

양반들: (합창) 꿀물에다 축여 놨다네. (굿거리장단에 맞춰 일제히 춤춘다. 한참 추다가 춤과 음악이 끝나고 새처 방으로 들어간 양을 한다.) 〈중 략〉

생　원: 쉬이. (음악과 춤을 멈춘다.) 여보게, 동생. 우리가 본시 양반이라, 이런 데 가만히 있자니 갑갑도 하네. 우 리 시조(時調) 한 수씩 불러 보세.

서　방: 형님, 그거 좋은 말씀입니다.

양반들: (시조를 읊는다.) "……반 남아 늙었으니 다시 젊지는 못하리라……." 하하. (하고 웃는다. 양반 시조 다음 에 말뚝이가 자청하여 소리를 한다.)

말뚝이: "낙양성 십리허에, 높고 낮은 저 무덤에……." 〈중 략〉

생　원: ⓒ 나랏돈 노랑돈 칠 푼 잘라먹은 놈, 상통이 무르익은 대초 빛 같고, 울룩줄룩 배미 잔등 같은 놈을 잡 아들여라.

말뚝이: 그놈이 심(힘)이 무량대각(無量大角)이요, 날램이 비호(飛虎) 같은데, 샌님의 전령(傳令)이나 있으면 잡아 올는지 거저는 잡아 올 수 없습니다.

생　원: 오오, 그리 하여라. 옜다. 여기 전령 가지고 가거라. (종이에 무엇을 써서 준다.)

말뚝이: (종이를 받아 들고 취발이한테로 가서) 당신 잡히었소.

취발이: 어데, 전령 보자.

말뚝이: (종이를 취발이에게 보인다.)

취발이: (ⓒ 종이를 보더니 말뚝이에게 끌려 양반의 앞에 온다.)

말뚝이: (취발이 엉덩이를 양반 코 앞에 내밀게 하며) 그놈 잡아들였소.

생　원: 아, 이놈 말뚝아. 이게 무슨 냄새냐?

말뚝이: 예, 이놈이 피신(避身)을 하여 다니기 때문에, 양치를 못 하여서 그렇게 냄새가 나는 모양이외다.

생　원: 그러면 이놈의 모가지를 뽑아서 밑구녕에다 갖다 박아라.

말뚝이: 아, 샌님! 이놈의 목쟁이를 쑥 뽑아다 밑구녕에다 꽂는 재주가 있겠습니까?

생 원: (노하여 큰 소리로) 야, 이놈이 뭣이 어째?

말뚝이: 샌님, 말씀 들으시오. ㉣ 시대가 금전이면 그만인데, 하필 이놈을 잡아다 죽이면 뭣 하오? 돈이나 몇백 냥 내라고 하야 우리끼리 노나 쓰도록 하면, 샌님도 좋고 나도 돈냥이나 벌어 쓰지 않겠소. 그러니 샌님은 못 본 체하고 가만히 계시면 내 다 잘 처리하고 갈 것이니, 그리 알고 계시오. (굿거리장단에 맞추어 일제히 어울려서 한바탕 춤추다가 전원 퇴장한다.)

- 작자 미상, '봉산 탈춤'

6 윗글에 대한 설명으로 적절하지 않은 것은?

① 양반 계층의 가혹한 횡포에 대해 고발하고 있다.
② 독백을 통해 인물의 내적 갈등을 드러내고 있다.
③ 양반층의 언어와 서민층의 언어가 혼재되어 있다.
④ 특별한 무대 장치가 필요 없는 탈춤의 특징이 나타나고 있다.

7 ㉠~㉣에 대한 설명으로 적절하지 않은 것은?

① ㉠: 양반을 가축으로 비하하며 조롱하고 있다.
② ㉡: 신흥 상인 계층에 대한 양반층의 두려움이 반영된 표현이다.
③ ㉢: 양반의 권위가 여전히 유지되고 있음을 보여 주고 있다.
④ ㉣: 작품이 창작된 당시의 시대상이 드러나는 표현이다.

8 윗글에 대한 감상으로 적절하지 않은 것은?

① 취발이는 양반에 비해 신분이 낮다.
② 말뚝이는 새처를 소재로 하여 양반을 조롱했다.
③ 말뚝이는 양반들에게 취발이를 풀어 줄 것을 제안했다.
④ 취발이는 억울한 누명을 쓰고 양반의 앞으로 끌려왔다.

⇒ 뒷장에 계속

9 [A]에 나타난 말하기 방식에 대한 설명으로 가장 적절한 것은?

① 상대방의 비위를 맞추는 척하다 다시 조롱하고 있다.
② 화려한 거처의 모습을 열거하여 상대방을 예찬하고 있다.
③ 동음이의어를 활용한 언어유희로 상대방을 풍자하고 있다.
④ 자신과 상대방의 처지를 비교하여 동정심을 유발하고 있다.

10 윗글에 대한 이해로 적절하지 않은 것은?

① 말뚝이는 양반의 질책을 무시하고 있다.
② 말뚝이는 평민 문화에 대한 자부심을 드러내고 있다.
③ 취발이는 양반 계층의 권위와 위력에 순종하고 있다.
④ 생원은 말뚝이에게 조롱당하고 있음을 눈치채지 못하고 있다.

정답 및 해설 p.74

DAY 27

권장 풀이 시간: 13분 맞은 개수: / 10문제

해가스공무원 국어 문학 333 Vol. 1

[1~5] 다음 글을 읽고 물음에 답하시오.

(가) 허 생원은 계집과는 연분이 멀었다. 얼금뱅이 상판을 쳐들고 대어 설 숫기도 없었으나, 계집 편에서 정을 보낸 적도 없었고, 쓸쓸하고 뒤틀린 반생이었다. 충줏집을 생각만 하여도 철없이 얼굴이 붉어지고 발밑이 떨리고 그 자리에 소스라쳐 버린다. 충줏집 문을 들어서 술좌석에서 짜장 동이를 만났을 때에는 ⓐ 어찌 된 서슬엔지 발끈 화가 나버렸다. 상 위에 붉은 얼굴을 쳐들고 제법 계집과 농탕치는 것을 보고서야 견딜 수 없었던 것이다. 녀석이 제법 난질꾼인데 꼴사납다. 머리에 피도 안 마른 녀석이 낮부터 술 처먹고 계집과 농탕이야. 장돌뱅이 망신만 시키고 돌아다니누나. 그 꼴에 우리들과 한몫 보자는 셈이지. 동이 앞에 막아서면서부터 책망이었다. 걱정두 팔자요 하는 듯이 빤히 쳐다보는 상기된 눈망울에 부딪힐 때, 결김에 따귀를 하나 갈겨 주지 않고는 배길 수 없었다. 동이도 화를 쓰고 팩하게 일어서기는 하였으나, 허 생원은 조금도 동색하는 법 없이 마음먹은 대로 다 지껄였다. 어디서 줏어먹은 선머슴인지는 모르겠으나, 네게도 아비 어미 있겠지. 그 사나운 꼴 보면 맘 좋겠다. 장사란 탐탁하게 해야 되지, 계집이 다 무어야. 나가거라, 냉큼 꼴 치워.

(나) 담도 생긴 데다가 웬일인지 흠뻑 취해 보고 싶은 생각도 있어서 허 생원은 주는 술잔이면 거의 다 들이켰다. ⓑ 거나해짐을 따라 계집 생각보다도 동이의 뒷일이 한결같이 궁금해졌다. 내 꼴에 계집을 가로채서는 어떡헐 작정이었누 하고 어리석은 꼬락서니를 모질게 책망하는 마음도 한편에 있었다. 그렇기 때문에 얼마나 지난 뒤인지 동이가 헐레벌떡거리며 황급히 부르러 왔을 때에는 마시던 잔을 그 자리에 던지고 정신없이 허덕이며 충줏집을 뛰어나간 것이었다.

"생원 ⓓ 당나귀가 바를 끊구 야단이에요."

"각다귀들 장난이지, 필연코."

짐승도 짐승이려니와 동이의 마음씨가 가슴을 울렸다. 뒤를 따라 장판을 달음질하려니 ⓒ 게슴츠레한 눈이 뜨거워질 것 같다.

(다) 반평생을 같이 지내 온 짐승이었다. 같은 주막에서 잠자고, 같은 달빛에 젖으면서 장에서 장으로 걸어다니는 동안에 이십 년의 세월이 사람과 짐승을 함께 늙게 하였다. 까스러진 목 뒤 털은 주인의 머리털과도 같이 바스러지고, 개진개진 젖은 눈은 주인의 눈과 같이 눈꼽을 흘렸다. 몽당비처럼 짧게 쏠리운 꼬리는 파리를 쫓으려고 기껏 휘저어 보아야 벌써 다리까지는 닿지 않았다. 닳아 없어진 굽을 몇 번이나 도려내고 새 철을 신겼는지 모른다. 〈중 략〉

어린아이를 달래듯이 목덜미를 어루만져 주니 나귀는 코를 벌름거리고 입을 투르르거렸다. 콧물이 튀었다. 허 생원은 짐승 때문에 속이 무던히는 썩었다. 아이들의 장난이 심한 눈치여서 땀 밴 몸뚱어리가 부들부들 떨리고 좀체 흥분이 식지 않는 모양이었다.

(라) "우리들 장난이 아니우. 암놈을 보고 저 혼자 발광이지."

코흘리개 한 녀석이 멀리서 소리를 쳤다.

"고 녀석, 말투가……"

"김 첨지 당나귀가 가 버리니까 왼통 흙을 차고 거품을 흘리면서 미친 소같이 날뛰는 걸 꼴이 우스워 우리는 보고만 있었다우. 배를 좀 보지."

아이는 앵돌아진 투로 소리를 치며 깔깔 웃었다. ㉣ 허 생원은 모르는 결에 낯이 뜨거워졌다. 뭇시선을 막으려고 그는 짐승의 배 앞을 가려 서지 않으면 안 되었다.

"늙은 주제에 암샘을 내는 셈야. 저놈의 짐승이."

아이의 웃음소리에 허 생원은 주춤하면서 기어코 견딜 수 없어 채찍을 들더니 아이를 쫓았다.

"쫓으려거든 쫓아 보지. 왼손잡이가 사람을 때려."

줄달음에 달아나는 각다귀에는 당하는 재주가 없었다. 왼손잡이는 아이 하나도 후릴 수 없다.

그만 채찍을 던졌다. 술기도 돌아 몸이 유난스럽게 화끈거렸다.

"그만 떠나세. 녀석들과 어울리다가는 한이 없어. 장판의 각다귀들이란 어른보다도 더 무서운 것들인걸."

조 선달과 동이는 각각 제 나귀에 안장을 얹고 짐을 싣기 시작하였다. 해가 꽤 많이 기울어진 모양이었다.

- 이효석, '메밀꽃 필 무렵'

1 윗글에 대한 감상으로 적절하지 않은 것은?

① 허 생원은 술자리에서 동이의 뺨을 때렸다.

② 허 생원과 조 선달은 함께 동이를 나무랐다.

③ 허 생원은 가정을 꾸리지 않고 외롭게 살아왔다.

④ 허 생원은 이십여 년간 나귀 한 마리와 장을 돌아다녔다.

2 ㉠~㉣에 대한 설명으로 적절하지 않은 것은?

① ㉠: 충줏집에 대한 애정으로 인해 동이에게 질투를 느끼고 있다.

② ㉡: 동이를 질책한 것을 미안해하고 있다.

③ ㉢: 동이가 도움을 준 것에 대해 감동을 받고 있다.

④ ㉣: 자신의 초라한 처지로 인해 처량함을 느끼고 있다.

3 윗글의 특징으로 가장 적절하지 않은 것은?

① 과거의 일을 요약적으로 서술하고 있다.

② 인물의 성격을 간접적으로 제시하고 있다.

③ 자연물을 통해 시간의 경과를 드러내고 있다.

④ 공감각적 표현을 사용하여 배경을 묘사하고 있다.

4 ⓐ '당나귀'에 대한 설명으로 적절하지 않은 것은?

① 허 생원과 유사한 외양을 가지고 있다.

② 허 생원이 자신의 분신처럼 생각하는 존재이다.

③ 허 생원이 장돌뱅이 일을 시작한 동기가 되었다.

④ 허 생원과 동이의 갈등이 해소되는 계기를 제공한다.

5 윗글에 대한 이해로 적절하지 않은 것은?

① 중심인물 간의 갈등이 나타난다.

② 인물의 심리를 직접적으로 드러내고 있다.

③ 대상의 외양을 비유법을 활용하여 묘사하였다.

④ 작품 속 인물이 자신의 관점에서 이야기를 서술하고 있다.

⇒ 뒷장에 계속

(마) "ⓐ 달밤이었으나 어떻게 해서 그렇게 됐는지, 지금 생각해두 도무지 알 수 없어."

허 생원은 오늘 밤도 또 그 이야기를 끄집어내려는 것이다. 조 선달은 친구가 된 이래 귀에 못이 박히도록 들어 왔다. 그렇다고 싫증을 낼 수도 없었으나, 허 생원은 시침을 떼고 되풀이할 대로는 되풀이하고야 말았다.

"달밤에는 ㉠ 그런 이야기가 격에 맞거든."

조 선달 편을 바라는 보았으나, 물론 미안해서가 아니라 달빛에 감동하여서였다. 이지러는졌으나 보름을 가제 지난 달은 부드러운 빛을 흐뭇이 흘리고 있다. 대화까지는 칠십 리의 밤길. 고개를 둘이나 넘고 개울을 하나 건너고 벌판과 산길을 걸어야 된다. 길은 지금 긴 산허리에 걸려 있다. 밤중을 지난 무렵인지 죽은 듯이 고요한 속에서 짐승 같은 달의 숨소리가 손에 잡힐 듯이 들리며, 콩 포기와 옥수수 잎새가 한층 달에 푸르게 젖었다. 산허리는 온통 메밀밭이어서 피기 시작한 꽃이 소금을 뿌린 듯이 흐뭇한 달빛에 숨이 막힐 지경이다. 붉은 대궁이 향기같이 애잔하고, 나귀들의 걸음도 시원하다. ㉡ 길이 좁은 까닭에 세 사람은 나귀를 타고 외줄로 늘어섰다. 방울소리가 시원스럽게 딸랑딸랑 메밀밭께로 흘러간다. 앞장선 허 생원의 이야기 소리는 꽁무니에 선 동이에게는 확적히는 안 들렸으나, 그는 그대로 개운한 제멋에 적적하지는 않았다.

(바) "장 선 꼭 이런 날 밤이었네. 객줏집 토방이란 무더워서 잠이 들어야지. 밤중은 돼서 혼자 일어나 개울가에 목욕하러 나갔지. 봉평은 지금이나 그제나 마찬가지지. 보이는 곳마다 메밀밭이어서 개울가나 어디 없이 하얀 꽃이야. 돌밭에 벗어도 좋을 것을 달이 너무도 밝은 까닭에 옷을 벗으러 물방앗간으로 들어가지 않았나. 이상한 일도 많지. 거기서 난데없는 성 서방네 처녀와 마주쳤단 말이네. 봉평서야 제일가는 일색이었지."

"팔자에 있었나 부지." 〈중 략〉

"날 기다린 것은 아니었으나, 그렇다고 달리 기다리는 놈팽이가 있는 것두 아니었네. 처녀는 울고 있단 말야. 짐작은 대고 있었으나 성 서방네는 한창 어려워서 들고날 판인 때였지. 한집안 일이니 딸에겐들 걱정이 없을 리 있겠나. 좋은 데만 있으면 시집도 보내련만 시집은 죽어도 싫다지…… 그러나 처녀란 올 때같이 정을 끄는 때가 있을까. 처음에는 놀라기도 한 눈치였으나 걱정 있을 때는 누그러지기도 쉬운 듯해서 이럭저럭 이야기가 되었네…… ㉢ 생각하면 무섭고도 기막힌 밤이었어."

(사) "제천인지로 줄행랑을 놓은 건 그다음 날이렷다."

"다음 장도막에는 벌써 왼 집안이 사라진 뒤였네. 장판은 소문에 발끈 뒤집혀 고작해야 술집에 팔려 가기가 상수라고, 처녀의 뒷공론이 자자들 하단 말야. 제천 장판을 몇 번이나 뒤졌겠나. 허나 처녀의 꼴은 [A] . 첫날밤이 마지막 밤이었지. 그때부터 봉평이 마음에 든 것이 반평생을 두고 다니게 되었네. 평생인들 잊을 수 있겠나."

"수 좋았지. 그렇게 신통한 일이란 쉽지 않어. 항용 못난 것 얻어 새끼 낳고 걱정 늘고, 생각만 해두 진저리가 나지…… 그러나 늘그막바지까지 장돌뱅이로 지내기도 힘드는 노릇 아닌가? 난 가을까지만 하구 이 생애와두 하직하려네. 대화쯤에 조그만 전방이나 하나 벌이고 식구들을 부르겠어. 사시장철 뚜벅뚜벅 걷기란 여간 이래야지."

"옛 처녀나 만나면 같이나 살까…… ㉣ 난 거꾸러질 때까지 이 길 걷고 저 달 볼 테야."

— 이효석, '메밀꽃 필 무렵'

6 윗글에 대한 이해로 적절한 것은?

① 동이는 허 생원의 이야기에 장단을 맞추고 있다.
② 조 선달은 허 생원의 이야기를 듣지 못하고 있다.
③ 허 생원은 '물방앗간'을 보고 추억을 회상하고 있다.
④ 조 선달은 허 생원의 추억담을 여러 번 들은 적이 있다.

7 ⓐ '달밤'의 역할로 적절하지 않은 것은?

① 낭만적 분위기를 형성한다.
② 과거와 현재를 연결하는 매개체이다.
③ 주인공의 애환을 심화시키는 대상이다.
④ 허 생원이 성 서방네 처녀를 만나게 된 계기를 제공한다.

8 [A]에 들어갈 말로 적절한 것은?

① 개밥에 도토리야
② 꿩 귀 먹은 자리야
③ 꿔다 놓은 보릿자루야
④ 들 적 며느리 날 적 송아지야

9 윗글의 서술상의 특징으로 적절하지 않은 것은?

① 대화와 독백을 통해 사건을 전개한다.
② 과거와 현재의 서사가 교차되어 나타난다.
③ 풍경 묘사를 통해 인물의 여정을 간접적으로 제시한다.
④ 시적이고 서정성이 깊은 문체를 사용하여 낭만적인 분위기를 조성한다.

10 ㉠~㉣에 대한 설명으로 적절하지 않은 것은?

① ㉠: 과거 봉평에서 성 서방네 처녀를 만났던 일을 말한다.
② ㉡: 허 생원의 이야기가 동이에게 들리지 않도록 하기 위한 설정이다.
③ ㉢: 성 서방네 처녀와의 일이 밝혀질까 두려워하는 심정을 나타냈다.
④ ㉣: 허 생원의 숙명론적 인생관이 드러나는 표현이다.

정답 및 해설 p.77

[1~5] 다음 글을 읽고 물음에 답하시오.

(가) '㉠ 돈 주고 양반을 사!' / 이것이 상훈에게는 일종의 굴욕이었다.

그러나 조 의관으로서 생각하면 이때껏 자기가 쓴 돈은 자기 부친이 물려준 천량에서 범용한 것이 아니라 자수로 더 늘린 속에서 쓴 것이니까 그리 아깝지도 않고 선고(先考)의 혼령에 대하여도 떳떳하다고 자긍하는 것이다. 저 잘나면 부조(父祖)의 추증도 하게 되는 것인데 있는 돈 좀 들여서 양반 되기로 남이 웃기는새로에 ㉡ 그야말로 이현부모(以顯父母)가 아닌가 하는 요량이다. 어쨌든 사천 원 돈을 바치고 조상 신주 모시듯이 ○○ 조씨 대동보소의 문패를 모셔다가 크나큰 문전에 달고 ○○ 조씨 문중 장손파가 자기라는 듯싶이 버티고 족보까지 박게 되고 나니 이번에는 ○○ 조씨 중시조인 ○○당 할아버지의 산소가 수백 년래에 말이 아니 되었으니 다시 치산(治山)*을 하고 그 옆에 묘막보다는 큼직한, 옛날로 말하면 서원 같은 것을 짓자는 의논이 일어났다.

지금 상훈이가 창훈이더러 일거리가 없어져 가니까 또 ㉢ 새판으로 일을 꾸민다고 비꼬는 말이 이를 두고 하는 말이다. / 제절 앞의 석물도 남 볼썽사납지 않게 일신하게 하여야 하겠고 묘막이니 제위답(祭位畓)이니 무엇 무엇…… 모두 합하면 한 만 원 예산은 있어야 할 터인데 반은 저희들이 부담하겠지만 ㉣ 절반 오천 원은 아무래도 조 의관이 내놓아야 하겠다는 것이다.

(나) 속에서는 쪼르륵 소리가 나면서 천 냥 만 냥 판으로 돌아다니거나, 있는 집 사랑 구석에서 바둑으로 세월을 보내는 조가의 떨거지들이 다른 수단으로는 이 영감의 주머니 끈을 풀게 할 도리가 없으니까 족보를 앞장세우고 삶고 굽고 하는 바람에 조츰조츰 쓰기 시작한 것이 삼천여 원, 근 사천 원을 쓰게 되고 보니 속으로는 꽁꽁 앓는 판에 또 ○○당 할아버지가 앞장을 서서 오천 원 놀래가 나온 것이다. 〈중 략〉

그래서 요새로 부쩍 달고 치는 바람에 그러면 우선 천 원 하나를 내놓을 터이니 오백 원은 산역에 쓰고 오백 원은 묘막을 짓되 부족되는 것은 묘하에 있는 조씨들이 금력으로 보태든지 돈 없는 사람은 부역으로 흙 한 줌, 물 한 덩이, 떼 한 장씩이라도 떠다가 힘으로 보태라고 한 것이다. / 그리고 나서 제위답으로는 다소간 나중에 마련해 놓으마고 하였다. 조 의관 생각에는 그렇게 하면 천 원 내놓고 이천 원 들인 생색은 나려니 속다짐이다.

(다) "그래야 결국 아저씨께서는 돈 천 원, 하나밖에 안 내놓으신다니까 나중 뒷갈망은 우리가 발바투 돌아다니며 긁어모아야 할 셈이라네. 말 내놓고 안 할 수 있나! 이래저래 뼛골만 빠지고 잘못되면 시비는 우리만 만나고……." / 창훈이는 한참 앉았다가 혼잣말처럼 이런 소리를 한다.

"ⓐ 장한 사업 하슈. ○○당 할아버지가 묘막 지어 달라고, 제절 앞에 석물이 없어서 호젓하다고 하십디까?"

상훈이는 '합디까?'라고 입에서 나오는 것을 겨우 '하십디까'라고 존대를 하였다. ○○당 할아버지라고 부르는 것도 좀 어설펐다. 예수교인이라 하여 자기 조상을 존경할 줄 모르는 것이 아니라 부친이 새로 모셔 온 십몇 대조 할아버지라 하니 좀 낯 서투른 때문이다.

"그런 소린 아예 말게. 자네는 천주학을 하니까 이런 일에는 반대인지 모르지만 조상 없이 우리 손(孫)이 어떻게 퍼졌으며 조상 모르는 사람이 이 세상에 어디 있단 말인가? 어떻게 우리 조씨도 그렇게 해서 남에 빠지지 않고 자자손손이 번창해 나가야 하지 않겠나."

- 염상섭, '삼대(三代)'

*치산(治山): 산소를 매만져서 다듬음

1 윗글에 대한 설명으로 적절하지 않은 것은?

① 인물의 행동 위주로 내용이 전개된다.

② 3인칭 서술자가 인물의 심리를 서술한다.

③ 서술자가 인물의 말을 요약하여 서술한다.

④ 인물의 내면 서술을 통해 성격이 간접적으로 제시된다.

2 ⓐ에 담긴 의도로 가장 적절한 것은?

① 조 의관의 재산에 대한 야심을 드러내고 있다.

② 창훈의 계획이 허술하다고 생각하여 의심하고 있다.

③ 치산 사업의 필요성에 대한 의구심을 드러내고 있다.

④ 치산을 추진하는 창훈에 대한 반감을 나타내고 있다.

3 ㉠~㉣에 대한 설명으로 적절하지 않은 것은?

① ㉠: 족보를 사는 행위를 이해하지 못하고 있다.

② ㉡: 돈을 주고 족보를 산 행동을 정당화하고 있다.

③ ㉢: 족보를 사 오고 나니 치산을 하자고 하는 것을 의미한다.

④ ㉣: 치산을 하는 데 들어가는 예산을 계산한 것임을 알 수 있다.

⇒ 뒷장에 계속

4 윗글을 읽고 알 수 있는 내용으로 적절하지 않은 것은?

① 조 의관은 치산에 드는 돈을 모두 부담하였다.

② 문중 사람들은 족보를 구실로 치산을 추진하려고 한다.

③ 조 의관은 족보를 사 와 조씨 일가를 양반의 후손처럼 꾸몄다.

④ 창훈은 치산이 조씨 집안을 위해 하는 일인 것처럼 말하고 있다.

5 〈보기〉를 참고할 때 윗글에 대한 반응으로 가장 적절한 것은?

─── 〈보기〉 ───

　'삼대(三代)'는 일제 강점기 서울의 중산층 가문을 배경으로 구한말 세대인 조 의관, 개화기 세대인 조 상훈, 식민지 세대인 조덕기까지 총 삼대에 걸친 세대 간의 갈등을 보여 준다. 조 의관은 돈과 가문을 무엇보다 중시하는 인물로, 신식 교육을 받았지만 방탕한 생활을 일삼는 아들 상훈을 못마땅하게 여겨 재산을 물려주지 않으려고 한다.

① 조 의관은 치산을 봉건 의식의 잔재로 여기겠군.

② 상훈은 가문을 중시하는 유교 중심적 가치관을 지니고 있겠군.

③ 조 의관과 상훈은 가치관의 충돌로 갈등을 빚을 가능성이 있겠군.

④ 상훈은 재산을 물려받지 못할까 걱정되어 치산에 대해 반감을 갖는 것이군.

(라) "대동보소만 하더라도 족보 한 길에 오십 원씩으로 매었다 하니, 그 오십 원씩을 꼭꼭 수봉하면 무엇 하자고 삼사천 원이 가외로 들겠습니까?" / "삼사천 원은 누가 삼사천 원 썼다던?"

영감은 아들의 말이 옳다고는 생각하였으나, 실상 그 삼사천 원이란 돈이 족보 박는 데에 직접으로 들어간 것이 아니라, ○○ 조씨로 무후한 집의 계통을 이어서 일문일족에 끼려 한즉, 군식구가 늘면 양반의 진국이 묽어질까 보아 반대를 하는 축들이 많으니까 그 입들을 씻기기 위하여 쓴 것이다. 하기 때문에 난봉자식이 난봉 피운 돈 액수를 줄이듯이, 이 영감도 실상은 한 천 원 썼다고 하는 것이다. 중간의 협잡배는 이런 약점을 노리고 우려 쓰는 것이지만, ㉠ 이 영감으로서는 성한 돈 가지고 이런 병신구실해 보기는 처음이다.

(마) "그야 얼마를 쓰셨든지요, 그런 돈은 좀 유리하게 쓰셨으면 좋겠다는 말씀입니다."

'재하자 유구무언'의 시대는 지났다 하더라도 노친 앞이라 말은 공손했으나 속은 달았다.

"어떻게 유리하게 쓰란 말이냐? ㉡ 너같이 오륙천 원씩 학교에 디밀고 제 손으로 가르친 남의 딸자식 유인하는 것이 유리하게 쓰는 방법이냐?"

아까부터 ⓐ 상훈이의 말이 화롯가에 앉아서 폭발탄을 만지작거리는 것 같아서 위태위태하더라니 겨우 간정되려던 영감의 감정에 또 불을 붙여 놓고 말았다. 상훈이는 어이가 없어서 얼굴이 벌게진다.

부친의 소실 수원집과 경애 모녀와는 공교히도 한 고향이다. 처음에는 감쪽같이 속여 왔으나, 수원집만은 연줄연줄이 닿아서 경애 모녀의 코빼기라도 못 보았건마는 소문을 뻔히 알고, 따라서 아이를 낳은 뒤에는 집안에서 다 알게 되었던 것이다. 덕기 자신부터 수원집의 입에서 대강 들어 안 것이다. 그러나 상훈이 내외끼리 몇 번 싸움질이 있은 외에는 노 영감님도 이때껏 눈감아 버린 것이요, 경애가 들어 있는 북미창정 그 집에 대하여도 부친이 채근한 일은 없는 것이라서 지금 조인광좌 중에서 아들에게 대하여 학교에 돈 쓰고 제 손으로 가르친 남의 딸 유인하였다는 말을 터놓고 하는 것을 들으니 아무리 부친이 홧김에 한 말이라 하여도 듣기에 괴란쩍고 부자간이라도 너무 야속하였다.

(바) "아버님께서는 너무 심한 말씀을 하십니다마는, 어쨌든 세상에 좀 할 일이 많습니까? 교육 사업, 도서관 사업, 그 외 지금 조선어 자전 편찬하는 데……."

상훈이는 조심도 하려니와 기를 눅이어서 차근차근히 이왕지사 말이 나왔으니 할 말은 다 하겠다는 듯이 말을 이어 나가려니까 또 벼락이 내린다.

"듣기 싫다! 누가 네게 그따위 설교를 듣자든? 어서 가거라."

"하여간에 말씀입니다. 지난 일은 어쨌든, 지금 이 판에 별안간 치산이란 당한 일입니까? 치산만 한대도 모르겠습니다마는, 서원을 짓고 유생들을 몰아다 놓으시렵니까? 돈도 돈이거니와 지금 시대에 당한 일입니까?"

상훈이는 아까보다 좀 어기를 높여서 반대를 하였다.

"잔소리 마라! 그놈, 나가라니까 점점 더하고 섰고나. 내가 무얼 하든 네가 총찰이란 말이냐? ⓑ 내가 죽으면 동전 한 닢이라도 너를 남겨 줄 테니 걱정이란 말이냐? 너는 이후로는 아무리 굶어 죽는다 하여도 한푼 막무가내다. ㉢ 너는 없는 셈만 칠 것이니까……, 너희들도 다아 들어 두어라." / 하고 좌중을 돌려다 보며 말을 잇는다.

"내 재산이라야 얼마 있는 게 아니다마는, 반은 덕기에게 물려줄 것이요, 그 나머지로는 내가 쓰고 싶은 데 쓰다 남으면 공평히 나누어 주고 갈 테다. 공증인을 세우든 변호사를 불러 대든 하여 뒤를 깡그러뜨려 놀 것이니까 너는 이제는 남 된 셈만 처라. 내가 죽으면 네가 머리를 풀 테냐, 거상을 입을 테냐?"

- 염상섭, '삼대(三代)'

6 ⑦~ⓒ에 대한 설명으로 옳은 것만을 〈보기〉에서 모두 고르면?

〈보기〉

⑦: 뇌물로 상당한 돈을 쓴 것을 억울해 하고 있다.
ⓒ: 상훈의 위선적인 행동이 집안의 위신을 떨어뜨렸음을 지적하고 있다.
ⓒ: 상훈과 부자간의 연을 끊고, 재산을 물려주지 않겠다고 선언하고 있다.

① ⑦, ⓒ   ② ⑦, ⓒ   ③ ⓒ, ⓒ   ④ ⑦, ⓒ, ⓒ

7 ⓐ의 상황에 어울리는 한자 성어로 적절하지 않은 것은?

① 일촉즉발(一觸卽發)   ② 풍전등화(風前燈火)
③ 사상누각(沙上樓閣)   ④ 누란지위(累卵之危)

8 '상훈'에 대한 설명으로 적절하지 않은 것은?

① 자신의 치부를 언급하자 무안해하고 있다.
② 조 의관이 하는 일을 구시대적인 발상이라고 생각한다.
③ 사회 문제에 관심이 많으며 근대적 가치관을 지닌 인물이다.
④ 예의를 차리기 위해 하고 싶은 말을 에둘러서 전달하고 있다.

9 윗글을 통해 알 수 있는 내용으로 가장 적절한 것은?

① 상훈은 조 의관에게 재산을 상속받기를 원한다.
② 조 의관은 상훈과 경애의 관계를 지금껏 묵인해 왔다.
③ 덕기는 재산을 상속받기 위해 조 의관과 상훈의 갈등을 부추겼다.
④ 조 의관은 돈을 모으는 방법을, 상훈은 돈을 쓰는 방법을 더 중요하게 생각한다.

10 밑줄 친 ⓑ에 사용된 표현법과 가장 유사한 것은?

① 빼앗긴 들에도 봄은 오는가?
② 병든 나무처럼 생명이 부대낄 때
③ 모든 산맥들이 / 바다를 연모해 휘달릴 때도
④ 산에서도 오히려 산을 그리며 / 꿈 같은 산정기를 그리며 산다

정답 및 해설 p.81

[1~4] 다음 글을 읽고 물음에 답하시오.

(가) "방자야 네가 물건에는 각기 그 주인이 있다는 것을 모르는도다. 형산에서 나는 ㉠ 백옥과 여수에서 나는 ㉡ 황금이 각각 임자 있느니라. 잔말 말고 불러오라."

방자 분부 듣고 춘향 불러 건너갈 때 맵시 있는 방자 녀석, 서왕모가 요지연에 편지 전하던 ㉢ 파랑새같이 이리저리 건너가서,

"여봐라, 이 애 ㉣ 춘향아." / 부르는 소리에 춘향이 깜짝 놀라,

"무슨 소리를 그따위로 질러 사람의 정신을 놀래느냐."

"이 애야, 말 마라. 일이 났다." / "일이라니 무슨 일?"

"사또 자제 도련님이 광한루에 오셨다가 너 노는 모양 보고 불러오란 명을 내렸다."

춘향이 화를 내어,

"네가 미친 자식이로다. 도련님이 어찌 나를 알아서 부른단 말이냐. 이 자식 네가 내 말을 종달새가 삼씨 까먹듯 빨리하였나 보다."

"아니다, 내가 네 말을 할 리도 없지만 네가 그르지 내가 그르냐. 너 그른 내력을 들어 보아라. 계집아이 행실로 그네를 타려면 네 집 후원 담장 안에 줄을 매고 타는 게 도리에 당연함이라. 광한루 멀지 않고 또한 지금은 녹음과 향기로운 풀이 꽃보다 좋은 봄이라. 향기로운 풀은 푸르고, 앞 시냇가 버들은 초록색 휘장을 둘렀고, 뒤 시냇가 버들은 연두색 휘장을 둘러, 한 가지 늘어지고 또 한 가지 펑퍼져 흐늘흐늘 춤을 춘다. 이 같은 광한루 경치 구경하는데, 그네를 매고 네가 뛰어 외씨 같은 두 발길로 흰 구름 사이에서 노닐 적에 붉은 치맛자락이 펄펄, 흰 속옷 갈래 동남풍에 펄렁펄렁, 박속같은 네 살결이 흰 구름 사이에 희뜩희뜩한다. 도련님이 이를 보시고 너를 부르시니 내가 무슨 말을 한단 말인가. 잔말 말고 건너가자."

춘향이 대답하되,

"네 말이 당연하나 오늘이 단옷날이라, 비단 나뿐이랴. 다른 집 처자들도 여기 와서 함께 그네를 탔을 뿐 아니라, 설혹 내 말을 했을지라도 내가 지금 기생이 아니니 예사 처녀를 함부로 부를 리도 없고 부른다 해도 갈 리도 없다. 당초에 네가 말을 잘못 들은 바라."

(나) 이 도령 거동 보소.

"허허 그 말 반갑도다. 네 연세 들어 보니 나와 동갑인 이팔이라. 성씨를 들어 보니 하늘이 정한 인연일시 분명하다. 혼인하여 좋은 연분 만들어 평생 같이 즐겨 보자. 너의 부모 모두 살아 계시냐?"

"편모슬하(偏母膝下)로소이다."

"형제는 몇이나 되느냐?"

"올해 육십 세를 맞은 나의 모친이 무남독녀(無男獨女)라. 나 하나요."

"너도 귀한 딸이로다. 하늘이 정하신 연분으로 우리 둘이 만났으니 변치 않는 즐거움을 이뤄 보자."

춘향이 거동 보소. 고운 눈썹 찡그리며 붉은 입술 반쯤 열고 가는 목소리 겨우 열어 고운 음성으로 여쭈오되,

"충신은 두 임금을 섬기지 않고 열녀는 지아비를 바꾸지 않는다고 옛글에 일렀으니, 도련님은 귀공자요 소녀는 천한 계집이라. 한번 정을 맡긴 연후에 바로 버리시면 일편단심 이내 마음, 독수공방 홀로 누워 우는 한(恨)

은 이내 신세 내 아니면 누구일꼬? 그런 분부 마옵소서."

이 도령이 하는 말이,

"네 말을 들어 보니 어찌 아니 기특하랴. 우리 둘이 인연 맺을 적에 금석 같은 맹세하리라. 네 집이 어드메냐?"

춘향이 여쭈오되, / "방자 불러 물으소서."

- 작자 미상, '춘향전(春香傳)'

---

1 윗글에 대한 설명으로 적절하지 않은 것은?

① 인물의 심리가 간접적으로 표현되어 있다.

② 구체적인 작품의 배경은 드러나 있지 않다.

③ 음성 상징어를 활용하여 행동을 묘사하고 있다.

④ 판소리의 영향을 받아 운문체와 산문체가 혼합되어 있다.

2 ㉠~㉣ 중 성격이 다른 하나는?

① ㉠ 백옥   ② ㉡ 황금

③ ㉢ 파랑새   ④ ㉣ 춘향

3 방자의 말하기 방식에 대한 설명으로 적절하지 않은 것은?

① 자신의 입장을 근거로 상대를 설득하고 있다.

② 당대 사회상을 들어 춘향의 행위를 지적하고 있다.

③ 대구법을 사용하여 광한루의 풍경을 묘사하고 있다.

④ 춘향의 그네 타는 모습을 비유적으로 표현하고 있다.

4 윗글을 통해 알 수 있는 내용으로 적절하지 않은 것은?

① 이 도령은 춘향과 혼인하기를 원한다.

② 양반층에 대한 비판 의식이 드러난다.

③ 유교적 가치관보다 자유연애 사상이 우선시되고 있다.

④ 춘향은 신분 차이를 들어 이 도령의 혼인 요구를 거절하고 있다.

(다) 어사또 들어가 단좌(端坐)하여 좌우를 살펴보니, 당상(堂上)의 모든 수령 다담을 앞에 놓고 진양조 양양(洋洋)할 제 어사또 상을 보니 어찌 아니 통분하랴. 모 떨어진 개상판에 닥채 저붐, 콩나물, 깍두기, 막걸리 한 사발 놓았구나. 상을 발길로 탁 차 던지며 운봉의 ㉠ 갈비를 직신, / "갈비 한 대 먹고 지고."

"다라도 잡수시오."

하고 운봉이 하는 말이

"이러한 잔치에 풍류로만 놀아서는 맛이 적사오니 차운(次韻) 한 수씩 하여 보면 어떠하오?"

"그 말이 옳다." / 하니 운봉이 운(韻)을 낼 제, 높을 고(高) 자, 기름 고(膏) 자 두 자를 내어 놓고 차례로 운을 달 제, 어사또 하는 말이

"걸인도 어려서 추구권(抽句卷)이나 읽었더니, 좋은 잔치 당하여서 주효를 포식하고 그저 가기 무렴(無廉)하니 차운 한 수 하사이다."

운봉이 반겨 듣고 필연(筆硯)을 내어 주니 좌중(座中)이 다 못하여 글 두 귀[句]를 지었으되, 민정(民情)을 생각하고 본관의 정체(政體)를 생각하여 지었것다.

(라) ㉡ "금준미주(金樽美酒)는 천인혈(千人血)이요, 옥반가효(玉盤佳肴)는 만성고(萬姓膏)라. 촉루락시(燭淚落時) 민루낙(民淚落)이요, 가성고처(歌聲高處) 원성고(怨聲高)라."

이 글 뜻은, '금동이의 아름다운 술은 일만 백성의 피요, 옥소반의 아름다운 안주는 일만 백성의 기름이라. 촛불 눈물 떨어질 때 백성 눈물 떨어지고, 노랫소리 높은 곳에 원망 소리 높았더라.'

이렇듯이 지었으되, 본관은 몰라보고 운봉이 이 글을 보며 속마음에 / '아뿔싸, 일이 났다.'

(마) 모든 수령 도망할 제 거동 보소. 인궤(印櫃) 잃고 과줄 들고, 병부(兵符) 잃고 송편 들고, 도장 상자 탕건(宕巾) 잃고 용수 쓰고, 갓 잃고 소반(小盤) 쓰고, 칼집 쥐고 오줌 누기. 부서지니 거문고요, 깨지느니 북, 장구라. 본관이 똥을 싸고 멍석 구멍 새앙쥐 눈 뜨듯 하고 내아(內衙)로 들어가서

"어 추워라, 문 들어온다, 바람 닫아라. 물 마른다, 목 들여라."

관청색은 상을 잃고 문짝 이고 내달으니, 서리, 역졸 달려들어 후닥딱 / "애고, 나 죽네!"

이때 수의사또 분부하되

"이 골은 대감이 좌정하시던 골이라, 훤화(喧譁)를 금하고 객사(客舍)로 사처(徙處)하라."

좌정(座定) 후에 / "본관은 봉고파직(封庫罷職)하라." / 분부하니,

"본관은 봉고파직이오!"

(바) 사대문에 방 붙이고 옥 형리 불러 분부하되,

"네 골 옥수(獄囚)를 다 올리라."

호령하니 죄인을 올리거늘, 다 각각 문죄(問罪) 후에 무죄자 방송(放送)할새,

"저 계집은 무엇인다?" / 형리 여짜오되,

"기생 월매 딸이온데, 관정(官庭)에 포악(暴惡)한 죄로 옥중에 있삽내다."

"무슨 죄다?" / 형리 아뢰되, / "본관 사또 수청(守廳)으로 불렀더니 수절(守節)이 정절(貞節)이라 수청 아니 들려 하고, 관전(官前)에 포악한 춘향이로소이다."

어사또 분부하되,

"너만 년이 수절한다고 관정 포악하였으니 살기를 바랄쏘냐. 죽어 마땅하되 내 수청도 거역할까?"

춘향이 기가 막혀

[A] "내려오는 관장(官長)마다 개개이 명관이로구나. 수의사또 들으시오. 층암절벽(層巖絶壁) 높은 바위 바람 분들 무너지며, 청송녹죽(靑松綠竹) 푸른 나무 눈이 온들 변하리까? 그런 분부 마옵시고 어서 바삐 죽여 주오." / 하며,

"향단아, 서방님 어디 계신가 보아라. 어젯밤에 옥문간에 와 계실 제 천만 당부하였더니 어디를 가셨는지, 나 죽는 줄 모르는가?"

- 작자 미상, '춘향전(春香傳)'

5 윗글에서 드러나는 서술상의 특징으로 적절하지 않은 것은?

① 운율감이 느껴지는 문체가 사용되었다.

② 비유적 표현을 통해 웃음을 유발하고 있다.

③ 중의적 표현을 사용하여 인물의 심리를 묘사하고 있다.

④ 인물들의 행위를 묘사한 부분에서 장면의 극대화가 드러난다.

6 〈보기〉를 참고할 때 ㉠에 사용된 표현 방법과 가장 유사한 것은?

─────── 〈보기〉 ───────

언어유희는 다른 의미를 암시하기 위해 말이나 문자를 해학적으로 사용하는 표현 방법이다. 동음이의어, 유사 음운의 반복, 언어 도치, 발음의 유사성 등을 이용한 언어유희가 있는데, 어사또가 운봉의 '갈비(늑골)'를 건드리며 '갈비'를 먹고 싶다고 말하는 장면은 동음이의어를 이용한 언어유희에 해당한다.

① 술 먹고 수란(水卵)먹고, 갓 쓰고 갓모 쓰네

② 허리 꺾어 절반인지, 개다리소반인지, 꾸레미전에 백반인지

③ 어 추워라, 문 들어온다, 바람 닫아라. 물 마른다, 목 들여라.

④ 개잘량이라는 '양'자에 개다리소반이라는 '반'자를 쓰는 양반이 나오신단 말이오.

7 ㉡에 대한 설명으로 가장 적절한 것은?

① 부조리한 사회를 개혁하고자 하는 의지가 드러난다.

② 백성들을 핍박하는 관리들에 대해 직설적으로 비판하고 있다.

③ 본관 사또의 사치스러운 모습과 본인의 처지를 대비하고 있다.

④ 불의한 지배 계층에 의해 고통 받는 백성들의 처지를 헤아리고 있다.

8 [A]를 통해 알 수 있는 것으로 적절하지 않은 것은?

① 극적인 반전이 이어질 것임을 암시하고 있다.

② 반어적 표현을 통해 인물의 태도를 드러내고 있다.

③ '높은 바위, 푸른 나무'는 절개를, '바람, 눈'은 시련을 의미한다.

④ 여성의 정절 의식을 높이 평가하는 유교적 가치관이 반영되어 있다.

9 윗글의 내용으로 가장 적절한 것은?

① 어사또는 옥에 갇힌 사람들을 모두 석방하였다.

② 춘향은 옥에 갇힌 후로 아무도 만나지 못하였다.

③ 춘향은 어사또의 정체를 눈치챘으나 모르는 체하고 있다.

④ 어사또는 거처를 옮기도록 지시한 후에 본관 사또를 봉고파직하였다.

10 윗글에 대한 설명으로 적절하지 않은 것은?

① 사건 전개 과정에서 서술자의 개입이 나타난다.

② 해학적인 묘사를 통해 대상을 희화화하고 있다.

③ 반어법을 사용하여 자조적인 심경을 드러내고 있다.

④ 상반된 반응을 보이는 인물을 제시하여 특정 대상을 풍자하고 있다.

정답 및 해설 p.84

[1~5] 다음 글을 읽고 물음에 답하시오.

(가) 추석을 지나 이윽고 짙어 가는 가을 해가 저물기 쉬운 어느 날 석양.

　저 계동(桂洞)의 이름난 장자[富者] 윤 직원(尹直員) 영감이 마침 어디 출입을 했다가 방금 인력거를 처억 잡숫고 돌아와 마악 댁의 대문 앞에서 내리는 참입니다.

　㉠ 간밤에 꿈을 잘못 꾸었던지, 오늘 아침에 마누라하고 다툼질을 하고 나왔던지, 아무튼 엔간히 일수 좋지 못한 인력거꾼입니다.

　여느 평탄한 길로 끌고 오기도 무던히 힘이 들었는데 골목쟁이로 들어서서는 빗밋이 경사가 진 20여 칸을 끌어올리기야, 엄살이 아니라 정말 혀가 나올 뻔했습니다. / ㉡ 28관 하고도 6백 몸메……!

(나) "인력거 쌕이 멫 푼이당가?"

　이 이야기를 쓰고 있는 당자 역시 전라도 태생이기는 하지만, 그 전라도 말이라는 게 좀 경망스럽습니다.

　"그저 처분해 줍사요!"

　ⓐ 인력거꾼은 담요로 팔짱 낀 허리를 굽실합니다. 좀 점잖다는 손님한테는 항투로 쓰는 말이지만, 이 풍신 좋은 어른께는 진심으로 하는 소립니다. 후히 생각해 달란 뜻이지요.

　"으응! 그리여잉? 그럼, 그냥 가소!"

　ⓑ 윤 직원 영감은, 인력거꾼을 짯짯이 바라다보다가 고개를 돌리더니, 풀었던 염낭끈을 도로 비끄러맵니다. 인력거꾼은 어쩐 영문인지를 몰라, 뚜렷뚜렷하다가, 혹시 외상인가 하고 뒤통수를 긁적긁적하면서……,

　"㉢ 그럼, 내일 오랍쇼니까?"

　"내일? 내일 무엇허러 올랑가?"

(다) "……자네가 아까 날더러, 처분대루 허라구 허잖있넝가?"

　"네에!"

　"그렇지?…… 그런디 거, 처분대루 허람 말은 맘대루 허람 말이 아닝가?"

　인력거꾼은 비로소 속을 알았습니다.

　알고 보니 참 기가 막힙니다. 농도 할 사람이 따로 있지요. 웬만하면, 허허! 하고 한바탕 웃어 젖힐 노릇이겠지만, 점잖은 어른 앞에서 그럴 수는 없고 그래 히죽이 웃기만 합니다.

　"……그래서 나넌 그렇기 처분대루, 응?…… 맘대루 말이네. 맘대루 허라구 허길래, 아 인력거 삯 안 주어도 갱기찮언 종 알구서, 그냥 가라구 히였지!"

　인력거꾼은 이 어른이 끝끝내 농을 하느라고 이러는가 했지만, 윤 직원 영감의 안색이며 말씨며 조금도 그런 내색이 보이지 않습니다.

　"……거참!…… 나는 벨 실통헌 인력거꾼두 다아 있다구, 퍽 얌전허게 부았지! 늙은 사람이 욕본다구, 공으루 인력거 태다 주구 허넝 게 쟁히 기특허다구. 이 사람아, 사내대장부가 그렇기 그짓말을 식은 죽 먹듯 헌담 말잉가? 일구이언(一口二言)은 이부지자(二父之子)라네. 암만히여두 자네 어매가 행실이 좀 궂었덩개 비네!"

(라) "머어? 돈짱?…… 돈짱이 무어당가? 대체……."

　"일 환 한 장 말씀입죠! 헤……."

ⓔ 남은 기가 막혀서 하는 말을, 속없는 인력거꾼은 고지식하게 언해(諺解)를 달고 있습니다.

인력거꾼은 괜히 돈 몇십 전 더 얻어먹으려다가 짜장 얻어먹지도 못하고 다른 데 벌이까지 놓치지 싶어, 할 수 없이 50전을 불렀습니다. 그러나, 윤 직원 영감은 여전합니다.

"아니, 이 사람이 시방, 나허구 실갱이를 허자구 이러넝가? 권연시리 자꾸 쓸디읎넌 소리를 허구 있어!…… 아 이 사람아, 돈 50전이 뉘 애기 이름인 종 아넝가?"

"많이 여쭙잖습니다. 부민관서 예꺼정 모시구 왔는뎁쇼!"

"그러닝개 말이네. 고까짓 것 엎어지면 코 달 년의 디를 태다 주구서 50전씩이나 달라구 허닝개 말이여!"

－ 채만식, '태평천하'

1 윗글에 대한 감상으로 적절하지 않은 것은?

① 인력거꾼은 삯으로 50전을 받았다.

② 윤 직원은 계동에서 소문난 부자이다.

③ 인력거꾼은 부민관에서부터 윤 직원을 태워 왔다.

④ 윤 직원은 인력거 삯을 내지 않기 위해 말꼬리를 잡고 있다.

2 ⓐ와 ⓑ에 대한 설명으로 옳은 것만을 〈보기〉에서 모두 고르면?

─────── 〈보기〉 ───────

ㄱ. ⓐ는 ⓑ와의 흥정을 빨리 끝내고 싶어 한다.

ㄴ. ⓐ는 ⓑ가 인력거를 타고 온 거리가 가깝다고 생각한다.

ㄷ. ⓑ는 ⓐ가 농담을 하고 있다고 생각한다.

ㄹ. ⓑ는 ⓐ가 요구한 바를 본뜻과 다르게 해석했다.

① ㄱ, ㄴ   ② ㄱ, ㄹ

③ ㄷ, ㄹ   ④ ㄴ, ㄷ

⇒ 뒷장에 계속

3 윗글의 서술상의 특징으로 가장 적절한 것은?

① 서술자가 인물에 대해 직접적으로 비판한다.

② 여러 사건을 병치하여 극적 긴장감을 높인다.

③ 과거 회상을 통해 사건을 입체적으로 표현한다.

④ 경어체 표현을 사용하여 독자와의 친밀감을 형성한다.

4 ㉠~㉢을 이해한 내용으로 가장 적절한 것은?

① ㉠: 인력거꾼이 하루 종일 운수가 나빴음을 의미한다.

② ㉡: 윤 직원의 체구가 매우 큼을 의미한다.

③ ㉢: 삯을 주지 않는 윤 직원에 대한 불만의 표현이다.

④ ㉣: 인력거꾼의 생각을 그대로 옮긴 표현이다.

5 윗글에 대한 설명으로 적절하지 않은 것은?

① 서술자가 자신의 생각을 드러낸다.

② 한자 성어를 사용하여 주제 의식을 나타낸다.

③ 작품의 배경은 가을 저녁 윤 직원의 집 앞이다.

④ 등장인물의 성격을 간접적으로 드러내어 풍자하고 있다.

(마) 윤 주사는 조끼 호주머니에서 간밤의 그 ⓐ 전보를 꺼내어 부친한테 올립니다. 윤 직원 영감은 채듯 전보를 받아 쓰윽 들여다보더니 커다랗게 읽습니다. 물론 원문은 일문이니까 몰라보고, 윤 주사네 서사 민 서방이 번역한 그대로지요.

"종학, 사상 관계로, 경시청에 피검!……이라니? 이게 무슨 소리다냐?"

"종학이가 사상 관계로, 경시청에 붙잽혔다는 뜻일 테지요!" / "사상 관계라니?"

"그놈이 사회주의에 참예를……."/ "으엉?"

아까보다 더 크게 외치면서 벌떡 뒤로 나동그라질 뻔하다가 겨우 몸을 가눕니다.

㉠ 윤 직원 영감은 먼저에는 몽치로 뒤통수를 얻어맞은 것같이 멍했지만, 이번에는 앉아 있는 땅이 지함을 해서 수천 길 밑으로 꺼져 내려가는 듯 정신이 아찔했습니다.

그러나 그것은 결단코 자기가 믿고 사랑하고 하는 종학이의 신상을 여겨서가 아닙니다.

㉡ 윤 직원 영감은 시방 종학이가 사회주의를 한다는 그 한 가지 사실이 진실로 옛날의 드세던 부랑당패가 백 길 천 길로 침노하는 그것보다도 더 분하고, 물론 무서웠던 것입니다.

진(秦)나라를 망할 자 호(胡=오랑캐)라는 예언을 듣고서 변방을 막으려 만리장성을 쌓던 진시황, 그는, 진나라를 망한 자 호(胡)가 아니요, 그의 자식 호해(胡亥)임을 눈으로 보지 못하고 죽었으니, 오히려 행복이라 하겠습니다.

(바) "……그런 쳐 죽일 놈, 깎어 죽여두 아깝잖을 놈이! 그놈이 경찰서장 하라닝개루 생판 사회주의 허다가 뎁다 경찰에 잽혀? 으응?…… 오―사 육시를 헐 놈이, 그놈이 그게 어디 당헌 것이라구 지가 사회주의를 하여? 부자 놈의 자식이 무엇이 대껴서 부랑당패에 들어?"

아무도 숨도 크게 쉬지 못하고, 고개를 떨어뜨리고 섰기 아니면 앉았을 뿐, 윤 직원 영감이 잠깐 말을 그치자 방 안은 물을 친 듯이 조용합니다.

"……오죽이나 좋은 세상이여? 오죽이나……."

윤 직원 영감은 팔을 부르걷은 주먹으로 방바닥을 땅― 치면서 성난 황소가 영각을 하듯 고함을 지릅니다.

"㉢화적패가 있너냐아? 부랑당 같은 수령(守令)들이 있더냐?…… 재산이 있대야 도적놈의 것이요, 목숨은 파리 목숨 같던 말세(末世)년 다 지내 가고오…… 자 부아라, 거리거리 순사요, 골골마다 공명헌 정사(政事), 오죽이나 좋은 세상이여……. 남은 수십만 명 동병(動兵)을 히여서, 우리 조선 놈 보호히여 주니, 오죽이나 고마운 세상이여? 으응……? 제 것 지니고 앉어서 편안하게 살 태평 세상, 이걸 태평천하라구 허는 것이여, 태평천하!…… 그런데 이런 태평천하에 태어난 부자 놈의 자식이, 더군다나 왜 지가 떵떵거리구 편안허게 살 것이지, 어찌서 지가 세상 망쳐 놀 부랑당패에 참섭을 헌담 말이여, 으응?"

(사) 땅- 방바닥을 치면서 벌떡 일어섭니다. 그 몸짓이 어떻게도 요란스럽고 괄괄한지, 방금 발광이 되는가 싶습니다. 아닌 게 아니라 모여 선 가권들은 방바닥 치는 소리에도 놀랐지만, 이 어른이 혹시 상성이 되지나 않는가 하는 의구의 빛이 눈에 나타남을 가리지 못합니다.

"……착착 깎어 죽일 놈……! 그놈을 내가 핀지히여서, 백 년 지녀를 살리라구 헐걸! 백 년 지녀를 살리라구 헐 테여……. 오냐, 그놈을 삼천 석 거리는 직분[分財]하여 줄라구 히였더니, 오냐, 그놈 삼천 석 거리를 톡톡 팔어서, 경찰서으다가 사회주의 허는 놈 잡어 가두는 경찰서으다가 주어 버릴걸! 으응, 죽일 놈!"

마지막의 으응 죽일 놈 소리는 차라리 울음소리에 가깝습니다.

"……이 태평천하에! 이 태평천하에……."

쿵쿵 발을 구르면서 마루로 나가고, 꿇어앉았던 윤 주사와 종수도 따라 일어섭니다.

"그놈이, 만석꾼의 집 자식이, 세상 망쳐 놀 사회주의 부랑당패에 참섭을 히여? 으응, 죽일 놈! 죽일 놈!"

연해 부르짖는 죽일 놈 소리가 차차로 사랑께로 멀리 사라집니다. 그러나 몹시 사나운 그 포효가 뒤에 처져 있는 가권들의 귀에는 어쩐지 암담한 여운이 스며들어, 가뜩이나 어둔 얼굴들을 면면상고, 말할 바를 잊고, 몸 둘 곳을 둘러보게 합니다. ㉣ 마치 장수의 죽음을 만난 군졸들처럼…….

- 채만식, '태평천하'

6 ⓐ '전보'에 대한 설명으로 적절하지 않은 것은?

① 작품의 분위기를 전환시키는 역할을 한다.
② 종학에 대한 윤 직원의 기대를 무너뜨린다.
③ 종학이 사상범이 되었다는 소식을 담고 있다.
④ 가족 간의 유대가 굳건해지는 계기를 제공한다.

7 윗글에 대한 독자의 반응으로 적절하지 않은 것은?

① 윤 직원의 집안이 부유하다는 것을 알 수 있군.
② 윤 직원은 종학이 경찰서장이 되기를 바라고 있었군.
③ 윤 직원은 사회주의에 참여한 종학을 저주하고 있군.
④ 윤 직원은 종학이 피검된 것을 윤 주사의 탓으로 돌리고 있군.

8 ㉠~㉣에 대한 설명으로 적절하지 않은 것은?

① ㉠: 윤 직원이 받은 정신적 충격을 비유적으로 표현하고 있다.
② ㉡: 윤 직원이 종학의 신변을 걱정하고 있다.
③ ㉢: 윤 직원의 왜곡된 역사의식을 풍자적으로 그리고 있다.
④ ㉣: 윤 직원의 몰락을 암시하며 주제 의식을 드러내고 있다.

9 '윤 직원'에 대한 이해로 가장 적절한 것은?

① 부조리한 사회에 대한 분노를 표출하고 있다.
② 자신의 잘못이 드러날 것을 두려워하고 있다.
③ 가족들 앞에서 실수를 한 것에 대해 수치심을 느끼고 있다.
④ 손자의 행동을 이해하지 못하며 그를 답답하게 여기고 있다.

10 윗글의 서술상 특징으로 적절하지 않은 것은?

① 판소리 사설 형식의 문체를 사용했다.
② 고사를 인용하여 인물의 미래를 암시했다.
③ 과장된 행동 묘사를 통해 인물을 희화화했다.
④ 방언을 사용하여 목가적인 분위기를 형성했다.

정답 및 해설 p.87

문제로 친해지는

낯선 작품 25

낯선 작품 01 이규보 〈괴토실설(壞土室說)〉

(가) 10월 초하루에 이자(李子)가 밖에서 돌아오니, 종들이 흙을 파서 집을 만들었는데, 그 모양이 무덤과 같았다.
이자는 어리석은 체하며 말하기를,
"무엇 때문에 집 안에다 무덤을 만들었느냐?" / 하니 종들이 말하기를,
"이것은 무덤이 아니라 토실입니다." / 하기에,
"어찌 이런 것을 만들었느냐?" / 하였더니,
"겨울에 화초나 과일을 저장하기에 좋고, 또 길쌈하는 부인들에게 편리하니, 아무리 추울 때라도 온화한 봄날씨와 같아서 손이 얼어 터지지 않으므로 참 좋습니다." / 하였다.

(나) 이자는 더욱 화를 내며 말하기를,
"여름은 덥고 겨울이 추운 것은 사시(四時)의 정상적인 이치이니, 만일 이와 반대가 된다면 곧 괴이한 것이다. 옛적 성인이, 겨울에는 털옷을 입고 여름에는 베옷을 입도록 마련하였으니, 그만한 준비가 있으면 족할 것인데, 다시 토실을 만들어서 추위를 더위로 바꿔 놓는다면 이는 하늘의 명령을 거역하는 것이다. 사람은 뱀이나 두꺼비가 아닌데, 겨울에 굴속에 엎드려 있는 것은 너무 상서롭지 못한 일이다. 길쌈이란 할 시기가 있는 것인데, 하필 겨울에 할 것이냐? 또 봄에 꽃이 피었다가 겨울에 시드는 것은 초목의 정상적인 성질인데, 만일 이와 반대가 된다면 이것은 괴이한 물건이다. 괴이한 물건을 길러서 때아닌 구경거리를 삼는다는 것은 하늘의 권한을 빼앗는 것이니, 이것은 모두 내가 하고 싶은 뜻이 아니다. 빨리 헐어 버리지 않는다면 너희를 용서하지 않겠다." / 하였더니, 종들이 두려워하여 재빨리 그것을 철거하여 그 재목으로 땔나무를 마련했다. 그리하고 나니 나의 마음이 비로소 편안하였다.

01 윗글에 대한 감상으로 적절하지 않은 것은?

① 일상생활의 경험을 바탕으로 교훈을 전달하고 있다.
② 자연의 섭리를 역행하는 행위에 대해 비판하고 있다.
③ '이자'는 '토실'에 대한 부정적 인식을 드러내고 있다.
④ '이자'는 대상의 효용성을 강조하며 주장을 피력하고 있다.

02 (나)에 나타난 화자의 태도와 가장 유사한 것은?

① 삼동(三冬)에 뵈옷 닙고 암혈(巖穴)에 눈비 마자 / 구름 ᄭᅵᆫ 볏뉘도 ᄶᅬᆫ 적이 업건마ᄂᆞᆫ, / 서산(西山)에 ᄒᆡ지다 ᄒᆞ니 눈물겨워 ᄒᆞ노라.
② 대쵸 볼 불근 골에 밤은 어이 ᄠᅳᆺ드르며, / 벼 뷘 그르헤 게ᄂᆞᆫ 어이 ᄂᆞ리ᄂᆞᆫ고. / 술 닉쟈 체 쟝ᄉᆞ 도라가니 아니 먹고 어이리.
③ 청산(青山)도 절로절로 녹수(綠水)도 절로절로 / 산(山) 절로 수(水) 절로 산수(山水) 간(間)에 나도 절로 / 그 중에 절로 ᄌᆞ란 몸이 늙기도 절로절로.
④ 지당(池塘)에 비 ᄲᅳ리고 양류(楊柳)에 ᄂᆡ ᄭᅵ인 제, / 사공(沙工)은 어ᄃᆡ 가고 뷘 ᄇᆡ만 ᄆᆡ엿ᄂᆞᆫ고. / 석양(夕陽)에 ᄧᅡᆨ 일흔 ᄀᆞᆯ며기ᄂᆞᆫ 오락가락 ᄒᆞ노매.

(가) "도적은 지금 마침 사냥을 하러 가서 3개월 후에나 돌아올 것입니다. 도적은 잠을 잘 때도 눈을 뜨고 있으므로 자고 있는지 아닌지 분별하기가 어려우니 조심하셔야 합니다. 그리고 이 큰 바위는 도적이 제기차기를 하는 돌입니다. 이것을 한번 들어 보십시오."라고 했다. 그는 그것을 움직일 수도 없었다. 그러자 여인은 그를 샘으로 데려가 그 물을 마시게 했다. 젊은 무사가 한 달간 그 물을 마시자 큰 바윗덩어리를 자유자재로 가지고 놀 정도가 되었다.

(나) 무사는 사력을 다하여 재차 목을 쳐서 도적을 죽인 뒤 많은 졸개를 물리치고 정승의 세 딸을 구해 구멍 밑까지 오게 되었다. 바구니에는 세 사람밖에 탈 수 없어서 무사는, 또 무슨 변이 생길지 모르니 내가 먼저 탈 수는 없다고 생각하여 여인들을 먼저 태웠다. 그리고 줄에 매달려 있는 방울을 흔드니까 밧줄은 끌어 올려졌다. 그렇지만 아무리 기다려도 다음 바구니는 내려오지 않았다. 위에 있는 사람들은 세 딸을 구출한 것을 자기들의 공으로 하려고 한 것이다.

(다) 그는 가질 수 있는 데까지 동물의 고기를 준비하여 학을 찾으러 나섰다. 학을 만나 "제발 도와주십시오."하고 간청하니까 학은 그를 태워 구멍의 밑까지 날랐다. 도중에서 학이 침을 뱉으므로 그는 재빨리 고기 한 주먹을 학의 입에 넣어 주었다. 잠시 후에 또 침을 뱉으므로 또다시 고기를 넣어 주었다. 몇 차례 그렇게 하는 동안 준비해 간 고기가 떨어지자 젊은 무사는 할 수 없이 자기의 팔 한쪽을 베어 학의 입에 넣어 주었다. 그리고 겨우 그는 지상으로 나올 수 있었다. 배신한 사람들은 모두 처치하고 젊은 무사는 정승의 세 딸과 결혼하여 행복하게 지냈다고 한다.

03 윗글의 '무사'에 대한 설명으로 적절하지 않은 것은?

① 지상에 있는 동료들의 도움으로 도적을 물리쳤다.

② 지하국의 샘물을 통해 비범한 능력을 얻게 되었다.

③ 정승의 세 딸을 구한 뒤 지상으로 먼저 올려 보냈다.

④ 학에게 자신의 팔 한쪽을 먹이고 지상으로 올라왔다.

04 윗글의 서술상의 특징으로 가장 옳은 것은?

① 이야기를 뒷받침하는 구체적인 증거물을 제시한다.

② 결말에서 권선징악(勸善懲惡)의 주제 의식이 드러난다.

③ 대화를 통해 인물 간의 갈등이 고조되고 있음을 보여 준다.

④ 전기적 요소를 배제하고 현실적인 사건을 중심으로 전개된다.

[아니리]

　창황분주 도망을 갈 제 새만 푸루루루 날아나도 복병인가 의심하고, 낙엽만 퍼뜩 떨어져도 추병인가 의심하여, 엎어지고 자빠지며 오림산 험한 산을 반생반사 도망을 간다.

[아니리]

　조조(曹操) 가다 목을 옴쑥옴쑥하니 정욱(鄭昱)이 여짜오되,

　"승상님 무게 많은 중에, 말 허리에 목을 어찌 그리 움치시나이까?"

　"야야, 화살이 귀에서 앵앵하며 칼날이 눈에서 번뜻번뜻하는구나."

　"이제는 아무것도 없사오니 목을 늘어 사면을 살펴보옵소서." / "야야, 진정으로 조용하냐?"

　조조가 목을 막 늘어 좌우 산천을 살펴보려 할 제, 의외에 말 굽통 머리에서 메추리 표루루루 하고 날아 나니 조조 깜짝 놀라, / "아이고 정욱아. 내 목 떨어졌다. 목 있나 봐라."

　"눈치 밝소. 조그만한 메추리를 보고 놀랄진대 큰 장끼를 보았으면 기절할 뻔하였소그려."

　조조 속없이, / "야 그게 메추리냐? 그놈 비록 자그마한 놈이지만 냄비에다 물 붓고 갖은 양념하여 보글보글 볶아 놓으면 술안주 몇 점 참 맛있느니라만."

　"입맛은 이 통에라도 안 변하였소그려." / 조조가 좌우 산천을 살펴보니,

[중모리]

　산천은 험준하고 수목은 총잡한데, 골짜기 눈 쌓이고 봉우리 바람 칠 제, 화초 목실없었으니 앵무 원앙이 그쳤는데 새가 어이 울랴마는, 적벽 싸움에 죽은 군사 원조(怨鳥)라는 새가 되어 조 승상을 원망하여 지지거려 우더니라. 나무 나무 끝끝트리 앉아 우는 각 새 소리. 도탄에 싸인 군사, 고향 이별이 몇 해런고. ㉠ 귀촉도 귀촉도 불여귀라, 슬피 우는 저 초혼조. 여산 군량이 소진하여 촌비 노략 한때로구나, 소텡 소텡 저 흉년새. 백만 군사를 자랑터니 금일 패전이 어인 일고, 입삐쭉 입삐쭉 저 ㉡ 삐쭉새. 자칭 영웅 간곳없고 도망할 길을 꾀로만 낸다, 꾀꼬리 수리루리루 저 ㉢ 꾀꼬리. 들판 대로를 마다하고 심산 숲속에 고리각 까옥 저 ㉣ 까마귀. 가련타 주린 장졸 냉병인들 아니 들랴, 병에 좋다고 쑥국 쑥쑥국 〈중 략〉 처량하구나 각 새 소리. 조조가 듣더니 탄식한다.

　"울지를 말아라. 너희가 모두 다 내 제장 죽은 원귀가 나를 원망하여서 우는구나."

05 윗글에 대한 이해로 가장 적절하지 않은 것은?

　① 잦은 장면 전환으로 사건의 긴장감이 고조되고 있다.

　② 대화를 통해 조조의 모습을 간접적으로 희화화하고 있다.

　③ 새의 울음소리로 전쟁 상황과 관련된 의미를 나타내고 있다.

　④ 서술자의 개입을 통해 대상의 부정적인 면모를 부각하고 있다.

06 ㉠~㉣ 중 나머지 셋과 성격이 다른 하나는?

　① ㉠　　　　　　　② ㉡　　　　　　　③ ㉢　　　　　　　④ ㉣

(가) 청량산(淸凉山) 육륙봉(六六峰)을 아ᄂᆞ니 나와 백구(白鷗)

　　　백구(白鷗)야 헌사ᄒᆞ랴 못 미들손 도화(桃花)] 로다.

　　　도화(桃花)야 써나지 마로렴 어주자(魚舟子) 알가 하노라.

(나) 노래 삼긴 사ᄅᆞᆷ 시름도 하도할샤.

　　　닐러 다 못닐러 불러나 푸둣든가.

　　　진실(眞實)로 풀릴 거시면은 나도 불러 보리라.

(다) 내 버디 몃치나 ᄒᆞ니 수석(水石)과 송죽(松竹)이라.

　　　동산(童山)의 ᄃᆞᆯ 오르니 긔 더옥 반갑고야.

　　　두어라, 이 다ᄉᆞᆺ 밧긔 ᄯᅩ 더ᄒᆞ야 머엇ᄒᆞ리.

(라) 사랑이 거짓말이 님 날 사랑 거짓말이

　　　ᄭᅮᆷ에 와 뵈단 말이 긔 더욱 거짓말이

　　　날갓치 ᄌᆞᆷ 아니 오면 어늬 ᄭᅮᆷ에 뵈리오.

---

07 (가) ~ (라)에 대한 설명으로 적절하지 않은 것은?

① (가): 연쇄법을 활용하여 자연과 더불어 사는 즐거움을 드러내고 있다.

② (나): 냉소적 어조를 통해 시름이 해소되지 않음을 토로하고 있다.

③ (다): 문답법과 영탄법을 활용하여 다섯 벗을 소개하고 있다.

④ (라): '거짓말이'의 반복으로 운율을 형성하고 점층법을 통해 주제를 부각하고 있다.

---

08 (가)에 대한 설명으로 적절하지 않은 것은?

① 의인화를 통해 대상과의 친밀감을 드러내고 있다.

② 자연의 아름다움을 알지 못하는 사람들을 안타까워하고 있다.

③ 자연 속에서 유유자적하는 화자의 모습을 통해 우아미를 느낄 수 있다.

④ 무릉도원과 관련된 소재를 사용하여 대상의 아름다움을 우회적으로 드러내고 있다.

하루는 대군이 서궁의 수헌에 앉아 계시다가 왜철쭉이 활짝 핀 것을 보고, 시녀들에게 각기 오언 절구(五言絶句)를 지어서 바치라고 명령했습니다. 시녀들이 지어서 올리자, 대군이 크게 칭찬하여 말했습니다.

"너희들의 글이 날마다 점점 나아지고 있어서 매우 기쁘다. 다만 운영의 시에는 님을 그리워하는 마음이 나타나 있다. 지난번 부연시(賦煙詩)에서도 그러한 마음이 희미하게 엿보였는데 지금 또 이러하니, 네가 따르고자 하는 사람이 어떤 사람이냐? 김생의 상량문에도 말이 의심스러운 데가 있었는데, 네가 생각하는 사람이 김생 아니냐?"

저는 즉시 뜰로 내려가 머리를 조아리고 울면서 말했습니다.

"지난번 주군께 처음 의심을 사게 되자마자 저는 스스로 목숨을 끊으려고 했었습니다. 그러나 제 나이가 아직 20도 되지 않은 데다가 다시 부모님도 뵙지 못하고 죽는 것이 매우 원통한지라, 목숨을 아껴 여기까지 이르렀습니다. 그런데 또 의심을 받게 되었으니, 한 번 죽는 것이 무엇이 아깝겠습니까? 천지의 귀신들이 죽 늘어서 밝게 비추고 시녀 다섯 사람이 한순간도 떨어지지 않고 함께 있었는데, 더러운 이름이 유독 저에게만 돌아오니 사는 것이 죽는 것보다 못합니다. 제가 이제야 죽을 곳을 얻었습니다."

저는 즉시 비단 수건을 난간에 매어 놓고 스스로 목을 매었습니다. 이때 자란이 말했습니다.

"주군께서 이처럼 영명(英明)하시면서 죄 없는 시녀로 하여금 스스로 사지(死地)로 나가게 하시니, 지금부터 저희들은 맹세코 붓을 들어 글을 쓰지 않겠습니다."

대군은 비록 화가 많이 났지만, 마음속으로는 진실로 제가 죽는 것은 바라지 않았습니다. 그래서 자란으로 하여금 저를 구하여 죽지 못하게 했습니다. 그런 뒤 대군은 흰 비단 다섯 단(端)을 내어서 다섯 사람에게 나누어 주면서 말했습니다.

"너희가 지은 시들이 가장 아름답기에 이것을 상으로 주노라."

이때부터 진사는 다시는 궁궐을 출입하지 못하고 집에 틀어박힌 채 병들어 눕게 되었습니다. 눈물이 이불과 베개에 흩뿌려졌으며, 목숨은 한 가닥 실날같았습니다. 특이 와서 보고는 말했습니다.

"대장부가 죽으면 죽는 것이지, 어떻게 차마 임을 그리워하다 원한이 맺혀 좀스런 여자들처럼 상심하고, 또 천금 같은 귀중한 몸을 스스로 던져 버리려 하십니까? 이제 마땅히 꾀를 쓰시면 그 여자를 얻는 것은 어렵지 않을 것입니다. 한적하고 깊은 밤에 담을 넘어 들어가서 솜으로 입을 막고 업어서 나오면 누가 감히 우리를 쫓아올 수 있겠습니까?"

진사가 말했습니다.

"그 계획 역시 위험하여 성심으로 호소하는 것만 못할 것이다."

09 윗글에 대한 이해로 적절하지 않은 것은?

① 운영은 자란의 도움으로 위기를 벗어나게 되었다.

② 진사는 특이 제안한 계획을 실천에 옮기고자 한다.

③ 진사는 운영에 대한 그리움으로 인해 상사병에 걸렸다.

④ 대군은 운영이 지은 시를 보고 김 진사와의 관계를 의심하고 있다.

10 〈보기〉를 참고하여 윗글을 감상한 내용으로 적절하지 않은 것은?

──── 〈보기〉 ────

〈운영전〉은 선비 유영이 안평 대군의 집터에서 잠이 들었다가 꿈속에서 과거에 살았던 궁녀 운영과 김 진사를 만나 그들의 비극적 사랑 이야기를 듣는 몽유록 형식의 소설로, 외부 이야기와 내부 이야기로 이루어진 액자식 구성을 취하고 있다.

① 제시된 부분은 내부 이야기에 해당한다고 볼 수 있겠군.

② 운영이 서술의 주체가 되어 자신의 이야기를 하고 있군.

③ 천상계에서 벌어진 사건을 꿈이라는 매개체를 통해 전달하고 있군.

④ 몽유자는 내부 이야기의 서술자와 동일한 시간대의 인물이 아니겠군.

(가) 강남홍은 원수가 나오는 것을 보고 말을 돌려 칼을 휘두르며 그를 맞아 싸웠다. 그러나 일 합을 맞붙기 전에 강남홍의 총명으로 어찌 양창곡의 모습을 몰라보겠는가. 너무 기뻐 눈물이 먼저 흐르며 정신이 황홀하여 어찌 할 바를 몰랐다. 그러나 지기지심(知己知心)을 가진 양창곡이라도 한밤중 황천으로 영원히 떠난 강남홍이 지금 만리절역(萬里絶域)에서 자기와 싸우는 오랑캐 장수가 되었으리라고 어찌 생각이나 했겠는가. 양창곡이 창을 들어 강남홍을 찌르니, 그녀는 머리를 숙여 피하면서 쌍검을 던지고 땅에 떨어지며 낭랑하게 외쳤다.

"소장이 실수로 칼을 놓쳤습니다. 원수는 잠시 창을 멈추고 칼을 줍도록 해 주시오."

양창곡은 그 목소리가 귀에 익어서 창을 거두고 그 모습을 살폈다. 강남홍은 칼을 거두어 말에 오르더니 양창곡을 돌아보며 말했다.

"천첩 강남홍을 어찌 잊으실 수 있습니까? 첩은 당연히 상공을 따라야 하나, 제 수하의 노졸이 오랑캐의 진영에 있사오니, 오늘밤 삼경에 군중에서 만나 뵙기를 기약하겠습니다."

말을 마치고 채찍질을 하여 오랑캐의 본진을 향하여 훌쩍 돌아갔다. 양창곡이 창을 짚고 조각상처럼 서서 오래도록 그쪽을 바라보다가 본진으로 돌아왔다.

(나) 한편, 강남홍은 만왕을 보고는 말했다.

"오늘 명나라 원수를 거의 사로잡을 뻔했는데, 몸이 불편하여 진을 퇴각시켰습니다. 내일 다시 싸워야겠습니다."

나탁이 깜짝 놀라며 말했다.

"장군께서 불편하시다면 과인이 마땅히 옆에서 시중을 들면서 직접 간병을 하겠습니다."

"대왕께서는 염려 마시고 조용히 요양하도록 해 주시오."

나탁은 즉시 가장 여유롭고 외진 곳으로 객실을 옮겨 주었다.

(다) 양창곡은 본진으로 돌아가서 군막 안에 누워 생각하였다.

'오늘 싸움터에서 만난 사람이 진짜 강남홍이라면 끊어진 인연을 다시 이을 수 있을 뿐만 아니라 나라를 위하여 남쪽 오랑캐 지역을 평정하는 것 역시 쉬우리라. 이 어찌 다행이 아니겠는가. 그러나 우리 홍랑이 세상에 살아 있어 여기서 만난 것은 꿈에서도 예기치 못한 일이라. 이는 필시 홍랑의 원혼이 흩어지지 못한 것이리라. 남방에는 예부터 물에 빠져 죽은 충신 열녀가 많은 곳이라, 초강(楚江)의 백마(白馬)와 소상강(瀟湘江) 반죽(斑竹)에 외로운 혼이 여전히 있어서 오가며 서성거리다가, 내가 이곳에 온 걸 알고 평생의 원한을 하소연이나 해 보고 싶어서 그런 게 아닐까? 오늘 밤 우리 진영 안에서 만나기로 약속을 했으니 그 시간을 기다려 보면 알게 되겠지.'

11 윗글에 대한 감상으로 적절하지 않은 것은?

① 강남홍은 나탁에게 신임을 받고 있는 장수이다.

② 강남홍은 원수가 양창곡임을 알고 대결에 응했다.

③ 강남홍은 양창곡과 대적하지 않기 위해 의도적으로 칼을 떨어뜨렸다.

④ 양창곡은 죽은 강남홍의 원혼이 자신에게 말을 건 것이라고 생각하고 있다.

12 윗글의 서술상의 특징으로 적절하지 않은 것은?

① 내적 독백을 통해 인물의 심리를 드러낸다.

② 서술자가 작중 인물에 대한 평가를 직접 제시한다.

③ 비유적인 표현을 사용하여 인물의 모습을 묘사한다.

④ 대립적인 두 인물을 등장시켜 갈등의 심화를 예고한다.

"너희들은 어디서 온 누구냐?"

"우리는 인간 세상에서 왔습니다. 대별과 소별입니다."

"대왕님께서 우리 부친이 되신다고 들었습니다."

천지왕은 그 말을 들은 듯 만 듯 신하를 시켜 무쇠 활과 화살을 내오게 하였다. 화살은 모두 두 개였다.

"너희들이 내 자식이라면 증명해 보여라." 〈중 략〉

검푸르던 바닷물이 점차 불그스름해지더니 수레바퀴 같은 붉은 태양이 솟아오르기 시작했다. 하늘과 바다가 피처럼 붉은 빛으로 물들었다. 그 해가 바다에서 떠올라 중천으로 갈 무렵 또 하나의 태양이 떠올랐다. 다시 바닷물이 붉게 물들며 뜨거운 기운이 엄습하기 시작했다. 그 두 번째 태양이 동쪽 하늘 위로 떠오르자 대별은 활시위에 화살을 재더니 눈을 부릅뜨고 태양을 겨누었다. 그의 활을 떠난 화살은 넓은 하늘을 너울너울 가로질러 태양의 한복판을 꿰뚫었다. 순간 태양은 수만 개 조각으로 산산이 부서져 흩뿌려졌다. 동쪽 하늘에 수많은 별들이 생겨나는 순간이었다.

다음은 소별의 차례였다. 장소는 서해 바다, 소별이 날린 화살에 달 하나가 속절없이 부서졌다. 서쪽 하늘에 수천 개의 별들이 생겨났다.

그렇게 해와 달이 하나씩 부서져 사라지자 세상은 사람들이 깃들어 살 만한 곳이 되었다.

천지왕은 자신의 두 아들에게 새로운 과제를 주었다. 각기 이승과 저승을 맡아서 법도를 세우라는 크나큰 과업이었다. 이승과 저승을 나누는 판가름은 꽃을 가지고 하게 되었다. 천지왕은 대별과 소별에게 은대야에 심은 꽃나무를 내어 주고서 꽃을 훌륭히 피운 사람이 이승을 맡고 그리 못한 사람은 저승을 맡으라 했다. 생명을 키우는 시합. 용맹도 지략도 아니고 섬세한 정성과 사랑이 있어야 이길 수 있는 시합이었다.

지상에 내려온 대별과 소별은 공을 들여 꽃을 기르기 시작했다. 그 시합은 대별에게 유리하게 흘러갔다. 소별의 꽃나무가 시들시들 맥이 없는 데 비해 대별의 꽃나무에는 생기가 흘러넘쳤다. 바야흐로 꽃이 피어나 승부가 판가름 나는 순간, 갑자기 승부가 뒤집히고 말았다. 시들던 소별의 꽃나무에 원색의 아름다운 꽃이 피어났는데 대별의 꽃은 제대로 피지도 못한 채 누렇게 생기 바래고 말았다. 자랑스럽게 웃으면서 이승은 자신의 차지라고 말하는 소별. 그 순간 대별은 간밤에 어떤 일이 일어났는지를 직감했다.

"꽃을 바꿔치기했구나. 신성한 시합을 이렇게 짓밟다니!"

그러나 소별은 막무가내였다. 자신이 이겼으니 이승을 넘기고 어서 저승으로 건너가라는 것이다.

"오냐. 정히 그렇다면 가마. 이제 이 세상에 새로운 죄악이 퍼질 터이니 걱정이구나. 부디 자애로써 세상을 돌보거라."

"그 일은 내게 맡기고 형님은 저승의 법도를 엄하게 세우구려."

소별왕은 위계를 엄격히 세우고 선악을 분별하여 죄를 지은 자를 무서운 형벌로 다스렸다. 세상에는 점차 법도가 서기 시작했다. 그러나 눈을 피해 악행을 저지른 자들이 끊이지 않았으니 이전보다 얼마나 더 좋아진 것인지는 알 수가 없었다.

13 윗글에 대한 이해로 가장 적절한 것은?

① '대별'은 '소별'의 속임수를 알았지만 이승을 양보하였다.

② '소별'은 엄격한 법도로 이승을 다스려 좋은 세상을 만들었다.

③ '천지왕'은 '대별'과 '소별'이 자신의 아들들임을 한눈에 알아보았다.

④ '대별'이 쏜 화살에 달이 부서지면서 서쪽 하늘에 별이 생겨나게 되었다.

14 윗글에 대한 감상으로 적절하지 않은 것은?

① 인간 중심적 사고가 반영되어 있다.

② 악행이 자행되는 현실에 대한 비판 의식이 담겨 있다.

③ 국가 설립의 정당성을 부여하고 건국 이념을 설파하고 있다.

④ 우주의 기원에 대해 설명하는 창세 신화적 성격을 지니고 있다.

(가) 쓿은 듣는 대로 듣고 볏슨 쬘 대로 쬔다.
　　청풍의 옷깃 열고 긴 파람 흘리 불제
　　어티셔 길 가는 소님ᄂᆡ 아는 드시 머무ᄂᆞᆫ고.

(나) 새로 거른 막걸리 젖빛처럼 뿌옇고
　　큰 사발에 보리밥, 높기가 한 자로세
　　밥 먹자 도리깨 잡고 마당에 나서니
　　검게 탄 두 어깨 햇볕 받아 번쩍이네
　　옹헤야 소리 내며 발맞추어 두드리니
　　삽시간에 보리 낟알 온 마당에 가득하네
　　주고받는 노랫가락 점점 높아지는데
　　보이느니 지붕까지 날으는 보리 티끌
　　그 기색 살펴보니 즐겁기 짝이 없어
　　마음이 몸의 노예 되지 않았네
　　낙원이 먼 곳에 있는 게 아닌데
　　무엇하러 고향 떠나 벼슬길에 헤매리오

---

15 (가)와 (나)의 공통점으로 가장 적절한 것은?

① 화자는 직접 농사일에 참여하는 농민이다.
② 노동하는 삶에 대한 긍정적 시각이 드러난다.
③ 대구법을 통해 노동의 현장을 사실적으로 그려냈다.
④ 자기 성찰을 통한 화자의 깨달음과 반성이 나타난다.

16 (나)에 대한 이해로 적절하지 않은 것은?

① 대조되는 시어를 사용하여 화자의 처지를 부각하고 있다.
② 배경을 묘사한 후 그에 대한 화자의 정서를 드러내고 있다.
③ 농민의 실생활과 관련된 소재를 사용하여 사실감을 높이고 있다.
④ 감각적 심상을 통해 보리타작하는 현장을 생생하게 그리고 있다.

비치 못홀 이닉 마음 오날이 무슴 날고.
출셰흔 지 이십오 년 시흐의 즈라나셔
평일의 이측하여 오릭 쩌나 본 일 업다.
반년이나 엇지흘고, 이위정이 어려우며,
경긔 지경 빅 니 밧긔 먼길 단여 본 일 업다.
허박흐고 약호 긔질 말 이 힝역 걱정일셰.
흔 쥴긔 압녹강의 양국지경 난화스니,
도라보고 도라보니 우리나라 다시 보즈.
구연성 다다라셔 흔 고기을 너머셔니
앗가 보든 통군정이 그림즈도 아니 뵈고,
쥬금 뵈든 빅마산니 봉오리도 아니 뵌다. 〈중 략〉
발씨을 기다려서 칙문으로 향흐 가니,
목칙으로 울을 흐고 문 흐나을 여러 놋코,
봉황성장 나와 안져 이마를 점검흐며,
츠례로 드러오니 범문 신칙 엄졀흐다.
녹창 쥬호 여염들은 오식이 영농흐고,
화스 치란 시졍들은 만물이 번화흐다.
집집이 호인들은 길의 나와 구경흐니,

의복기 괴려흐여 쳐음 보기 놀납도다.
머리는 압흘 싹가 뒤만 쪼흐 느리쳐셔
당스실노 당긔흐고 말익이을 눌너 쓰며,
일 년 삼백육십 일에 양치 한 번 아니흐여
이쌜은 황금이오 손톱은 다셧 치라.
거문빗 져구리는 깃 업시 지어쓰되
옷그름은 아니 달고 단초 다라 입어쓰며,
아쳥 바지 반물 속것 허리쯱로 눌너 믹고,
두 다리의 힝젼 모양 타오구라 일홈 흐여
회목의셔 오금까지 회믜흐게 드리 씨고,
깃 업슨 쳥 두루막기 단초가 여러히요,
좁은 스믹 손등 덥허 손이 겨오 드나들고,
두루막 위에 배자이며 무릅 우에 슬갑이라.
곰방딕 옥 물쑤리 담빅 너는 쥬머니의
부시까지 쪄셔 들고 뒤짐지기 버릇치라.
스람마다 그 모양니 쳔만 인이 한빗치라.
쩟딕인 온다 흐고 져의기리 지져귀며,
무어시라 인사흐나 흔 마딕도 모르겟다.

17 위 시의 화자에 대한 설명으로 적절하지 않은 것은?

① 화자는 부모의 곁을 처음 떠나는 것을 걱정하고 있다.
② 화자는 고국을 떠나는 것에 대해 아쉬움을 느끼고 있다.
③ 화자는 청나라의 가옥과 도시의 번화함에 감탄하고 있다.
④ 화자는 청나라 사람들의 실용적인 삶의 태도를 예찬하고 있다.

18 위 시에 대한 감상으로 가장 적절한 것은?

① 이국적인 소재를 관찰하여 세심하게 묘사하였다.
② 향유 계층을 고려하여 주로 한자어를 사용하였다.
③ 시간의 흐름에 따라 계절의 변화를 드러내고 있다.
④ 작가의 실사구시(實事求是)적인 면모가 드러나 있다.

천상 백옥경(白玉京) 십이루 어듸매오
오색운 깁픈 곳의 ㉠ 자청전(紫淸殿)이 ᄀᆞ려시니
천문(天門) 구만 리(九萬里)를 쑴이라도 갈동말동
ᄎᆞ라리 싀여지여 억만(億萬) 번 변화ᄒᆞ여
남산(南山) 늦즌 봄의 ㉡ 두견(杜鵑)의 넉시 되여
이화(梨花) 가디 우희 밤낫즐 못 울거든
삼청 동리(三淸洞裏)의 졈은 한널 구름 되여
ᄇᆞ람의 흘리ᄂᆞ라 자미궁(紫微宮)의 ᄂᆞ라 올라
옥황(玉皇) 향안전(香案前)의 지척의 나아 안자
흉중(胸中)의 싸힌 말ᄉᆞᆷ 쓸커시 ᄉᆞ로리라 〈중 략〉
군은(君恩)이 믈이 되여 흘너가도 자최 업고
옥안(玉顔)이 곳이로되 눈믈 ᄀᆞ려 못 볼로다
이 몸이 녹아져도 옥황상제 처분(處分)이요
이 몸이 싀여져도 옥황상제 처분(處分)이라
노가디고 싀어지여 혼백(魂魄)조차 훗터지고
㉢ 공산(空山) 촉루(髑髏)ᄀᆞ치 님자 업시 구니다가
곤륜산(崑崙山) 제일봉(弟一峯)의 만장송(萬丈松)이
되어 이셔

ᄇᆞ람 비 쓰린 소ᄅᆡ 님의 귀예 들니기나
윤회 만겁(輪回萬怯)ᄒᆞ여 금강산 학(鶴)이 되여
일만(一萬) 이천봉(二千峯)의 ᄆᆞ음ᄀᆞᆺ 소사 올나
ᄀᆞ을 둘 불근 밤의 두어 소ᄅᆡ 슬피 우러
님의 귀의 들리기도 옥황상제 처분(處分)일다
혼이 쏠희 되고 눈물로 가디 삼아
님의 집 창 밧긔 외나모 ㉣ 매화(梅花) 되여
설중(雪中)의 혼자 피여 침변(枕邊)의 이위ᄂᆞᆫ 듯
월중 소영(月中疎影)이 님의 옷의 빗취어든
어엿븐 이 얼굴을 네로다 반기실가
동풍(東風)이 유정(有情)ᄒᆞ여 암향(暗香)을 블어 올려
고결(高潔)흔 이내 싱계 죽림(竹林)의나 부치고져
빈 낙대 빗기 들고 뷘 빈를 혼자 씌워
백구(白溝) 건네 저어 건덕궁(乾德宮)의 가고 지고
그려도 흔 ᄆᆞ음은 위궐(魏闕)의 돌녀 이셔
닉 무든 누역 속의 님 향흔 쑴을 씌여
일편 장안(一片長安)을 일하(日下)의 ᄇᆞ라보고
외오 굿겨 올히 굿겨 이 몸의 타실넌가

19 화자의 상황을 적절하게 표현한 한자 성어는?

① 이심전심(以心傳心)   ② 연군지정(戀君之情)
③ 교언영색(巧言令色)   ④ 망운지정(望雲之情)

20 ㉠~㉣의 의미로 적절하지 않은 것은?

① ㉠은 화자와 '임'을 가로막는 장애물을 의미한다.
② ㉡은 '임'에게 화자의 마음을 전하는 존재이다.
③ ㉢은 화자의 외로움을 의미한다.
④ ㉣은 '임'에 대한 화자의 충절을 의미한다.

(가) 지옥이었다. 빽빽이 앉은 사람들은 모두들 힘없이 머리를 숙이고 입을 송장같이 버리고, 흐르는 침과 땀을 씻을 생각도 안 하고 먹먹히 앉아 있다. 둥그렇게 구부러진 허리, 맥없이 무릎 위에 놓인 팔, 뚱뚱 부은 짓퍼런 얼굴에 힘없이 벌려진 입, 정기 없는 눈, 흩어진 머리와 수염, 모든 것은 죽은 사람이었다. ⑦ 이것이 과연 아침에 세면소까지 뛰어갔으며 두 시간 전에 점심 먹느라고 움직인 사람들인가. 나의 곤하여 둔하게 된 감각에도 눈이 쓰린 역한 냄새가 쏜다.

(나) "판결은 어찌 되었소?"

　영감은 대답이 없었다. 그의 입은 바늘로 호라매지나 않았나? 그러나 한참 뒤에 그는 겨우 대답하였다. 그의 목소리는 대단히 떨렸다. / "태형(笞刑) 구십 도랍니다."

　"ⓒ 거 잘됐구려! 이제 사흘 뒤에는, 담배두 먹구, 바람두 쏘이구…… 난 언제나……."

　"여보! 잘돼시오? 무어이 잘된단 말이요? 나이 칠십 줄에 들어서서 태 맞으면 — 말하기두 싫소. 난 아직 죽긴 싫어! 공소했쉐다!"

　그는 벌컥 성을 내어 내게 달려들었다. 그러나 그의 말을 들은 뒤의 내 성도 그에게 지지를 않았다.

　"여보! 시끄럽소. 노망했소? 당신은 당신이 죽겠다구 걱정하지만, 그래 당신만 사람이란 말이오? ⓒ 이 방 사십여 인이 당신 하나 나가면 그만큼 자리가 넓어지는 건 생각지 않소? 아들 둘 다 총 맞아 죽은 다음에 뒤상 하나 살아 있으면 무얼 해? 여보!"

(다) 우리는 그 소리의 주인을 알았다. 그것은 어젯밤 우리가 내쫓은 그 영원 영감이었었다. 쓰린 매를 맞으면서도 우렁찬 신음을 할 기운도 없이 '아유!' 외마디의 소리로 부르짖는 것은 우리가 억지로 매를 맞게 한, 그 영감이었다. / "요쓰(넷)." / "아유!" / "이쓰쓰(다섯)." / "후—"

　나는 저절로 목이 늘어지는 것을 깨달았다. 나의 머리에는 어젯밤 그가 이 방에서 끌려 나갈 때의 꼴이 떠올랐다. / "ⓔ 칠십 줄에 든 늙은이가 태 맞구 살길 바라갔소? 난 아무캐 되든 노형들이나……."

　그는 이 말을 채 맺지 못하고 초연히 간수에게 끌려 나갔다. 그리고 그를 내쫓은 장본인은 이 나였다.

　나의 머리는 더욱 숙여졌다. 멀거니 뜬 눈에서는 눈물이 나오려 하였다. 나는 그것을 막으려고 눈을 힘껏 감았다. 힘 있게 닫긴 눈은 떨렸다.

21　윗글의 ⑦ ~ ⓔ에 대한 설명으로 적절하지 않은 것은?

① ⑦: '나'는 감옥 안에서 고통 받는 사람들에게 연민을 느끼고 있다.

② ⓒ: '나'는 '영감'이 겪을 태형의 고통에 공감하지 못하고 있다.

③ ⓒ: '나'는 '영감'의 죽음보다 자신의 안위만을 생각하고 있다.

④ ⓔ: '영감'은 다른 죄수들의 이기심에 마지못해 끌려 나갔다.

22　윗글에 대한 이해로 적절하지 않은 것은?

① '나'와 '영감'의 갈등을 중심으로 사건이 전개되고 있다.

② '나'는 자신의 이기적인 행동에 양심의 가책을 느끼고 있다.

③ 구체적인 장면 묘사를 통해 인물이 처한 상황을 부각하고 있다.

④ 사건을 병렬적으로 구성하여 감옥 안 죄수들의 이기심을 비판하고 있다.

"일등을 했다구? 좋은 일이다. 열심히 공부해라. 기회는 얼마든지 있다. 미국, 영국, 불란서, 어디든지 갈 수 있다. 내 돈 한 푼 안 들이고 나랏돈이나 남의 돈으로 얼마든지 공부할 수 있다. 돈 없는 건 걱정할 필요가 없다. 흔한 것이 장학금이다. 머리와 노력만 있으면 된다. 부지런히 공부해라, 부지런히. 자신을 가지고."

그러나 그의 말을 듣고 있는 사람은 아무도 없다. 또 알아들을 수도 없다. 그는 입을 다물고 흥얼거렸다. 그 말이 끝나자 그의 머릿속에는 몽롱한 가운데에 하나의 천재가 열등생으로 변모해 가는 과정들이 하나씩 떠오른다. 너는 아마도 너희 학교의 천재일 테지. 중학교에 가선 수재가 되고, 고등학교에 가선 우등생이 된다. 대학에 가선 보통이다가 차츰 열등생이 되어서 세상으로 나온다. 결국 이 열등생이 되기 위해서 꾸준히 고생해 온 셈이다. 차라리 천재였을 때 삼십 리 산골짝으로 들어가서 땔나무꾼이 되었던 것이 훨씬 더 나았다. 천재라고 하는 화려한 단어가 결국 촌놈들의 무식한 소견에서 나온 허사였음이 드러나는 것을 보는 것은 결코 즐거운 일이 못 된다. 그들은 천재가 가난과 끈질긴 싸움을 하다가 어느 날 문득 열등생이 되어 버린다는 사실을 몰랐다. 〈중 략〉 그러다 보면 천재는 간 곳이 없고, 비굴하고 피곤하고 오만한 낙오자가 남는다. 그는 출세할 일이라면 무엇이든지 할 준비가 되어 있다. 어떠한 것도 주임 교수의 인정을 받는 일보다 더 중요하지 않다. 외국에 가는 기회는 단 하나도 그의 시도를 받지 않고 지나치는 법이 없다. 따라서 그가 성공할 확률은 대단히 높다. 많은 것들 중에서 어느 하나만 적중하면 된다. 그런데 문제는 적중하느냐 않느냐가 아니라 적중하건 안 하건 간에 아무런 차이가 없다는 데에 있다. 적중하건 안 하건 간에 그는 그가 처음 출발할 때에 도달하게 되리라고 생각했던 곳으로부터 사뭇 멀리 떨어져 있는 곳에 와 있음을 깨닫는다. 아—, 되찾을 수 없는 것의 상실임이여!

23 윗글에 대한 이해로 가장 적절한 것은?

① '그'는 자신이 처한 현실에 대한 극복 의지를 지니고 있다.

② '그'는 삶에 대한 절망감으로 출세를 위해 노력하지 않았다.

③ '그'는 자신의 어린 시절을 이야기하며 불특정 다수를 격려하고 있다.

④ '그'는 자신의 삶의 과정이 낙오자가 되는 길이었음을 깨닫고 후회한다.

24 윗글에 대한 설명으로 가장 적절한 것은?

① 작중 인물이 자신의 심리를 직접 제시하고 있다.

② 추보식 구성을 통해 서사가 유기적인 짜임새를 갖추고 있다.

③ 인물에 대해 심리적 거리를 유지하며 객관적인 태도로 서술하고 있다.

④ 배경을 구체적으로 묘사하여 작품 창작 당시의 시대적 상황을 나타내고 있다.

(가) 큰오빠는, 신화를 창조하며 여섯 동생을 가르쳤던 큰오빠는 이미 한 시대의 의미를 잃은 사람이 되고 말았다. 이십오 년 전에는 젊고 잘생긴 청년이었던 그가 벌써 쉰 살의 나이로 늙어 가고 있었다. 이십오 년을 지내 오면서 우리 형제 중 한 사람은 땅 위에서 사라졌다. 목숨을 버린 일로 큰오빠를 배신했던 셋째 말고는 ㉠ 모두들 큰오빠의 신화를 가꾸며 살고 있었다.

(나) 노래의 제목은 '한계령'이었다. 그러나 내가 알고 있었던 한계령과 지금 듣고 있는 한계령 사이에는 커다란 차이가 있었다. 노래를 듣기 위해 이곳에 왔다면 나는 정말 놀라운 노래를 듣고 있는 셈이었다. 무대 위에서 혼신의 힘을 다해 노래를 부르는 저 여가수가 은자 아닌 다른 사람일지라도 상관없는 일이었다. ㉡ 나는 온몸으로 노래를 들었고 여가수는 한순간도 나를 놓아주지 않았다. 발밑으로, 땅 밑으로, 저 깊은 지하의 어딘가로 불꽃을 튕기는 전류가 자꾸 쏟아져 내리는 것 같았다. ㉢ 질퍽하게 취하여 흔들거리고 있는 테이블의 취객들을 나는 눈물 어린 시선으로 어루만졌다. 그들에게도 잊어버려야 할 시간들이, 한줄기 바람처럼 살고 싶은 순간들이 있을 것이었다. 어디 큰오빠뿐이겠는가. 나는 다시 한번 목이 메었다.

(다) 그날 밤, 나는 꿈속에서 노래를 만났다. 노래를 만나는 꿈을 꿀 수도 있다는 사실을 그 밤에 나는 처음 알았다. 노래 속에서 또한 나는 어두운 잿빛 하늘 아래의 황량한 산을 오르고 있는 한 무리의 사람들도 만났다. 〈중 략〉 그들 속에 나의 형제도 있었다. 큰오빠는 앞장을 섰고 오빠들은 뒤를 따랐다. 산봉우리를 향하여 한 걸음씩 옮길 때마다 두고 온 길은 잡초에 뒤섞여 자취도 없이 스러져 버리곤 하였다.

(라) 그리고 사흘이 지났다. 은자는 늦은 아침, 다시 쉰 목소리로 내게 나타났다. / "전라도 말로 해서 너 참 싸가지 없더라. 진짜로 안 와 버리대?" / 고향의 표지판답게 그녀는 별수 없이 전라도 말로 나의 무심함을 질타하였다. 일요일 밤에 새 부천 클럽으로 찾아갔다는 말은 하지 않은 채 나는 그냥 웃어 버렸다. 물론 '한계령'을 부른 가수가 바로 너 아니었느냐는 물음도 하지 않았다. 〈중 략〉 좋은 나라로 찾아와. 잊지 마라. 좋은 나라. 은자는 거듭 다짐하며 전화를 끊었다. 그녀가 카페 이름을 '좋은 나라'로 지은 것에 대해 나는 조금도 못마땅하지 않았다. 얼마나 좋은 이름인가. 다만 내가 그 좋은 나라를 찾아갈 수 있을는지, ㉣ 아니 좋은 나라 속에 들어가 만날 수 있게 될는지 그것이 불확실할 뿐이었다.

25 ㉠~㉣에 대한 이해로 적절하지 않은 것은?

① ㉠: 자신의 목표를 동생들에게 강요했던 큰오빠에 대한 원망을 의미한다.

② ㉡: 노래에 완전히 동화된 '나'의 모습을 나타낸다.

③ ㉢: 소시민들에 대한 연민의 정을 느낄 수 있다.

④ ㉣: '은자'를 만나는 것에 대한 '나'의 두려움이 나타난다.

26 윗글에 대한 이해로 가장 적절한 것은?

① '한계령'은 '큰오빠'의 삶을 떠올리게 하는 소재이다.

② 액자식 구성을 통해 '나'의 경험에 신뢰성을 부여한다.

③ 냉소적인 어조를 통해 현실에 대한 회의감을 드러낸다.

④ '나'가 '은자'를 만날 수밖에 없음에 대한 암시가 드러난다.

(가) "오늘은 이렇게 구수한 아욱국이 동란 때는 징그럽게도 싫드라니. 조카도 생각날걸. 국민학교 몇 학년이었더라."

"삼 학년요. 그때는 죽이었죠. 국이 아니라."

"① 퍽이나 징징댔지. 맨날맨날 아욱죽만 먹인다고."

"그러는 작은아버지는요? 잔뜩 부은 얼굴로 ⓒ 어머님 죽솥에 퉤퉤 마른침을 뱉다가 아버지에게 귀빰까지 얻어맞은 일 제가 다 아는데."

"허. 그랬지. 쌀인지 보린지 하는 알갱이는 십 리에 하나 꼴로 가뭇없고, 미끈둥미끈둥 시퍼런 이파리를 한 달도 더 먹었을 거야. ⓒ 소중은 둘째 치고 나중엔 보기만 해도 절로 욕지기가 나오더만. 징한 여름이었어."

"배부른 소리. 그마저 없었으면 어쩔 뻔했어요. 여름이라 호박이나 근대도 죽거리로 썼지. 막 거둔 보리 덕이 컸고."

"전쟁이 여름에 터져 그나마 다행이었다는 말씀처럼 들립니다."

"에이그 저 어깃장. 마침 시절이 그런 시절이었다 이 말이지 누가……."

"육이오 전에는 아욱죽을 그다지 안 해 먹었던 것 같습니다."

"왜요. 맛맛으로 더러더러 상에 올렸어요. 늦여름 입맛을 돋우는 별식인걸. 국은 특히 가을이 제철이고요. ② 가을 아욱국은 사위만 준다는 말이 그래서 생겼겠지."

(나) "물론이에요. 껍질 벗긴 줄기와 잎을 박박 주물러 느른한 기를 우선 빼야 돼요. 거기다 체로 거른 된장을 풀어 한소끔 푹 끓인 다음에 쌀을 넣어요. 동시에 불을 뭉근하게 줄여야 쌀알이 잘 퍼진답니다. 식성 따라 파 마늘을 넣기도 하고, 따로 만든 양념장을 얹어 먹기도 하는데, 마른 새우는 꼭 들어가야 제격이에요."

"딴에 제법 손이 많이 갑니다그려."

"흥. 무엇은? 어느 것 하나 저절로 되는 게 있는 줄 아세요. 들일 품 다 들이고 채울 시간 다 채워야 입에 넣을 수 있는 것이 우리 음식인 줄 알면서 그러신다. 한마디로 여자들 골 빼먹기 알맞다구요."

---

27 ⊙~②중 대상에 대한 태도가 나머지 셋과 다른 것은?

① ⊙   ② ⓒ
③ ⓒ   ④ ②

---

28 윗글에 대한 이해로 적절하지 않은 것은?

① 음식을 만드는 과정이 자세히 묘사되어 있다.

② 작은아버지는 '나'의 말에 동의하지 않고 있다.

③ 인물 간의 대화를 중심으로 이야기를 전개하고 있다.

④ '아욱국'은 인물들이 과거를 떠올리도록 하는 소재이다.

파고다 공원의 일부를 모사한 것. 풍경은 여름철. 사리탑(舍利塔)을 배경으로 하고 군데군데 정원수가 들어서 있다. 관객석에서 잘 보이도록 세 개의 벤치가 후면에 두 개 전면에 한 개 해서 삼각형으로 배치되어 있다. 밤. 막이 열리면 피에로가 관객석을 등지고 서서 사리탑을 바라본다. 입은 옷은 모닝인데 저고리는 몹시 작고 바지는 굉장하게 크다. 넥타이는 새빨갛고 모자는 헌팅이다. 표정은 줄곧 무섭게 엄숙하다.

이주민 가족: (무대 왼편 전면으로 등장. 제가끔 유랑해 가는 사람들에게 알맞은 보꾸러미들을 이고 들고 지고 했다. 전면 중앙에서 관객석을 등지고 머물러 선다.)

딸: (사리탑을 가리키며) 아버지 저건 무엇이오?

피에로: (주의해서 바라본다.)

아버지: 오냐, 저건 사리탑이라는 탑이란다. 예전에는 여기가 절터였더란다. 그런데 불이 나서 절은 없어지고 탑만 남았다가 시방은 공원이 되었느니라. (사이) 모다 잘들 보아 두어라. 인제 마주막으로 간도로 떠나면 언제 다시 와서 서울 구경들을 하겠니!

어머니: (불평스럽게) 영감두 원! 북간도로 떠둥구러 가는 팔자에 서울 구경을 해서 무얼 하겠다고 가든 길품을 메이고 예서 하루를 묵는단 말이요!

아버지: 마누라도 원 딴한 소리 마우. 우리는 늙었으니 그런 것 저런 것 상관없지만 저것들이야 어대 그렇소? 조선서 태어나서 조선서 저만큼씩이나 자라 가지고 아무리 살 수가 없어 만리타국으로 떠나기는 할망정 그래도 조선 종자들인데 서울 구경 한 번 못한대서야 저이도 인제 원이 아니 되겠소!

아들: 아버지, 그런 걱정은 마세요. 인제 잘되면 돌아와서 보아란 듯이 살 텐데.

아버지: 아므렴 그래야지. 만리타국의 호지에 가서 영영 뿌리가 백혀서야 쓰겠니. (사이) 다들 보았니? 다행히 다시 돌아오거든 시방 하든 말 일르고 잘들 살어라. (눈물이 눈에 고인다. 목멘 소리로) 가자 인젠.

일동: (무대 오른쪽 전면으로 퇴장)

피에로: (방금 울듯이 그들의 뒤를 바라본다.) 조선을 죽도록 지키잖구!

29 윗글의 내용과 부합하지 않는 것은?

① '아버지'는 자신의 본심을 숨기고 '아들'을 격려하고 있다.

② '피에로'는 이주민 가족에 대한 안타까움을 드러내고 있다.

③ '아들'은 현재 상황을 긍정적인 인식으로 극복하고자 한다.

④ '어머니'는 시간을 허비하고 있는 '아버지'에게 불만을 토로하고 있다.

30 윗글에 대한 설명으로 옳지 않은 것은?

① 공간적 배경은 파고다 공원의 사리탑 근처이다.

② '이주민 가족'은 어쩔 수 없이 조선을 떠나고 있다.

③ '피에로'는 관객과 같은 시각에서 대상을 관찰하고 있다.

④ '아버지'는 조선인으로서의 정신이 부재한 인물로서 풍자의 대상이 된다.

(가) 배가 불렀는지 혹은 곯았는지 하는 건 이때의 문제가 아니다. 한갓 자꾸 먹어야 된다는 걸삼스러운 탐욕이 옥이 자신도 모르게 활동하였고 또는 옥이는 제가 먹고 싶은 걸 무엇무엇 알았을 뿐이었다. 거기다 맛깔스러운 그 떡 맛. 생전 맛 못 보던 그 미각을 한번 즐겨 보고자 기를 쓴 노력이다. 만약 이 떡의 순서가 주왁이 먼저 나오고 백설기, 팥떡, 이렇게 나왔다면 옥이는 주왁만으로 만족했을지 모른다. 그리고 백설기, 팥떡은 단연 아니 먹었을 것이다. 너는 보도 못하고 어떻게 그리 남의 일을 잘 아느냐 그러면 그 장면을 목도한 개똥어머니에게 좀 설명하여 받기로 하자. 아참, 그년 되우는 먹읍디다. 그 밥 한 그릇을 다 먹고 그래 떡을 또 먹어유. 그게 배때기지유. 주왁 먹을 제 나는 인제 죽나 부다 그랬슈. 물 한 모금 안 처먹고 꼬기꼬기 씹어서 꼴딱 삼키는데 아 눈을 요렇게 뒵쓰고 꼴딱 삼킵디다. 〈중 략〉 이걸 가만히 듣다가 그럼 왜 말리진 못했느냐고 탄하니까 제가 일부러 먹이기도 할 텐데 그렇게는 못하나마 배고파 먹는 걸 무슨 혐의로 못 먹게 하겠느냐고 되레 성을 발끈 내인다. 그러나 요건 빨간 거짓말이다. 저도 다른 계집 마찬가지로 마루 끝에 서서 잘 먹는다 잘 먹는다 이렇게 여러 번 칭찬하고 깔깔대고 했었음에 틀림없을 게다.

(나) 옥이의 이 봉변은 여지껏 동리의 한 이야깃거리가 되어 있다. 할 일이 없으면 계집들은 몰려 앉아서 그때의 일을 찧고 까불고 서로 떠들어대인다. 그리고 옥이가 마땅히 죽어야 할 걸 그대로 살아난 것이 퍽이나 이상한 모양 같다. 딴은 사날이나 먹지를 못하고 몸이 끓어서 펄펄 뛰며 앓을 만치 옥이는 그렇게 혼이 났던 것이다. 하지만 처음부터 짜장 가슴을 죄인 것은 그래도 옥이 어머니 하나뿐이었다. 아파서 드러누웠다 방으로 들어오는 옥이를 보고 그만 벌떡 일어났다. 마침 왜 배가 이 모양이냐 물으니 대답은 없고 옥이는 가만히 방바닥에 가 눕더란다.

31 윗글의 서술상의 특징으로 적절하지 않은 것은?

① 과거의 사건을 중심으로 서사가 전개되고 있다.
② 한 인물에 초점을 맞추어 서술이 이루어지고 있다.
③ 서술자가 개입하여 인물에 대해 평가를 내리고 있다.
④ 장면에 따라 서술자를 교체하여 다양한 관점을 제시하고 있다.

32 윗글에 대한 이해로 적절하지 않은 것은?

① 떡은 '옥이'가 평소에 맛보기 어려운 음식이다.
② '옥이 어머니'는 '옥이'를 진심으로 걱정하고 있다.
③ 마을 사람들은 '옥이'가 당한 봉변을 재밋거리로 삼고 있다.
④ '옥이'는 '개똥어머니'의 만류에도 불구하고 과식을 해 탈이 났다.

먼바다 쪽 하늘에서 붉은 노을과 검은 노을이 어지럽게 뒤엉키고 눅눅한 바람이 불어오면 오른쪽 무릎 관절이 쑤셨다. 다음 날 비가 내렸다. 여름 장마 때는 임진년 사천 싸움에서 총 맞은 왼편 어깨가 결렸고 날씨가 갑자기 추워지면 무릎과 허리가 함께 아팠다. 허리의 통증이 허벅지와 장딴지의 신경을 타고 내려가 발가락 끝까지 저렸다. ㉠ 임진년 사천에서 적탄은 어깨뼈에 깊이 박혔다. 그때, 엿새 동안 거제, 고성 연안의 당포, 당항포, 율포를 기습해서 적선 오십여 척을 바다로 끌어내 온전히 부수었다. 대열이 망가진 적들은 한 척씩 차례로 붙잡혔다. 바다 여기저기서, 서너 척씩 선단을 지은 함대들이 적선 한 척씩을 붙잡아 온전히 부수었고 차례로 온전히 부수어 나갔다. ㉡ 죽은 자는 헤아리지 않았다. 〈중 략〉

숙영지에서 척후장 조병식을 시켜서, 단도 끝을 불에 달구어 뼛속을 헤집고 적탄을 발라냈다. 엄지손가락 크기만 한 쇳덩이였다. 적탄이 들어올 때보다 칼끝이 들어올 때가 더욱 아팠다. 조병식의 이마에서 진땀이 흘렀다. 바닷물로 씻어 내고 뽕나무 잿물을 발랐다.

가까운 곳에서 발사되었던 모양이었다. 적탄이 몸에 박힐 때 화약의 독이 스며서 상처가 화농되었다. ㉢ 하루도 갑옷을 벗지 못하는 날이었다. 여름의 남쪽 바다는 무덥고 끈끈했다. 갑옷 밑에서는 여름내 진물이 흘렀다. 진물이 마른 뒤에도 습한 날들이 계속되면 어깨뼈가 쑤셨고 왼쪽 팔이 힘을 받지 못했다. 상처가 아물어도 통증은 사라지지 않았다. 살아 있는 아픔이 ㉣ 살아 있는 몸속에 박혀 있었으나 병의 실체는 보이지 않았다. 병은 아득한 적과도 같았다. 흐린 날들의 어깨 쑤심증은 내 몸속에 들어와 살고 있는 적의 생명으로 느껴졌다.

33 ㉠~㉣에 대한 풀이로 옳지 않은 것은?

① ㉠: '적탄'은 '나'의 통증을 유발하는 원인이다.

② ㉡: 이미 죽은 사람은 중요하지 않음을 암시한다.

③ ㉢: 전투가 끊이지 않고 발생했음을 알 수 있다.

④ ㉣: 고통의 원인은 제거했으나 통증이 계속됨을 알 수 있다.

34 윗글의 서술상의 특징으로 적절하지 않은 것은?

① 날씨 묘사를 통해 음산한 분위기를 형성하고 있다.

② 전투 장면을 간결하고 힘 있는 문체로 서술하고 있다.

③ 인물이 겪은 일의 의미가 독백을 통해 전달되고 있다.

④ 단정적 어조를 통해 승전(勝戰)의 의지를 드러내고 있다.

(가) 보광사 소작인들은 해마다 소작료와 또 소작료 매석에 대해서 너 되씩이나 되는 조합비와 비료 대금과 그것에 따른 이자를 바쳐야만 되었다. 그리고 비료 대금은 갚는 기한이 해마다 호세와 같았다. 의젓하게 교의에 기댄 채 인사도 받는 양 마는 양하는 이사(理事)님은 빌듯이 늘어놓는 구장의 말을랑 귀 밖으로, 한참 시키시마[色紙麻] 껍데기에 낙서만 하고 있더니, 문득 정색을 하고는,

"그런 귀치 않은 논은 부치지 않는 게 어때요?"

해 던졌다.

"……."

"해마다 이게 무슨 짓들이요? 나두 인젠 그런 우는 소리는 듣기만이라도 귀찮소, 호세만 내고 버티겠거든 어디 한 번 버티어들 보시구려!"

"누가 어디 조합 돈은 안 내겠다는 겁니까. 조금만 연기를 해 달라는 거지요."

이번에는 또쭐이가 말을 받았다.

"내든 안 내든 당신들 입맛대로 해 보시오. 난 이 이상 더 당신들과는 이야기 않겠소."

(나) 그리고 며칠 뒤, 저수지 밑 고 서방의 논을 비롯하여 여기저기에, 그예 입도 차압(立稻差押)의 팻말이 붙기 시작했다.

농민들은 알아보지도 못하는 그 차압 팻말을 몇 번이나 들여다보고, 또 들여다보았다. 피땀을 흘려가면서 지은 곡식에 손도 못 대다니? ㉠ 그들은 억울하고 분하기보다, 꼼짝없이 인젠 목숨을 빼앗긴다는 생각이 앞섰다.

고 서방은 드디어 야간도주를 하고 말았다.

"이렇게 비가 오는데, 그 어린것들을 데리고 어디로 갔을까?"

(다) 그리하여 하루 아침, 깨어진 징소리와 함께, 성동리 농민들은 일제히 야학당 뜰로 모였다. 그들의 손에는, 열 음 못한 빈 짚단이며 콩대, 메밀대가 잡혀 있었다.

이윽고 그들은 긴 줄을 지어 가지고 차압 취소와 소작료 면제를 탄원해 보려고 묵묵히 마을을 떠났다. 아낙네들은 전장에나 보내는 듯이 돌담 너머로 고개를 내 가지고 남정들을 보냈다. 만약 보광사에서 들어주지 않는다면…… 하고 뒷일을 염려했다.

그러나 또쭐이, 들깨, 철한이, 봉구 — 이들 장정을 선두로 빈 짚단을 든 무리들은 어느새 벌써 동네 뒤 산길을 더위잡았다. 철없는 아이들도 행렬의 꽁무니에 붙어서 절 태우러 간다고 부산히 떠들어 댔다.

35 ○과 가장 유사한 정서가 드러나는 것은?

① 동기로 세 몸 되어 한 몸같이 지내다가
　두 아운 어디 가서 돌아올 줄 모르는고.
　날마다 석양 문외에 한숨 겨워 하노라.

② 하하 허허 흔들 내 우음이 졍 우움가
　하 어쳑 업서셔 늣기다가 그리 되게
　벗님네 웃디를 말구려 아귀 픡여디리라.

③ 한숨아 셰 한숨아, 네 어닉 틈으로 드러온다
　고모장ᄌ 셰살장ᄌ 가로다지 여다지에 암돌져귀 수돌져귀 빅목걸새 ᄲ독 박고 용(龍) 거북 ᄌ물쇠로 수기수기 ᄎ엿ᄂ듸 병풍(屏風)이라 덜걱 져븐 족자(簇子)ㅣ라 되되글 ᄆ다 네 어닉 틈으로 드러온다
　어인지 너 온 날 밤이면 ᄌ 못 드러 ᄒ노라

④ 나모도 바히 돌도 업슨 뫼헤 매게 쪼친 가토리 안과
　대천(大川) 바다 한가온대 일천 셕(一千石) 시른 ᄇ에 노도 일코 닷도 일코 뇽총도 근코 돗대도 것고 치도 ᄲ지고 ᄇ람 부러 물결치고 안개 뒤섯계 ᄌ자진 날에 갈 길은 천리만리(千里萬里) 나믄듸 사면(四面)이 거머어득 져뭇 천지적막(天地寂寞) 가치 노을 썻ᄂ듸 수적(水賊) 만난 도사공(都沙工)의 안과
　엇그제 님 여흰 내 안히야 엇다가 ᄀ을ᄒ리오

36 윗글에 대한 설명으로 적절하지 않은 것은?

① '빈 짚단, 콩대, 메밀대'는 농민들의 분노를 상징한다.

② 특정 인물의 주도로 농민들에 대한 계몽이 이루어진다.

③ 지주와 소작농 간의 갈등을 사실적으로 묘사하고 있다.

④ '입도 차압(立稻差押)의 팻말'은 지배 집단의 수탈을 의미한다.

머리가 마늘쪽같이 생긴 고향의 소녀와
한여름을 알몸으로 사는 고향의 소년과
같이 낯이 설어도 사랑스러운 들길이 있다

그 길에 아지랑이가 피듯 태양이 타듯
제비가 날듯 길을 따라 물이 흐르듯 그렇게
그렇게

천연(天然)히

울타리 밖에도 화초를 심는 마을이 있다
오래오래 잔광이 부신 마을이 있다
밤이면 더 많이 별이 뜨는 마을이 있다.

37 위 시에 대한 이해로 적절하지 않은 것은?

① 비슷한 통사 구조의 반복을 통해 운율을 형성한다.
② 비유를 통해 시적 대상의 특성을 구체적으로 나타낸다.
③ 시각적 심상을 통해 마을의 아름다운 풍경을 형상화한다.
④ 자연과 인세(人世)의 대조를 통해 탈속에 대한 소망을 드러낸다.

38 위 시에 대한 이해로 적절하지 않은 것은?

① 하나의 시어를 독립적인 연으로 구성하여 시상을 집약하고 있다.
② 화자가 추구하는 이상적인 세계를 의지적인 어조로 묘사하고 있다.
③ 중의적으로 해석되는 시어를 통해 대상 간의 유사성을 표현하고 있다.
④ 시간의 순서에 따라 시상을 전개하며 '마을'의 아름다움을 부각하고 있다.

㉠ 내 마음을 아실 이
내 혼자 마음 날같이 아실 이
그래도 어디나 계실 것이면,

내 마음에 때때로 어리우는 ㉡ 티끌과
속임 없는 눈물의 간곡한 방울방울,
푸른 밤 고이 맺는 이슬 같은 보람을
보밴 듯 감추었다 내어 드리지.

아, 그립다.
내 혼자 마음 날같이 아실 이
꿈에나 아득히 보이는가.

㉢ 향 맑은 옥돌에 불이 달아
사랑은 타기도 하오련만
㉣ 불빛에 연긴 듯 희미론 마음은,
사랑도 모르리, 내 혼자 마음은.

39 위 시에 대한 설명으로 옳지 않은 것은?

① 시어의 조탁을 통해 음악성을 높이고 있다.
② 반어적 표현을 통해 임의 실존에 대한 회의감을 드러내고 있다.
③ 영탄적 표현을 통해 임에 대한 그리움을 직접적으로 드러내고 있다.
④ 도치법을 통해 화자의 마음을 알아줄 이가 없는 현실에 대한 안타까움을 드러내고 있다.

40 위 시의 밑줄 친 ㉠~㉣에 대한 이해로 적절하지 않은 것은?

① ㉠: 화자 내면의 곱고 섬세한 서정
② ㉡: 화자의 번뇌
③ ㉢: 화자의 그윽하고 순수한 사랑
④ ㉣: 임에 대한 화자의 불확실한 마음

고향(故鄕)에 돌아온 날 밤에
내 백골(白骨)이 따라와 한 방에 누웠다.

어둔 방은 우주(宇宙)로 통하고
하늘에선가 소리처럼 바람이 불어온다.

어둠 속에서 곱게 풍화 작용(風化作用)하는
백골을 들여다보며 / 눈물짓는 것이 내가 우는 것이냐
백골이 우는 것이냐 / 아름다운 혼이 우는 것이냐

지조(志操) 높은 개는 / 밤을 새워 어둠을 짖는다.

어둠을 짖는 개는 / 나를 쫓는 것일 게다.

가자 가자 / 쫓기우는 사람처럼 가자
백골 몰래 / 아름다운 또 다른 고향에 가자.

41 위 시의 전개 방식으로 적절한 것은?

① 가정적(假定的)인 상황을 설정하여 시상을 전개하고 있다.
② 근경에서 원경으로 시선을 이동하며 시상을 전개하고 있다.
③ 대립적인 이미지의 시어를 중심으로 시상을 전개하고 있다.
④ 시적 대상에게 말을 건네는 방식으로 시상을 전개하고 있다.

42 〈보기〉의 관점에서 위 시를 감상한 내용으로 가장 적절한 것은?

─── 〈보기〉 ───

　반영론은 문학 작품과 현실의 대응 관계를 중시하는 비평의 관점으로, 문학 작품이 곧 현실 세계를 반영한다고 보는 태도를 의미한다. 즉, 작품이 대상으로 삼은 현실 세계에 초점을 두고 작품을 감상하는 문학 비평 방법이다.

① 일제 강점기의 지식인이 느끼는 내적 갈등과 현실 극복 의지가 드러나 있군.
② 청각적 심상을 사용하여 현실적 자아를 일깨우는 존재를 드러내고 있다.
③ 아무리 절망적인 상황이라도 극복에 대한 의지를 잃지 말아야 한다는 깨달음을 주는군.
④ 반복적인 표현을 통해 이상 세계에 도달하고 싶은 화자의 간절한 마음을 강조하고 있군.

샤갈의 마을에는 삼월에 ⊙ 눈이 온다.
봄을 바라고 섰는 사나이의 관자놀이에
새로 돋은 정맥이
바르르 떤다.
바르르 떠는 사나이의 관자놀이에
새로 돋은 정맥을 어루만지며
눈은 수천수만의 날개를 달고
하늘에서 내려와 샤갈의 마을의
지붕과 굴뚝을 덮는다.
삼월에 눈이 오면
샤갈의 마을의 쥐똥만 한 겨울 열매들은
다시 올리브빛으로 물이 들고
밤에 아낙들은
그해의 제일 아름다운 불을
아궁이에 지핀다.

43 위 시의 특징으로 적절하지 않은 것은?

① 선명한 색채 대비를 통해 회화성을 강조하고 있다.

② 현재 시제를 사용해 봄날의 생동감을 표현하고 있다.

③ 음성 상징어를 통해 시적 대상의 모습을 실감 나게 드러내고 있다.

④ 서로 관련이 없어 보이는 시어를 병치하여 현실의 모순을 드러내고 있다.

44 위 시의 ⊙에 대한 설명으로 적절한 것은?

① 맑고 순수한 생명력을 의미한다.

② 고향에 대한 그리움을 의미한다.

③ 고된 삶을 위로해 주는 존재를 의미한다.

④ 환상을 통해 진실을 가리는 존재를 의미한다.

신새벽 뒷골목에 / 네 이름을 쓴다 민주주의여
내 머리는 너를 잊은 지 오래 / 내 발길은 너를 잊은 지 너무도 너무도 오래
오직 한 가닥 있어 / 타는 가슴속 목마름의 기억이
네 이름을 남몰래 쓴다 민주주의여

아직 동트지 않은 뒷골목의 어딘가
발자욱 소리 호르락 소리 문 두드리는 소리
외마디 길고 긴 누군가의 비명 소리
신음 소리 통곡 소리 탄식 소리 그 속에 내 가슴팍 속에
깊이깊이 새겨지는 네 이름 위에
네 이름의 ㉠ <u>외로운 눈부심</u> 위에
살아오는 삶의 아픔 / 살아오는 저 푸르른 자유의 추억
되살아오는 끌려가던 벗들의 피 묻은 얼굴 / 떨리는 손 떨리는 가슴
떨리는 치떨리는 노여움으로 나무판자에
백묵으로 서툰 솜씨로 / 쓴다.

숨죽여 흐느끼며 / 네 이름을 남몰래 쓴다
타는 목마름으로 / 타는 목마름으로 / 민주주의여 만세.

45 ㉠에 사용한 표현 방법과 가장 거리가 먼 것은?

① 그 밤 내 베갯머리에 옛날을 보리니 / 꿈속에서 옛날을 봐도 내사 울지 않으련다.

② 괴로웠던 사나이, / 행복한 예수 그리스도에게 / 처럼 / 십자가가 허락된다면

③ 즐겁고 아름다운 일은 양이 많을수록 좋은 것입니다. / 그런데 당신의 사랑은 양이 적을수록 좋은가 봐요.

④ 이 작은 주머니는 짓기 싫어서 짓지 못하는 것이 아니라 짓고 싶어서 다 짓지 않는 것입니다.

46 위 시에 대한 감상으로 적절하지 않은 것은?

① 청각적 심상을 통해 시대적 상황을 형상화하고 있다.

② 민주주의를 의인화하여 화자의 의지를 나타내고 있다.

③ 냉소적인 어조로 자유를 억압하는 현실을 비판하고 있다.

④ 화자의 정서를 점층적으로 표현하여 주제 의식을 강조하고 있다.

누워서 보는 별 하나는
진정 멀—고나.

어스름 다치랴는 눈초리와
금(金)실로 이은 듯 가깝기도 하고,

잠 살포시 깨인 한밤엔
창유리에 붙어서 엿보노나.

불현듯, 솟아날 듯,
불리울 듯, 맞아드릴 듯,

문득, 령혼 안에 외로운 불이
바람처럼 이는 회한(悔恨)에 피어오른다.

힌 자리옷 채로 일어나
가슴 위에 손을 념이다.

47 위 시에 대한 설명으로 적절한 것은?

① '창유리'는 화자의 구도(求道) 의지를 나타낸다.
② 인간으로서의 한계를 느낀 화자의 절망감이 드러나 있다.
③ 대상에 대한 관찰에서 내면에 대한 성찰로 초점이 이동하고 있다.
④ 향토적인 시어를 사용하여 자연 친화적인 분위기를 조성하고 있다.

48 위 시의 특징으로 적절하지 않은 것은?

① 줄표(—)를 통해 시적 대상과의 거리감을 드러내고 있다.
② 비유와 열거를 통해 대상의 다양한 특성을 묘사하고 있다.
③ 관조적 어조를 통해 화자의 마음을 절제하여 표현하고 있다.
④ 상승과 하강의 이미지를 통해 화자의 감정의 변화를 드러내고 있다.

내가 당신을 사랑하는 것은 까닭이 없는 것이 아닙니다.
㉠ 다른 사람들은 나의 홍안(紅顔) 만을 사랑하지마는 ㉡ 당신은 나의 백발도 사랑하는 까닭입니다.

내가 당신을 그리워하는 것은 까닭이 없는 것이 아닙니다.
다른 사람들은 나의 미소만을 사랑하지마는 당신은 나의 눈물도 사랑하는 까닭입니다.

내가 당신을 기다리는 것은 까닭이 없는 것이 아닙니다.
다른 사람들은 나의 건강만을 사랑하지마는 당신은 나의 죽음도 사랑하는 까닭입니다.

49 위 시의 특징으로 적절한 것은?

① 설의법을 통해 주제 의식을 강조했다.
② 역설적 표현을 통해 화자의 의지를 나타냈다.
③ 대조적 의미의 시어를 사용하여 시상을 전개했다.
④ 경어를 사용하여 반성적이고 성찰적인 태도를 드러냈다.

50 밑줄 친 ㉠과 ㉡에 대한 설명으로 적절하지 않은 것은?

① ㉠과 ㉡은 '나'의 긍정적인 모습을 사랑한다.
② ㉠과 ㉡은 '나'가 진정으로 사랑하는 대상이다.
③ ㉠과 달리 ㉡은 '나'의 부정적인 모습까지도 사랑한다.
④ ㉠과 달리 ㉡은 '나'의 모습을 있는 그대로 받아들이는 대상이다.

정답 및 해설 p.91

해커스공무원

국어
문학 333 Vol.1

초판 4쇄 발행 2024년 10월 7일
초판 1쇄 발행 2022년 12월 5일

지은이	해커스 공무원시험연구소
펴낸곳	해커스패스
펴낸이	해커스공무원 출판팀

주소	서울특별시 강남구 강남대로 428 해커스공무원
고객센터	1588-4055
교재 관련 문의	gosi@hackerspass.com
	해커스공무원 사이트(gosi.Hackers.com) 교재 Q&A 게시판
	카카오톡 플러스 친구 [해커스공무원 노량진캠퍼스]
학원 강의 및 동영상강의	gosi.Hackers.com

ISBN	979-11-6880-746-4 (13710)
Serial Number	01-04-01

공무원 교육 1위,
해커스공무원 gosi.Hackers.com

해커스공무원

· 필수어휘와 사자성어를 편리하게 학습할 수 있는 **무료 해커스 매일국어 어플**
· 해커스 스타강사의 **공무원 국어 무료 특강**
· 정확한 성적 분석으로 약점 극복이 가능한 **합격예측 모의고사**(교재 내 응시권 및 해설강의 수강권 수록)
· **해커스공무원 학원 및 인강**(교재 내 인강 할인쿠폰 수록)

5천 개가 넘는
해커스토익 무료 자료!

대한민국에서 공짜로 토익 공부하고 싶으면 | 해커스영어 Hackers.co.kr ▾ | 검색

강의도 무료

베스트셀러 1위 토익 강의 150강 무료 서비스,
누적 시청 1,900만 돌파!

문제도 무료

토익 RC/LC 풀기, 모의토익 등
실전토익 대비 문제 3,730제 무료!

최신 특강도 무료

2,400만뷰 스타강사의
압도적 적중예상특강 매달 업데이트!

공부법도 무료

**토익 고득점 달성팁, 비법노트,
점수대별 공부법 무료 확인**

가장 빠른 정답까지!

615만이 선택한 해커스 토익 정답!
시험 직후 가장 빠른 정답 확인

*미션 달성 시

[5천여 개] 해커스토익(Hackers.co.kr) 제공 총 무료 콘텐츠 수(~2017.08.30)
[베스트셀러 1위] 교보문고 종합 베스트셀러 토익/토플 분야 토익 RC 기준 1위(2005~2023년 연간 베스트셀러)
[1,900만] 해커스토익 리딩 무료강의 및 해커스토익 스타트 리딩 무료강의 누적 조회수(중복 포함, 2008.01.01~2018.03.09 기준)
[2,400만] 해커스토익 최신경향 토익적중예상특강 누적 조회수(2013-2021, 중복 포함)
[615만] 해커스영어 해커스토익 정답 실시간 확인서비스 PC/MO 방문자 수 총합/누적, 중복 포함(2016.05.01~2023.02.22)

더 많은
토익무료자료 보기 ▶

해커스공무원

국어 문학 333

Vol.1

정답 · 해설
작품 분석 노트

약점 보완 해설집

해커스공무원

해커스공무원

국어
문학 333

Vol.1

정답 · 해설
작품 분석 노트

약점 보완 해설집

해커스공무원

1	①	2	①	3	③	4	①	5	②

1 작품의 내용 파악, 시상 전개 방식

정답 설명

① (나) - (다) - (라) - (가)

→ 제시된 작품은 역순행적 구성으로 시상을 전개하고 있다. 1연에는 '여승'이 된 '여인'의 현재 모습이, 2~4연에는 '여인'의 비극적인 삶과 '여승'이 되는 과정이 담겨 있다. 작품을 통해 확인할 수 있는 이야기를 시간의 순서에 따라 배열할 경우, '(십년 전 남편이 집을 떠남) → 화자가 금덤판에서 여인에게 옥수수를 삼(2연) → 남편은 돌아오지 않고 딸은 죽게 됨(3연) → 한 많은 여인은 종교에 귀의해 여승이 됨(4연) → 화자가 어느 절에서 여승을 만남(1연)'의 순서로 정리할 수 있다. 따라서 (가)~(라)를 시간의 순서에 따라 올바르게 배열하면 '(나) - (다) - (라) - (가)'이므로 답은 ①이다.

2 표현상의 특징과 효과, 시상 전개 방식

정답 설명

① 수미 상관의 구조를 통해 시상을 전개하였다.

→ 제시된 작품에서 시의 첫 번째 연이나 행을 마지막 연이나 행에 다시 반복하는 수미 상관 구성은 확인할 수 없다.

오답 분석

② 감정 이입을 통해 인물의 정서를 효과적으로 드러내었다.

→ 4연에서 여승이 되는 여인의 설움과 슬픔을 '산 꿩'에 이입하여 '산 꿩도 섧게 울은 슬픈 날이 있었다'라고 표현함으로써 여인의 정서를 효과적으로 드러내었다.

③ 공감각적 표현을 사용하여 여인의 고달픈 삶을 선명하게 나타내었다.

→ 2연에서 '가을밤같이 차게 울었다'와 같은 공감각적 표현(청각의 촉각화)을 사용하여 여인의 고달프고 힘든 삶을 선명하게 나타내었다.

④ 화자가 관찰자가 되어 서사적인 구조로 이야기를 전달하는 형식을 취하였다.

→ 제시된 작품은 화자인 '나'가 관찰자의 입장에서 한 여인이 여승이 되기까지의 비극적인 삶을 서사적인 구조로 전개하고 있다.

🚩 이것도 알면 합격

'감정 이입'과 '객관적 상관물'

감정 이입	화자의 감정이나 생각을 다른 대상에 이입하여 마치 대상이 그렇게 느끼는 것처럼 표현하는 방법으로 주로 객관적 상관물과 관련됨
객관적 상관물	작품에서 화자의 정서나 감정을 환기시키는 구체적인 대상. 화자의 감정이 이입된 대상과 화자가 어떤 정서를 느끼게 되는 계기를 제공하는 대상이 포함됨 예 펄펄 나는 저 꾀꼬리 / 암수 서로 정답구나. / 외로워라 이내 몸은 / 뉘와 함께 돌아갈꼬. 　→ 정답게 날고 있는 꾀꼬리는 화자가 외로움을 느끼게끔 하는 객관적 상관물

3 시구의 의미

정답 설명

③ ©: 딸의 죽음을 사실적으로 묘사하여 여인의 비극을 나타내고 있다.

→ © '어린 딸은 도라지꽃이 좋아 돌무덤으로 갔다'는 여인의 딸이 죽어서 돌무덤에 묻혔다는 사실을 미화하고 감정을 절제하여 표현한 것으로, 여인의 비극적인 삶의 모습을 부각하는 구절이다. 따라서 딸의 죽음을 사실적으로 묘사하였다는 감상은 적절하지 않다.

오답 분석

① ⊙: 여승의 탈속적인 모습을 '가지취 내음새'를 통해 부각하고 있다.

→ ⊙의 '가지취의 내음새'는 '산나물 냄새'를 의미하며, 몸에 산나물의 냄새가 밸 정도로 속세와 단절된 채 지내는 여승의 탈속적인 모습을 부각한 표현이다.

② ©: 화자가 과거에 여승을 만난 적이 있음을 알 수 있다.

→ © '쓸쓸한 낯이 옛날같이 늙었다'는 여승의 얼굴에 한 많은 삶의 모습이 느껴졌다는 표현으로, '옛날같이'를 통해 화자가 과거에 여승을 만난 적이 있음을 알 수 있다. 참고로, 1연에서 화자는 여승을 만난 후, 2연에서 과거 '금덤판(금광)'에서 여승이 되기 전에 여인을 만났던 일을 회상하고 있다.

④ @: 여인의 한을 시각적으로 형상화하고 있다.

→ @은 여인이 여승이 되기 위해서 머리를 삭발하는 모습을 묘사한 표현이다. '눈물방울'은 여인의 한 많은 삶을 상징적으로 드러내는 시어로, '머리오리가 눈물방울과 같이 떨어졌다'라고 시각적으로 표현하여 여인의 한을 형상화하고 있다.

4 화자의 정서 및 태도

정답 설명

① 시적 대상에게 연민을 느끼고 있다.
→ 1연에서 화자는 '불경처럼 서러워졌다'라고 표현하고 있는데, 이는 2~4연을 통해 묘사되고 있는 여승의 고통스럽고 기구한 삶에 대해 화자가 연민을 느꼈기 때문이다.

오답 분석

② 어린 시절에 대한 향수를 드러내고 있다.
→ 화자 자신의 어린 시절에 대한 향수는 제시된 작품에서 확인할 수 없다.

③ 시간의 흐름에 따른 감정 변화를 사실적으로 전달하고 있다.
→ 화자는 여인에 대한 연민의 감정을 드러내고 있으나 감정이 변화하는 부분은 확인할 수 없다.

④ 부정적인 현실을 극복하고자 하는 강한 의지를 표출하고 있다.
→ 부정적인 현실을 극복하고자 하는 강한 의지를 드러낸 부분은 제시된 작품에서 확인할 수 없다. 참고로, 제시된 작품은 일제 강점기를 배경으로, 어려운 삶을 살았던 한 여인의 모습을 통해 우리 민족의 비극적인 현실을 그려낸 작품이다.

5 작품의 종합적 감상

정답 설명

② 여승의 삶을 자연과 대조하여 비극성을 심화하고 있다.
→ 제시된 작품은 한 여인이 여승이 되기까지의 비극적인 삶을 보여 주고 있을 뿐, 여승의 삶을 자연과 대조하는 부분은 확인할 수 없다.

오답 분석

① 시적 화자와 시적 대상이 분리되어 있다.
→ 제시된 작품의 시적 화자는 한 여인의 비극적인 삶을 묘사하는 '나'이며, 시적 대상은 가난으로 인해 가족을 잃고 불교에 귀의하게 된 '여인'이다.

③ 중의적 표현을 사용하여 과거의 장면을 묘사하고 있다.
→ 4연에서 여인이 여승이 되기 위해 머리를 자르던 모습을 '머리오리가 눈물방울과 같이 떨어진'이라고 표현하고 있다. 여기서 '눈물방울과 같이'는 여인의 머리와 눈물방울이 함께 떨어졌다는 의미로 해석될 수도 있고, 머리가 떨어지는 모습을 '눈물방울'이 떨어지는 것에 빗대어 표현한 것으로 해석될 수도 있는 중의적 표현이다.

④ 감각적 이미지를 활용하여 여승의 모습을 형상화하고 있다.
→ 1연의 '가쥐치의 내음새가 났다'는 후각적 이미지인 '가지취 내음새(산나물 냄새)'를 활용하여 몸에 산나물 냄새가 밸 만큼 속세와는 단절된 삶을 산 여승의 모습을 형상화한 표현이다.

작품 분석 노트 ✏️

📖 백석 〈여승〉

갈래	자유시, 서정시
성격	서사적, 애상적, 감각적
제재	한 여인의 일생
주제	한 여인의 비극적인 삶을 통해 바라본 일제 강점기 우리 민족의 수난과 가족 공동체의 붕괴
특징	• 역순행적 구성을 통해 시상을 전개함 • 화자를 관찰자로 설정하여 여인의 삶을 사실적으로 전달함 • 감각적인 어휘 구사와 적절한 비유를 통해 여인의 비극적인 삶을 형상화함

1 작품에 대한 이해
산골의 금광에서 옥수수를 팔던 여인이 여승이 되기까지의 슬픈 생애를 서사적으로 형상화한 작품으로, 일제의 수탈로 인해 삶의 터전을 잃고 고향을 떠날 수밖에 없었던 우리 민족의 아픔을 그리고 있다.

2 시상 전개 방식

1연	여승이 된 여인과의 재회 (현재)
2연	여인과의 첫 만남(과거)
3연	여인의 비극적인 삶(과거)
4연	여승이 되는 여인의 모습(과거)

3 시간의 흐름에 따른 재구성
남편이 돈을 벌러 떠남 → 아내와 어린 딸이 남편을 찾아 나섬 → 화자는 여인에게서 옥수수를 삼 → 어린 딸이 죽음 → 여인은 속세를 떠나 여승이 됨 → 여승이 된 여인과 화자가 재회함

4 작품에 반영된 시대 상황
〈여승〉은 일제 강점기를 배경으로 한 작품으로, 여인의 삶은 식민지 현실 속에서 희생당한 우리 민족의 삶을 대변한다고 볼 수 있다. 여인은 돈을 벌러 떠난 남편을 찾아다니며 행상을 하다가 어린 딸마저 죽고, 가족을 모두 잃은 후에 여승이 되는 길을 택한다. 화자는 이러한 여인의 비극적인 삶을 관찰자의 시선으로 바라보면서 우리 민족의 현실적 모습을 드러내고 있다.

1	③	2	③	3	②	4	②	5	④

1 시어의 의미

정답 설명

③ ⓒ은 누이와의 이별을 의미하며, 화자의 고독을 심화시키는 소재이다.

→ ⓒ '훈둔 가지(한 가지)'는 '한 부모'를 의미하며, 화자와 누이가 한 부모 아래서 태어난 혈연관계임을 비유적으로 드러낸 표현이다. 이는 혈연의 죽음에서 느끼는 화자의 무상감을 드러내기 위한 소재일 뿐, 화자의 고독을 심화시키는 소재는 아니므로 ③은 적절하지 않다.

오답 분석

① ㉠은 이승을 의미하며, 화자의 죽음에 대한 인식이 드러난다.

→ ㉠ '이(여기)'는 화자가 있는 이승을 의미하며, 삶과 죽음의 갈림길이 가까이에 있다는 화자의 인식이 드러난 표현이다.

② ⓛ은 누이를 의미하며, 화자가 그리워하는 대상이다.

→ ⓛ '나'는 화자에게 '나는 간다'라는 말도 못하고 죽은 누이를 의미하며, 화자가 그리워하고 애도하는 대상이다.

④ ㉣은 극락세계를 의미하며, 화자가 슬픔을 종교적으로 승화했음을 알 수 있다.

→ ㉣ '미타찰(彌陀刹)'은 화자가 죽은 누이와의 재회를 소망하는 극락세계를 의미하며, 화자가 종교적 믿음을 바탕으로 누이의 죽음에 대한 슬픔을 승화했다는 것을 알 수 있는 표현이다.

2 작품의 종합적 감상

정답 설명

③ 돌이킬 수 없는 운명에 대한 비관적 인식이 드러난다.

→ '미타찰(彌陀刹)아 맛보올 나'를 통해 화자는 죽은 누이와 사후 세계인 '미타찰(彌陀刹)'에서 재회하리라는 믿음을 가지고 슬픔을 극복하고 있음을 알 수 있다. 운명에 대한 비관적 인식은 드러나지 않으므로 답은 ③이다.

오답 분석

① 삶과 죽음에 대한 성찰이 드러난다.

→ 화자는 누이의 죽음에 대한 슬픔과 무상감을 드러내는 한편, 이에 그치지 않고 삶과 죽음에 대해 깊이 성찰한다. 이러한 성찰을 통해 혈육의 죽음으로 인한 슬픔을 종교적으로 승화하여 극복하고 재회에 대한 믿음을 보여 주고 있다.

② 누이의 죽음을 자연물에 빗대어 표현하였다.

→ '이른 ㅂ룜매(이른 바람에)'는 예기치 못하게 찾아온 시련, 즉 누이의 이른 죽음을 의미하며, '뜨러딜 닙(떨어질 잎)'은 죽은 누이를 의미하므로 누이의 죽음을 자연물 '떨어질 잎'에 빗대었다.

④ 감탄사 '아야'를 통해 10구체 향가의 특징을 확인할 수 있다.

→ 10구체 향가에서는 낙구(9~10행)의 첫머리에 시상을 집약하는 '아야, 아으'와 같은 감탄사를 넣는 것이 특징이다.

3 시어의 의미

정답 설명

② ㅂ룜

→ <보기>의 '눈'은 '딕(대나무)'를 휘어지게 만드는 시련을 의미한다. 제시된 작품에서 이와 가장 유사한 의미를 지닌 것은 ② 'ㅂ룜(바람)'으로, '닙(잎)'을 떨어지게 만드는 가혹한 시련(운명)을 뜻한다.

오답 분석

① ㄱ술

→ 'ㄱ술(가을)'은 잎이 떨어지는 계절적 배경이다.

③ 닙

→ 떨어진 '닙(잎)'은 죽은 누이를 의미한다.

④ 가지

→ '가지'는 부모, 핏줄을 의미한다.

🍴 현대어 풀이

> 눈 맞아 휘어진 대나무를 누가 굽었다고 했던가?
> 굽힐 절개라면 눈 속에서 어찌 푸르겠는가?
> 아마도 한겨울의 추위를 이겨 내는 절개를 지닌 것은 너(대나무)뿐인가 하노라.   - 원천석

4 주제 및 중심 내용 파악, 화자의 정서

정답 설명

② 낭(郎)이여 그리는 마음에 가는 길 / 다북쑥 우거진 마을에서 잘 밤이 있으리

→ ②는 득오의 '모죽지랑가'로, 죽은 죽지랑에 대한 그리움과 그에 대한 추모의 정을 담고 있으며 내세(다북쑥 우거진 마을)에서의 재회를 확신하고 있다. 제시된 작품 또한 죽은 누이를 그리워하고 추모하며 내세(미타찰)에서 다시 만나기를 기약하고 있으므로, 가장 유사한 정서가 드러나는 것은 ②이다.

① 날러는 엇디 살라 ᄒ고 / 부리고 가시리잇고 나ᄂᆞᆫ
→ 떠난 임에 대한 원망과 슬픔이 드러난다.

③ 낙시 드리우니 고기 아니 무노매라 / 무심(無心)한 달빛만 싣고 빈 배 저어 오노라
→ 세속적인 욕망에서 벗어나 유유자적하게 자연을 즐기는 탈속의 정서가 드러난다.

④ ᄒᆞᆫ 손에 막ᄃᆡ 잡고 ᄯᅩ ᄒᆞᆫ 손에 가싀 쥐고 / 늙ᄂᆞᆫ 길 가싀로 막고 오ᄂᆞᆫ 백발(白髮) 막ᄃᆡ로 치려터니
→ 늙음을 막아 보려 하지만 흐르는 세월 앞에 어쩔 수 없는 인생 무상의 서글픔이 드러난다.

현대어 풀이

① 나는 어찌 살라 하고 / (나를) 버리고 가시겠습니까?
　　　　　　　　　　　　　　　　　　　　　　　- 작자 미상, '가시리'
③ 낚시를 드리우니 물고기가 물지 않는구나. / 욕심이 없는 달빛만 가득 싣고 빈 배를 저어 오는구나.　　　　　　　- 월산 대군
④ 한 손에 막대기를 잡고 또 한 손에는 가시를 쥐고, / 늙는 길은 가시로 막고 오는 백발은 막대기로 치려고 하였더니　　- 우탁

5 화자의 정서 및 태도

④ 종교적 인식을 바탕으로 슬픔을 극복하고 있다.
→ 화자는 '미타찰'에서 누이와 재회하리라는 불교적 믿음을 바탕으로 누이의 죽음으로 인한 슬픔을 극복하고 있다.

① 관조적 태도로 대상을 떠올리고 있다.
→ 관조적 태도란 대상과의 일정한 거리를 두고 떨어져서 바라보는 것이다. 화자는 죽은 누이를 떠올리며 그리워하고 있으므로 관조적으로 대상(죽은 누이)을 떠올리고 있다고 볼 수 없다.

② 미래에 대한 부정적인 전망을 나타내고 있다.
→ 화자는 내세에서 누이와 재회할 것을 다짐하고 있을 뿐, 미래를 부정적으로 전망하고 있는 부분은 확인할 수 없다.

③ 대상의 부재로 인한 외로움을 드러내고 있다.
→ 대상(누이)의 부재로 인한 그리움과 추모의 정서는 드러나 있으나, 외로움의 정서를 드러내는 부분은 확인할 수 없다.

작품 분석 노트 ✏

📖 월명사 〈제망매가〉

갈래	10구체 향가
성격	추모적, 애상적, 비유적, 종교적
제재	누이의 죽음
주제	죽은 누이에 대한 추모
특징	• 10구체 향가의 대표작 • 비유를 통해 인간고(人間苦)의 종교적 승화를 노래함 • 〈찬기파랑가〉와 더불어 향가 중 표현 기교와 서정성이 뛰어남

1 시구의 의미

이른 ᄇᆞᄅᆞᆷ	예기치 못한 시련 → 젊은 나이에 죽음
ᄠᅥ러딜 닙	죽은 누이
ᄒᆞᄃᆞᆫ 가지	한 부모, 혈육

2 시상 전개 방식

'이에' = 이승 누이의 죽음으로 인한 이별	슬픔의 종교적 승화 →	'미타찰' = 극락세계 죽은 누이와의 재회

3 '죽음'을 다룬 작품

작품	화자의 태도
〈공무도하가〉	남편의 죽음을 받아들이고 체념함
정지용 〈유리창〉	자식을 잃은 슬픔을 감각적 이미지를 통해 절제된 감정으로 표현함
김소월 〈초혼〉	사랑하는 임의 죽음을 마주한 슬픔을 격정적으로 표출함
박목월 〈하관〉	경건하고 담담하게 죽은 아우에 대한 그리움을 표현함
천상병 〈귀천〉	인생을 소풍에 비유하여 죽음에 대한 초월적인 인식을 드러냄

현대어 풀이

생사 길은 / 여기 있으매 머뭇거리고,
나(죽은 누이)는 간다는 말도 / 못다 이르고 어찌 갑니까.
어느 가을 이른 바람에 / 이에 저에 떨어질 잎처럼
한 가지(같은 부모)에 나고 / (네가) 가는 곳 모르는구나.
아아, 미타찰에서 만날 나 / 도 닦아 기다리겠노라.

| 1 | ③ | 2 | ④ | 3 | ② | 4 | ④ | 5 | ② |
| 6 | ② | 7 | ③ | 8 | ④ | 9 | ④ | 10 | ④ |

1 시어의 의미

정답 설명

③ ©: 작가를 조정에서 밀어낸 정적들의 폐단을 의미한다.
→ © '암향(暗香)'은 그윽이 풍기는 향기를 뜻하며, ©의 앞에서 언급된 매화의 향기를 지칭한다. 매화는 임(임금)에 대한 충절을 상징하는 소재이므로, © '암향(暗香)'은 정적들의 폐단이 아닌 임금에 대한 변함없는 충성심을 의미한다.

오답 분석

① ⊙: 작가가 은거하고 있는 창평을 의미한다.
→ ⊙ '하계(下界)'는 인간 세상을 뜻하며, 화자는 '광한뎐'에서 임을 모시다가 인간 세상으로 내려오게 된다. 따라서 ⊙ '하계'는 벼슬길에서 물러나 작가가 은거하게 된 고향 창평을 의미한다.

② ©: 임과 헤어진 후 흘러간 세월을 의미한다.
→ © '염냥(炎凉)'은 더위와 서늘함을 뜻하며, ©의 뒤에서 '가는 듯 고텨 오니(가는 듯 다시 오니)'라고 표현하고 있으므로 세월의 순환 또는 시간의 흐름을 의미한다. 또한 현재 작가는 관직에서 물러나 고향에 머물고 있으므로 © '염냥(炎凉)'은 작가가 임과 헤어진 후 흘러간 세월을 의미한다.

④ ②: 임금에 대한 변함없는 충절을 의미한다.
→ ② '미화(매화)'는 이른 봄의 추위를 이겨내고 꽃을 피워 내는 존재로, 화자는 매화를 임(임금)에게 보내면서 ② '미화(梅花)'처럼 시련 속에서도 변함없이 충절을 지키겠다는 마음을 표현하고 있다.

2 화자의 정서 및 태도

정답 설명

④ 임의 사랑을 받지 못하게 된 화자의 체념이 나타난다.
→ (나)에서 달을 보며 임을 떠올리는 모습과 '미화(매화)'를 꺾어 보내고 싶다고 하는 모습, (다)에서 '님의 옷'을 지어 보내고자 하는 모습을 보았을 때, 제시된 작품의 주된 정서는 체념이 아닌 임에 대한 그리움임을 알 수 있다.

오답 분석

① 시적 화자는 여성이다.
→ 화자는 연지분이 있지만 임이 없는 지금은 누구를 위해 곱게 단장해야 할지 모르겠다고 말하는데, '연지분(臙脂粉)'은 볼에 바르는 연지와 분을 일컫는 말이므로 시적 화자가 여성임을 알 수 있다.

② 화자는 임과의 인연을 운명으로 생각하고 있다.
→ 화자는 조물주가 임을 따라 자신을 만들었다고 표현하며, 임과의 인연이 '흔 싱 연분(한평생의 인연)'이라고 이야기하고 있다. 이를 통해 화자가 임과의 인연을 하늘에 의해 정해진 운명으로 생각하고 있음을 알 수 있다.

③ 화자는 자신의 충정을 임에게 알리고 싶어 한다.
→ '미화(매화)'는 임에 대한 변함없는 충성심을 의미하는 소재로, 매화를 꺾어 임이 계신 곳에 보내고 싶다는 표현을 통해 자신의 충정을 임에게 알리고 싶어 한다는 것을 알 수 있다.

3 표현상의 특징과 효과

정답 설명

② 대구법을 통해 임에 대한 원망을 드러냈다.
→ '짓느니 한숨이오 디느니 눈물이라'에서 대구법이 사용되었으나, 이는 화자의 외로운 처지를 강조하기 위한 표현일 뿐 임에 대한 원망이 드러나는 부분은 확인할 수 없다.

오답 분석

① 추상적인 관념을 구체화하여 표현하였다.
→ '무음의 미친 실음 텹텹(疊疊)이 빠혀 이셔'에서 추상적 관념인 '실음(시름)'이 겹겹이 쌓여 있다고 구체화하여 표현하였고, '셰월(歲月)은 믈 흐르듯 ᄒᆞᄂᆞᆫ고야'에서 추상적 관념인 시간의 흐름을 물의 흐름과 같다고 구체화하여 표현하였다.

③ 설의법을 사용하여 화자의 외로운 처지를 부각했다.
→ '눌 위ᄒᆞ야 고이 홀고(누구를 위하여 곱게 단장할까?)'와 같은 설의적 표현을 통해 임과 이별했기 때문에 곱게 단장을 해도 보여줄 사람이 없는 화자의 외로운 처지를 부각하고 있다. 그 외에도 '하놀 모룰 일이런가(하늘이 모를 일이던가?)', '날은 어디 기돗던고(날은 어찌 그리도 길던가?)' 등의 설의법을 사용하여 화자의 외로운 처지를 드러내고 있다.

④ 안타까움의 정서를 직접적으로 드러내는 표현이 사용되었다.
→ '실음(시름)'은 임과 이별한 뒤 화자가 느끼는 슬픔과 안타까움을 직접적으로 드러내는 표현이다.

4 시어의 의미

정답 설명

④ 부룸도 쉬여 넘는 <u>고기</u>, 구룸이라도 쉬여 넘는 고기
→ ⓐ '산'과 ⓑ '구룸'은 임을 찾아가려는 화자의 길을 가로막는 장애물이다. 이와 같은 기능을 하는 소재는 ④의 '고기(고개)'로, '그 너머 임이 왓다 ᄒ면'이라는 표현을 통해 '고기'는 임과 나의 사이를 가로막고 있는 장애물임을 알 수 있다.

오답 분석

① <u>수양산(首陽山)</u> ᄇ라보며 이제(夷齊)를 한(限)ᄒ노라
→ '수양산'은 중국 고사에서 충신으로 전해지는 백이와 숙제가 숨어 살던 산을 의미함과 동시에 왕위를 찬탈한 수양 대군을 지칭하는 중의적 표현이다.

② <u>풍상(風霜)</u>이 섯거 친 날에 ᄀ 픠온 황국화(黃菊花)를
→ '풍상'은 바람과 서리를 의미하며, 꽃이 견뎌야 할 시련을 상징한다.

③ 인사(人事)이 변(變)ᄒ들 <u>산천</u>이ᄯ손 가싈가
→ '산천'은 자연을 의미하며, 유한하고 가변적인 인간 세상과 대조적으로 무한하며 불변하는 대상이다.

🖐 현대어 풀이

> ① 수양산을 바라보면서 지조를 끝까지 지키지 못한 백이와 숙제를 원망하며 한탄하노라.
> 차라리 굶주려 죽을망정 고사리는 왜 캐어 먹었는가?
> 비록 산에서 아무렇게나 자라는 풀이라 하더라도 그것이 누구의 땅에서 났단 말인가? - 성삼문
> ② 바람과 서리가 뒤섞이어 내린 날에 막 피어난 황국화를
> 좋은 화분에 가득 담아 홍문관에 보내 주시니
> 복숭아꽃과 오얏꽃아! 꽃인 척도 하지 마라. 임금의 뜻을 알겠구나. - 송순
> ③ 농암에 올라 보니 (낯익은 풍경이라) 노안인데도 오히려 더 잘 보이는구나.
> 인간 세상이 변한다고 자연조차 변하겠는가?
> 바위 앞에 펼쳐진 물과 언덕들이 어제 본 것 같구나. - 이현보
> ④ 바람도 쉬어 넘는 고개, 구름이라도 쉬어 넘는 고개
> 산에서 자란 매, 집에서 길들인 매, 송골매, 사냥매들도 다 쉬어 넘는 높은 장성령 고개
> 그 높은 고개 너머에 임이 왔다고 하면 나는 한 번도 쉬지 않고 단숨에 넘어가리라. - 작자 미상

5 작품의 종합적 감상

정답 설명

② 자연물에 대한 묘사를 통해 계절의 변화를 나타낸다.
→ (나)의 '동풍(東風)이 건듯 부러 적설(積雪)을 헤텨 내니'는 봄바람이 불어 쌓인 눈을 헤치는 모습을 묘사한 표현으로, 겨울에서 봄으로 넘어가는 계절의 변화를 나타내고 있다. 또한 (다)의 '꽂 디고 새닙 나니 녹음(綠陰)이 ᄭᆯ렷ᄂᄃ'는 꽃이 지고 푸른 잎이 새로 돋아나는 모습을 묘사한 표현으로, 봄에서 여름으로 넘어가는 계절의 변화를 나타내고 있다.

오답 분석

① 음성 상징어를 사용하여 운율을 형성하고 있다.
→ 음성 상징어가 사용된 부분은 확인할 수 없다.

③ '광한뎐(廣寒殿)'은 화자가 현재 위치해 있는 공간이다.
→ '광한뎐(廣寒殿)'은 화자가 과거에 임을 모시던 공간으로, 임(임금)이 계신 궁궐을 의미한다. '그 더틔 엇디ᄒ야 하계(下界)예 ᄂ려오니'를 통해 현재 화자가 위치해 있는 공간은 '하계(下界)'임을 알 수 있다.

④ 화자는 자신을 향한 임의 사랑이 회복될 것을 확신하고 있다.
→ 화자는 임에 대한 사랑과 그리움을 표현하고 있을 뿐, 자신을 향한 임의 사랑이 회복될 것임을 확신하는 부분은 확인할 수 없다.

6 작품의 종합적 감상

정답 설명

② 화자는 임과 물리적으로 떨어진 곳에 위치해 있다.
→ (라)의 '청광(淸光)을 믜여 내여 봉황누(鳳凰樓)의 븟티고져'에서 화자는 자신이 보고 있는 '청광(맑은 달빛)'을 '봉황누(임금이 있는 궁궐)'에 보내고 싶다고 하고 있는데, 이를 통해 화자가 임과 물리적으로 떨어져 있음을 알 수 있다. 또한, (마)의 'ᄭᅮᆷ의나 님을 보려 ᄐᆨ 밧고 비겨시니(꿈에서라도 임을 보려고 턱을 받치고 기대니)'와 같은 표현을 통해서도 화자와 임이 같은 공간에 있지 않은 상태임을 알 수 있다.

오답 분석

① 3음보 연속체의 운율을 형성하고 있다.
→ '건곤(乾坤)이/폐식(閉塞)ᄒ야/빅설(白雪)이/ᄒ 빗친 제'와 같이 4음보 연속체의 운율을 형성하고 있다.

③ 대화 형식을 사용하여 임에 대한 그리움을 표현하고 있다.
→ 대화 형식은 사용되지 않았으며, 제시된 부분은 화자의 독백으로 구성되어 있다.

④ '양춘(陽春)'을 통해 (마)의 계절적 배경이 봄임을 알 수 있다.
→ '양춘(陽春)'은 임이 계신 곳에 보내고 싶은 따뜻한 봄기운으로, 혹독한 겨울의 추위에 임의 건강을 염려하는 화자의 마음이 담긴 소재일 뿐 계절적 배경을 나타내는 것은 아니다. 참고로, '빅셜(백설)', '치움(추움)' 등의 표현을 통해 (마)의 계절적 배경은 겨울임을 알 수 있다.

7 화자의 정서 및 태도

정답 설명

③ 홀로 적막한 밤을 보내야 하는 독수공방의 외로움
→ 차디찬 '앙금(원앙을 수놓은 이불)'은 화자의 외로움을 부각시키는 소재로, ⓐ에서 화자는 곁에 없는 임을 그리워하며 독수공방하는 자신의 외로운 처지를 한탄하고 있다.

8 시어 및 시구의 의미

정답 설명

④ ㉣은 '다른 해가'를 의미한다.
→ ㉣ '댜른 히'는 '다른 해가'가 아닌 '짧은 해가'를 의미한다. '빅셜(백설)', '치움(추움)' 등의 표현을 통해 (마)의 계절적 배경이 겨울임을 알 수 있고, ㉣의 뒤에서 긴 밤을 꼿꼿이 앉아 있다고 표현하는 것으로 보아 '댜른'이 '짧은'을 의미한다는 것을 추론할 수 있다.

9 화자의 정서 및 태도

정답 설명

④ 임과 이별한 상황에 대한 억울함을 호소하고 있다.
→ 제시된 부분에서 임과 이별한 상황에 대해 억울함을 호소하는 장면은 확인할 수 없다.

오답 분석

① 추운 날씨에 임의 건강을 염려하고 있다.
→ (마)에서 화자는 사람은커녕 새도 보이지 않는 추위에 북쪽에 있는 임의 건강을 걱정하며, '양춘(따뜻한 봄기운)'과 '모쳠 비쵠 히(처마 밑에 비친 따뜻한 햇볕)'을 임에게 보내고 싶다고 표현하고 있다.

② 임이 선정을 베풀어 주기를 기원하고 있다.
→ (라)에서 화자는 임에게 자신이 보내는 '쳥광(맑은 달빛)'으로 '팔황(온 세상)'을 다 비추어 달라고 말하고 있다. 이는 온 나라 방방곡곡이 대낮같이 환할 정도로 임이 선정을 베풀어 주기를 바라는 화자의 소망이 담긴 표현이다.

③ 죽어서도 임을 따르겠다는 염원을 드러내고 있다.
→ (바)에서 화자는 차라리 '싀어디여(죽어 없어져서)' '범나븨(범나비)'가 되어 임을 따르려 한다고 말하고 있다.

10 표현상의 특징

정답 설명

④ 대조적 상황을 제시하여 화자의 정서를 부각했다.
→ 제시된 부분에서 화자의 임에 대한 그리움의 정서를 부각하고 있으나, 대조적인 상황은 드러나지 않으므로 적절하지 않다.

오답 분석

① 자연물에 화자의 감정을 이입하였다.
→ '기러기 우러 녤 제(기러기가 울며 날아갈 때)'에서 화자의 외로운 감정을 자연물인 '기러기'에 이입하여 '기러기가 운다'고 표현하였다.

② 상징적 소재를 통해 대상을 표현하였다.
→ 화자는 '동산의 돌(달)'과 '북극의 별'을 보며 '임'을 떠올리고 있는데, 이때 '돌'과 '별'은 모두 임금인 '임'을 상징하는 소재이다.

③ 계절의 변화에 따라 시상을 전개하고 있다.
→ 제시된 부분은 가을에서 겨울로 이어지는 계절의 변화에 따라 시상을 전개하고 있다. (라)의 '흐룻밤 서리 김의 기러기 우러 녤 제'에서는 가을의 쓸쓸한 분위기가 드러나며, (마)의 '건곤(乾坤)이 폐쉭(閉塞)ᄒᆞ야 빅셜(白雪)이 ᄒᆞ 빗친 제'에서 온 세상이 눈으로 덮인 겨울의 경경을 묘사하고 있다.

작품 분석 노트 ✏️

📖 정철 〈사미인곡〉

갈래	서정 가사, 양반 가사
성격	여성적, 서정적, 의지적
제재	임금에 대한 사랑과 충정
주제	연군지정(戀君之情)
특징	• 임금에 대한 그리움과 사랑을 여성 화자의 목소리로 표현함 • 다양한 표현 기법을 사용하여 우리말의 아름다움을 잘 살림

1 주요 소재의 의미

소재	계절	의미
매화	봄	임에 대한 변함없는 충정
옷	여름	임에 대한 정성
청광(달빛)	가을	선정에 대한 소망
양춘	겨울	임에 대한 화자의 염려

2 계절의 흐름에 따른 시상 전개

구성	화자의 상황 및 태도
춘사(春詞)	창밖에 심은 매화를 꺾어 임이 있는 곳에 보내고자 함
하사(夏詞)	푸른 잎이 우거진 여름이 왔지만 화자의 주변은 적막하기만 함
추사(秋詞)	높은 누각에 올라 달과 별을 보며 임을 떠올림
동사(冬詞)	온 세상이 눈으로 덮인 겨울에 임이 계신 곳은 춥지 않은지 염려함

3 '범나븨'의 의미

화자는 죽어서 '범나븨(범나비)'가 되어 임을 따르겠다고 말하는데, 이는 죽음을 매개로 하여 생전에 이루지 못한 소망을 이루고자 하는 것이다. 즉, '범나븨'는 임을 향한 일편단심을 나타내는 화자의 분신으로 볼 수 있다.

〰️ 현대어 풀이

(가) (조물주께서) 이 몸 만드실 때 임을 좇아서 만드시니, 한평생 인연임을 하늘이 모를 일이던가? 나는 젊어 있고 임은 오직 나를 사랑하시니 이 마음과 이 사랑 견줄 데가 전혀 없다. 평생에 원하건대 (임과) 함께 살아가고자 하였더니, 늙어서야 무슨 일로 외따로 두고 그리워하는가? 엊그제까지는 임을 모시고 광한전에 오르고는 했는데, 그 사이에 어찌하여 속세에 내려오게 되니 떠나올 적에 빗은 머리가 헝클어진 지 삼 년이구나. 연지분 있지만 누구를 위하여 곱게 단장할까? 마음에 맺힌 시름이 겹겹이 쌓여 있어 짓는 것은 한숨이고, 떨어지는 것은 눈물이구나. 인생은 유한한데 근심도 끝이 없다. 무정한 세월은 물 흐르듯 하는구나. 덥고 시원함이 때를 알고서는 가는 듯 다시 오니, 듣거나 보거나 느낄 일이 많기도 많구나.

(나) 봄바람이 문득 불어 쌓인 눈을 헤쳐 내니, 창밖에 심은 매화 두세 가지 피었구나. 가뜩이나 차고 담담한데, 그윽한 향기는 무슨 일인가? 황혼에 달이 좇아와 베갯머리에 비치니 흐느끼는 듯 반기는 듯(하니), (이 달이 바로) 임이신가 아니신가? 저 매화 꺾어 내어 임 계신 곳에 보내고 싶구나. (그러면) 임이 너를 보고 어떻다고 생각하실까?

(다) 꽃 지고 새 잎이 나니 푸른 잎이 우거져 그늘이 깔렸는데, 비단 휘장 안은 쓸쓸하고, 수놓은 장막은 텅 비어 있다. 연꽃이 그려진 병풍을 걷어 놓고 공작이 그려진 병풍을 둘러 두니, 가뜩이나 시름 많은데 날은 어찌 그리도 길던가? 원앙이 그려진 비단을 베어 놓고 오색실을 풀어 내어 금으로 만든 자로 재어서 임의 옷 지어 내니, 솜씨는 물론이거니와 격식도 갖추었구나. 산호로 만든 지게 위에 백옥함에 (임의 옷을) 담아 두고, 임에게 보내려고 임 계신 곳 바라보니 산인가 구름인가 험하기도 험하구나. 천만 리나 되는 먼 길을 누가 찾아갈까? 가거든 (백옥함을) 열어 두고 나를 본 듯 반기실까?

(라) 하룻밤 사이 서리 내릴 무렵에 기러기가 울며 날아갈 때, 높다란 누각에 혼자 올라서 수정으로 만든 발을 걷으니, 동산에 달이 떠오르고 북극성이 보이므로, 임이신가 하여 반가워하니 눈물이 절로 난다. 저 맑은 달빛을 일으켜 내어 임이 계신 궁궐에 부쳐 보내고 싶다. (임께서는 그것을) 누각 위에 걸어 두고 온 세상에 다 비추어, 깊은 산골짜기도 대낮같이 환하게 만드소서.

(마) 온 세상이 겨울의 추위에 얼어 생기가 막히고 흰 눈으로 온통 덮여 있으니, 사람은 말할 것도 없거니와 날짐승도 자취를 감추었도다. 소상강 남쪽 지방같이 따뜻한 이곳(전남 창평)도 추움이 이와 같거늘, 하물며 북쪽 임 계신 곳이야 더 말할 것이 있겠는가. 따뜻한 봄기운을 (부채로) 부치어 내어 임 계신 곳에 쐬게 하고 싶다. 초가집 처마에 비친 따뜻한 햇볕을 임 계신 궁궐에 올리고 싶다. 붉은 치마를 여미어 입고 푸른 소매를 반쯤 걷어 올려, 해는 저물었는데 밋밋하고 길게 자란 대나무에 기대어 서니 이런저런 생각이 많기도 많구나. 짧은 겨울 해가 이내 넘어가고, 긴 밤을 꼿꼿이 앉아, 청사초롱을 걸어 둔 옆에 자개로 수 놓은 공후를 두고, 꿈에서라도 임을 보려고 턱을 받치고 기대니, 원앙새를 수놓은 이불이 차기도 차구나. (아, 이렇게 홀로 외로이 지내는) 이 밤은 언제나 샐 것인가?

(바) 하루도 열두 때 한 달도 서른 날, 잠시라도 임 생각을 말고 이 시름을 잊으려 하여도 (시름이) 마음속에 맺혀 있어 뼛속까지 사무쳤으니, 편작과 같은 명의(名醫)가 열 명이 오더라도 이 병을 어떻게 하랴. 아, 내 병이야 임의 탓이로다. 차라리 사라져(죽어서) 범나비가 되리라. 꽃나무 가지마다 가는 곳마다 앉아 있다가, 향기 묻은 날개로 임의 옷에 옮아 가 앉으리라. 임께서 (그 범나비가) 나인 줄 모르셔도 나는 임을 따르려 하노라.

| 1 | ① | 2 | ④ | 3 | ① | 4 | ④ | 5 | ① |

---

1 시어 및 시구의 의미

정답 설명

① '비'는 암울한 시대 현실을 의미한다.
→ '비'는 동풍과 함께 몰려와 풀을 눕게 만드는 부정적 대상일 뿐, 암울한 시대 현실을 의미하는 것은 아니다.

오답 분석

② '풀'은 나약해 보이지만 끈질긴 생명력을 지닌 대상이다.
→ '풀'은 바람에 의해 쉽게 누워 버리는 나약한 모습을 보이지만, 결코 꺾이지 않고 다시 일어나는 끈질긴 생명력을 지니고 있다.

③ '날이 흐려서'는 억압적인 외적 상황과 관련지을 수 있다.
→ 풀은 날이 흐려서 더 울었다고 하였으므로, '날이 흐려서'는 풀을 둘러싼 암담하고 억압적인 외적 상황을 의미한다.

④ '풀뿌리가 눕는다'에는 다시 일어날 것이라는 기대감이 반영되어 있다.
→ 3연에서 풀은 '발목까지', '발밑까지' 눕지만 바람보다 먼저 일어나고 먼저 웃으며 시련을 의연하게 극복해 나가는 모습을 보여 준다. 이를 통해 억압적인 상황 속에서도 '풀뿌리까지' 누운 풀은 더욱 큰 힘으로 일어날 수 있을 것이라는 기대감을 드러내고 있다.

---

2 표현상의 특징

정답 설명

④ 점층적 시상 전개를 활용하여 현실 상황에 대한 희망을 암시한다.
→ 1연에서는 바람이 불면 눕는 풀의 수동적이고 나약한 모습이, 2연에서는 바람보다 빨리 눕지만 먼저 일어나는 능동적인 풀의 모습이 제시된다. 그리고 3연에서는 한층 더 나아가 바람보다 먼저 일어나고 먼저 웃는 풀의 모습을 보여줌으로써 풀의 강인한 생명력이 강조되고 있다. 전체적으로는 1연과 2, 3연이 대조를 이루고 2연과 3연이 점층적인 구조를 형성하고 있으므로 제시된 작품에 점층적 시상 전개가 활용되는 것은 맞다. 그러나 이러한 전개 방식은 '풀'의 속성을 구체적으로 드러내기 위한 것일 뿐 현실 상황에 대한 희망을 암시하는 것은 아니다.

오답 분석

① 대구법을 통해 운율을 형성한다.
→ '바람보다 늦게 누워도/바람보다 먼저 일어나고/바람보다 늦게 울어도/바람보다 먼저 웃는다'와 같이 비슷한 통사 구조의 문장을 배치하는 대구법을 통해 운율을 형성하고 있다.

② 상징적인 시어를 통해 주제를 형상화한다.
→ 민중을 상징하는 '풀'을 통해 민중의 끈질긴 생명력을 형상화하고 있다.

③ 서로 대립되는 의미 구조가 반복적으로 나타난다.
→ '눕다 - 일어나다', '울다 - 웃다'와 같이 대립되는 의미 구조를 반복하여 주제를 부각하고 있다.

---

3 시어의 의미

정답 설명

① 하늘
→ 제시된 작품에서 '바람'은 민중을 억압하는 부정적인 세력을 뜻한다. 그리고 〈보기〉에서 '하늘'은 민중이 자유를 누리며 인간 본연의 삶을 살 수 있는 사회를 의미하는 반면 나머지 '구름, 먹구름, 쇠 항아리'는 이러한 민중의 자유를 억압하는 부정적 요소이다. 따라서 〈보기〉에서 '바람'과 성격이 다른 하나는 '하늘'이므로 답은 ①이다.

---

4 시구의 의미

정답 설명

④ ②: 고통을 의연하게 받아들이고 인내하는 모습이다.
→ ②은 민중(풀)이 고통을 수용하고 인내하는 것이 아니라 고통을 의연하게 이겨낼 것이라는 의지가 담긴 부분이므로 적절하지 않다.

오답 분석

① ③: 풀을 억압하는 세력의 힘을 의미한다.
→ 풀을 눕게 만드는 '동풍'은 풀을 억압하는 세력을 의미한다.

② ⑤: 풀의 적극적이고 능동적인 모습이 드러난다.
→ 1연에서 바람이 불면 바로 누워 버리는 수동적인 풀의 모습과 달리, 2연에서는 바람보다 빨리 눕고 바람보다 먼저 일어나는 적극적이고 능동적인 풀의 모습이 드러난다.

③ ⓒ: 민중을 억압하는 힘이 더 거세짐을 나타낸다.
→ 풀이 '발밑까지' 누웠다는 것은 바람의 세기가 더 강해졌다는 것, 즉 민중을 억압하는 힘이 더 거세짐을 나타낸다.

5 작품의 종합적 감상

정답 설명

① 바람이 점차 거세게 부는 것은 민중을 억압하는 힘이 극심함을 나타낸다.

→ 3연에서 풀이 발밑까지 누울 만큼 바람의 힘이 점차 거세지고 있음을 알 수 있는데, 이는 민중을 억압하는 세력의 힘이 극심함을 나타낸다.

오답 분석

② 풀이 바람보다 빨리 눕고 먼저 일어나는 모습을 통해 풀의 수동성을 드러낸다.

→ 풀이 자신을 억압하는 바람보다 빨리 눕고 먼저 일어나는 것은 풀의 수동성이 아닌 적극적이고 능동적인 모습을 드러낸다.

③ '풀이 눕는다'라는 시구를 반복하여 독재 권력 앞에서 무력한 민중의 모습을 드러낸다.

→ 제시된 작품에서는 '풀'과 '바람'이 대립하면서 '눕는다'와 '일어난다'라는 행위가 반복적으로 일어나는데, 이를 통해 눕게 될지언정 결코 꺾이지 않고 다시 일어나는 '풀'의 끈질긴 생명력을 강조하고 있다. 따라서 '풀이 눕는다'라는 시구의 반복은 독재 권력 앞에서 무력한 민중의 모습을 드러내는 것이 아니라 독재 권력에 끝까지 항거하는 민중의 저력을 강조하기 위한 것이다.

④ 풀이 바람에 의해 눕혀져도 계속해서 일어나는 모습을 통해 민중들의 연대 의식을 강조한다.

→ 계속해서 일어나는 풀의 모습은 민중의 강인하고 끈질긴 생명력을 나타내며, 민중들의 연대 의식은 제시된 작품에 드러나지 않는다.

작품 분석 노트 ✎

📖 김수영 〈풀〉

갈래	자유시, 주지시, 참여시
성격	상징적, 주지적, 참여적, 비판적
제재	풀
주제	민중의 끈질긴 생명력
특징	• 대립적 구조의 반복이 나타남 • 반복과 대구를 통해 운율을 형성함 • 상징적 시어를 통해 주제를 드러냄

1 시상 전개 방식

1연	바람에 의해 누워 버린 풀 → 풀의 수동성, 나약함
	‡ 대조
2연	바람보다 빨리 눕고 먼저 일어나는 풀 → 풀의 능동성, 강인함
	↓ 점층
3연	바람보다 먼저 일어나고 먼저 웃는 풀 → 풀의 끈질긴 생명력

2 대립적 구조의 반복

눕다		울다		늦게		풀(민중)의
‡		‡		‡	→	끈질긴
일어나다		웃다		빨리		생명력

3 주요 시어의 의미

풀	바람을 이기지 못하고 눕는 나약한 존재지만, 끊임없이 바람을 거스르며 일어남 → 강인한 생명력을 지닌 민중
바람	풀을 눕게 만드는 힘 → 민중을 억압하는 독재 권력, 외부 세력

정답·해설

해커스공무원 국어 문학 333 Vol. 1

| 1 | ③ | 2 | ③ | 3 | ① | 4 | ① | 5 | ② |

1 표현상의 특징과 효과

정답 설명

③ 차분한 어조로 대상에 대한 감정을 절제하여 표현하고 있다.

→ '봄을 여읜 설움에 잠길 테요', '내 보람 서운케 무너졌느니', '섭섭해 우옵내다' 등과 같이 모란이 졌을 때의 감정을 직접적으로 드러내고 있으므로 ③은 적절하지 않은 설명이다.

오답 분석

① 수미 상관의 구성을 취하여 주제 의식을 강조하고 있다.

→ 1~2행과 11~12행에서 '모란이 피기까지는 ~ 나는 아직 기다리고 있을 테요'를 반복하여 소망이 이루어지는 것을 기다리겠다는 주제 의식을 강조하고 있다.

• 수미 상관: 첫 번째 연이나 행과 끝의 연이나 행에 동일하거나 유사한 시구를 배치하여 시의 구조를 안정되게 만들고 의미를 강조하는 시상 전개 방식

② 과장된 표현을 사용하여 화자의 절망감을 드러내고 있다.

→ 9~10행에서 모란이 지는 것을 인생 전체를 잃어버린 것으로 과장하여 표현하였으며, 특히 한 해를 '삼백예순날'이라는 구체적인 시간으로 나타냄으로써 '모란'이 진 후 화자가 느끼는 절망감과 서러움의 깊이를 표현하였다.

④ 역설법과 도치법을 활용하여 화자의 심경을 나타내고 있다.

→ 12행의 '찬란한 슬픔의 봄'은 긍정의 이미지인 '찬란한'과 부정의 이미지인 '슬픔'을 결합시켜 모순적으로 표현한 역설법이 사용되었다. 이는 모란이 피고(기쁨) 지는(슬픔) 것에 대한 화자의 복잡하고 모순적인 심경이 반영된 것이다. 또한 목적어(찬란한 슬픔의 봄을)와 서술어(기다리고 있을테요)의 어순을 뒤바꾸어 표현하는 도치법을 통해 봄을 기다리는 화자의 간절한 마음을 강조하고 있다.

2 화자의 정서 및 태도

정답 설명

③ ©: '다'를 통해 '모란'이 다시 피지 못할 것이라는 체념적 태도를 나타낸다.

→ © 다음의 11~12행에서 화자는 '모란'이 피는 것을 기다리겠다는 태도를 드러내고 있으므로 ③의 설명은 적절하지 않다. ©은 모란이 지는 것을 마치 인생을 잃어버린 것으로 과장하여 표현한 부분으로, 이때 '다'는 모란이 모두 져버린 것에 대해 화자가 느끼는 상실감을 표현한 것이며 그만큼 화자에게 '모란'이 절대적인 의미를 지녔음을 드러내고 있다.

오답 분석

① ③: '아직'을 통해 '봄'에 대한 기다림의 자세가 계속될 것임을 나타낸다.

→ ③은 소망을 상징하는 '봄'에 대한 화자의 기다림을 표현한 것으로, '아직'이라는 부사어를 사용하여 소망이 실현되는 데 오래 걸린다 하더라도 기다림을 포기하지 않을 것이라는 화자의 자세를 나타낸다.

② ©: '뚝뚝'을 통해 '모란'이 떨어진 것에 대한 화자의 절망감을 드러낸다.

→ ©은 '모란'이 떨어지는 것을 시각적 심상을 활용해 감각적으로 묘사한 것으로, '뚝뚝'이라는 의태어를 사용하여 화자의 절망감을 드러낸다.

④ @: '하냥'을 통해 '모란'을 보지 못하는 것에 대한 슬픔을 부각한다.

→ @의 '하냥'은 '늘', '함께', '한결같이'의 방언으로, 화자는 '모란'이 진 후 '삼백예순날 하냥' 운다고 표현하여 화자의 깊은 슬픔을 부각한다.

3 시어의 의미

정답 설명

① 모란, 봄, 보람

→ 제시된 작품에서 '모란'은 화자가 간절히 기다리는 소망의 대상이며, '봄'은 그러한 화자의 소망이 이루어진 시점을 의미한다. 또한 '보람'은 화자의 소망이 이루어짐에 따라 느끼는 감정이라 할 수 있다. 따라서 '모란, 봄, 보람'은 모두 화자의 소망과 관련되어 그 의미가 서로 유사하므로 답은 ①이다.

오답 분석

• 어느 날

→ 무더운 날씨로 인해 모란이 지는 오월의 어느 날을 의미하므로, 화자의 소망이자 봄을 상실하게 되는 시점이다.

• 삼백예순날

→ 모란이 지고 난 후 다시 필 때까지 기다려야 하는 기다림의 시간이다.

4 작품의 종합적 감상

정답 설명

① 부정적인 현실에 대항하고자 하는 의지를 표출하고 있다.

→ 12행에서 '모란'이 다시 피는 것에 대한 기다림을 포기하지 않겠다는 화자의 의지를 확인할 수 있으나, 부정적인 현실에 대항하려는 의지를 드러낸 부분은 확인할 수 없다.

② '봄'은 화자에게 기쁨과 슬픔이 복합된 감정을 유발하는 계절이다.

→ '봄'은 화자의 소망을 상징하는 '모란'이 피는 계절이기 때문에 기쁨의 감정을 유발한다. 이와 동시에 '모란'이 져 버릴 것이라는 생각 때문에 슬픔을 유발하기도 한다. 이와 같이 기쁨과 슬픔이 교차하는 화자의 복합적인 감정은 12행의 '찬란한 슬픔의 봄'으로 집약되어 나타난다.

③ 상승 이미지와 하강 이미지를 교차하여 화자의 상실감을 강조하고 있다.

→ 8행에서 상승 이미지의 '뻗쳐오르던'과 하강 이미지의 '무너졌느니'가 교차하고 있는데, 이를 통해 '모란'이 피었을 때의 보람을 잃어버린 화자의 상실감을 강조하고 있다.

④ 봄에 대한 '기다림 → 상실 → 기다림'의 순환 구조로 시상을 전개하고 있다.

→ 화자는 1~2행에서 '모란'이 피는 봄을 기다리고 있으며, 3~10행에서 봄이 지나고 '모란'이 지는 것에 대한 슬픔과 상실감을 표현하고 있다. 이후 11~12행에서는 다시 '모란'이 피는 봄을 기다리고 있으므로 기다림과 상실이 반복되는 순환 구조로 시상을 전개하고 있다.

5 표현상의 특징과 효과

② 색채 대비를 통해 화자의 정서를 섬세하게 묘사했다.

→ 제시된 작품에서 색채 대비가 드러나는 부분은 확인할 수 없다.

① 경어체를 사용하여 부드러운 어감을 표현했다.

→ '있을 테요', '잠길 테요', '우옵내다'와 같이 경어체를 사용하여 부드러운 어감과 섬세한 정서를 표현하고 있다.

③ 'ㄴ, ㄹ, ㅁ' 등의 울림소리를 사용하여 운율을 형성했다.

→ 작품 전체에서 'ㄴ, ㄹ, ㅁ, ㅇ'과 같은 울림소리가 사용된 시어를 빈번하게 사용하여 부드러운 느낌의 운율을 형성했다.

④ 두 개의 행으로 하나의 단락을 구성하여 호흡의 속도를 조절했다.

→ 짧은 시행과 긴 시행이 하나의 단락을 구성하고 이것이 교차되도록 배치하여 호흡의 속도를 조절하고 리듬감을 부여했다.

작품 분석 노트 ✎

📖 김영랑 〈모란이 피기까지는〉

갈래	자유시, 서정시
성격	유미적, 낭만적, 탐미적
제재	모란의 개화와 낙화
주제	모란에 대한 기다림
특징	• 수미 상관식 구성을 통해 주제를 강조함 • 역설적인 표현을 사용함

1 시상 전개 방식

1~2행	모란이 피기를 기다림	
3~10행	모란이 진 후의 상실감	→ 소멸과 재생을 반복하는 순환 구조
11~12행	모란이 피기를 기다림	

2 주요 시어의 의미

모란	화자가 간절히 기다리는 소망의 대상
봄	• 모란이 피는 기쁜 시간인 동시에 모란이 지는 슬픈 시간 • 기쁨과 슬픔이 교차하는 복잡한 심경을 '찬란한 슬픔의 봄'이라는 역설적 표현으로 나타냄

3 표현상의 특징

울림소리의 사용	울림소리(ㄴ, ㄹ, ㅁ, ㅇ)가 들어간 시어를 사용하여 부드러운 느낌의 운율을 형성함
반복법	'모란'이라는 시어를 반복하여 운율을 형성함
역설법	모순 형용을 통해 의미를 강조함

1 작품의 종합적 감상

정답 설명

③ 음성 상징어를 사용하여 우리말의 묘미를 살렸다.
  → (가)에서는 '서리서리', '구뷔구뷔'와 같은 음성 상징어(의태어)를 사용하여 우리말의 아름다움을 잘 살렸으나, (나)에서는 음성 상징어가 사용되지 않았다.

오답 분석

① 인간의 보편적인 감정에 대해 노래했다.
  → (가)와 (나) 모두 인간의 보편적인 감정인 '님(사랑하는 사람)에 대한 그리움'을 주제로 시상을 전개하고 있다.

② 정형화된 형식을 사용하여 운율을 형성했다.
  → (가)와 (나)는 모두 평시조로, 시조의 정형적인 형식인 3장 6구 45자 내외로 구성되어 있으며, 4음보의 절제된 율격을 통해 운율을 형성하고 있다.
  • (가): 동지(冬至)ㅅ둘/기나긴 밤을/한 허리를/버혀 내여 (4음보)
  • (나): 마음이/어린 후(後)ㅣ니/하는 일이/다 어리다 (4음보)

④ 시적 화자와 시적 대상 사이에 물리적 거리가 존재한다.
  → (가)와 (나)의 화자 모두 임이 오기만을 애타게 기다리고 있으므로 시적 화자와 시적 대상은 물리적으로 떨어져 있는 상황임을 알 수 있다.

2 시어 및 시구의 의미

정답 설명

② ⓒ: 임과 화자의 추억이 담긴 대상이다.
  → ⓒ '춘풍(春風) 니불'은 봄바람처럼 따뜻한 이불을 뜻하며, '어론 님 오신 날 밤'과 연결되어 따스한 분위기를 조성하는 동시에 '동지(冬至)ㅅ둘 기나긴 밤'과 대조되는 소재이다. 따라서 ⓒ은 임과 화자의 추억이 담긴 대상이 아니다.

오답 분석

① ㉠: 임이 부재하여 화자에게 길다고 느껴지는 시간이다.
  → ㉠ '동지(冬至)ㅅ둘 기나긴 밤'은 임의 부재로 인해 화자에게 길게만 느껴지는 시간이다.

③ ⓒ: 화자의 소망이 실현된 시간이다.
  → ⓒ '어론 님 오신 날 밤'은 사랑하는 임이 돌아와 함께 보내는 시간을 의미하는 것으로, 화자는 임이 돌아오기만을 기다리고 있으므로 화자의 소망이 이루어진 시간이다.

④ ②: '구비구비 펴리라'를 뜻하며 시간을 시각화한 표현이다.
  → ② '구뷔구뷔 펴리라'는 '구비구비 펴리라'로 해석되는 부분으로, 이불 아래 접어 놓은 시간을 펼치겠다고 표현함으로써 추상적인 개념인 시간을 구체적으로 시각화한 표현이다.

3 표현상의 특징

정답 설명

① 추상적 개념을 구체적 사물로 형상화했다.
  → 제시된 작품에서는 시간을 잘라 내거나 접고 펼 수 있다고 표현함으로써 추상적인 개념을 구체적인 사물처럼 형상화하였다.

오답 분석

② ③ ④ 제시된 작품에서 확인할 수 없다.

4 작품의 종합적 감상

정답 설명

① 과장적인 표현으로 임에 대한 그리움의 정서를 강조했다.
  → '만중운산(萬重雲山)'은 구름이 겹겹이 낀 산을 의미하며, 만 겹의 구름이 끼었다는 과장법이 사용된 표현이다. 이는 화자와 임 사이를 가로막고 있는 장애물로, 임에 대한 간절한 그리움을 강조하기 위한 표현이다.

오답 분석

② 화자는 임과의 만남에 대해 체념적인 태도를 보이고 있다. / ④ 상징적인 소재를 사용하여 과거 일에 대해 후회하고 있음을 표현했다.
  → 제시된 작품에서 화자가 체념적인 태도를 보이는 부분이나 후회를 하는 모습은 확인할 수 없다.

③ 구체적인 사례를 제시한 이후 일반적인 진술을 제시했다.
  → 초장에서 '하는 일이 모두 어리석다'라는 일반적인 진술을 먼저 제시한 뒤, 중장과 종장에서 그 이유와 어리석은 행동의 구체적인 사례(나뭇잎 소리와 바람 소리에 임이 온 것으로 착각함)를 제시하였다.

5 시어의 의미

정답 설명

④ 벽사창(碧紗窓) 밖이 어른어른커놀 임만 너겨 나가 보니 / 임은 아니 오고 명월(明月)이 만정(滿庭)흔듸 벽오동(碧梧桐) 져즌 닙혜 봉황(鳳凰)이 누려와 짓다듬는 그림재로다. / 모쳐라 밤일식만정 눔 우일 번호괘라.

→ ⓐ '지는 잎 부는 바람'은 화자에게 임이 왔다는 착각을 유발하는 소재이다. 이와 가장 의미가 유사한 소재는 ④의 '그림 재'로, 이것 역시 화자에게 임이 왔다는 착각을 불러일으키고 있다.

오답 분석

① 반중(盤中) 조홍(早紅)감이 고아도 보이나다. / 유자(柚子) 안이라도 품엄즉도 ㅎ다마ᄂ / 품어 가 반기리 없슬시 글노 설워ㅎᄂ이다.
→ '조홍(早紅)감'은 홍시를 뜻하는 표현으로, 화자는 이를 보며 육적의 회귤 고사 속 유자를 연상하고 있다. 따라서 '조홍(早紅)감'은 부모님을 떠올리게 하는 매개체이자 화자의 효심을 드러내는 객관적 상관물이다.
  • 육적의 회귤 고사: 중국 삼국 시대에 육적이라는 사람이 어머니께 드리기 위해 몰래 귤(유자)을 품어 가려 했던 이야기로, 부모에 대한 지극한 효성을 말할 때 흔히 인용된다.

② 개를 여라믄이나 기르되 요 개ㄱ치 얄믜오랴. / 뮈온 님 오며ᄂ 쏘리를 홰홰 치며 쒸락 ᄂ리쒸락 반겨서 내둣고 고온 님 오며ᄂ 뒷발을 버동버동 므르락 나으락 캉캉 즈져셔 도라 가게 ᄒᄂ다. / 쉰밥이 그릇그릇 난들 너 머길 줄이 이시랴.
→ '개'는 오지 않는 '고온 님'에 대한 화자의 원망이 전가되는 대상이다.

③ 빈천(貧賤)을 풀랴 ᄒ고 권문(權門)에 드러가니 / 침 업슨 흥정을 뉘 몬져 ᄒ쟈 ᄒ리 / 강산과 풍월을 달나 ᄒ니 그ᄂ 그리 못하리.
→ '강산과 풍월'은 화자가 부귀와도 바꿀 수 없다고 생각하는 아름다운 자연을 의미한다.

현대어 풀이

① 소반 위에 놓인 붉은 감이 곱게 보이는구나. / 유자가 아니라도 품어 갈 만하지만 / 품어 가도 반가워하실 분(부모님)이 안 계시므로 그로 인해 서러워하노라. — 박인로

② 개를 열 마리 넘게 기르지만 이 개처럼 얄미우랴. / 미워하는 임이 오면 꼬리를 휘저으며 뛰어올랐다 내리뛰었다 하면서 반겨서 맞이하고, 사랑하는 임이 오면 뒷발을 바둥거리며 뒤로 물러났다 앞으로 나아갔다 하며 캉캉 짖어서 돌아가게 한다. / 쉰밥이 그릇그릇 쌓인다 한들 너에게 먹일 성싶으냐. — 작자 미상

③ 빈천(가난과 천함)을 팔려고 권세 있는 집을 찾아갔더니, / 덤 없는 흥정을 누가 먼저 하겠다고 하겠는가. / (대신) 강산과 풍월을 달라고 하니 그것(자연을 주는 것)은 그렇게 할 수 없으리라. — 조찬한

④ 창밖이 어른어른하거늘 임인 줄로만 여겨 나가 보니 / 임은 안 오고 밝은 달빛이 뜰에 가득한데 벽오동 나무 젖은 잎에 봉황새가 내려와 깃 다듬는 (모양의 구름) 그림자구나. / 마침 밤이기에 망정이지 (행여 낮이었던들) 남 웃길 뻔했구나. — 작자 미상

작품 분석 노트 🖊

📖 (가) 황진이 〈동지ㅅ둘 기나긴 밤을〉

갈래	평시조, 서정시
성격	감상적, 낭만적
제재	임에 대한 연모, 동짓달 기나긴 밤
주제	임을 기다리는 간절한 마음
특징	• 추상적인 관념을 구체적인 사물로 형상화함 • 우리말의 아름다움을 잘 살림 • 음성 상징어를 통해 작품의 표현 효과를 높임

1 관념의 구체화

〈동지ㅅ둘 기나긴 밤을〉은 추상적 개념을 구체적으로 시각화한 발상과 표현이 두드러지는 작품이다. 추상적 개념인 '시간'을 잘라 이불 아래 넣고 임이 오시면 펼친다는 발상이 참신하며 '서리서리'와 '구뷔구뷔' 같은 음성 상징어를 적절하게 사용하여 여류 시인의 섬세함을 드러내고 있다.

동짓달 긴 밤의 한 허리를 베어 냄	→	임이 오면 베어 놓은 것을 펼침
임이 없는 시간을 줄임		임과 함께 보내는 시간을 늘임

2 기녀 시조의 문학사적 의의

• 사대부가 관념의 표출에 그치는 것에 반해 남녀 간의 애정, 인간의 정서를 가감 없이 표출함
• 한자어를 거의 사용하지 않고 우리말의 아름다움을 잘 살림
• 세련된 표현 기교를 구사함

↓

• 사대부의 전유물이었던 시조 작가층의 확대
• 유교적 가치관에 얽매이지 않은 자유로운 창작을 통해 시조가 새롭게 재탄생하는 계기를 마련함

3 작가의 작품 세계

황진이의 시조는 대부분이 남녀의 사랑과 이별의 내용을 담고 있는데, 여성 특유의 섬세한 서정을 진솔하게 나타내며, 우리말의 아름다움을 시적인 언어로 절묘하게 형상화한 것이 특징이다. 또한 당대 유교적 규범의 틀에 갇혀 자신의 감정을 드러내지 않았던 사대부의 시조와 달리 자유롭고 솔직하게 감정을 표출한다는 특징도 있다.

현대어 풀이

동짓달 긴 밤의 한 가운데를 베어 내어
봄바람처럼 따뜻한 이불 아래에 서리서리 넣어 두었다가,
정든 임이 오시는 날 밤이면 굽이굽이 펴리라(그 밤을 임과 함께 오래도록 보내리라.)

작품 분석 노트 ✏️

📖 (나) 서경덕 〈마음이 어린 후니〉

갈래	평시조
성격	감상적, 낭만적
제재	기다림
주제	임에 대한 그리움과 임을 기다리는 마음
특징	과장법과 도치법을 통해 화자의 정서를 강조함

1 표현상의 특징

과장법	임과 화자 사이에 놓인 장애물을 '만중운산(겹겹이 구름이 낀 산)'으로 표현하고 있음
도치법	'지는 잎 부는 바람(떨어지는 나뭇잎 소리와 바람 부는 소리)'에서 도치법을 사용하여 운율을 형성하고 있음

2 작품의 창작 배경

당대의 이름난 도학자였던 작가가 황진이를 그리워하며 지은 시조로 알려져 있다. 초장에서 화자는 마음이 어리석다고 스스로를 낮추고 있는데, 이는 임에 대한 그리움과 사랑이 억누를 수 없을 정도로 강렬하다는 것을 보여 주는 표현이다.

3 시상 전개 방식

초장	하는 일이 다 어리석다고 자책함	일반적인 진술	
중장	'만중운산'에 막혀 있어 임이 올 수 없음을 이성적으로 알고 있음	구체적인 진술	→ 연역적 시상 전개
종장	바람에 떨어진 낙엽 소리를 임이 온 것으로 착각함		

🍴현대어 풀이

마음이 어리석으니 하는 일이 다 어리석다.
겹겹이 구름이 쌓인 산속에 어찌 임이 찾아오겠느냐마는
떨어지는 나뭇잎 소리와 부는 바람 소리에도 행여나 임인가 하고 생각하노라.

1	④	2	④	3	④	4	②	5	④

1 작품의 종합적 감상

정답 설명

④ 초월적 존재에게 의지하고자 하는 수동적 자세를 보인다.
→ 제시된 작품은 죽음을 긍정적으로 인식하는 화자의 낙천적인 자세를 보여 주고 있을 뿐, 초월적 존재에게 의지하려는 수동적 자세는 드러나지 않는다.

오답 분석

① 죽음에 대한 초월적 인식이 드러난다.
→ '나 하늘로 돌아가리라'와 '아름다운 이 세상 소풍 끝내는 날'에서 화자는 삶은 잠시 즐기러 나온 것이며, 죽음은 원래 있던 곳으로 돌아가는 것이라고 표현하고 있다. 즉, 죽음을 지상으로 떠난 '소풍'에서 하늘로 되돌아오는 여정으로 생각하는 초월적 인식이 나타난다.

② '소풍'은 인간의 삶을 비유한 표현이다. / ③ 욕심 없이 순수하게 삶을 즐기는 태도가 나타난다.
→ 1연과 2연에서 하늘로 돌아갈 때 '이슬'과 '노을빛'만 함께하겠다고 표현하고, 3연에서 이 세상(지상)에서의 삶을 '소풍'으로 비유하고 있다. 따라서 '소풍'은 인간의 삶을 비유한 표현이자 욕심과 집착을 초월하여 자유롭고 순수하게 삶을 즐기는 화자의 태도를 보여 주는 소재이다.

2 시어의 의미

정답 설명

④ 노을빛
→ ㉠ '이슬'은 맑고 아름답지만 아침 햇살이 비치면 금세 사라져 버리는 존재로, 인간의 유한한 삶을 상징한다. '노을빛' 역시 아름답지만 저녁 한때 잠깐 생겼다 밤이 오면 사라져 버리는 존재로, ㉠과 동일하게 인간의 유한한 삶을 상징한다. 따라서 함축적 의미가 ㉠ '이슬'과 가장 유사한 것은 ④이다.

오답 분석

① 하늘
→ '하늘'은 인간이 본디 온 곳이고 다시 돌아갈 곳으로, 영원성의 표상이자 죽음의 세계를 의미한다.

② 기슭
→ 구름이 손짓하여 하늘로 돌아가기 직전까지 머무는 곳으로, 삶과 죽음의 경계를 의미한다.

---

③ 구름

→ 화자는 '구름이 손짓하면은' 하늘로 돌아가겠다고 표현하고 있으므로, 죽음을 의미한다.

3 표현상의 특징과 효과

정답 설명

④ 말줄임표를 사용하여 화자의 삶을 함축적으로 표현하였다.

→ 화자는 '(삶이) 아름다웠더라고 말하리라……'에서 삶에 대한 긍정적인 태도를 드러내고 있으나, 말줄임표를 통해 화자의 삶이 아름답고 즐거웠던 것만은 아니라는 의미도 함축되어 있음을 알 수 있다.

오답 분석

① 4음보의 반복을 통해 리듬감을 형성하고 있다.

→ 제시된 작품은 3음보의 반복과 변조를 통해 운율을 형성한다.
예 나/하늘로/돌아가리라
　　새벽빛/와 닿으면/스러지는
　　이슬/더불어/손에 손을 잡고

② 청각적 이미지를 중심으로 시상을 전개하고 있다.

→ '새벽빛 와 닿으면 스러지는'과 같이 시각적 이미지가 사용된 부분은 확인할 수 있으나, 청각적 이미지가 사용된 부분은 확인할 수 없다.

③ 감정 이입을 통해 비극적 분위기를 조성하고 있다.

→ 제시된 작품에서 감정 이입이 사용된 부분은 확인할 수 없다.

4 화자의 정서 및 태도

정답 설명

② 고통스러웠던 현실을 냉소적으로 바라보고 있다.

→ 3연에서 화자는 '아름다운 이 세상 소풍 끝내는 날, / 가서, 아름다웠더라고 말하리라……'라고 말하며 자신의 삶을 긍정하는 모습을 보여 준다. 따라서 고통스러웠던 현실을 냉소적으로 바라보고 있다는 설명은 적절하지 않다.

오답 분석

① 존재의 유한성에 대해 인지하고 있다.

→ 1연과 2연에서 화자는 '이슬 더불어', '노을빛 함께' 하늘로 돌아가겠다는 소망을 드러내고 있다. 여기서 '이슬'과 '노을빛'은 아름답지만 금방 소멸해 버리는 순간적 존재로, 이들과 같이 가겠다는 것은 유한한 생명이 다하면 하늘로 돌아가는 것이 순리라고 생각하는 화자의 인식을 보여 주는 표현이다. 이를 통해 화자가 존재의 유한성에 대해 인지하고 있음을 알 수 있다.

③ 달관적인 자세로 삶과 죽음에 대해 생각하고 있다. / ④ 죽음을 원래 있던 곳으로 돌아가는 것으로 인식하고 있다.

→ 1~3연의 첫 행에서 화자는 '하늘'로 돌아가겠다고 말하고 있으며, 3연에서는 인생을 '소풍'에 비유하고 있다. 이를 통해 화자가 인생을 하늘에서 지상으로 잠시 갔다 오는 일이라 생각하며, 죽음을 자신이 원래 있던 곳(하늘)으로 회귀하는 것으로 인식하고 있음을 알 수 있다. 또한 이러한 생각을 토대로 화자가 세속적인 욕망을 초월하고 달관적인 자세로 삶과 죽음을 대하고 있음을 확인할 수 있다.

5 작품의 종합적 감상

정답 설명

④ 시간의 흐름에 따라 변화하는 화자의 심리를 중심으로 시상을 전개하고 있다.

→ 제시된 작품에서 시간의 흐름이 나타나거나, 화자의 심리가 변화하는 부분은 확인할 수 없다. 제시된 작품은 죽음을 달관하며 초월적으로 인식하는 화자의 태도를 중심으로 시상이 전개되고 있다.

오답 분석

① 독백적 어조를 통해 주제를 부각하고 있다.

→ '-리라'와 같이 화자가 속으로 다짐하는 뜻을 나타내는 어미를 사용하여 자신의 생각을 혼잣말하듯 담담하게 서술함으로써 삶과 죽음에 대한 화자의 초월적 인식을 드러내고 있다.

② 특정한 시구를 반복하여 운율을 형성하고 있다.

→ 1~3연의 첫 행에서 '나 하늘로 돌아가리라'를 반복하여 운율을 형성하고 있다.

③ '노을빛'은 아름다운 이미지와 소멸의 이미지를 동시에 지닌 시어이다.

→ '노을빛'은 해가 질 무렵 세상을 아름답게 물들이지만 저녁 한때에만 잠시 보이다가 금세 사라지는 유한한 존재로, 아름다움과 소멸의 이미지를 모두 지니고 있다. 참고로, '노을빛'과 더불어 '이슬' 또한 인간의 유한한 삶을 상징하는 소재이다.

작품 분석 노트

천상병 〈귀천〉

갈래	자유시, 서정시
성격	독백적, 관조적, 낙천적
제재	귀천(歸天)
주제	삶에 대한 달관과 죽음의 정신적 승화
특징	• 담백하고 평이한 진술과 독백적 어조를 사용함 • 동일한 시구의 반복을 통해 의미를 강조함

1 시상 전개 방식

1연	'이슬'과 함께 하늘로 돌아가고자 하는 소망	→	• 생명의 유한성을 인식함 • 죽음에 대한 긍정적 인식을 드러냄
2연	'노을빛'과 함께 하늘로 돌아가고자 하는 소망		
3연	지상에서의 삶을 아름다웠다고 인식함		

2 시적 화자의 태도

화자는 인간의 삶을 하늘에서 지상으로 내려와 잠시 머물다가 돌아가는 '소풍'이라고 표현하며 죽음에 대한 달관적 태도를 드러내고 있다. 이는 화자가 욕망을 초월하여 진정으로 삶을 자유롭게 즐기고자 하는 인식을 가지고 있음을 보여 준다.

3 주요 시어의 의미

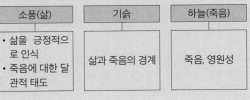

소풍(삶)	기슭	하늘(죽음)
• 삶을 긍정적으로 인식 • 죽음에 대한 달관적 태도	삶과 죽음의 경계	죽음, 영원성

DAY 08

p.28

1	④	2	④	3	②	4	③	5	③

1 작품의 종합적 감상

정답 설명

④ 〈보기〉의 '년 듸'는 [A]의 '만고상청(萬古常靑)'과 유사한 의미를 지닌다.

→ 〈보기〉는 학문 수양의 길을 몇 해 동안 벗어났다가 다시 돌아왔음을 표현한 시이다. 따라서 초장의 '녀든 길'은 '학문 수양의 길'을 의미하며, '어듸'와 '년 듸'는 '학문 수양에서 벗어난 벼슬길'을 의미한다. [A]의 '만고상청(萬古常靑)'은 변함없는 학문 수양의 태도를 빗댄 것이므로 〈보기〉의 '년 듸(벼슬길)'와 대조되는 의미를 지닌다.

오답 분석

① 〈보기〉와 달리 [A]는 자연의 불변성을 예찬하고 있다.

→ [A]에서는 영원히 푸르름을 유지하는 '청산(靑山)'의 속성을 들어 자연의 불변성을 예찬하고 있으나, 〈보기〉에서는 자연의 불변성을 예찬한 부분은 없다.

② [A]와 달리 〈보기〉는 과거를 반성하는 모습이 드러난다.

→ 〈보기〉는 '녀든 길(수양의 길)'을 버려두고 오랜 기간 벼슬길에 머문 자신의 과거를 반성하는 모습이 나타나지만, [A]에서는 과거를 반성하는 모습은 드러나 있지 않다.

③ [A]와 〈보기〉는 모두 학문에 정진하고자 하는 의지가 드러난다.

→ [A]는 영원히 변치 않는 자연의 속성을 예찬하며 변함없이 학문 수양에 힘쓰겠다는 의지를 다지고 있으며, 〈보기〉 또한 벼슬을 그만두고 학문에 정진하겠다는 의지를 드러내고 있다.

현대어 풀이

> 그 당시 가던 길을 몇 해씩이나 버려두고
> 어디 가 다니다가 이제야 돌아왔는가?
> 이제야 돌아왔으니 딴 마음을 먹지 않으리.

2 표현상의 특징

정답 설명

④ 청각적 이미지를 사용해 현실에 대한 비판 의식을 드러내고 있다.

→ '엇다다 교교백구(皎皎白駒)는 멀리 ᄆᆞ음 ᄒᆞ는고(어찌하여 희고 깨끗한 말은 멀리 마음을 두는고)'에서 자연을 멀리하는 현실에 대한 비판 의식을 드러내고 있으나, 청각적 이미지는 사용되지 않았다.

① 생경한 한자어를 사용하고 있다.

→ '천석고황(泉石膏肓), 산전(山前), 고인(古人), 만고상청(萬古常靑)' 등과 같은 어렵고 생경한 한자어를 많이 사용하고 있다.

② 유사한 통사 구조의 반복이 나타난다.

→ '이런돌 엇더ᄒ며/뎌런돌 엇더ᄒ료', '산전(山前)에 유대(有臺)ᄒ고/대하(臺下)애 유수(有水) | 로다' 등에서 유사한 통사 구조를 반복하는 대구법이 나타난다.

③ 설의적 표현을 사용하여 의미를 강조하고 있다.

→ 'ᄒ물며 천석고황(泉石膏肓)을 고텨 므슴ᄒ료(하물며 자연을 사랑하는 병을 고쳐 무엇하겠는가?)'에서 설의법을 통해 자연에 대한 지극한 사랑을 드러내고 있다.

3 시구의 의미

정답 설명

② ⓛ: 자연을 멀리하는 이들을 '골며기'에 비유하고 있다.

→ '골며기(갈매기)'는 화자가 머물고 있는 공간에서 관찰할 수 있는 자연물일 뿐, 자연을 멀리하는 이들을 '골며기'에 비유한 것은 아니다. 참고로, '엇다다 교교백구(皎皎白駒)는 멀리 므슴 ᄒ눈고(어찌하여 희고 깨끗한 말은 멀리 마음을 두는고)'에서 '교교백구'는 자연을 멀리하는 이들을 빗댄 표현으로 비판의 대상으로 해석되기도 하며, 자연 속에서도 속세에 대한 미련을 떨치지 못한 화자를 지칭하는 표현으로 화자의 내적 번민을 드러낸 것으로 해석되기도 한다.

① ㉠: 자신을 '시골에 사는 어리석은 사람'으로 낮추어 표현하고 있다.

→ '초야우생(草野遇生)'은 시골에 사는 어리석은 사람이라는 뜻으로, 자연을 벗 삼아 사는 화자 자신을 겸손하게 이른 표현이다.

③ ㉢: 성현의 가르침을 책을 통해 배울 수 있다고 말하고 있다.

→ '고인(古人)'은 옛날에 살았던 성현을 뜻하며, '녀던 길'은 '성현이 가던 길'을 의미한다. 따라서 ㉢은 돌아가신 성현을 직접 뵙고 성현의 뜻을 배울 수는 없지만, '녀던 길'이 앞에 있으므로 책을 통해 성현의 가르침을 배울 수 있음을 의미한다.

④ ㉣: 학문 수양에 대한 변함없는 의지를 드러내고 있다.

→ 영원히 변치 않는 자연의 속성(萬古常靑)을 본받아 그치지 않고 꾸준히 학문 수양에 정진하겠다는 의지를 드러내고 있다.

　• 만고상청(萬古常靑): 아주 오랜 세월 동안 변함없이 언제나 푸름

4 화자의 태도

정답 설명

③ 자연을 멀리했던 과거의 삶을 후회하고 있다.

→ 화자는 제5곡에서 자연을 멀리하는 삶을 비판하고 있을 뿐, 자신이 과거에 자연을 멀리했음을 후회하는 부분은 드러나 있지 않다.

① 삶에 대한 달관적인 태도를 보이고 있다.

→ 제1곡의 '이런돌 엇더ᄒ며 뎌런돌 엇더ᄒ료'에서 작은 것에 얽매이지 않는 달관적인 태도가 드러난다.

② 자연의 불변성과 영원성을 예찬하고 있다.

→ 제11곡의 '청산(靑山)은 엇뎨ᄒ야 만고(萬古)애 프르르며'에서 영원히 푸르름을 유지하는 청산의 불변성을, '유수(流水)는 엇뎨ᄒ야 주야(晝夜)애 긋디 아니ᄂ고'에서 밤낮 없이 흐르는 물의 영원성을 예찬하고 있다.

④ 성현들의 삶을 따르려는 의지를 드러내고 있다.

→ 제9곡의 '녀던 길 알픠 잇거든 아니 녀고 엇뎔고'에서 앞서 살았던 성현들의 학문을 배우면서 성현들의 삶을 따르겠다는 의지를 보이고 있다.

5 작품의 종합적 감상

정답 설명

③ (다)에서는 대구법을 사용하여 대상을 묘사하고 있다.

→ (다)의 초장에서 '~에 ~하고/~애 ~라'와 같이 유사한 통사 구조를 배치하는 대구를 사용하고 있다. 이를 통해 꽃이 만발한 봄철 산의 모습과 달빛이 비치는 가을밤 누대의 모습을 묘사하고 있으므로 ③은 적절하다.

① (가)의 화자는 속세에 대한 그리움을 드러내고 있다.

→ (가)의 중장에서 화자는 산을 바라보는 기쁨이 그리워하던 임을 만난 기쁨보다 더 크다고 표현하고 있다. 이를 통해 인간 세상보다 자연을 더 가치 있게 여기는 화자의 자연 친화적 인식을 확인할 수 있으므로, 화자가 속세에 대한 그리움을 드러내고 있다는 이해는 적절하지 않다.

② (나)의 화자는 청자를 설정하여 내적 갈등을 표출하고 있다.

→ (나)에서 화자가 특정한 청자를 설정하여 내적 갈등을 표출하는 부분은 확인할 수 없다.

④ (라)에서는 문답법을 사용하여 주제를 형상화하고 있다.

→ (라)에서 문답법이 사용된 부분은 확인할 수 없다. 참고로, 제시된 작품은 초장과 중장에서 대구법을 사용하여 자연과 더불어 사는 삶의 즐거움이라는 주제를 형상화하고 있다.

(가) 잔 들고 혼자 앉아 먼 산을 바라보니
　　그리워하던 임이 온다고 한들 반가움이 이러하랴(이 정도이랴.)
　　말도 웃음도 아니하지만 마냥 좋아하노라.　　- 윤선도, '만흥'

(나) 초가 암자가 적적하고 고요한데 친구 하나 없이 홀로 앉아서,
　　나직한 곡조로 대엽(곡조 이름) 가락을 읊으니 흰 구름이 절로
　　조는 것 같구나.
　　어느 누가 이 좋은 삶을 아는 사람이 있다 하겠는가?　- 김수장

(다) 봄바람이 부니 산에 꽃이 만발하고 가을밤이 되니 달빛이 누
　　대에 가득하구나.
　　사계절의 아름다운 흥취가 사람과 마찬가지로다.
　　하물며 물고기가 뛰고 솔개가 날며 구름이 그늘을 짓고 햇빛이
　　빛나는 이러한 자연의 아름다움이 어찌 다함이 있겠는가?
　　　　　　　　　　　　　- 이황, '도산십이곡' 中 〈제6곡〉

(라) 말이 없는 청산이요, 모양이 없는 흐르는 물이로다.
　　값이 없는 맑은 바람이요, 주인이 없는 밝은 달이로다.
　　이 가운데 병 없는 이 몸이 아무 걱정 없이 늙으리라.　　- 성혼

작품 분석 노트 ✎

📖 이황 〈도산십이곡〉

갈래	연시조
성격	교훈적, 회고적
제재	자연, 학문
주제	자연에 묻혀 살고 싶은 소망과 학문 수양 의지
특징	• 자연에 대한 관조적 자세와 학문 수양에 대한 의지가 드러남 • 한자어가 많이 사용되었으며 반복법, 설의법, 대구법을 사용해 주제를 강조함

1 작품의 구성

언지(言志): 제1~6곡	• 자연을 사랑하는 마음(천석고황) • 도산 서원 주변의 자연을 보며 느끼는 감정
언학(言學): 제7~12곡	학문 수양을 대하는 마음

2 주요 시어의 의미

초야우생(草野遇生)	'시골에 사는 어리석은 사람'이라는 뜻으로, 화자 자신을 의미함
교교백구(皎皎白駒)	'현인이나 성자가 타는 흰 말'을 뜻하며 자연 속에서 사는 즐거움을 모르는 선비를 의미함
녀던 길	성현의 뜻, 학문 수양의 길

🍴 현대어 풀이

〈제1곡: 언지(言志) 1〉
이런들 어떠하며 저런들 어떠하겠는가?
시골에 묻혀 사는 어리석은 사람이 이렇게 산들 어떠하겠는가?
하물며 자연을 사랑하는 병을 고쳐 무엇하겠는가?

〈제5곡: 언지(言志) 5〉
산 앞에 높은 대가 있고, 대 아래에 물이 흐르는구나.
갈매기는 떼를 지어 오락가락하는데
어찌하여 희고 깨끗한 말은 멀리 마음을 두는고.

〈제9곡: 언학(言學) 3〉
성현도 날 못 보고 나 또한 성현을 뵙지 못하네
성현을 못 뵈어도 그분들이 가던 길이 앞에 있네.
가던 길이 앞에 있는데 아니 가고 어찌할 것인가?

〈제11곡: 언학(言學) 5〉
푸른 산은 어찌하여 오랫동안 푸르며,
흐르는 물은 어찌하여 밤으로 그치지 아니하는가?
우리도 그치지 말아 영원히 푸르리라

1	②	2	①	3	③	4	①	5	①
6	①	7	①	8	④	9	②	10	③

1 작품의 종합적 감상

정답 설명

② 경제적 기반을 잃어버린 양반 계층의 현실이 드러난다.

→ 〈보기〉를 통해 화자는 경제적으로 몰락한 양반 사대부임을 알 수 있으며, 제시된 작품에서 사대부임에도 불구하고 농사 지을 소조차 없는 화자의 궁핍한 삶의 모습을 확인할 수 있다. 따라서 경제적 기반을 잃어버린 양반 계층의 현실이 드러난다는 ②의 감상은 적절하다.

오답 분석

① 전란 이후 피폐해진 농촌의 상황을 보여 준다.

→ 농촌을 배경으로 하고 있으나 전란 이후 피폐해진 농촌의 상황을 구체적으로 그려내고 있지는 않다.

③ 사대부의 지위를 포기하고 농민으로 살아가는 양반이 등장한다.

→ 화자는 생계를 꾸려 나가기 위해 농사일을 하고 있을 뿐, 사대부의 지위를 포기하고 농민으로 살아가는 것은 아니다.

④ 변화된 현실을 받아들이지 못하는 화자의 내적 갈등이 드러난다.

→ 화자는 양반이지만 직접 농사를 지어 생활을 영위하고 있으므로 변화된 현실에 적응하기 위해 노력하고 있다고 볼 수 있다.

2 작품의 내용 파악

정답 설명

① 이웃에게 소를 빌리기 위해 고기와 술을 대접하였다.

→ '다만 어제밤의 거넨 집 져 사롬이 목 불근 수기치(雉)를 옥지읍(玉脂泣)게 쑤어 뇌고 간 이근 삼해주(三亥酒)를 취(醉)토록 권ㅎ거든'을 통해 소를 빌리기 위해 고기와 술을 대접한 것은 화자가 아니라 건넛집 사람이었음을 알 수 있다.

오답 분석

② 소가 없어 농사를 짓지 못할 정도로 궁핍한 처지에 있다.

→ '쇼 업손 궁가(窮家)애 헤염 만하 왓삽노라(소 없는 가난한 집에서 걱정이 많아 왔습니다)'를 통해 화자는 농사지을 소조차 없는 궁핍한 처지에 있음을 알 수 있다.

③ 지나가는 말로 소를 빌려주겠다고 말한 이웃을 찾아갔다.

→ 화자는 '쇼 흔 젹 듀마 ㅎ고 엄성이 ㅎ는 말삼(소 한 번 빌려주마 하고 엉성하게 하는 말)'을 믿고 친절하다고 여긴 이웃집에 찾아갔음을 알 수 있다.

④ 소 주인에게 소를 빌리지 못하고 수모를 당한 채로 돌아온다.

→ 소를 빌리러 간 화자에게 소 주인은 건넛집 사람과 먼저 약속하였으므로 소를 빌려줄 수 없다고 거절한다. 화자는 체면을 불고하고 부탁했으나 거절이라는 수모를 당하게 되고, 수모를 당한 채 돌아오는 화자의 비참한 모습을 '풍채(風採) 저근 형용(形容)애 기 즈칠 뿐이로다(풍채 적은 내 모습에 개만 짖을 뿐이로다)'라고 표현하고 있다.

3 표현상의 특징

정답 설명

③ 반어적 표현을 통해 화자의 정서를 부각했다.

→ 제시된 작품에는 실제 의미와 반대로 표현하는 반어적 표현이 사용되지 않았다.

오답 분석

① 운문 형식 속에 서사적 요소가 드러난다.

→ 4음보를 한 행으로 하는 운문 형식을 취하고 있으나, 화자가 이웃에게 소를 빌리러 갔다가 거절당하고 돌아오는 일련의 사건을 서사적으로 제시하였다.

② 대화체를 활용하여 내용을 전개하고 있다.

→ '어화 긔 뉘신고(어, 거기 누구신가?)', '염치업산 뇌옵노라(염치 없는 저옵니다)' 등 대화체를 활용하여 내용을 전개하고 있다.

④ 일상 언어를 사용하여 생활상을 구체적으로 묘사했다.

→ 화자가 처한 안타까운 상황을 표현할 때 '헌 먼덕 수기 스고 측 업슨 집신에 설피설피 물너 오니(헌 모자를 숙여 쓰고 축 없는 짚신을 신고 맥없이 어슬렁어슬렁 물러 나오니)'와 같은 일상 언어를 사용하여 구체적으로 묘사하고 있다.

4 시어의 의미

정답 설명

① ㉠ 친절호라 너긴 집

→ ㉠ '친절호라 너긴 집'은 화자에게 소를 빌려주겠노라 말했던 이웃과 관련된 말이며, 나머지 ㉡, ㉢, ㉣은 모두 화자와 관련된 말이다. 따라서 나머지 셋과 성격이 다른 하나는 ㉠이므로 답은 ①이다.

오답 분석

② ㉡ 염치업산 뇌

→ 화자가 해마다 소를 빌리러 오는 자신을 염치없다고 표현한 것이다.

③ ㉢ 쇼 업손 궁가(窮家)

→ 농사지을 소가 없는 가난한 화자의 집을 의미한다.

④ ㉣ 풍채(風採) 저근 형용(形容)
→ 소 빌리는 일을 거절당한 뒤 물러 나오는 화자의 모습을 나타
낸다.

5 작품의 종합적 감상

정답 설명

① 〈보기〉와 달리 위 시는 일상적인 언어를 사용하고 있군.
→ 제시된 작품에서는 화자의 궁핍한 생활 모습을 사실적으로
그려 내는 일상적인 언어를 사용하고 있으나, 〈보기〉는 자연
을 관념적으로 묘사하기 위한 한자어가 주로 쓰였으며 현실
과 관련된 일상 언어는 사용되지 않았다.

오답 분석

② 위 시와 달리 〈보기〉는 사대부의 소외된 처지를 반영하고 있군.
→ 제시된 작품은 전쟁 이후 양반으로서의 지위도 보장되어 있
지 않고, 농민으로 살아갈 만한 여건도 갖추지 못한 사대부의
소외된 처지를 반영하고 있으나, 〈보기〉에는 그러한 내용이
드러나 있지 않다.

③ 위 시와 〈보기〉 모두 공간의 이동에 따라 시상을 전개하고 있군.
→ 제시된 작품과 〈보기〉 모두 공간의 이동에 따른 시상 전개는
드러나 있지 않다.

④ 위 시와 〈보기〉의 화자 모두 속세를 떠나 자연에서 은거하고 있군.
→ '홍진(紅塵)에 뭇친 분네 이내 생애(生涯) 엇더ᄒ고(속세에 묻
혀 사는 분들이여, 이 나의 생활이 어떠한가?)'를 통해 〈보기〉
의 화자는 속세를 떠나 자연에서 은거하고 있음을 알 수 있다.
반면 제시된 작품의 화자는 궁핍한 현실을 살아가는 사대부
이다.

현대어 풀이

속세에 묻혀 사는 분들이여, 이 나의 생활이 어떠한가? 옛사람들의
풍류를 내가 미칠까 못 미칠까? 세상에 남자로 태어나 나만한 사람
이 많지만 자연에 묻혀 사는 지극한 즐거움을 모르는 것인가? 몇 칸
짜리 작은 초가집을 맑은 시냇물 앞에 지어 놓고, 소나무와 대나무
가 우거진 속에 자연의 주인이 되었구나! - 정극인, '상춘곡(賞春曲)'

6 시어의 의미

정답 설명

① '대승(戴勝)'은 화자의 마음을 위로하는 대상이다.
→ '무정(無情)한 대승(戴勝)은 이ᄂᆡ 한(恨)을 도우ᄂᆞ다'라고 하
였으므로 화자는 대승(오디새)의 울음소리를 들으며 서러움
을 느끼고 있음을 알 수 있다. 따라서 '대승(戴勝)'은 화자의
마음을 위로하는 대상이 아니라 화자의 수심을 더 깊게 만드
는 대상이다.

오답 분석

② '빈이 무원(貧而無怨)'은 화자가 지향하는 삶의 태도이다.
→ 화자는 'ᄂᆡ 생애(生涯) 이러호ᄃᆡ 설온 ᄯᅳᆺ은 업노왜라(내 생활이
이러하되 서러운 뜻은 없다)'라고 말하고 있는데, 이는 현재
가난하고 어려운 처지임에도 타인을 원망하거나 서러워하지
않는다는 '빈이 무원(貧而無怨)'의 태도를 드러내는 표현이다.
• 빈이 무원(貧而無怨): 가난하더라도 세상이나 남을 원망하
지 않음을 이르는 말

③ '강호(江湖)'는 화자가 생계로 인해 잊고 있었던 공간이다.
→ 화자는 '강호(江湖)ᄒᆞᆫ 꿈' 즉, 자연 속에서 살고자 하는 꿈을
꾼 지 오래라고 하였는데, 그 까닭을 '구복(口腹)이 위루(爲
累)ᄒᆞ야 어지버 이져ᄯᅥ다'라고 표현하고 있다. 이는 '먹고사는
일이 누가 되어 잊고 있었도다'로 해석되므로 '강호(江湖)'는 생계
를 꾸려 나가느라 잊고 있었던 공간임을 알 수 있다.

④ '백구(白鷗)'는 화자와 하나가 되어 물아일체를 이루는 대상이다.
→ '무심(無心)한 백구(白鷗)야 오라 ᄒᆞ며 말라 ᄒᆞ랴(무심한 갈매
기야, 나더러 오라고 하며 말라고 하겠느냐?)'는 화자가 자연
물인 '백구(갈매기)'와 한 몸이 되어 자연을 즐기는 모습을 나
타낸 표현으로, 자연을 상징하는 '백구(白鷗)'와 화자가 동화
되어 물아일체를 이루고 있음을 알 수 있다.

7 표현상의 특징과 효과

정답 설명

① 대구법을 활용하여 현실의 어려움을 강조한다.
→ 'ᄂᆡ 빈천(貧賤) 슬히 너겨 손을 헤다 물너가며 / 남의 부귀(富
貴) 불리 너겨 손을 치다 나아오랴'에서 비슷한 어구를 짝 지
어 표현하는 대구법이 사용되었으나, 이는 가난과 부귀가 제
뜻대로 되지 않듯이 모든 일은 운명대로 이루어진다는 운명
론적 인식을 나타낼 뿐 현실의 어려움을 강조하는 것은 아니다.

오답 분석

② 한자어를 사용하여 유교적 가치관을 드러낸다.
→ '충효(忠孝)', '화형제(和兄弟)', 신붕우(信朋友)'의 한자어를 사
용하여 충효와 우애, 신의와 같은 유교적 정신을 추구할 것을
드러내고 있다.

③ 설의적 표현을 통해 운명론적 인생관을 드러낸다.
→ '인간(人間) 어닉 일이 명(命) 밧긔 삼겨시리(인간 세상의 어느
일이 운명 밖에 생겼겠느냐?)'에서 어미 '-리'를 사용한 설의적
표현을 통해 인간의 삶이 운명 안에 있다는 운명론적 인생관
을 드러내고 있다.

④ 감탄형 어미를 활용하여 자연친화적 태도를 나타낸다.
→ '첨피 기욱(瞻彼淇燠)호ᄃᆡ 녹죽(綠竹)도 하도 할샤(저 물가
를 보건대 푸른 대나무도 많기도 많구나!)'에서 감탄형 어미
'-ㄹ샤'를 활용하여 자연친화적 태도를 나타내고 있다.

8 작품의 내용 파악

정답 설명

④ 공명(功名)을 추구하는 사대부로서의 면모가 드러난다.

→ [A]에서 화자는 자연의 풍류를 즐기며 유유자적하게 살아가는 삶을 꿈꾸고 있으므로 공을 세워서 자기의 이름을 널리 드러내는 것(공명)은 화자가 추구하는 삶과 거리가 멀다. 따라서 공명(功名)을 추구하는 사대부로서의 면모는 드러나 있지 않으므로 적절하지 않은 것은 ④이다.

오답 분석

① 자연과의 물아일체를 이루고 있다.

→ '무심(無心)한 백구(白鷗)야 오라 ᄒ며 말라 ᄒ랴'에서 화자는 백구(갈매기)와 한 몸이 되어 물아일체를 이루고 있다.

② 세속을 떠나 자연 속에서 은거하는 삶을 살고자 한다. / ③ 현실에 만족하며 안빈낙도하려는 일념을 가지고 있다.

→ 화자는 '명월청풍(明月淸風)'과 벗이 되어 주인 없는 '풍월강산(風月江山)'에서 늙어 가는 삶을 꿈꾸고 있는데, 이때 '명월청풍'과 '풍월강산'은 자연을 뜻하므로 세속을 떠나 자연 속에서 은거하며 안빈낙도하려는 일념을 가지고 있음을 알 수 있다.

9 시구의 의미

정답 설명

② ⓛ: 농사를 포기하여 생계를 꾸려 나가기 어렵게 됨

→ ⓛ은 '먹고사는 일이 누가 되어 잊었도다'라는 뜻으로, '강호(江湖)한 쉼'을 꾼 지 오래된 이유를 나타낸다. 즉 ⓛ은 생계 문제로 인해 자연에 묻혀 살겠다는 꿈을 잠시 잊고 있었음을 의미한다.

오답 분석

① ㉠: 소를 빌리지 못해 낙담한 화자에게 농가가 흥겹게 들리지 않음

→ ㉠은 '즐기는 농가도 흥 없이 들린다'라는 뜻으로, 이웃에게 소를 빌리지 못하고 돌아온 화자는 평소에 즐겁게 듣던 농가에도 흥이 나지 않는다고 표현하고 있다.

③ ㉢: 인간 세상의 모든 일은 운명대로 흘러간다는 인생관을 드러냄

→ ㉢은 '인간 세상의 어떤 일이 운명 밖에 생겼겠느냐?'라는 뜻으로, 설의적 표현을 사용해 모든 일은 운명이 정해져 있다는 화자의 생각을 드러낸 것이다. 따라서 ㉢은 인간 세상의 모든 일은 결국 운명대로 흘러간다는 운명론적 인식을 보여 준다.

④ ㉣: 사대부로서 지켜야 할 유교적 도리를 지향하고 있음

→ ㉣은 '태평천하에 충효를 일로 삼아'라는 뜻으로, 화자는 자연 속에서 안빈낙도하면서도 '충(忠)'과 '효(孝)' 같은 유교적 도리를 지키는 사대부로서의 삶을 지향하고 있다.

10 작품의 종합적 감상

정답 설명

③ ⓒ 화자는 자신의 처지를 받아들이면서도 적극적으로 운명을 개척해 나가겠다는 의지를 보이는데, 이는 작가의 인생관이 반영된 것으로 볼 수 있다.

→ 화자는 자신의 빈천함을 싫게 여긴다고 물러가지 않고, 남의 부귀를 부러워한다고 자신에게 오지 않는다고 말하며 운명론적 인생관을 드러내고 있다. 즉, 화자는 자신의 처지를 받아들이고 운명의 순리대로 따르려는 태도를 보이고 있다. 따라서 화자가 적극적으로 운명을 개척해 나간다는 ⓒ의 설명은 적절하지 않다.

오답 분석

① ⓐ 자연에서의 풍류를 추구하는 조선 전기 가사의 흐름을 이어 가는 한편 사대부의 신분이지만 직접 생계를 꾸려 나가야 하는 어려움을 사실적으로 담아내어

→ 자연에 묻혀 살아가기를 소망하는 모습에서 자연에서의 풍류를 추구했던 조선 전기 가사의 특징이 드러나며, 사대부인 화자가 농사를 짓기 위해 소를 빌리러 다니는 등 직접 생계를 꾸려 나가야 하는 어려움을 사실적으로 제시하였다.

② ⓑ 화자의 궁핍한 처지를 나타낸 표현이기도 하면서 가난하지만 이를 원망하지 않겠다는 '빈이 무원(貧而無怨)'의 태도와도 일맥상통한다.

→ 'ᄂᆡ 생애(生涯) 이러호ᄃᆡ 설온 ᄯᅳᆺ은 업노왜라'에서 화자는 자신의 생활이 가난하고 고통스러워도 서러운 뜻은 없다고 말하면서, 가난해도 원망하지 않는다는 '빈이 무원(貧而無怨)'의 태도를 드러내고 있다.

④ ⓓ 유교적 충의 사상을 드러내어 자연 속에서의 삶을 추구하면서도 선비로서 고결한 삶을 살고자 하는 의지를 다지고 있다.

→ '충효(忠孝)'와 같이 사대부로서 지켜야 할 가치관을 드러내면서 '화형제(和兄弟), 신붕우(信朋友)'와 같은 유교적 도리를 지킬 것을 다짐하고 있다.

작품 분석 노트 ✏️

📖 박인로 〈누항사〉

갈래	정격 가사, 양반 가사
성격	전원적, 사색적, 사실적
제재	안분지족의 생활
주제	누항에 사는 선비의 곤궁한 삶과 안빈낙도의 추구
특징	• 전쟁 직후의 궁핍한 삶을 대화체와 일상어를 통해 사실적이고 구체적으로 형상화함 • 삶에 대한 운명론적 인식이 드러남 • 자연에 은일(隱逸)하면서도 현실의 어려움을 직시하는 삶이 사실적으로 나타남

1 작품의 구성

서사		길흉화복을 운명에 맡기고 누항에서 안빈 일념으로 살고자 함
본사	1	임진왜란에 참전했던 일을 회상함
	2	전란 후 몸소 농사를 지어야 하는 어려움
	3	농사를 짓기 위해 소를 빌리러 감
	4	소를 빌리려다가 수모를 당하고 옴
	5	야박한 세태를 한탄하며 춘경(春耕)을 포기함
	6	자연에 묻혀 늙어 가기를 소망함
결사		빈이무원과 안분지족의 삶을 추구하면서 충효와 우애, 신의를 지향함

2 화자의 모습에 반영된 당대 사회상

화자의 상황		시대 현실
전쟁이 끝나고 돌아온 뒤 가난하게 생활함	→	경제적으로 몰락한 양반 사대부의 가난한 삶
농사를 짓기 위해 소를 빌리고자 하나 주인에게 거절당함	→	직접 농사일을 해서 생활을 영위해나갈 수밖에 없는 몰락한 사대부의 삶

↓

> 사대부와 농민 어느 쪽에도 속하지 못하는
> 소외된 양반 계층의 내적 갈등

3 문학적 특징

내용	사대부로서의 지위가 보장되지 않고 농민으로 살아갈 여건도 갖추지 못한 화자의 소외된 처지를 드러냄
형식	가사의 일반적인 음보율인 4음보를 따르고 있으나, 조선 전기 가사와 달리 엄격한 정형률에서 벗어나 5음보나 6음보가 나타나기도 함
표현	• 현실을 실감 나게 표현하는 일상어를 사용함 • 사대부의 의식이 반영된 한자어를 사용함 • 감탄형 어미, 대구법, 설의법, 감정 이입을 통해 화자의 심리를 부각함

🖍️ 현대어 풀이

가뭄이 몹시 심하여 농사지을 시기도 다 늦어 가는 때에, 서쪽 언덕 높은 논에 잠깐 지나가는 비에 길 위에 흘러가는 물을 반쯤 대어 놓고, 소 한 번 빌려 주마 하고 엉성하게 하는 말을 믿고, 친절하다고 여겼던 집에 달이 없는 저녁에 허둥지둥 달려가서, 굳게 닫은 문밖에 우두커니 혼자 서서 큰기침으로 에헴을 오래도록 한 후에 "어, 거기 누구신가?" 묻기에 "염치없는 저옵니다."

"밤이 깊었는데 그 어찌 와 계십니까?" "해마다 이렇게 하기 구차한 줄 알지마는, 소 없는 가난한 집에서 걱정이 많아 왔습니다." "공짜로나 값을 받거나 간에 빌려 줌 직도 하다마는, 다만 어젯밤에 건넛집 사람이 목이 붉은 수꿩을 구슬 같은 기름이 끓어오르게 구워 내고 갓 익은 삼해주를 취하도록 권하였는데 이러한 은혜를 어찌 아니 갚을 것인가. 내일 소를 빌려 주마 하고 굳게 약속하였기에 약속을 어기기가 편하지 못하니 말씀하기 어렵구려." 진실로 그렇다면 설마 어찌하겠는가. 헌 모자를 숙여 쓰고 축 없는 짚신을 신고 맥없이 어슬렁어슬렁 물러 나오니 풍채 적은 내 모습에 개만 짖을 뿐이로다.

누추한 집에 들어간들 잠이 와서 누워 있겠느냐. 북창에 기대 앉아 새벽을 기다리니 무정한 오디새는 나의 한을 돕는구나. 아침이 끝날 때까지 슬퍼하며 먼 들을 바라보니 즐기는 농가도 흥 없이 들리는구나. 세상 물정을 모르는 한숨은 그칠 줄을 모른다. 아까운 저 쟁기는 볏보임(날)도 좋구나. 가시 엉킨 묵은 밭도 쉽게 갈 수 있으련마는, 빈집 벽 한가운데 쓸데없이 걸려 있구나. 춘경(봄갈이)도 거의 지났다. 내팽개쳐 던져 버리자.

자연과 더불어 살겠다는 꿈을 꾼 지도 오래더니, 먹고사는 일이 누가 되어 잊었도다. 저 물가를 보건대 푸른 대나무도 많기도 많구나! 교양 있는 선비들아, 낚싯대 하나 빌려다오. 갈대꽃 깊은 곳에 밝은 달과 맑은 바람이 벗이 되어, 임자 없는 자연 속에서 절로절로 늙으리라. 무심한 백구(갈매기)야, 나더러 오라고 하며 말라고 하겠느냐? 다툴 이가 없는 것은 다만 이것뿐인가 여기노라.

보잘것없는 이 몸이 무슨 소원이 있으랴마는 두세 이랑 되는 밭과 논을 다 묵혀 던져두고, 있으면 죽이요 없으면 굶을망정, 남의 집, 남의 것은 전혀 부러워하지 않겠노라. 나의 빈천함을 싫게 여겨 손을 내젓는다고 물러가며, 남의 부귀를 부럽게 여겨 손을 친다고 오겠는가? 인간 세상의 어느 일이 운명 밖에 생겼겠느냐? 가난해도 원망하지 않음이 어렵다고 하건마는 내 생활이 이러하되 서러운 뜻은 없다. 한 도시락의 밥을 먹고, 한 표주박의 물을 마시는 어려운 생활도 만족스럽게 여기노라. 평생의 한 뜻이 따뜻하게 입고 배불리 먹는 데에는 없도다. 태평천하에 충효를 일로 삼아, 형제간에 화목하고 벗끼리 신의 있게 사귀는 일을 그르다고 할 사람이 누가 있겠느냐? 그밖에 나머지 일이야 타고난 대로 살아가겠노라.

1	③	2	③	3	④	4	①	5	③

1 표현상의 특징과 효과

정답 설명

③ 유사한 시구의 반복을 통해 시적 의미를 강조하고 있다.

→ 1, 3연에서는 '눈은 살아 있다'를 반복하여 '눈'의 순수함을 강조하고 2, 4연에서는 '기침을 하자'를 반복하여 내면의 불순한 것(가래)을 제거하고 순수한 삶을 살아가야 함을 강조하고 있다.

오답 분석

① 연쇄적인 표현을 통해 운율을 형성하고 있다. / ② 감정을 절제하여 화자의 정서를 심화시키고 있다.

→ 제시된 작품에는 연쇄적 표현과 감정을 절제한 표현이 드러나지 않는다.

④ 역설적인 표현을 통해 화자는 자신의 과거 행적을 반성하고 있다.

→ 제시된 작품에 역설적인 표현은 사용되지 않았다. 또한 화자는 과거 행적을 반성하는 것이 아니라 부정적인 현실을 극복하고 순수한 삶을 살고자 하는 것이므로 적절하지 않다.

2 화자의 정서 및 태도

정답 설명

③ 부정한 현실을 몰아내고 순수한 삶을 살고 싶은 의지가 느껴지는군.

→ '-자'와 같은 청유형 어미를 통해 부정적인 현실을 극복하기 위해 함께 행동할 것을 권유하는 동시에 '-다'와 같은 단정적 어조를 통해 순수한 삶을 살고 싶은 화자의 소망과 의지를 드러내고 있으므로 적절하다.

오답 분석

① 표현의 자유를 억압하는 현실을 풍자하고 있군.

→ '밤새도록 고인 가슴의 가래'라는 표현을 통해 화자가 표현의 자유가 억압된 현실에 처해 있음을 알 수 있으나, 이러한 현실을 풍자하고 있지는 않으므로 적절하지 않다.

② 공동체적 삶의 회복에 대한 염원이 드러나는군.

→ 제시된 작품에서 확인할 수 없다.

④ 부패한 현실 상황에 맞서지 못하는 자신에 대한 자조가 나타나 있군.

→ 4연의 가래를 뱉는 행위는 억압과 불의에 대한 저항을 의미하는 것이므로 화자는 부패한 현실에 맞서고자 함을 알 수 있으며, 자신에 대한 자조가 나타난 부분은 확인할 수 없다.

3 시어의 의미

정답 설명

④ ㉢ 가래

→ 제시된 작품은 순수함을 상징하는 '눈'과 불순한 것을 상징하는 '가래'의 대비를 통해 순수한 삶에 대한 염원과 부정적 현실을 극복하고자 하는 의지를 드러내고 있다. 이때 ㉠ '눈', ㉡ '젊은 시인', ㉢ '기침'은 순수한 삶과 관련된 긍정적 의미의 시어이다. 그러나 ㉣ '가래'는 부정적 의미의 시어로 불순함, 부패한 현실 속에서 파생된 속물근성 등을 의미한다. 따라서 성격이 다른 하나는 ㉣이므로 답은 ④이다.

오답 분석

① ㉠ 눈

→ '눈'은 순수한 생명을 의미한다.

② ㉡ 젊은 시인

→ '젊은 시인'은 순수한 영혼을 지닌 존재를 의미하는 것으로, 화자 자신을 가리키기도 한다.

③ ㉢ 기침

→ '기침'은 내면의 불순함을 뱉어내는 자기 정화 행위를 의미한다.

4 시상 전개 방식

정답 설명

① 시상이 점층적으로 전개되고 있다.

→ 제시된 작품은 '눈은 살아 있다'와 '기침을 하자' 두 문장을 변형하고 반복함으로써 주제를 점층적으로 강조하고 있다. 따라서 시상 전개 방식으로 옳은 것은 ①이다.

5 작품의 종합적 감상

정답 설명

③ ㉢ 밤과 아침의 경계인 '새벽'이 시간적 배경으로 제시되어, 절망 (밤)에서 희망(아침)으로 화자의 인식이 변화하는 순간을 나타내고 있다.

→ '눈은 새벽이 지나도록 살아 있다'라는 표현을 통해 '눈'의 강인한 생명력을 나타내고 있을 뿐, '새벽'이 절망에서 희망으로 화자의 인식이 변화하는 순간을 나타내는 것은 아니므로 적절하지 않다.

작품 분석 노트 ✏️

📖 김수영 〈눈〉

갈래	자유시, 서정시
성격	비판적, 참여적, 상징적
제재	눈
주제	정의롭고 순수한 삶에 대한 의지와 부정적 현실에 대한 극복 의지
특징	• '눈'과 '가래'의 대립적인 의미를 중심으로 시상이 전개됨 • 청유형 어미를 반복해 독자에게 함께 행동할 것을 권유하고 현실 극복 의지를 드러냄 • 시구의 반복과 변형을 통해 운율을 형성함

1 주요 시어 및 시구의 의미

눈	순수하고 강인한 생명력을 지닌 존재, 화자에게 불의한 현실에 타협하지 않고 저항해야 함을 일깨워 주는 존재
기침	내면의 불순한 것들을 뱉어 내는 행위
젊은 시인	순수한 영혼을 지닌 존재, 부조리한 현실과 타협하지 않고 순수하고 정의롭게 살아가고자 하는 존재
가래	불순하고 부정적인 것, 부패한 현실 속에서 파생된 속물근성, 소시민성, 일상에 대한 안주

2 작품의 구조

눈	↔	가래
순수, 깨끗함, 생명력	대조	부패함, 부정함, 병듦

↓

기침을 하여 가래를 뱉음 (자기 정화 행위)

↓

순수하고 정의로운 삶을 살고 싶은 소망

3 시상 전개 방식

〈눈〉은 1, 3연에서 '눈은 살아 있다'와 2, 4연에서 '기침을 하자'를 변조하고 반복하여 의미를 강조하고 있다. 이처럼 유사한 통사 구조의 반복과 변형을 통한 점층적 시상 전개 방식은 부정적 현실에 대한 극복 의지와 순수한 삶에 대한 열망이라는 주제 의식을 강조하고 운율을 형성한다.

1	②	2	②	3	①	4	②	5	③
6	②	7	②	8	②	9	③	10	④

1 서술상의 특징

정답 설명

② 계절의 흐름에 따라 시상 전개가 이루어진다.
→ 제시된 작품에 계절의 흐름은 나타나 있지 않으므로 적절하지 않은 설명이다. 참고로 '츈한고열(春寒苦熱)은 엇디ᄒ야 디내시며 츄일동천(秋日冬天)은 뉘라셔 뫼셧ᄂ고'는 임의 일상에 대한 걱정을 사계절로 집약하여 표현한 것이다.

오답 분석

① 화자의 정서를 직접적으로 표현하고 있다.
→ '셜워(서러워)'와 같이 화자의 정서를 직접적으로 표현하고 있다.

③ 두 여인의 대화 형식으로 내용이 전개되고 있다.
→ 제시된 작품은 과거의 일을 이야기하며 작품 전반의 정서를 형성하는 중심인물과 짧게 대화에 개입하는 보조 인물의 대화를 통해 내용이 전개되고 있다. 또한 '뎨 가는 뎌 각시 본 듯도 ᄒ뎌이고(저기 가는 저 각시 본 듯도 하구나)'를 통해 화자는 여성임을 알 수 있다.

④ 진솔한 감정을 담은 순우리말 표현을 구사하고 있다.
→ '님 괴얌 즉ᄒ가마논(임이 사랑함 직한가마는)', '셜워(서러워)' 등 순우리말 표현을 통해 화자의 진솔한 감정을 드러내고 있다.

2 화자의 정서 및 태도, 작품의 내용 파악

정답 설명

② 을녀는 헤어진 임을 원망하며 그리워하고 있다.
→ 을녀는 '내 몸의 지은 죄 뫼ᄀ티 ᄡ혀시니 하ᄂᆯ히라 원망ᄒ며 사ᄅᆞ이라 허믈ᄒ랴'라고 하며 자신이 지은 죄로 인해 임이 떠난 것이라고 생각하고 있으므로 임을 원망하고 있지는 않음을 알 수 있다.

오답 분석

① 을녀는 자신의 행위를 자책하고 있다.
→ 을녀는 자신이 응석을 부려 임의 심기를 어지럽게 만들었고, 이로 인해 임과 헤어지게 되었다고 생각하며 자책하고 있다.

③ 갑녀는 을녀의 사연을 듣고 위로를 건네고 있다.
→ 갑녀는 을녀의 사연을 들은 뒤 '글란 싱각 마오'라고 하며 위로를 건네고 있다.

---

④ 갑녀는 을녀가 백옥경을 떠난 이유를 궁금해 하고 있다.
→ 갑녀는 을녀가 천상의 백옥경(궁궐)을 떠나 누구를 보러 가는지 궁금해 하고 있다.

3 시구의 의미

정답 설명

① ㉠ 눌을 보라 가시눈고(누구를 보러 가시는가?)
→ ㉠ '눌을 보라 가시눈고'는 지나가는 '뎌 각시'인 화자를 보고 하는 말로, 행동의 주체는 화자이다. 반면 나머지 ㉡㉢㉣은 행동의 주체가 '임'이다. 따라서 행동의 주체가 다른 하나는 ㉠이므로 답은 ①이다.

오답 분석

② ㉡ 네로다 녀기실시(너로구나 여기시며)
→ 임이 화자에게 '너로구나'하며 특별하게 여겼음을 뜻한다.

③ ㉢ 반기시눈 눗비치(반기시는 얼굴빛이)
→ 임이 화자를 보고 반겼음을 뜻한다.

④ ㉣ 녜와 궃티 셰시눈가(옛날과 같이 잡수시는가?)
→ 임이 끼니를 옛날과 같이 드시는지 걱정하는 화자의 말이다.

4 시구의 의미

정답 설명

② 군쁘디 전혀 업서: 나쁜 생각이 전혀 없어
→ 이때 '군쁟'은 '다른 생각'을 의미하므로 '다른 생각이 전혀 없어'가 옳은 뜻풀이이다.

5 화자의 정서

정답 설명

③ 님 그린 상사몽(相思夢)이 실솔(蟋蟀)이 넉시 되여
추야장(秋夜長) 깁픈 밤에 님의 방(房)에 드럿다가
날 잇고 깁피 든 잠을 셰와 볼가 ᄒ노라.
→ 제시된 작품은 이별한 임에 대한 그리움을 드러내고 있다. 이와 유사한 정서가 나타나는 것은 ③으로, ③은 '실솔(蟋蟀)'에 감정을 이입하여 임을 향한 그리움을 표현하였다.

오답 분석

① 매화 옛 등걸에 봄철이 돌아오니
옛 피던 가지에 피엄직도 하다마는
춘설이 난분분(亂紛紛)하니 필 동 말 동 하여라.
→ '매화'에 노쇠한 자신을 빗대어 표현하여, 늙어 가는 화자의 처지를 돌아보면서 삶에 대한 무상감을 읊은 작품이다. 이때 '매화'는 중의적인 표현으로, '꽃'과 '화자' 모두로 해석된다.

② 대쵸 볼 불근 골에 밤은 어이 뜻드르며,
벼 뷘 그르헤 게는 어이 누리눈고.
술 닉쟈 체 쟝수 도라가니 아니 먹고 어이리.
→ 농촌의 평화로운 가을 풍경과 수확철의 풍요로움을 표현한 작품이다.

④ 국화(菊花)야 너는 어이 삼월 동풍(東風) 다 지닉고
낙목한천(落木寒天)에 네 홀로 퓌엿눈다.
아마도 오상고절(傲霜孤節)은 너쑨인가 ᄒ노라.
→ 국화의 높은 절개를 예찬하는 작품이다.

현대어 풀이

① 매화가 자라났던 해묵은 등걸에 새봄을 맞게 되니
그 전에 피던 가지에서 다시금 꽃이 필 만도 하다마는
봄눈이 하도 어지러이 흩날리니 피게 될지 어떨지 모르겠구나.
- 매화

② 대추가 발갛게 익은 골짜기에 밤은 어찌 뚝뚝 떨어지며,
벼를 베고 난 그루터기에 게는 어찌 내려와 기어다니는가?
술이 익자마자 체 장수가 체를 팔고 돌아가니 (술을) 아니 먹고 어찌하겠는가?
- 황희

③ 임을 그리워하는 상사몽이 귀뚜라미의 넋이 되어
길고 긴 가을 깊은 밤에 임의 방에 들어가서
나를 잊고 깊이 든 (임의) 잠을 깨워 볼까 하노라.
- 박효관

④ 국화야, 너는 어찌하여 따뜻한 봄철 다 지나가고
나뭇잎이 떨어지는 추운 계절에 너 홀로 피었느냐?
아마도 서릿발도 꿋꿋이 이겨 내는 높은 절개를 지닌 것은 너뿐인가 하노라.
- 이정보

6 작품의 종합적 감상

정답 설명

② 임금에게 버림받은 신하로서 느끼는 한의 정서가 드러나는군.
→ 〈보기〉를 통해 작가는 고향에서 은거하며 멀리 떨어져 있는 임금을 그리워했음을 알 수 있는데, 연군지정의 정서를 나타내고 있는 것은 맞으나 원망과 억울함이 함축된 한(恨)의 정서를 드러내고 있지는 않으므로 적절하지 않은 반응이다.

오답 분석

① 우리말 표현을 통해 진솔한 정서를 드러내고 있군.
→ 다양한 우리말 표현의 묘미를 살려 화자가 느낀 감정을 진솔하게 표현하고 있다.

③ 임에 대한 일편단심은 임금에 대한 충정으로 해석할 수 있겠군.
→ 〈보기〉를 통해 제시된 작품은 충신연주지사(忠臣戀主之詞)의 대표격인 작품임을 알 수 있으므로 임에 대한 일편단심은 임금에 대한 충정으로 해석할 수 있다.

④ 여성 화자의 목소리를 빌려 정서를 효과적으로 형상화하고 있군.
→ 작가는 임과 이별한 여인의 목소리를 빌려 연군지정의 정서를 표현함으로써 간절함이 잘 드러나도록 효과적으로 형상화하고 있다.

7 시어의 의미

정답 설명

② ㉠은 소극적인 사랑을, ㉡은 적극적인 사랑을 의미한다.
→ ㉠ '낙월(落月)'은 임이 계신 창 안을 비추며 멀리서 바라보기만 하는 소극적인 사랑을 의미한다. 반면 ㉡ '구즌비'는 임의 옷깃을 적실 만큼 가까이 다가가는 적극적인 사랑을 의미한다.

오답 분석

① ㉠은 화자의 소망을, ㉡은 소망의 성취를 의미한다.
→ ㉠ '낙월(落月)'과 ㉡ '구즌비'는 모두 임의 곁에 가고 싶은 화자의 소망과 임에 대한 사랑이 반영된 대상이다.

③ ㉠은 화자의 감정이 이입된 대상이며, ㉡은 임과의 만남을 막는 장애물이다.
→ 제시된 부분에서 화자의 감정이 이입된 대상은 없으며, 임과의 만남을 막는 장애물은 '구롬, 안개, ㅂ람, 믈결' 등이다.

8 작품의 내용 파악

정답 설명

② 임과 화자의 거리감은 좁혀지지 않는다.
→ 화자는 꿈에서라도 임을 만나 임에 대한 마음을 전하려 하지만, 결국 아무 말도 못한 채로 꿈에서 깨게 된다. 이는 현실에서도, 꿈에서도 임과의 거리가 좁혀지지 않았음을 의미하므로 답은 ②이다.

오답 분석

① 임은 화자가 기억하던 모습 그대로이다.
→ '옥(玉) ㄱ툰 얼굴이 반(半)이나마 늘거셰라'를 통해 꿈에서 본 임의 얼굴이 예전과 달리 변해 있음을 알 수 있다.

③ 화자는 임에 대한 원망을 토로하고 있다.
→ 화자는 임의 얼굴을 보며 눈물만 흘렸을 뿐, 원망을 토로하고 있지는 않다.

④ 화자는 임에게 하고 싶은 말을 모두 전했다.
→ '무옴의 머근 말솜 ~ 눈물이 바라 나니 말인들 어이ᄒ며'를 통해 화자는 임을 만난 반가움과 슬픔에 말을 잇지 못하여 하고 싶은 말을 전하지 못했음을 알 수 있다.

9 작품의 종합적 감상

정답 설명

③ 임을 걱정하는 마음이 심화되고 있음을 보여 준다.
→ [A]에서는 꿈속에서 잠깐 임을 보고 헤어진 후 화자가 느끼는 외로운 심정이 심화되고 있을 뿐, 임을 걱정하는 마음은 드러나지 않으므로 적절하지 않은 것은 ③이다.

오답 분석

① 화자의 외로움이 강조되어 있다.
→ '어엿븐 그림재 날 조촐 ᄲ니로다'에서 '화자를 따르는 것은 자신의 그림자뿐'이라고 표현하여 꿈에서 깬 후 임의 부재로 인해 화자가 느끼는 쓸쓸함과 외로움의 정서를 강조하였다.

② 임에 대한 화자의 의지를 표현하였다.
→ 화자는 차라리 죽어 없어져 낙월이 되어 임을 멀리서나마 바라보겠다고 하고 있으므로, 죽어서라도 임을 따르고자 하는 화자의 강한 의지를 엿볼 수 있다.

④ 꿈에서 임을 만나고 깨어난 후의 허무함이 드러난다.
→ '어와, 허스(虛事)로다. 이 님이 어딕 간고'를 통해 화자는 꿈에서 임을 만나고 깨어난 후 모든 것이 부질없다는 생각에 허무함을 느끼고 있음을 알 수 있다.

10 시어의 의미

정답 설명

④ '반벽 청등(半壁靑燈)'은 임에 대한 화자의 마음이다.
→ '반벽 청등(半壁靑燈)'은 벽 가운데 걸린 등불을 뜻하는 것으로, 임을 위하여 밝힌 등이지만 임이 부재한 상황이라 정작 누구를 위해 밝았는지 알 수 없게 되었다. 따라서 '반벽 청등(半壁靑燈)'은 임에 대한 화자의 마음을 의미하는 것이 아니라, 임의 부재를 상기시켜 화자의 외로움을 심화하는 소재인 동시에 임의 부재로 인해 쓸모없게 된 화자의 처지를 표현하는 객관적 상관물이다.

오답 분석

① '븬 비'는 화자의 외로운 처지를 부각한다.
→ 사공 없이 물가에 걸려 있는 '븬 비'는 임이 곁에 없어 외로워하는 화자의 마음을 간접적으로 보여 주는 객관적 상관물이다.

② '일월(日月)'은 화자가 그리워하는 대상이다.
→ '일월(日月)'은 해와 달, 즉 임금을 뜻하는 것으로 화자가 그리워하는 대상(임)이다.

③ '안개'는 화자와 임 사이를 가로막는 장애물이다.
→ 화자는 임이 계신 곳을 보려고 하나 '안개'에 가려 볼 수 없으므로, '안개'는 화자와 임 사이를 가로막는 장애물이다.

작품 분석 노트 🖊

📖 정철 〈속미인곡〉

갈래	서정 가사, 양반 가사, 정격 가사
성격	서정적, 여성적, 연모적, 충신연주지사
제재	임에 대한 그리움과 사랑
주제	연군지정(戀君之情)
특징	• 대화 형식으로 시상을 전개함 • 세련된 우리말을 구사함

1 시상 전개 방식

	주제	내용
서사	임과 이별한 사연	을녀가 천상계를 떠난 이유를 갑녀에게 설명함
본사	임에 대한 사랑과 그리움	임을 그리워하는 마음으로 임에게 소식을 전할 사람이 나타날까 기다리며 지내고 있음을 이야기함
	임의 소식을 듣기 위해 방황함	임에게 가고자 하였으나 구름과 강물이 방해하여 다시 돌아옴
결사	죽어서라도 임을 따르려는 간절한 사랑	을녀가 창밖의 달을 보며 죽어서 달이 되고 싶다고 하자, 갑녀가 굿은비가 되라고 함

2 두 화자의 역할과 효과

갑녀	을녀
• 보조적 위치의 화자 • 을녀의 하소연을 유발함 • 작품의 전개를 위한 기능적 인물 • 짧게 대화에 개입해 화제를 전환함	• 작가의 처지를 대변하는 중심화자 • 갑녀의 물음에 응해 신세 한탄을 하며 작품의 정서적 분위기를 이끌어 감 • 작품의 주제를 구현하는 역할

↓

대화를 중심으로 사연을 풀어 내고 대화 상대자가 개입해 위로 및 공감함으로써 그 사연이 다른 사람이 공감할 수 있는 절실한 내용임을 효과적으로 드러냄

3 여성 화자의 성격

〈속미인곡〉의 화자는 남성 중심의 유교 사회에서 사랑하는 임에게 버림받은 여인의 정서를 지니고 있다. 이때 화자는 자신의 감정을 스스로 통제할 줄 아는 유교적인 여성의 성격이 강하다. 이는 신하 된 자로서 군주를 비판하지 않는 작가의 유학자로서의 태도가 반영된 것이다.

4 주요 시어의 의미와 기능

구름, 안개, 바람, 물결	임과의 사랑을 방해하는 장애물
낙월	• 임에 대한 소극적인 사랑 • 멀리서 임을 바라보기만 하는 존재로 임과의 만남이 어려울 것이라는 화자의 절망감을 드러냄
굿은비	• 임을 적실 만큼 가까이 갈 수 있는 존재 • 임에 대한 그리움의 눈물

🍽 현대어 풀이

저기 가는 저 각시 본 듯도 하구나. 천상의 백옥경(궁궐)을 어찌하여 이별하고 해 다 저문 날에 누구를 보러 가시는가?

아, 너로구나. 내 사정 이야기 들어 보오. 내 모습과 이 태도가 임이 사랑함 직한가마는, 어쩐지 나를 보시고 너로구나(하며 특별하게) 여기시므로 나도 임을 믿어 딴생각이 전혀 없어 응석과 애교를 부리며 지나치게 굴었던지, (임에서 나를) 반기시는 얼굴빛이 옛날과 어찌 다르신고? 누워 생각하고 일어나 앉아 헤아려 보니 내 몸의 지은 죄가 산같이 쌓였으니 하늘이라고 원망하겠으며 사람을 탓하겠는가. 서러워 풀어 헤아려 보니 조물주의 탓이로다.

그렇게는 생각하지 마오.

(마음에) 맺힌 일이 있습니다. 임을 (예전에) 모시고 있어 임의 일을 내가 잘 알거니, 물 같은 얼굴(연약한 몸)이 편하실 적 몇 날인가? 봄날의 추위와 여름날의 더위는 어떻게 지내시며 가을과 겨울은 누가 모셨는가? 아침 죽과 아침, 저녁 진지는 옛날과 같이 잡수시는가? 기나긴 밤에 잠은 어찌 주무시는가?

임(계신 곳)의 소식을 어떻게든 알고자 하니 오늘도 거의로구나(지나갔구나). 내일이나 (임 소식 전할) 사람 올까? 내 마음 둘 데 없다. 어디로 가자는 말인가? (나무를) 잡거니 밀거니 높은 산에 올라가니 구름은 물론이거니와 안개는 무슨 일인가? 산천이 어두우니, 해와 달을 어찌 보며, 가까운 거리도 모르는데 천 리를 바라보랴. 차라리 물가에 가서 뱃길이나 보고자 하니 바람과 물결로 어수선하게 되었구나. 사공은 어디가고 빈 배만 걸렸는가? 강가에 혼자 서서 지는 해를 굽어보니 임 계신 곳의 소식이 더욱 아득하구나.

초가집 찬 잠자리에 밤중에 돌아오니, 벽에 걸린 등불은 누구를 위하여 밝았는가? (산을) 오르며 내리며 헤매며 오락가락하니 잠깐 동안에 힘이 다하여 풋잠을 잠깐 드니 정성이 지극하여 꿈에 임을 보니, 옥 같던 (임의) 모습 반 넘게 늙었구나. 마음에 먹은 말씀 실컷 아뢰고자 하니, 눈물이 계속 나니 말인들 어찌하며, 정을 못다 풀어 목마저 메니, 방정맞은 닭 소리에 잠은 어찌 깨었던가?

아, 헛된 일이로구나. 이 임이 어디 갔는가? 꿈결에 일어나 앉아 창을 열고 바라보니 가엾은 그림자만이 나를 따를 뿐이로다. 차라리 죽어 없어져서 지는 달이나 되어 임 계신 창 안에 환하게 비치리라.

각시님 달은커녕 굿은비나 되십시오.

| 1 | ② | 2 | ① | 3 | ④ | 4 | ① | 5 | ③ |

1 작품의 종합적 감상

정답 설명

② 힘든 삶을 살아온 아버지에 대한 그리움이 나타난다.
→ 화자가 한 가정의 아버지로서 느끼는 삶의 고달픔에 대해 노래하고 있지만, 아버지에 대한 그리움이 나타나지는 않는다.

오답 분석

① 화자가 작품 표면에 직접적으로 드러난다.
→ 화자가 스스로를 '내(나)'라고 지칭하며 자신을 작품 표면에 직접적으로 드러낸다.

③ 일상적이고 소박한 소재를 사용하여 시상을 전개한다.
→ '신발'이라는 일상적이고 소박한 소재를 중심으로 가장으로서 느끼는 가족에 대한 책임과 사랑에 대해 노래하고 있다.

④ 특정한 대상을 청자로 설정하여 말을 건네는 형식을 취한다.
→ 2연의 '귀염둥아 귀염둥아 / 우리 막내둥아'와 4연의 '아랫목에 모인 아홉 마리의 강아지야 / 강아지 같은 것들아'를 통해 자식들을 청자로 설정하여 말을 건네는 형식을 취하고 있음을 알 수 있다.

2 화자의 정서 및 태도

정답 설명

① 가장으로서의 권위를 강조하고 있다.
→ 화자는 가장으로서 느끼는 책임감과 고달픈 현실을 극복하려는 의지를 노래하고 있지만, 가장으로서의 권위를 강조하지는 않는다.

오답 분석

② 아홉 명의 자식을 부양하고 있는 시인이다.
→ 1연의 '아홉 켤레의 신발'과 4연의 '아홉 마리의 강아지'를 통해 화자가 아홉 명의 자식을 부양하고 있는 아버지임을 알 수 있고, 1연의 '어느 시인의 가정'을 통해 화자가 시인임을 알 수 있다.

③ 자신의 삶에 대해 연민의 감정을 가지고 있다.
→ 3연의 '얼음과 눈으로 벽(壁)을 짜 올린 / 여기는 / 지상'은 고달픈 삶의 현실을 의미하며, 이러한 현실에 대해 '연민한 삶의 길이여'라고 표현하고 있으므로 화자가 자신의 삶에 대해 연민의 감정을 가지고 있음을 알 수 있다.

④ 아버지로서 책임을 다하지 못한다는 자책감을 느끼고 있다.
→ 4연의 '아버지라는 어설픈 것이/존재한다'를 통해 화자는 스스로를 어설픈 아버지라고 생각하고 있음을 알 수 있는데, 이는 한 가정의 아버지로서 책임을 다하지 못하고 있다는 자책감이 반영된 표현이다.

3 표현상의 특징과 효과

정답 설명

④ 후각적 심상을 활용하여 시적 상황을 감각적으로 나타내고 있다.
→ 제시된 작품에서 후각적 심상을 활용한 부분은 드러나지 않는다.

오답 분석

① 동일한 시어를 반복하여 운율을 형성하고 있다.
→ 1연에서 '아니'를, 2연에서 '둥아' 등을 반복하여 운율을 형성하고 있다.

② 직유와 은유를 통해 대상에 대한 애정을 드러내고 있다.
→ 4연 2행의 '아홉 마리의 강아지야'에서는 은유법이, 4연 3행의 '강아지 같은 것들아'에서는 직유법이 사용되었다. 여기서 '강아지'는 아홉 명의 자식들을 지칭한 것으로, 자식들에 대한 사랑이 담긴 애칭이다.

③ 대조적인 시어를 통해 화자가 느끼는 책임감을 부각하고 있다.
→ 2연에서는 화자의 신발 크기 '십구 문 반'과 막냇자식의 신발 크기 '육 문 삼'이 대조를 이루고 있다. 이때, '십구 문 반'은 약 47cm이므로 실제 크기가 아닌 화자가 가장으로서 느끼는 책임감을 상징하는 것임을 알 수 있다. 이처럼 화자는 자신과 막냇자식의 신발 크기를 대조하여 보임으로써 한 가정의 아버지로서 느끼는 책임감을 부각하고 있다.

🚩 이것도 알면 합격

비유법의 종류

직유법	'처럼, 같이, 듯' 등의 연결어를 사용하여, 원관념을 보조 관념에 직접적으로 연결하는 표현법 예 · 꽃가루와 같이 부드러운 고양이의 털에 · 새악시 볼에 떠오르는 부끄럼같이
은유법	연결어 없이 원관념과 보조 관념을 'A는 B이다'의 형태로 연결하는 표현법 예 마음은 제 고향 지니지 않고 / 머언 항구로 떠도는 구름
의인법	인간이 아닌 사물이나 관념을 인간처럼 나타내는 표현법 예 흰 점 꽃이 인정스레 웃고
활유법	생명체가 아닌 대상에 생명이나 동작을 부여해서 살아 있는 것처럼 나타내는 표현법 예 청산이 깃을 친다

4 시어 및 시구의 의미

정답 설명

① ㉠ 알전등이 켜질 무렵
→ ㉠ '알전등이 켜질 무렵'은 시간적 배경이 저녁임을 나타내는 표현이나, 나머지 ㉡ '눈과 얼음의 길', ㉢ '얼음과 눈으로 벽(壁)을 짜 올린', ㉣ '굴욕과 굶주림과 추운 길'은 모두 화자의 고달픈 삶을 의미하는 표현이다. 따라서 나머지 셋과 성격이 다른 하나는 ㉠이므로 답은 ①이다.

5 작품의 종합적 감상

정답 설명

③ 가정과 사회에서 소외된 아버지의 외로움을 확인할 수 있다.
→ 제시된 작품은 가장으로서의 애환과 가족에 대한 사랑을 노래하고 있지만, 가정과 사회에서 소외된 아버지의 외로움이 드러나지는 않는다.

오답 분석

① 고달픈 삶을 사는 아버지의 애환을 엿볼 수 있다.
→ '눈과 얼음의 길', '얼음과 눈으로 벽(壁)을 짜 올린', '굴욕과 굶주림과 추운 길'과 같은 표현을 통해 가장으로서 고달픈 삶을 살고 있는 아버지(화자)의 애환을 확인할 수 있다.

② 가족에 대한 아버지의 사랑과 책임 의식이 나타난다.
→ 힘들지만 아이들을 보고 미소를 짓는 화자의 모습과 자식들을 '강아지'라는 애칭으로 부르는 모습을 통해 가족에 대한 사랑을 확인할 수 있다. 또한 자신의 신발 크기를 '십구 문 반'이라고 실제 치수보다 크게 표현함으로써 아버지로서 느끼는 책임감을 상징적으로 드러내고 있다.

④ 고통스러운 현실을 극복하고자 하는 아버지의 의지가 드러난다.
→ 4연에서 화자는 '굴욕과 굶주림과 추운 길'을 걸어 아이들에게로 돌아온 뒤, 아이들을 바라보며 미소를 짓고 있다. 여기서 '미소하는 내 얼굴'은 힘겨운 삶을 이겨내는 힘을 가족들에게서 얻고 있음을 드러내는 표현으로, 고통스러운 현실을 사랑으로 극복하고자 하는 아버지의 의지가 드러난다.

작품 분석 노트 🖊

📖 박목월 〈가정〉

갈래	자유시, 서정시
성격	독백적, 상징적
제재	가장의 삶
주제	가장으로서 느끼는 삶의 고달픔과 가족에 대한 애정
특징	비유와 상징을 통해 주제를 효과적으로 전달

1 시상 전개 방식

1연	현관에 놓인 아홉 켤레의 신발
2연	고달픈 하루를 마무리하고 집으로 돌아옴
3연	가족에 대한 사랑과 가장으로서 자신의 처지에 대한 연민
4연	가족을 사랑하는 마음으로 고된 현실을 극복하고 싶어 함

2 주요 시어 및 시구의 의미

아홉 켤레의 신발	아홉 명의 자식
십구 문 반	가장으로서의 책임감
눈과 얼음의 길, 얼음과 눈으로 벽(壁)을 짜올린, 굶주림과 추운 길	현실의 고달픈 삶
아버지라는 어설픈 것	가장으로서의 책임을 다하지 못하는 자책감

3 표현상의 특징과 효과

상징	내 신발은 / 십구 문 반(十九文半): 가장으로서의 책임감을 상징함
반복	귀염둥아 귀염둥아 / 우리 막내둥아: 막내에 대한 애정을 강조
대조	십구 문 반(十九文半) ↔ 육 문 삼(六文三): '나'와 '막냇자식'의 신발 크기를 대조하여 가장의 책임감을 강조
비유	아홉 마리의 강아지야: 자식들을 강아지에 비유하여 자식에 대한 사랑을 드러냄

1	③	2	③	3	③	4	②	5	①
6	②	7	④	8	④	9	④	10	③

1 표현상의 특징과 효과

정답 설명

③ 대유법을 사용해 화자의 의지를 강조하고 있다.
- → (가)에서 '강호(江湖)'는 자연을 의미하며, 자연의 일부(강과 호수)로 전체를 나타내는 대유법에 해당한다. 그러나 이는 관찰사로 부임하기 전 자연에서 은거하고 있던 화자의 상황을 드러내기 위해 사용한 표현이며, 화자의 의지를 강조하기 위한 것은 아니다.
  - 대유법: 대상의 일부분이나 하나의 특징을 제시하여 그 자체나 전체를 나타내는 수사법

오답 분석

① 공간 이동에 따라 시상을 전개하고 있다.
- → (가)와 (나)에서는 관찰사로 부임하여 관내를 순찰할 때까지의 여정을 통해 공간의 이동을 확인할 수 있으며, (다)와 (라)에서는 금강산을 유람하는 여정을 확인할 수 있다.
  - (가), (나): 전라도 창평 → 한양 → 평구(양주)역 → 흑수(여주) → 섬강·치악(원주) → 소양강(춘천) → 동주(철원) → 회양
  - (다), (라): 만폭동 → 금강대 → 진헐대 → 개심대

② 자연물에 인격을 부여하여 표현하고 있다.
- → (다)의 '호의현상(縞衣玄裳)'은 흰 저고리와 검은 치마를 뜻하며, 학의 모습을 의인화하여 표현한 것이다. 또한, (라)에서 '망고딕(망고대)'와 '혈망봉'을 작가 자신과 동일시하여 임금에게 직간하는 충신처럼 의인화하여 표현하고 있다.

④ 동적 이미지와 정적 이미지의 대조를 통해 풍경을 묘사하고 있다.
- → (라)의 '놀거든 쀠디 마나(나는 듯하면서도 뛰는 듯도 하고)'에서는 동적인 이미지가 드러나며, '부용(芙蓉)을 고잣는 듯 빅옥(白玉)을 믓것는 듯(연꽃을 꽂아 놓은 듯, 백옥을 묶어 놓은 듯)'에서는 정적인 이미지가 드러난다. 이처럼 대조적인 이미지를 통해 산봉우리의 아름다운 장관을 묘사하고 있다.

2 화자의 정서 및 태도

정답 설명

③ 관조적이고 달관적인 태도로 중용(中庸)에 대해 강조했다.
- → 제시된 작품에서 화자가 관조적이고 달관적인 태도를 보이는 부분은 확인할 수 없으며, 중용(中庸)에 대해 강조하는 부분도 확인할 수 없다.

- 중용(中庸): 지나치거나 모자라지 아니하고 한쪽으로 치우치지도 아니한, 떳떳하며 변함이 없는 상태나 정도

오답 분석

① 고사를 인용하여 선정(善政)에 대한 포부를 드러냈다.
- → 화자는 회양에 도착하여 '급댱유(급장유)'의 모습을 다시 볼 수 있을 것이라고 표현하고 있는데, 여기서 '급장유'는 중국 회양의 태수로서 선정을 베풀었다는 고사 속 인물이다. 이와 같이 화자는 지명이 동일한 회양에서 연상되는 고사를 인용하여, 급장유와 같이 선정을 베풀겠다는 포부를 드러냈다.

② 색채 이미지를 활용하여 우국지정(憂國之情)을 나타냈다.
- → 화자는 외로운 신하가 서울을 떠나 있어 나라에 대한 걱정이 많다는 것을 '고신(孤臣) 거국(去國)에 빅발(白髮)도 하도 할샤'로 표현했다. 이때 '빅발(백발)'은 나랏일을 근심하는 마음을 상징하는 것으로, 이와 같이 흰색의 색채 이미지를 사용하여 우국지정(憂國之情)을 나타냈다.

④ 왕을 연상하게 하는 자연물을 이용하여 연군지정(戀君之情)을 표현했다.
- → 화자는 '쇼양강(소양강)'을 보며 소양강이 흘러드는 한강을 연상하고 있는데, 한강은 임금이 있는 한양에 흐르는 강이다. 또한 '북관명(북관정)'에 올라 '삼각산 뎨일봉(삼각산의 제일 높은 봉우리)'이 보일 것 같다고 표현하고 있는데, '삼각산' 역시 임금이 있는 한양에 위치한 산이다. 이와 같이 화자는 왕을 연상하게 하는 자연물을 이용하여, 임금에 대한 그리움인 연군지정(戀君之情)을 표현했다.

3 시구의 의미

정답 설명

③ ⓒ: 왕을 절대적 존재에 빗대어 찬양하고 있다.
- → ⓒ '어와 조화옹이 헌ᄉ토 헌ᄉ홀샤'는 '조물주의 솜씨가 야단스럽기도 야단스럽구나'로 해석되며, 조물주가 만든 금강산의 절경에 대한 화자의 감탄일 뿐 왕을 절대적 존재에 빗대어 찬양하는 의미는 아니다.

오답 분석

① ㉠: 관찰사로 임명된 과정을 속도감 있게 표현하고 있다.
- → ㉠은 관찰사로 임명된 화자가 임금께 하직 인사를 올리고 나오는 과정을 생략과 비약을 통해 속도감 있게 전개하고 있는 부분이다. '연츄문(경복궁의 서쪽 문)', '경회남문(경회루)', '옥절(관찰사의 상징물)'을 통해 입궐에서부터 부임지로 떠나기까지의 복잡한 과정을 간결하게 표현하고 있다.

② ㉡: 폭포의 역동적인 모습을 묘사하고 있다.
- → ㉡의 앞에서 화자가 '만폭동(萬瀑洞)' 계곡에 들어갔다고 하였으므로 ㉡은 눈부시고 거세게 쏟아지는 폭포의 모습을 '무지게(무지개)'와 '룡의 초리(용의 꼬리)'에 빗대어 표현하고 있는 부분임을 알 수 있다. 이와 같이 비유법을 활용하여 폭포의 모습을 역동적으로 묘사하고 있다.

④ ㉣: 산봉우리의 기운이 맑고 깨끗하다는 의미이다.
  → ㉣ '묽거든 조티 마나 조커든 묽디 마나'는 '맑거든 깨끗하지 말거나, 깨끗하거든 맑지 말 것이지'로 해석되며, ㉣의 앞 문장을 통해 그 주체가 봉(산봉우리)에 맺히고 서려 있는 기운임을 알 수 있다.

4 수사법

② 은(銀) ᄀ툰 무지게 옥(玉) ᄀ툰 룡(龍)의 초리
  → 〈보기〉의 밑줄 친 부분에 사용된 표현법은 직유법으로, 새하얀 무명을 눈결에 빗대어 표현하고 있다. '은(銀) ᄀ툰 무지게 옥(玉) ᄀ툰 룡(龍)의 초리(은같은 무지개, 옥같은 용의 꼬리)'에서도 직유법과 은유법이 사용되었는데, 폭포의 아름다운 절경을 '무지개'와 '용의 꼬리'에 빗대었고(은유법), 이를 다시 은같이 하얗고 옥같이 아름답다고 표현(직유법)하고 있다.

① 셤강(蟾江)은 어듸메오 티악(雉岳)이 여긔로다
  → '섬강은 어디인가? 치악산이 여기로구나'라는 뜻으로, 스스로 묻고 답하는 문답법이 사용되었다.

③ 쇼양강(昭陽江) 느린 믈이 어드러로 든단 말고
  → '소양강의 흘러내리는 물이 어디로 흘러든다는 말인가?'라는 뜻으로, 물음의 형식으로 내용을 강조하는 설의법이 사용되었다.

④ 강호(江湖)애 병(病)이 깁퍼 듁님(竹林)의 누엇더니
  → '자연을 사랑하는 마음이 병이 되어 창평(대나무 숲)에서 지내고 있었더니'라는 뜻으로, '강호(江湖)'는 자연의 일부인 강과 호수로 자연 그 자체를 나타내고 있으므로 대유법이 사용되었다.
  • 대유법: 대상의 일부분이나 하나의 특징을 제시하여 그 자체나 전체를 나타내는 수사법

5 작품의 종합적 감상

① (가)에서 화자의 내적 갈등이 해소된다.
  → (가)에서 화자의 내적 갈등이 드러나는 부분은 확인할 수 없다.

② (나)에서 인생무상의 정취를 드러내고 있다.
  → (나)의 '천고(千古) 흥망(興亡)을 안다 몰ᄋ는다(한 나라의 흥하고 망함을 알고 우는가, 모르고 우는가.)'라는 표현에서 화자는 과거 후고구려의 수도였던 철원의 대궐 터에서 '오쟉(까마귀와 까치)'만 지저귀는 모습을 보고 인생무상을 느끼고 있음을 알 수 있다.

③ (다)에서 감각적 이미지를 통해 대상에 대한 감상을 표현했다.
  → (다)의 '들을 제논 우레러니 보니는 눈이로다'는 '멀리서 들을 때에는 우렛소리 같더니, 가까이서 보니 눈이 날리는 것 같구나'로 해석되며, '우렛소리'와 같은 청각적 이미지와 '눈이 날리는 모습'과 같은 시각적 이미지를 활용하여 폭포에 대한 감상을 표현하고 있다.

④ (라)에서 화자는 '진헐디'와 '기심디'에 올라갔다.
  → (라)의 '진헐디(眞歇臺) 고텨 올나'와 '기심디(開心臺) 고텨 올나'를 통해 화자가 '진헐디(진헐대)'와 '기심디(개심대)'에 올라갔음을 알 수 있다.

6 시구의 의미

② ㉡: 단사표음의 자세가 엿보이는 표현이다.
  → ㉡은 '음애예 이온 플(그늘진 낭떠러지에 시든 풀)'을 다시 살려 내겠다는 의지를 드러낸 표현으로, '음애예 이온 플'은 헐벗고 굶주린 백성들을 상징한다. 따라서 ㉡은 단사표음의 자세가 아닌, 백성을 사랑하고 잘 보살피고자 하는 애민 정신이 엿보이는 표현이다.
  • 단사표음(簞食瓢飮): 대나무로 만든 밥그릇에 담은 밥과 표주박에 든 물이라는 뜻으로, 청빈하고 소박한 생활을 이르는 말

① ㉠: 성인의 정신적 경지를 흠모하는 표현이다.
  → ㉠은 '그 경지를 어찌하면 알 수 있겠는가?'로 해석되는데, 여기서 '그 경지'는 화자가 비로봉을 바라보며 연상한 공자의 호연지기를 가리키는 표현이다. 따라서 ㉠은 공자의 높고 큰 덕에 쉽게 미칠 수 없음을 설의적으로 표현하여 공자의 정신적 경지를 칭송하는 것이다.
  • 호연지기(浩然之氣): 거침없이 넓고 큰 기개

③ ㉢: 애민 정신과 선정의 포부를 드러내는 표현이다.
  → ㉢은 아름다운 달빛을 감탄하며, 달밤의 경관을 모두에게 보여 주고 싶어 하는 마음을 표현한 것이다. 이는 관찰사로서 좋은 것을 백성과 나누고자 하는 화자의 애민 정신과 선정의 포부를 드러낸 표현이다.

④ ㉣: 화자의 호탕한 기상이 부각되는 표현이다.
  → ㉣은 '북두셩(북두칠성)'을 국자로, '창ᄒ슈(푸른 바닷물)'를 술로 여긴다는 표현으로, 화자의 호기로운 기상을 드러내고 있다.

7 시상 전개 방식

④ 구체적인 장소를 언급하며 시상을 전개하고 있다.
  → '화룡쇠(화룡소)', '동ᄒ(동해)' '진쥬관(속초)'과 같은 구체적인 장소를 언급하며 시상을 전개하고 있다.

① 역순행적 구성으로 시상을 전개하고 있다.
→ 제시된 작품은 화자의 여정에 따라 시간순으로 시상을 전개하고 있다.

② 계절의 변화에 따라 시상을 전개하고 있다.
→ (사)의 '오월 댱텬(오월 드높은 하늘)'이라는 표현을 통해 작품의 계절적 배경이 늦은 봄임을 알 수 있으나, 계절의 변화가 나타나는 부분은 확인할 수 없다.

③ 수미 상관의 구조로 시상을 마무리하고 있다.
→ 처음과 끝이 같거나 유사한 시구로 배치하는 수미 상관의 구조는 드러나지 않는다.

8 작품의 종합적 감상

④ (자)에서 화자는 자연을 즐기고 싶은 본연의 욕망을 선택한다.
→ 화자는 꿈속에서 만난 신선에게 '이 술 가져다가 ~ 억만창싱(億萬蒼生)을 다 취(醉)케 밍근 후(後)의'라고 말하는데, 이는 좋은 것(술)을 수많은 백성들(억만창싱)과 나누고자 하는 애민 정신과 선정의 포부를 나타낸다. 이를 통해 관리로서의 임무와 자연을 즐기고 싶어 하는 본연의 욕망 사이에서 갈등하던 화자가 관찰사로서의 의무와 책임을 선택하며 갈등이 해소되었음을 알 수 있다.

① (바)에서 '산'에서 '바다'로 시상의 전환이 이루어진다.
→ '산듕(山中)을 미양 보랴 동히(東海)로 가쟈스라'를 통해 '산'에서 '바다'로 시상이 전환되었음을 알 수 있으며, '히운(바다의 구름)', '빅구(백구=갈매기)' 등의 표현을 관리로서의 임무는 유한하고 풍경은 볼수록 싫증나지 않으니, 마음속에 깊이 품은 생각이 많기도 많고 나그네의 시름도 달랠 길 없구나'로 해석된다. 이를 통해 바다의 모습을 묘사하고 있다.

② (사)에서 화자는 공적인 의무와 사적인 욕망 사이에서 갈등한다.
→ '왕뎡(王程)이 유흔(有)ᄒ고 풍경(風景)이 못 슬믜니, 유회(幽懷)도 하도 할샤 긱수(客愁)도 둘듸 업다'는 '관리로서의 임무는 유한하고 풍경은 볼수록 싫증나지 않으니, 마음속에 깊이 품은 생각이 많기도 많고 나그네의 시름도 달랠길 없구나'로 해석된다. 이를 통해 화자가 관찰사로서의 의무와 자연을 즐기고 싶은 개인적 욕망 사이에서 갈등하고 있음을 알 수 있다.

③ (아)에서 시간적 배경의 변화가 나타난다.
→ '져근덧 밤이 드러(잠깐 사이에 밤이 되어)'를 통해 시간적 배경이 '밤'으로 전환되었음을 알 수 있다.

9 시어의 의미

④ ⓓ 나
→ ⓐ, ⓑ, ⓒ는 모두 화자가 꿈에서 만난 '신선'을 가리키는 표현이지만, ⓓ '나'는 화자가 스스로를 지칭한 것이므로 가리키는 대상이 다른 하나는 ④이다.

① ⓐ 흔 사ᄅᆞᆷ
→ ⓐ '흔 사ᄅᆞᆷ'은 꿈속에서 화자가 만난 신선으로, 화자가 자신과 같이 선계에 있다가 잘못을 저질러 인간 세상에 내려오게 되었음을 알려 주고 있다.

② ⓑ 우리
→ ⓑ '우리'는 꿈에 나타난 '흔 사ᄅᆞᆷ(신선)'이 화자에게 하는 이야기로, 자신을 비롯한 신선들을 가리킨다.

③ ⓒ 저
→ ⓒ '저'는 화자가 '흔 사ᄅᆞᆷ(신선)'을 지칭한 표현이다.

10 화자의 정서 및 태도

③ 중의적인 표현을 통해 나라에 대한 근심을 드러내고 있다.
→ '천년(千年) 노룡(老龍)'은 천 년 묵은 늙은 용을 의미하는 것으로, 화룡소의 굽이치는 물을 비유적으로 나타낸 표현임과 동시에 경륜과 포부를 지닌 화자 자신을 상징하는 중의적인 표현이다. 그러나 이러한 중의적인 표현을 통해 나라에 대한 근심을 드러내고 있지는 않으므로 적절하지 않다.

① '빅구'를 활용하여 자연 친화적 태도를 드러내고 있다.
→ 화자는 '빅구(白鷗)야 ᄂᆞ디 마라 네 버딘 줄 엇디 아는(백구야 날지 마라, 내가 네 벗인 줄 어찌 아느냐?)'이라고 이야기하며, '빅구'로 대표되는 자연과 벗하며 지내겠다는 자연 친화적인 태도를 드러내고 있다.

② 자신을 신선으로 비유하며 도교적 사상을 나타내고 있다.
→ 화자는 자신을 '취션(취한 신선)'이라고 칭하며 도교적 사상을 나타내고 있다.

④ 대상에 감정을 이입하여 금강산을 떠나는 아쉬움을 표현하고 있다.
→ 화자는 '녕농 벽계(눈부시게 반짝이는 시냇물)'와 '수성 뎨도(여러 소리로 우짖는 산)'가 이별을 원망하는 듯하다고 표현하고 있다. 이는 금강산을 떠나는 화자의 아쉬운 마음을 '시냇물'과 '새'에 감정 이입하여 표현한 것이다.

작품 분석 노트 ✏️

📖 정철 〈관동별곡〉

갈래	기행 가사, 양반 가사
성격	자연 친화적, 묘사적
제재	관동 지방의 절경
주제	관동 팔경에 대한 감탄과 연군 및 애민 정신
특징	• 시간 순서(여정)에 따른 추보식 구성을 취함 • 영탄법, 대구법, 생략법 등 다양한 표현을 활용함 • 우리말의 아름다움을 살린 언어적 기교가 돋보임

1 표현상 특징

생략과 비약	생략과 비약을 통한 속도감 있는 전개가 두드러짐 예 연츄문(延秋門) 드리드라 경회남문(慶會南門) 브라보며, 하직(下直)고 믈너나니 옥절(玉節)이 알픠 셧다
역동적 경치 묘사	힘차게 쏟아지는 폭포의 역동적인 순간을 포착하여 생생하게 표현함 예 은(銀) ▽툰 무지게 옥(玉) ▽툰 룡(龍)의 초리
자연물의 주관적 변용	자연물을 인간의 삶에 적용시켜 해석함 예 놉흘시고 망고딕(望高臺), 외로올샤 혈망봉(穴望峰)이 하놀의 추미러 므스 일을 스로리라 → 무정물인 '망고딕'와 '혈망봉'을 작가 자신과 동일시하여 대상의 절개와 외로움을 드러내면서 절의를 다짐함

2 주제 의식이 드러나는 부분

선정에의 포부	• 회양(淮陽) 녜 일홈이 마초아 ▽톨시고. 급댱유(汲長孺) 풍치(風彩)를 고텨 아니 볼 게이고: 지명이 동일한 회양에서 연상되는 고사를 인용하여, 급장유와 같이 선정을 베풀겠다는 포부를 드러냄 • 풍운(風雲)을 언제 어더 삼일우(三日雨)롤 디련눈다. 음애(陰崖)예 이온 플을 다 살와 내여스라: 굶주린 백성들을 생각하는 애민 정신을 드러냄 • 이 술 가져다가 ㅅ히(四海)예 고로 눈화, 억만창싱(億萬蒼生)을 다 취(醉)케 밍근 후(後)의: 목민관으로서 선정을 다짐함
연군지정 (戀君之情)	쇼양강(昭陽江) 느린 믈이 어드러로 든단 말고. ~ 삼각산(三角山) 뎨일봉(第一峰)이 ㅎ마면 뵈리로다: '소양강' → '한강', '삼각산 제일봉' → '임금'을 연상하며 임금에 대한 그리움을 드러냄
우국지정 (戀君之情)	• 고신(孤臣) 거국(去國)에 빅발(白髮)도 하도 할샤: 임금 곁을 떠난 신하의 근심과 걱정

💧 현대어 풀이

(가) 자연을 사랑하는 마음이 고질병이 되어, 은거지인 창평에서 지내고 있었는데, 8백 리나 되는 강원도 관찰사의 직분을 맡겨 주시니, 아아 임금님의 은혜야말로 갈수록 그지없다. 연추문으로 달려 들어가 경회루 남쪽 문을 바라보며 임금님께 하직을 하고 물러나니, 옥절이 앞에 서 있다. 평구역에서 말을 갈아타고 흑수로 돌아드니, 섬강은 어디인가? 치악산이 여기로구나.

(나) 소양강의 흘러내리는 물이 어디로 흘러든다는 말인가? 임금 곁을 떠나는 외로운 신하가 근심, 걱정이 많기도 많구나. 동주에서 밤을 겨우 새워 북관정에 오르니, 임금 계신 서울의 삼각산 제일 높은 봉우리가 웬만하면 보일 것도 같구나. 옛날 태봉국 궁예 왕의 대궐 터였던 곳에 까막까치가 지저귀니, 한 나라의 흥하고 망함을 알고 우는가, 모르고 우는가. (내가 관찰사 방면을 받은 지역인) 회양이 옛날 한(漢)나라에 있던 '회양'이라는 이름과 공교롭게도 같구나. 중국의 회양 태수(太守)로 선정을 베풀었다는 급장유의 풍채를 이곳 회양에서 (나를 통해) 다시 볼 것이 아닌가?

(다) 감영 안이 무사하고, 시절이 3월인 때, 화천(花川)의 시냇길이 금강산으로 뻗어 있다. 행장을 간편히 하고, 돌길에 지팡이를 짚고, 백천동을 지나서 만폭동 계곡으로 들어가니, 은같이 하얀 무지개, 옥같이 고운 용의 꼬리처럼 아름다운 폭포가 섞여 돌며 내뿜는 소리가 십 리 밖까지 퍼졌으니, 멀리서 들을 때에는 우렛소리 같더니, 가까이서 보니 눈이 날리는 것 같구나. 금강대 맨 꼭대기에 새끼를 친 학이 봄바람에 들려오는 옥피리 소리에 선잠을 깨었던지, (학이) 공중에 솟아 뜨니, 서호의 옛 주인 임포를 반기듯 나를 반겨 넘나들며 노는 듯하구나!

(라) 소향로봉과 대향로봉을 눈 아래 굽어보고, 정양사 진헐대에 다시 올라 앉으니, 여산같이 아름다운 금강산의 참모습이 여기서야 다 보인다. 아아, 조물주의 솜씨가 야단스럽기도 야단스럽구나. 저 수많은 봉우리들은 나는 듯하면서도 뛰는 듯도 하고, 우뚝 섰으면서도 솟은 듯하니, 참으로 장관이로다. 또 연꽃을 꽂아 놓은 듯, 백옥을 묶어 놓은 듯, 동해를 박차는 듯, 북극을 떠받쳐 괴고 있는 듯하구나. 높기도 하구나 망고대여, 외롭기도 하구나 혈망봉이여. (망고대와 혈망봉은) 하늘에 치밀어 무슨 일을 아뢰려고 오랜 세월이 지나도록 굽힐 줄 모르는가? 아, 너로구나. 너 같은 높은 기상을 지닌 것이 또 있겠는가? 개심대에 다시 올라 중향성을 바라보며 만 이천 봉을 똑똑히 헤아려 보니, 봉마다 맺혀 있고, 끝마다 서린 기운, 맑거든 깨끗하지 말거나, 깨끗하거든 맑지나 말 것이지, 맑고 깨끗한 저 산봉우리의 빼어남이여! 저 맑고 깨끗한 기운을 흩어 내어 뛰어난 인재를 만들고 싶구나. 생긴 모양도 각양각색 다양도 하구나. 천지가 생겨날 때에 저절로 이루어진 줄 알았지만 이제 와서 보니 모두가 뜻이 있게 만들어진 듯하구나!

(마) 금강산의 최고봉인 비로봉에 올라 본 사람이 누구이신가? (공자는 동산에 올라 노나라가 작음을 알고 태산에 올라 천하가 작다고 했는데) 동산과 태산의 어느 것이 비로봉보다 높던가?

노나라가 좁은 줄도 우리는 모르거든, 하물며 넓거나 넓은 천하를 공자는 어찌하여 작다고 했는가? 아! 공자와 같은 그 높고 넓은 경지를 어찌하면 알 수 있겠는가? (공자의 높은 경지에) 오르지 못하는데 내려감이 무엇이 괴이할까? 원통골의 좁은 길로 사자봉을 찾아가니, 그 앞의 넓은 바위가 화룡소(化龍沼)가 되었구나. 마치 천 년 묵은 늙은 용이 굽이굽이 서려 있는 것 같은 화룡소의 물이 밤낮으로 흘러 내어 넓은 바다에 이었으니, (전설 속의 용처럼) 바람과 구름을 언제 얻어 흡족한 비를 내리려느냐? 그늘진 낭떠러지에 시든 풀을 다 살려 내려무나.

(바) 내금강 산중의 경치만 매양 보겠는가? 이제는 동해로 가자꾸나. 남여 타고 천천히 걸어서 산영루에 오르니, 눈부시게 반짝이는 시냇물과 여러 소리로 우짖는 산새는 나와의 이별을 원망하는 듯하고, 관찰사의 행렬을 상징하는 깃발을 휘날리니 오색이 넘나드는 듯하며, 북과 나팔을 섞어 부니 바다의 구름이 다 걷히는 듯하다. 모랫길에 익숙한 말이 취한 신선(작가 자신)을 비스듬히 태우고 해변의 해당화 핀 꽃밭으로 들어가니, 백구야 날지 마라, 내가 네 벗인 줄 어찌 아느냐?

(사) 진주관 죽서루 아래 오십천의 흘러내리는 물이 태백산의 그림자를 동해로 담아 가니, 차라리 그 물줄기를 임금 계신 한강으로 돌려 서울의 남산에 대고 싶구나. 관리로서의 임무는 유한하고, 풍경은 볼수록 싫증나지 않으니, 마음속에 깊이 품은 생각이 많기도 많고, 나그네의 시름도 달랠 길 없구나. 〈중 략〉 하늘의 맨 끝을 끝내 못 보고 망양정에 오르니, 바다 밖은 하늘인데 하늘 밖은 무엇인가? 가뜩이나 성난 고래(파도)를 누가 놀라게 하기에, 물을 불거니 뿜거니 하면서 어지럽게 구는 것인가? (파도가) 은산을 꺾어 내어 온 세상에 흩뿌려 내리는 듯, 오월 드높은 하늘에 백설(물보라)은 무슨 일인가?

(아) 잠깐 사이에 밤이 되어 바람과 물결이 가라앉기에, 해 뜨는 곳 가까이에서 명월을 기다리니, 상서로운 빛줄기가 보이는 듯하다가 숨는구나. 구슬을 꿰어 만든 발을 다시 걷어 올리고 옥돌같이 고운 층계를 다시 쓸며, 샛별이 돋아오를 때까지 꼿꼿이 앉아 바라보니, 저 바다에서 솟아오르는 흰 연꽃 같은 달덩이를 어느 누가 보내셨는가? 이렇게 좋은 세상을 다른 사람 모두에게 보이고 싶구나. 신선이 마시는 술을 가득 부어 손에 들고 달에게 묻는 말이, "옛날의 영웅은 어디 갔으며, 신라 때 사선은 누구더냐?" 아무나 만나 보아 영웅과 사선에 관한 옛 소식을 묻고자 하니, 선산이 있다는 동해로 갈 길이 멀기도 하구나.

(자) 소나무 뿌리를 베고 누워 선잠이 얼핏 들었는데, 꿈에 한 사람(신선)이 나에게 이르기를 "그대를 내가 모르랴? 그대는 하늘의 신선이라, 황정경 한 글자를 어찌 잘못 읽고 인간 세상에 내려와서 우리를 따르는가? 잠시 가지 말고 이 술 한 잔 먹어 보오." 북두칠성과 같은 국자를 기울여 동해 물 같은 술을 부어 저 먹고 나에게도 먹이거늘, 서너 잔을 기울이니 온화한 봄바람이 산들산들 불어 양 겨드랑이를 추켜 올리니, 아득한 하늘도 웬만하면 날 것 같구나. "이 신선주를 가져다가 온 세상에 고루 나눠 온 백성을 다 취하게 만든 후에, 그때에야 다시 만나 또 한 잔 하자꾸나." 말이 끝나자, 신선은 학을 타고 높은 하늘에 올라가니, 공중의 옥피리 소리가 어제던가 그제던가 어렴풋하네. 나도 잠을 깨어 바다를 굽어보니, 깊이를 모르는데 하물며 끝인들 어찌 알리? 명월이 온 세상에 아니 비친 곳이 없다.

1	①	2	③	3	③	4	④	5	③

1   표현상의 특징과 효과

정답 설명

① 색채 이미지의 대비를 통해 주제를 부각하고 있다.
→ 제시된 작품에서 색채 이미지를 사용한 표현은 확인할 수 없다.

오답 분석

② 한시(漢詩)의 '기-승-전-결'과 유사한 구성 방식을 취하고 있다.
→ 제시된 작품은 한시의 전형적인 구성 방식인 '기-승-전-결'과 동일하게 4단 구성으로 이루어져 있다. 1연(기)과 2연(승)에서는 시적 상황이 제시되고 3연(전)과 4연(결)에서는 시적 상황에 대한 화자의 인식이 제시되어 있다.

③ 강렬하고 남성적인 시어를 사용하여 굳은 의지를 형상화하고 있다.
→ '매운', '갈겨', '칼날진' 등의 시어는 강렬하고 남성적인 이미지를 지니는데, 화자는 이러한 시어를 사용하여 화자가 처한 극한의 상황과 이를 초극하고자 하는 굳은 의지를 효과적으로 형상화하고 있다.

④ 극한의 상황들을 점층적으로 제시하여 화자의 처지를 드러내고 있다.
→ 1, 2연에서 화자가 처한 상황이 '북방 → 고원 → 서릿발 칼날진 그 위'로 이어지고 있다. '북방(北方)'은 수평적 공간의 극한 지점이고, '고원(高原)'은 수직적 공간의 극한 지점이며, '서릿발 칼날진 그 위'는 생존의 극한 상황을 의미한다. 이처럼 화자의 상황이 점층적으로 절정에 달하도록 전개함으로써 화자가 궁극의 한계 지점에 이르렀음을 드러내고 있다.

2   시어 및 시구의 의미

정답 설명

③ ©: 극한 상황에 몰린 화자의 심리를 표현했다.
→ ©의 앞에서 화자는 무릎을 꿇고 절대적 존재에게 구원을 빌고자 하였으나, ©에서 발 하나를 겨우 디딜 곳도 없다는 표현을 통해 구원을 빌 공간조차 허용되지 않는다고 말하고 있다. 이는 현실에 굴복할 수도 없고 절대적 존재에게 구원을 바랄 수도 없는 극한의 상황에서 화자가 느끼는 심리를 상징적으로 표현한 것이다.

36   해커스공무원학원·공무원인강 gosi.Hackers.com

① ㉠: 무기력했던 자신의 과거를 비판하고 있다.

→ ㉠은 화자를 고통스럽게 만드는 일제 강점하의 가혹한 현실(매운 계절) 속 시련과 탄압을 의미한다.

② ㉡: 화자가 도달하기를 소망했던 이상적 공간이다.

→ ㉡은 화자가 '채찍'에 갈김을 당하여 쫓겨 온 곳으로, 수평적 범주의 극한 공간이다.

④ ㉣: 비극적인 상황을 외면하기 위해 눈을 감고 있다.

→ ㉣의 다음 행에서 화자는 '겨울'이라는 절망적인 현실을 '강철로 된 무지개'라고 역설적으로 인식하고 있는데, 이는 화자의 초극 의지가 드러난 표현이다. 따라서 ㉣은 관조를 통해 극한의 상황을 초월하고자 의지를 다지는 화자의 모습이 드러난 부분이다.

3 수사법

③ 두 볼에 흐르는 빛이 / 정작으로 고와서 서러워라.

→ ⓐ '겨울은 강철로 된 무지갠가 보다'는 차갑고 비정한 이미지의 '강철'과 희망적인 이미지의 '무지개'를 결합시켜 극한의 상황인 '겨울'을 초월하려는 화자의 의지를 드러낸 표현이다. 이와 같이 ⓐ에는 논리적으로 모순되어 보이나, 그 안에 깊은 진리를 내포하고 있는 역설적 표현이 사용되었다. 이와 가장 유사한 표현법이 사용된 것은 ③으로, 긍정적 감정인 '고와서'와 부정적 감정인 '서러워라'가 결합된 역설적 표현이 사용되었다. 참고로, ③은 여승의 모습이 너무 아름다워 오히려 서럽게까지 느껴진다는 것을 나타내기 위해 역설법을 사용하였다.

① 오늘 내 여기서 너를 불러 보노라!

→ 감정을 강조하여 감탄의 형태로 표현하는 영탄법이 사용되었다.

② 비원 밖에 밤바람 소리 말을 달리고

→ 거센 밤바람 '소리'를 '말을 달리고'라고 시각적으로 묘사한 공감각적 표현(청각의 시각화)이 사용되었다.

④ 가르마 같은 논길을 따라 꿈속을 가듯 걸어만 간다.

→ 곧게 쭉 뻗어 있는 '논길'의 모습을 '같은'이라는 연결어를 통해 '가르마'에 빗대어 표현한 직유법이 사용되었다.

4 화자의 정서 및 태도

④ 관조적인 자세로 시련을 극복하고자 하는 의지를 보인다.

→ 4연에서 화자가 눈을 감고 관조하는 순간 '겨울'을 '강철로 된 무지개'라고 인식하게 된다. 이는 절망(강철) 속에서 희망(무지개)을 발견할 수 있다는 역설적인 인식을 바탕으로 극한 상황을 이겨내고자 하는 의지를 나타낸 것이다.

① 과거를 회상하며 성찰적인 태도를 드러낸다. / ③ 동경의 대상을 상실한 것에 대한 비애를 표출한다.

→ 제시된 작품에서 확인할 수 없다.

② 부정적인 현실에 처해 고통 속에서 좌절한다.

→ 2연의 '서릿발 칼날진 그 위에 서다'를 통해 화자는 생존까지 위협받는 극한의 상황에 처해 있음을 알 수 있다. 하지만 화자는 고통과 시련을 나타내는 '서릿발'과 '칼날'의 '위에 서다'라고 표현함으로써, 고통과 시련에 맞서는 대결 정신을 드러내고 있다.

5 작품의 종합적 감상

③ '고원'과 '무지개'는 화자가 희망을 잃지 않았음을 보여 주는 시어이다.

→ '무지개'는 극한의 상황에서도 화자가 희망을 잃지 않았음을 보여 주는 시어이나, '고원'은 화자가 처해 있는 극한의 상황을 표현하기 위한 시어이다.

① 현재형 시제를 사용하여 화자의 강한 의지를 드러냈다.

→ '오다', '서다', '없다'와 같은 현재형 시제를 사용하여 긴박감을 더하고 극한 상황에서도 자신의 뜻을 꺾지 않겠다는 대결 의식을 드러냈다.

② 모순적인 시어를 결합시킨 표현을 통해 주제를 효과적으로 나타냈다.

→ '겨울은 강철로 된 무지갠가 보다'에서 부정적 이미지의 '강철'과 긍정적 이미지의 '무지개'를 결합하여 표현함으로써, 역설적 인식을 통해 극한의 상황을 초월하겠다는 주제 의식을 효과적으로 나타냈다.

④ 1-2연에서 화자의 외적 상황을 제시한 뒤 3-4연에서 화자의 내면을 제시했다.

→ 1-2연에서는 '북방 → 고원 → 서릿발 칼날진 그 위'의 순서로 화자가 처해 있는 극한의 상황을 제시하고 있다. 이후 3연에서는 이러한 극한의 상황에서 느끼는 화자의 심리를, 4연에서는 극한 상황을 초월하고자 하는 화자의 의지를 나타내고 있다.

작품 분석 노트 ✎

📖 이육사 〈절정〉

갈래	자유시, 서정시
성격	상징적, 남성적, 지사(志士)적
제재	극한의 현실 상황
주제	극한 현실에 대한 초극 의지
특징	• 한시의 '기-승-전-결'의 구성을 취함 • 강렬한 시어와 남성적 어조로 강한 의지를 표출함 • 현재형 시제를 사용해 긴박함을 부여하고 대결 의식을 드러냄

1 작품의 구성

기	수평적 극한으로서의 '북방'	화자의
승	수직적 극한으로서의 '고원'	상황
전	극한 상황에 대한 인식	화자의
결	극한 상황에 대한 초극 의지	인식

2 화자의 태도

화자는 자신이 처해 있는 극한적 한계 상황을 객관화하여 관조하는 동시에, 고통과 어려움에도 굴복하지 않겠다는 지사적 태도를 강렬한 남성적 어조로 드러낸다. 특히 4연에서는 차갑고 비정한 금속성의 이미지의 시어(강철)와 황홀하고 희망적인 이미지의 시어(무지개)를 병치한 역설적 표현을 사용하여, 일제 강점기라는 고난 속에서도 희망을 잃지 않고 초극하겠다는 자기 의지와 결단을 나타내고 있다.

3 표현상의 특징

점층적 구조	'북방 → 고원 → 서릿발 칼날진 그 위'로 이어지는 극한의 상황을 점층적으로 구조화함
역설적 표현	'강철'의 강인한 이미지와 '무지개'의 부드러운 이미지를 결합시켜 역설적인 의미를 드러냄
생략과 압축	간결하고 감정이 절제된 표현을 사용함

1	④	2	④	3	②	4	③	5	②
6	①	7	②	8	④	9	③	10	④

1 작품의 내용 파악

정답 설명

④ '나'는 구장이 장인의 눈치를 보고 있다고 생각한다.
→ '나'는 구장이 장인에게 땅을 얻어 부치는 소작인이므로 장인에게 꾀였다는 뭉태의 말에 동의하지 않는다고 하였으므로 구장이 장인의 눈치를 보고 있다고 생각하지 않음을 알 수 있다.

오답 분석

① 구장은 장인의 사주를 받고 '나'를 설득했다.
→ 장인이 구장에게 귓속말을 하고 간 뒤, 구장은 '나'가 군말 없이 다시 일을 도우러 가도록 설득하고 있다.

② 장인은 점순이의 키를 핑계로 성례를 미뤄 왔다.
→ 성례를 시켜 주라는 구장의 말에 '(점순이) 미처 자라야 할 게 아닌가?'라고 말하는 장인의 모습을 통해 지금까지 점순이의 키를 핑계로 성례를 미뤄 왔음을 짐작할 수 있다.

③ '나'는 장인의 이중적인 모습을 못마땅하게 여긴다.
→ '나'는 장인이 남들 앞에서는 욕을 하지 못하고 껄껄 웃는 척하는 모습이 '쟁그러웠다(얄밉다)'고 말하고 있으므로 장인의 이중적인 모습을 못마땅하게 여기고 있음을 알 수 있다.

2 서술상의 특징

정답 설명

④ 제안을 수락하면 얻을 수 있는 이점을 언급하고 있다.
→ 구장은 군말 없이 장인의 일을 도우라고 설득하고 있을 뿐, 이러한 제안을 수락했을 때 얻을 수 있는 이점을 언급하고 있지는 않다.

오답 분석

① 법적 근거를 들어 협박하고 있다.
→ 손해죄로 징역을 갈 수 있다는 등 법적인 근거를 들어 '나'를 협박하고 있다.

② 타인의 말을 인용하여 상대를 달래고 있다.
→ 가을에는 성례를 시켜 주겠다고 이야기한 장인의 말을 인용하여 '나'를 달래고 있다.

③ 상대의 말에 동의하는 척하면서 회유하고 있다.
→ '자네 말두 하기야 옳지'라고 말하며 처음에는 '나'의 말에 동의하는 척하다가 결국 장인이 시킨 대로 '나'를 회유하고 있다.

3 인물의 태도

정답 설명

② ㄱ, ㄷ

→ • ㄱ: '나'는 점순의 키가 자라지 않아 성례를 시킬 수 없다는 장인의 말에 '그 킨 은제 자라지유?'라고 말하며 불만스러운 기색을 표하고 있다.
  • ㄷ: 구장은 처음에 '나'의 편을 들다가 장인에게 귓속말을 들은 후 다시 장인의 편을 드는 등 줏대 없이 우유부단한 모습을 보이고 있다.

오답 분석

• ㄴ: '나'는 구장이 자신의 편을 들고 있다고 오해하고 있고, 구장에게 설득당해 일을 하러 돌아갔을 뿐이다. 따라서 '나'가 구장이 장인의 편을 들어 실망했다는 설명은 적절하지 않다.
• ㄹ: 장인은 지주라는 신분을 이용하여 구장에게 '나'를 설득하도록 일러두었을 뿐, 장인이 구장에게 억울함을 호소하는 부분은 확인할 수 없다. 참고로, 구장에게 억울함을 호소한 사람은 '나'이다.

4 서술상의 특징

정답 설명

③ 1인칭 서술자가 주요 인물을 관찰하고 있다.

→ 제시된 작품은 작중 주요 인물인 '나'가 자신의 입장에서 사건을 서술해 가는 1인칭 주인공 시점이다. 주변 인물인 1인칭 서술자가 주요 인물을 관찰하는 것은 1인칭 관찰자 시점에 해당한다.

오답 분석

① 인물을 희화화하여 웃음을 유발한다.

→ 구장이 코를 파는 모습, 장인과 '나'가 몸싸움하는 모습 등을 우스꽝스럽게 묘사하여 웃음을 유발하고 있다.

② 사건의 서술이 역순행적으로 구성되어 있다.

→ 마지막 문장인 '그래서 오늘 아침까지 끽소리 없이 왔다'를 통해 이전까지 서술된 내용은 과거의 일을 회상한 것이며, '오늘 아침'이 현재임을 알 수 있다. 이처럼 과거-현재-미래의 시간 순이 아닌 현재 시점에서 과거를 회상하거나 과거로 거슬러 올라가는 서술 방식을 역순행적 구성이라 한다.

④ 방언과 비속어 등을 사용하여 현장감을 높이고 있다.

→ '-유', '-슈'와 같은 어미로 끝나는 방언과 '쌍년의 자식'과 같이 비속어를 사용하여 각 장면이 생생하게 느껴지도록 현장감을 높이고 있다.

5 작품의 종합적 감상

정답 설명

② ⓒ: 장인의 이중 잣대를 지적하며 반어적 표현을 통해 웃음을 유발하고 있다.

→ 점순이 장모보다 키가 큰데도 점순의 키를 핑계로 성례를 미루는 장인의 이중 잣대를 지적하고 있다. 하지만 반어적 표현은 사용되지 않았으므로 ②는 적절하지 않은 설명이다. ⓒ은 장모를 '빙모님'이라고 높여 부르는 동시에 '참새만 한 것'이라고 낮추어 표현하는 이중적 언어 구조를 통해 웃음을 유발하는 부분이다.

오답 분석

① ⓐ: 구장이 '나'의 상황에 대해 대수롭지 않게 생각하고 있음을 알 수 있다.

→ 장인이 성례를 시켜 주지 않는다는 '나'의 얘기를 듣고 대수롭지 않게 여기는 구장의 모습을 희화화한 부분이다.

③ ⓒ: 구장의 말을 곧이곧대로 믿는 '나'의 어수룩한 면모가 드러나 있다.

→ 농번기에 일을 돕지 않으면 손해죄로 징역을 가게 된다는 구장의 말을 곧이곧대로 믿고 겁을 먹은 '나'의 어수룩한 면모가 드러나는 부분이다.

④ ⓔ: 앞서 서술한 내용이 '나'가 과거의 일을 회상한 것임을 알 수 있다.

→ 장인과 함께 구장을 찾아갔던 것은 과거의 일을 회상한 것이며, 다시 현재인 '오늘 아침'으로 시점이 전환되는 부분이다.

6 작품의 내용 파악

정답 설명

① '나'는 장인이 때리려고 하자 도망쳤다.

→ (다)에서 장인이 '나'의 어깨를 지게막대기로 내리쳐 넝 아래로 굴리자 도망가지 않고 몇 번이고 다시 기어올랐다고 하였으며, (바)에서도 장인이 때리는 것을 피하려 하지 않고 멍하니 점순의 얼굴만 들여다 보았다는 서술을 통해 '나'는 도망치지 않았음을 알 수 있다.

오답 분석

② '나'는 점순이 자신의 편을 들 것이라 생각했다.

→ (바)에서 '나'와 몸싸움을 하던 장인이 점순에게 도움을 요청하자, '나'는 점순이 자신의 편을 들면서 속으로 고소해 할 것이라고 생각했으나 예상과 달리 자신을 나무라자 당황하게 된다.

③ 장인은 성례를 빌미 삼아 '나'에게 일을 시키고 있다.
→ (다)의 '부려만 먹구 왜 성례 안 하지유?'라는 '나'의 말을 통해 장인은 점순과 성례를 시켜 주겠다는 말로 '나'를 회유하여 계속 일을 시켜왔음을 알 수 있다. 또한 (마)에서도 장인이 '나'에게 올가을에 꼭 성례를 시켜 주겠다며, 콩밭을 갈라고 시키는 것을 확인할 수 있다.

④ 점순은 '나'가 장인에게 대들도록 충동질한 적이 있다.
→ (바)의 '아버질 혼내 주기는 제가 내래 놓고'라는 말을 통해 점순이 '나'가 아버지에게 대들도록 충동질한 적이 있음을 알 수 있다.

7 작품의 종합적 감상

정답 설명

② 갈등이 고조되는 작품의 절정 부분에 해당한다.
→ (마)는 장인이 '나'의 상처를 치료해 주며 두 사람이 화해하는 장면으로, 전개상 갈등이 해소되는 결말 부분에 해당한다.

오답 분석

① 시간상으로 가장 나중에 벌어진 사건이다.
→ (다), (라), (바)는 '나'와 장인이 몸싸움을 벌이는 장면이고 (마)는 두 사람이 화해하는 장면이다. (바)의 '이때는 그걸 모르고'라는 서술을 통해 (바)는 (마)보다 앞선 일임을 알 수 있으므로 (마)는 시간상 가장 나중에 벌어진 사건이다.

③ 장인의 속셈을 알아차리지 못하는 '나'의 모습이 해학성을 유발한다.
→ 장인은 '나'의 상처를 치료해 주고 가을에 성례를 시켜 주겠다고 말하는데, 이는 '나'가 계속 일을 하도록 회유하기 위한 계책이다. 그러나 '나'는 그 속셈을 눈치채지 못해 장인이 유달리 착하다고 생각하고, 장인에게 고마워 눈물까지 났다고 표현하고 있다. 이러한 '나'의 순진하고 어수룩한 모습이 해학성을 유발한다.

④ 갈등의 원인이 완전히 해소되지 않아 내년 봄에도 같은 상황이 반복될 것임을 암시한다.
→ '나'는 가을에 성례를 시켜 주겠다는 장인의 회유를 굳게 믿고 일터로 가는데, 갈등의 원인이 완전히 해소되지 않았고 장인이 매년 반복되는 '나'의 성례 요구를 들어주지 않았음을 고려해 볼 때, 내년 봄에도 올해와 같은 상황이 반복될 것임을 알 수 있다.

8 소재의 의미

정답 설명

④ ② 할아버지
→ ② '할아버지'는 몸싸움을 하던 장인이 다급한 심정에 '나'를 '할아버지'라고 부른 것이며, ③ '이 녀석', ⑥ '할아버지', ⑥ '빙장님'은 모두 '나'가 장인을 지칭·호칭한 표현이다. 따라서 가리키는 대상이 다른 하나는 ② '할아버지'이므로 답은 ④이다.

9 인물의 태도, 한자 성어

정답 설명

③ 망연자실(茫然自失)
→ 자신의 기대와 달리 장인 편을 드는 점순의 모습에 당황하여 순간 멍해진 상황이므로 이와 가장 어울리는 한자 성어는 ③ '망연자실(茫然自失)'이다.
• 망연자실(茫然自失): 멍하니 정신을 잃음

오답 분석

① 오매불망(寤寐不忘)
→ 자나 깨나 잊지 못함

② 좌불안석(坐不安席)
→ 앉아도 자리가 편안하지 않다는 뜻으로, 마음이 불안하거나 걱정스러워서 한군데에 가만히 앉아 있지 못하고 안절부절못하는 모양을 이르는 말

④ 노심초사(勞心焦思)
→ 몹시 마음을 쓰며 애를 태움

10 서술상의 특징

정답 설명

④ '나'가 다시 일터로 나가는 장면을 통해 '나'와 장인의 갈등이 완전히 해소되었음을 나타내고 있군.
→ 결말 부분에서 '나'가 장인과 화해하고 다시 일터로 나가면서 두 사람 간의 갈등이 해소되는 듯이 보인다. 하지만 마지막 장면에서 다시 두 사람의 격투 장면을 강조함으로써 결말에서 드러난 갈등의 해소가 일시적이며, 갈등의 원인이 근본적으로 해결되지 않았으므로 동일한 갈등이 유발될 것임을 암시하고 있다. 따라서 '나'와 장인의 갈등이 완전히 해소되었음을 나타내고 있다는 ④의 반응은 적절하지 않다.

① 장인이 '나'의 상처를 치료해 주는 장면이 결말에 해당하겠군.
→ 작품의 전개상 장인이 '나'의 상처를 치료해 주는 부분은 결말에 해당하나, '나'와 장인이 다투는 부분인 절정 사이에 배치되어 있다.

② 주인공의 회상에 따라 사건을 배치하는 입체적인 구성을 취하고 있군.
→ 시간순이 아니라 주인공인 '나'의 회상에 따라 과거와 현재를 오가며 사건을 전개하는 입체적인 구성을 취하고 있다.

③ '나'와 장인의 대결 장면을 마지막 부분에 배치함으로써 긴장감을 극대화하고 있군.
→ 절정에 해당하는 '나'와 장인의 대결 장면을 마지막 부분에 배치하여 긴장감과 해학성을 극대화하면서 여운을 남기고 있다. 이와 같이 제시된 작품은 절정과 결말의 순서를 의도적으로 바꾸어 배치함으로써 극적인 효과를 얻고 있다.

이것도 알면 합격

소설의 평면적 구성과 입체적 구성

평면적 구성 (순행적 구성)	• 시간의 흐름에 따라 순서대로 사건을 전개하는 방법 • 내용 파악이 쉬움
입체적 구성 (역순행적 구성)	• 시간의 순서에 따르지 않고 사건을 전개하는 방법 • 내용 파악은 어렵지만, 독자의 호기심을 유발할 수 있음

작품 분석 노트

김유정 〈봄·봄〉

갈래	단편 소설, 농촌 소설, 순수 소설
성격	향토적, 해학적
배경	• 시간 - 1930년대 봄 • 공간 - 강원도 산골 농촌 마을
시점	1인칭 주인공 시점
주제	성례를 둘러싸고 벌어지는 장인과 데릴사위의 갈등
특징	• 토속어, 비속어, 희극적인 상황을 통해 향토적인 분위기를 조성하고 해학성을 유발함 • 역순행적 구성을 취함

1 전체 줄거리

'나'는 장인과 서로 계약한 대로 점순의 나이가 찼으니 성례를 시켜 달라고 장인에게 요구하지만 장인은 점순의 키가 자라지 않았다는 이유로 거절한다. 장인의 행위에 불만을 품고 있던 '나'는 점순 역시 성례를 원한다고 생각해 장인과 담판을 짓고자 한다. 이에 화가 난 장인이 '나'를 지게막대기로 때리자, 약이 오른 '나'는 장인을 넝 아래로 밀어 버린다. 장인이 넝 위로 오르며 '나'의 바짓가랑이를 움켜잡자, '나'는 이 기회에 장인을 혼내 주려는 마음으로 장인의 바짓가랑이를 잡고 늘어진다. 이때 장인이 고통을 호소하며 점순을 부르고 '나'의 예상과 달리 점순이 장인의 편을 들며 자신을 비난하자 망연자실한다. '나'는 싸움에서 머리가 터지게 맞았지만 가을에 성례를 시켜주겠다는 장인의 말을 믿고 다시 일터로 나간다.

2 인물 소개

'나'	점순과 혼인하기 위해 데릴사위로 들어와 일을 하지만 장인의 속셈을 알아채지 못해 성례를 치르지 못하고 계속 이용만 당하는 우직하고 어수룩한 인물
장인	점순의 키가 다 자라지 않았음을 이유로 '나'의 노동력을 착취하는 교활한 인물
점순	'나'와의 혼인을 바라며 '나'를 충동질하지만, 상황에 따라 다르게 행동하는 이중적 태도를 보이는 인물

3 작품의 특징

역순행적 구성	• 주인공인 '나'의 회상에 따라 사건이 전개됨 • 결말이 마지막 부분에 오지 않고 절정 사이에 위치하여 긴장감과 해학성을 극대화하고 있음
해학적 요소	• 장인의 속셈을 알아차리지 못하는 '나'의 어수룩한 모습이 웃음을 유발함 • '나'와 장인의 격렬한 몸싸움 장면에서 해학성이 두드러짐 • 상황에 맞지 않는 익살스러운 표현, 방언과 비속어를 사용함

1	②	2	①	3	②	4	④	5	④
6	②	7	④	8	④	9	①	10	①

1 작품의 내용 파악, 인물의 심리 및 태도

정답 설명

② ㉡ 광문이 밤에 엉금엉금 기어서 마을의 어느 집으로 들어가다가 그 집 개를 놀라게 하였군.
→ 광문이 거지 아이들을 피해 마을의 어느 집으로 숨어 들어간 것은 광문의 성격을 보여 주는 행동이 아니므로 답은 ②이다.

오답 분석

① ㉠ 광문이 너무도 불쌍하여 몸소 나가 밥을 빌어 왔는데
→ 패거리의 우두머리임에도 불구하고 아픈 아이를 위해 직접 밥을 빌어 온 행동을 통해, 체면보다는 사람의 목숨을 더 중요하게 생각하는 광문의 따뜻한 성정을 알 수 있다.

③ ㉢ 광문이 고맙다는 인사를 하고는, 떨어진 거적을 달라하여 가지고 떠났다.
→ 아이의 시체를 묻어 주기 위해 거적을 가지고 간 행동을 통해, 광문이 인정이 많은 인물임을 알 수 있다.

④ ㉣ 서쪽 교외 공동묘지에다 묻고서 울다가 중얼거리다가 하는 것이었다.
→ 거지 아이들이 버려두고 간 시체를 손수 묻어 주고 죽음을 슬퍼하는 모습을 통해, 한때 동료였던 이를 진심으로 애도하는 광문의 의로운 성격을 알 수 있다.

2 작품의 내용 파악

정답 설명

① 광문에게 일어날 일을 암시하는 복선 역할을 한다.
→ 거지 아이들이 광문을 우두머리로 삼고 소굴을 지키게 한 것은 광문이 소굴에 남아 아픈 아이를 돌보다가 누명을 쓰고 쫓겨나는 계기가 된다. 따라서 ㉮는 광문에게 일어날 일을 암시하는 복선 역할을 하고 있다.

오답 분석

② 광문이 신분적 한계를 극복하고자 했음을 보여 준다. / ③ 광문에 대한 세간의 평가가 엇갈리는 이유를 보여 준다. / ④ 광문이 사람들의 관심을 피해 은둔하는 중이었음을 알 수 있다.
→ 제시된 내용을 통해서는 알 수 없다.

3 작품의 종합적 감상

정답 설명

② 대립되는 위치에 있는 인물과 광문의 갈등이 주된 서사 구조로 작용하겠군.
→ 〈보기〉를 참고할 때, 제시된 작품은 일반적인 소설과 같이 갈등을 중심으로 사건이 전개되는 방식이 아니라, 주인공의 행동을 중심으로 인물의 훌륭한 성품을 보여 주는 일화들을 나열하는 형식을 취하고 있음을 알 수 있다. 따라서 ②는 적절하지 않은 반응이다.

오답 분석

① 광문의 인간됨을 보여 주는 여러 일화들이 병렬 구조로 제시되어 있겠군.
→ 광문에 대한 여러 일화를 엮어 만든 소설이라고 하였으므로 독립적인 각 일화들이 나란히 제시되는 병렬 구조임을 알 수 있다.

③ 인물의 주요 행적을 기록하는 '전(傳)'의 형식을 취한 것은 광문이 실존 인물임을 염두에 둔 것이군.
→ 제시된 작품은 제목에서도 알 수 있듯 '광문'이라는 인물의 주요 행적을 그린 '전(傳)'의 형식을 취하고 있는데, 이는 실존 인물인 광문에 대한 설화를 엮어 낸 소설이기 때문이다.

④ 일반적인 고전 소설과 달리 재자가인형(才子佳人形) 주인공을 내세우지 않은 것은 작가의 사상과 관련이 있군.
→ 〈보기〉를 통해 작가는 신분과 관계없이 모든 인간은 평등하다는 의식을 지니고 있었음을 알 수 있다. 따라서 재자가인형(才子佳人形) 인물이 아니라 거지인 광문을 주인공으로 내세운 것은 작가의 사상과 관련이 있음을 알 수 있다.
  • 재자가인(才子佳人): 재주 있는 남자와 아름다운 여자를 아울러 이르는 말

4 서술상의 특징

정답 설명

④ 다양한 관점에서 사건을 입체적으로 조명하고 있다.
→ 제시된 작품은 3인칭 서술자가 일화를 소개하고 있을 뿐, 동일한 사건에 대한 다양한 관점은 드러나지 않으므로 적절하지 않은 설명이다.

오답 분석

① 요약적 제시를 통해 사건이 전개되고 있다.
→ 광문이 거지 아이들에게 쫓겨난 뒤 마을의 어느 집에 들어갔다가 집주인을 만난 일과 집주인이 광문의 의로운 행위를 목격하고 약국을 운영하는 부자에게 천거하기까지 일련의 사건들을 서술자를 통해 요약적으로 제시하고 있다.

② 인물의 긍정적인 면을 부각하여 서술하고 있다.

→ 병든 아이를 위해 밥을 빌어 왔던 일 등 광문의 훌륭한 인품을 보여 주는 일화들을 제시하고 있으므로 인물의 긍정적인 면을 부각하여 서술하고 있음을 알 수 있다.

③ 말과 행동을 통해 인물의 성격을 보여 주고 있다.

→ 광문의 순박한 말투와 죽은 아이의 시체를 묻어 주는 등의 행동을 통해 그가 착하고 인정 많은 성격임을 알 수 있다.

5 작품의 내용 파악

정답 설명

④ 광문은 자신의 실수로 인해 부자의 심기가 불편해졌음을 알고 그를 피했다.

→ 광문은 실로 무슨 영문인지 몰랐기 때문에 아무 말도 할 수 없었고 그렇다고 그만둘 수도 없었다고 하였다. 따라서 부자의 심기가 불편하다는 것만 짐작했을 뿐 구체적으로 무엇 때문에 심기가 불편해졌는지 알 수 없었고 그를 일부러 피한 것도 아님을 알 수 있다.

오답 분석

① 부자는 돈이 없어진 것을 알고 광문을 의심하였다.

→ 부자는 자신이 없는 새에 돈이 없어진 것을 알고 광문을 보며 무슨 말을 하려다가 그만두었는데, 이는 광문이 돈을 훔쳐 간 것이라 의심했기 때문이다.

② 광문의 신의 있는 성품이 널리 알려지는 계기가 된다.

→ 부자는 광문에 대한 오해가 풀린 후 다른 사람들에게 광문을 의로운 사람이라고 칭찬을 했고, 이로 인해 광문의 성품이 널리 알려지게 되었다.

③ 부자는 미심쩍은 상황에도 광문을 직접 추궁하지는 않았다.

→ 부자는 광문이 돈에 손을 댔다고 의심이 드는 상황에서도 이에 대해 직접적으로 물어보거나 추궁하지는 않았다.

6 서술상의 특징

정답 설명

② 추한 용모와 달리 정직하고 성실한 광문의 성품을 부각하기 위해

→ 제시된 작품에서 광문의 가치관과 행동은 바람직하고 의롭게 제시되는 반면 광문의 외모는 ㉠와 같이 추악하게 묘사되고 있다. 이러한 광문의 외양 묘사를 통해 광문의 성품과 외양이 극명하게 대비되어, 추한 외양과는 달리 광문의 성품이 훌륭하다는 점을 부각하고 있음을 알 수 있다.

오답 분석

① 광문의 또 다른 이름인 '달문'의 유래를 설명하기 위해

→ ㉠의 바로 뒷 문장에서 '달문'은 광문의 또 다른 이름이라는 것을 알 수 있으나, '달문'의 유래를 설명한 부분은 확인할 수 없다.

③ 광문이 여러 사람들의 신의를 얻을 만한 인물이었음을 보여 주기 위해

→ 광문이 사람들에게 신의를 얻은 것은 그의 외모가 아닌 인정 어리고 신의 있는 성품 때문이다.

④ 광문이 우스꽝스러운 외모를 활용하여 여러 연희에서 활약했음을 보여 주기 위해

→ 광문이 '만석희(曼碩戲)', '철괴무(鐵拐舞)'와 같은 연희에 능했다는 사실은 알 수 있으나, 우스꽝스러운 외모를 활용해 연희에서 활약했음은 알 수 없다.

7 문장의 의미

정답 설명

④ 사람의 외면보다 내면의 아름다움이 더 중요하다는 깨달음을 나타내고 있다.

→ 여자도 남자와 마찬가지로 외모가 잘생긴 사람을 좋아한다는 이치에 대해 설명하고 있을 뿐, 사람의 외면과 내면 중에서 무엇이 더 중요한지에 대해 설명한 것이 아니므로 적절하지 않은 감상이다.

오답 분석

① 자신의 분수에 맞게 살겠다는 삶의 태도를 드러내고 있다.

→ '나는 본래 못생겨서 아예 용모를 꾸밀 생각을 하지 않는다'라고 하였으므로 자신을 객관적으로 인식하고 주어진 분수에 맞게 살겠다는 삶의 태도가 드러난다.

② 상대방의 입장을 고려하는 역지사지(易地思之)의 태도를 드러내고 있다.

→ 남자가 잘생긴 용모를 좋아하듯 여자도 마찬가지라고 말하는 부분에서 상대방의 입장을 고려하는 역지사지(易地思之)의 태도가 드러난다.

· 역지사지(易地思之): 처지를 바꾸어서 생각하여 봄

③ 외모에 대한 기준은 여성도 남성과 똑같다는 진보적 인식을 반영하고 있다.

→ 여성도 남성의 외모에 대한 기준이 있을 것이며 이는 당연한 사실임을 강조하고 있는데, 이는 당시의 남성 중심적인 가치관에서 벗어난 진보적 인식을 반영한 것이다.

8 문장의 의미, 한자 성어

정답 설명

④ 안분지족(安分知足)

→ ㉡은 자신의 처지에 만족하면서 욕심 없이 살아가는 광문의 삶의 태도를 보여 주는 것으로, 이와 어울리는 한자 성어로 가장 적절한 것은 ④ '안분지족(安分知足)'이다.

· 안분지족(安分知足): 편안한 마음으로 제 분수를 지키며 만족할 줄을 앎

① 견물생심(見物生心)

→ 어떠한 실물을 보게 되면 그것을 가지고 싶은 욕심이 생김

② 폐포파립(敝袍破笠)

→ 해어진 옷과 부서진 갓이란 뜻으로, 초라한 차림새를 비유적으로 이르는 말

③ 호의호식(好衣好食)

→ 좋은 옷을 입고 좋은 음식을 먹음

🚩 이것도 알면 합격

'안분지족'과 관련된 한자 성어

안분지족 (安分知足)	편안한 마음으로 제 분수를 지키며 만족할 줄을 앎
안빈낙도 (安貧樂道)	가난한 생활을 하면서도 편안한 마음으로 도를 즐겨 지킴
단사표음 (簞食瓢飮)	대나무로 만든 밥그릇에 담은 밥과 표주박에 든 물이라는 뜻으로, 청빈하고 소박한 생활을 이르는 말
단표누항 (簞瓢陋巷)	누항에서 먹는 한 그릇의 밥과 한 바가지의 물이라는 뜻으로, 선비의 청빈한 생활을 이르는 말

9 작품의 내용 파악

① 광문은 마흔이 넘어서도 결혼을 하지 않았다.

→ 광문은 마흔이 넘어서도 머리를 땋고 다녔으며, 사람들이 장가가라고 권했다는 말을 통해 알 수 있다.

② 광문은 운심의 집에 초대를 받아 손님으로 참석했다.

→ 광문이 운심의 집을 찾아간 것은 맞으나, 초대를 받아 손님으로 참석한 것은 아니다.

③ 운심은 모인 사람들의 성화에 못 이겨 춤을 추기 시작했다.

→ 운심은 사람들이 춤을 추라고 재촉해도 늑장을 부리며 추지 않다가, 광문이 나타나 콧노래를 부르기 시작하자 곧바로 일어나 춤을 추었다.

④ 운심은 유명한 기생이었으나 광문의 인정을 받지는 못했다.

→ 운심이 유명한 기생이었다는 점은 알 수 있으나, 광문의 인정을 받지 못했다는 것은 제시된 부분을 통해 알 수 없다.

10 주제 및 중심 내용 파악

① 원만한 인간관계를 위한 겸손의 미덕

→ 제시된 작품을 통해서는 알 수 없는 내용이다.

② 신분의 귀천보다 인간됨을 중시하는 가치관

→ 천인 신분인 광문은 기생 운심의 집에서 권세가들에게도 주눅 들지 않고 당당하면서 가식 없는 태도로 행동한다. 이러한 광문의 인간됨에 운심이 감동하여 춤을 추자 결국 모두 함께 어울리게 되는데, 이를 통해 신분이나 지위보다는 인품이나 당당한 태도를 더 중시하는 가치관을 배울 수 있다.

③ 물질적인 풍족함에 연연하지 않는 삶의 태도

→ 집을 가지라는 사람들의 권유에 자신은 가족이 없으므로 일정한 거처 없이 떠돌아다니는 지금의 생활에 만족한다는 광문의 말을 통해 물질적인 풍족함에 연연하지 않는 삶의 태도를 배울 수 있다.

④ 모든 사람이 동등한 권리를 지닌다는 평등 의식

→ 광문은 남자나 여자나 잘생긴 사람을 좋아한다고 말하며 여성의 관점을 대변하는 모습을 보인다. 이는 당대 남성 중심의 유교 사회에서 성(性) 평등적인 의식을 드러낸 것으로, 이를 통해 남녀 모두 인간으로서 동등한 권리를 지닌다는 평등 의식을 배울 수 있다.

작품 분석 노트 ✏️

📖 박지원 〈광문자전〉

갈래	한문 소설, 단편 소설, 풍자 소설
성격	풍자적, 사실적, 비판적
제재	광문의 삶과 그의 성품
주제	• 정직하고 신의 있는 태도에 대한 예찬 • 위선적인 양반 사회에 대한 풍자
특징	• 조선 후기 사회의 모습을 사실적으로 그려 냄 • 주인공에 대한 일화를 삽화식으로 나열하여 인물의 성품 및 삶에 대한 자세를 드러냄 • 거지인 주인공의 성품을 예찬하여 양반 사회에 대한 풍자 효과를 극대화하고 간접적으로 비판함

1 전체 줄거리

발단	• 거지 아이의 죽음과 누명을 쓰게 된 광문 • 집주인이 광문의 의로움을 알아보고 약국 부자에게 광문을 천거함
전개	• 도난 사건으로 인해 약국 부자가 광문을 의심함 • 약국 부자는 광문에 대한 오해가 풀리자 이를 사과하고 그의 신의 있는 모습을 널리 알림
결말	광문의 인정 많고 신의 있는 모습에 많은 이들이 그를 좋아하게 됨

2 작품에 드러난 작가 의식

비천한 신분을 긍정함	• 고전 소설의 전형적인 인물형인 재자가인이 아닌 거지 광문을 주인공으로 삼음 • 신분이 중요한 것이 아니라 인품이 중요한 것임을 강조함
평등 의식이 드러남	• 의로운 광문이 부자에게 천거되는 일화를 통해 신의가 바탕이 된 평등한 인간관계를 부각함 • 모든 남녀는 인간으로서 대등한 권리를 지닌다는 성 평등 의식을 드러냄
양반 사회를 비판하고 세태를 풍자함	광문의 진솔한 인간됨을 부각함으로써 당대 위선적인 양반 사회를 비판함

1	②	2	④	3	①	4	④	5	④
6	②	7	④	8	④	9	③	10	③

1 작품의 내용 파악

정답 설명

② 동리자는 그녀의 실상과 달리 열녀로 추앙받고 있다.

→ (가)와 (나)를 통해 동리자는 천자가 절개를 가상히 여길 정도로 추앙받는 열녀임을 알 수 있으나, 실상은 성이 다른 다섯 명의 아들이 있고, 북곽 선생과 밀회를 즐기는 등 평판과 실상이 정반대인 인물임을 알 수 있다.

오답 분석

① 북곽 선생은 존경받을 만한 도덕적인 선비이다.

→ (가)에서 명망 높은 유학자로 존경받는 북곽 선생의 모습이 제시되어 있으나, (나)에서 과부인 동리자와 밀회를 즐기는 모습을 통해 북곽 선생은 명성과 달리 위선적이며 비도덕적인 인물임을 알 수 있다.

③ 북곽 선생은 오래전부터 동리자와 밀회를 즐겨 왔다.

→ (나)에서 시를 읊으며 밀회를 즐기는 북곽 선생과 동리자의 모습을 확인할 수 있으나, 두 사람이 오래전부터 밀회를 즐겼는지는 알 수 없다.

④ 동리자의 아들들은 금전적 이익을 위해 북곽 선생을 여우로 몰았다.

→ 동리자의 다섯 아들이 여우가 북곽 선생으로 둔갑했다고 생각한 이유는 북곽 선생과 같이 명망 높은 유학자가 과부와 밤에 몰래 만나는 일이 있을 수 없다고 생각했기 때문이다.

2 인물의 태도, 한자 성어

정답 설명

④ 양두구육(羊頭狗肉)

→ 북곽 선생은 학식 있는 선비로 존경을 받는 인물이고, 동리자는 열녀로 추앙을 받는 인물이다. 하지만 북곽 선생은 과부와의 밀회를 즐기고, 동리자는 성이 다른 다섯 아들을 두고 있는 등 위선적인 모습을 보이고 있다. 이처럼 평판과 실제 행실이 다른 두 인물의 태도를 나타낸 한자 성어는 ④ '양두구육(羊頭狗肉)'이다.

• 양두구육(羊頭狗肉): 양의 머리를 걸어 놓고 개고기를 판다는 뜻으로, 겉보기만 그럴듯하게 보이고 속은 변변하지 아니함을 이르는 말

① 무위도식(無爲徒食)

→ 하는 일 없이 놀고먹음

② 면종복배(面從腹背)

→ 겉으로는 복종하는 체하면서 내심으로는 배반함

③ 아비규환(阿鼻叫喚)

→ 여러 사람이 비참한 지경에 빠져 울부짖는 참상을 비유적으로 이르는 말

3 소재의 의미

① 인물의 이중성이 드러나는 공간이다.

→ ⓐ '방 안'에서 존경받는 선비인 북곽 선생과 열녀로 알려진 동리자가 밀회를 나누고 있으므로 ⓐ는 위선적인 두 인물의 이중성이 드러나는 공간이다.

④ 인물의 긍정적 속성이 부각되는 공간이다.

→ 고매한 인품을 소유하고 있다고 평가받던 인물들의 위선이 드러나므로 부정적 속성이 부각되는 공간이다.

4 작품의 종합적 감상

④ (다)에서는 북곽 선생의 위선적인 모습을 밝혀낸 다섯 아들의 현명함이 부각된다.

→ (다)에서 다섯 아들이 방으로 쳐들어간 것이 계기가 되어 북곽 선생의 위선적인 모습이 밝혀진 것은 맞으나, 아들들은 방에 있는 인물을 북곽 선생으로 둔갑한 여우라고 생각하고 있으므로 대상의 본질을 제대로 보지 못하는 어리석은 인물임을 알 수 있다.

① (가)에서는 작품의 배경과 등장인물을 소개하고 있다.

→ (가)에서는 작품의 배경이 정나라 어느 고을이라는 점과 등장인물인 북곽 선생과 동리자에 대해 소개하고 있다.

② (다)에서는 북곽 선생의 행동을 회화화하여 풍자하고 있다.

→ (다)에서는 북곽 선생이 비굴하게 도망가는 모습을 '모가지를 두 다리 사이로 쑤셔 박고 귀신처럼 춤추고 낄낄거리며 문을 나가서 내닫다가'와 같이 우스꽝스럽게 묘사함으로써 그의 위선을 풍자하고 있다.

③ (나)와 (다)에서는 시간의 흐름에 따라 사건이 전개되고 있다.

→ (나)와 (다)에서는 다섯 아들이 동리자의 방에서 북곽 선생의 목소리를 듣고 의심하는 장면부터 북곽 선생이 도망치는 길에 범을 마주하기까지의 사건이 시간순으로 전개되고 있다.

5 서술상의 특징

④ 서술자는 작품의 외부에서 인물의 행동과 심리를 서술하고 있다.

→ 1인칭 서술자 '나'가 등장하지 않으므로 서술자는 작품 외부에 있음을 알 수 있고, '북곽 선생은 크게 당황하여 도망쳤다'와 같이 인물의 행동뿐 아니라 심리까지 직접적으로 서술하고 있으므로 전지적 작가 시점에 해당한다.

- 전지적 작가 시점: 작품 밖의 서술자가 등장인물의 행동과 태도뿐 아니라 그 내면세계(심리)까지도 분석해 서술하는 방식

① 역설적 표현을 사용하여 대상을 풍자하고 있다.

→ 북곽 선생의 비굴한 모습을 통해 우스꽝스럽게 묘사하여 풍자하고 있으나, 역설적 표현이 사용된 부분은 확인할 수 없다.

② 인물의 외양을 구체적으로 묘사하여 성격을 드러내고 있다.

→ 인물의 외양을 구체적으로 묘사한 부분은 확인할 수 없으며, 인물의 이중적인 태도를 통해 위선적인 성격을 드러내고 있다.

③ 잦은 장면의 전환을 통해 속도감 있게 이야기를 전개하고 있다.

→ 북곽 선생과 동리자가 밀회를 즐기는 장면에서 동리자의 다섯 아들이 이야기를 나누는 장면으로의 전환만 드러날 뿐, 장면의 전환이 빈번하게 일어나지는 않는다.

🏁 이것도 알면 합격

소설의 시점

구분	특징
1인칭 주인공 시점	• 작품 속의 '나'가 스스로의 이야기를 전달함 • 주인공의 내면세계를 그리는 데 효과적임 • 독자는 주인공이 보고 느낀 것만 알게 됨
1인칭 관찰자 시점	• 작품 속의 '나'가 관찰자로서 주인공에 대한 이야기를 전달함 • 서술의 초점은 '나'가 아닌 주인공에게 있음 • 독자는 '나'가 전해 주는 내용을 통해 주인공의 생각이나 성격을 추측하게 됨
전지적 작가 시점	• 작품 밖의 서술자가 인물의 행동이나 생각을 전달함 • 서술자가 작품 속에 직접 개입하여 사건을 진행하거나 인물을 논평함 • 작가의 사상이나 인생관을 직접 드러낼 수 있음 • 독자의 상상력이 제한될 가능성이 있음
3인칭 관찰자 시점	• 작품 밖의 서술자가 관찰자의 입장에서 이야기를 전달함 • 극적이고 객관적인 특성을 가짐 • 서술자의 태도가 객관적이므로 독자의 상상이 개입할 여지가 있음

6 작품의 내용 파악

정답 설명

② 북곽 선생은 범의 꾸짖음을 들은 후 깊게 뉘우치고 있다.

→ 범에게 목숨을 구걸하기 위해 고개를 조아리고 있던 북곽 선생은 밭 갈러 나온 농부와 마주치자 옛말을 인용하며 자신의 행동을 합리화하고 있는데, 이는 북곽 선생이 여전히 위선적인 태도를 보이고 있음을 나타내는 장면이다. 따라서 북곽 선생은 범의 꾸짖음을 들은 후 뉘우치거나 반성하지 않았음을 알 수 있다.

오답 분석

① 북곽 선생은 살아남기 위해 범에게 아첨하고 있다.

→ 북곽 선생은 범에게 잡아먹히지 않기 위해 범의 덕이 지극하고 대인, 제왕, 장수 등의 모범이 된다는 이야기를 하며 비굴한 태도로 알랑거리고 있다.

③ 범은 인간의 부도덕함과 탐욕스러움에 대해 비판하고 있다.

→ 범은 윤리 규범을 어겨 형벌을 받은 사람들을 예로 들어 인간의 부도덕함을 비판하였으며, 서로 재물을 빼앗고, 돈을 우상화하고, 부귀나 공명을 위해 인륜에 반하는 행동을 하는 사람들의 이야기를 통해 인간의 탐욕에 대해 비판하고 있다.

④ 농부는 일을 하기 위해 밭으로 나왔다가 북곽 선생과 마주쳤다.

→ '새벽 일찍 밭을 갈러 나온 농부가 있었다'는 표현을 통해 농부는 일을 하기 위해 밭에 갔다가 북곽 선생을 만났음을 알 수 있다.

7 문장의 의미

정답 설명

④ ⓔ: 목숨을 부지한 것에 대해 절대자에게 감사를 표하고 있다.

→ ⓔ은 북곽 선생이 범에게 목숨을 구걸하던 부끄러운 모습을 농부에게 숨기기 위해 옛글을 인용하며 합리화하고 있는 것일 뿐, 목숨을 부지한 것에 대해 감사하는 표현이 아니다.

오답 분석

① ⓐ: 스스로를 낮추어 표현하고 있다.

→ '하토(下土)의 천신(賤臣)'은 '이 세상의 천한 신하'라는 뜻으로, 북곽 선생이 스스로를 낮추어 지칭한 표현이다.

② ⓑ: 유학자들의 한계를 지적하고 있다.

→ ⓑ의 앞 문장에서는 유학자들이 '오륜'과 '사강'과 같은 윤리 규범에 대해 강조한다고 말하였고, ⓑ에서는 그럼에도 윤리 규범을 어겨 형벌을 받은 사람이 많다고 하였다. 따라서 ⓑ은 말로만 도덕과 윤리에 대해 이야기하며 현실은 개선하지 못하는 유학자들의 한계를 지적한 표현이다.

③ 인간에게 생명을 해칠 권리가 없음을 강조하고 있다.

→ ⓒ의 앞에서는 인간이 탐욕으로 인해 다른 생명의 것을 빼앗거나 목숨을 해치는 경우에 대해 언급하였고, ⓒ에서는 인간도 만물 중의 하나일 뿐이라는 것을 강조하고 있다. 또한, ⓒ의 뒤에서 모든 생물들은 서로 해칠 수 없다고 말하고 있으므로 ⓒ은 인간에게 생명을 해칠 권리가 없음을 강조한 표현이다.

8 서술상의 특징

정답 설명

④ 서술자가 등장인물을 직접 비판하여 주제 의식을 강화하고 있다.

→ 제시된 작품에서 서술자가 등장인물을 직접 비판하는 등 서술자의 견해가 드러나는 부분은 확인할 수 없다. 참고로, 제시된 작품은 작가의 의식을 대변하는 존재인 범을 통해 당대 지배층의 위선과 부도덕함을 우회적으로 비판하고 있다.

오답 분석

① 우화적 설정을 사용하여 현실의 비리를 고발하고 있다.

→ 우화란 인격화한 동식물을 등장시켜 풍자와 교훈의 뜻을 전달하는 이야기를 가리킨다. 제시된 작품에서는 범을 의인화하여 양반의 위선을 풍자하고 인간 사회의 부정적인 속성을 고발하고 있다.

② 등장인물 간의 대화를 중심으로 이야기를 전개하고 있다.

→ 범과 북곽 선생의 대화를 중심으로 이야기를 전개하고 있으며, 특히 범의 말을 통해 주제 의식을 드러내고 있다.

③ 동음이의어를 이용한 언어유희를 통해 대상을 비판하고 있다.

→ (마)의 '유(儒)는 유(諛)라 하더니 과연 그렇구나'에서 '유(儒)'는 선비를 의미하며 '유(諛)'는 아첨하는 것을 의미한다. 이와 같이 동음이의어를 이용한 언어유희를 통해 선비는 아첨꾼이라고 비판하고 있다.

🚩 이것도 알면 합격

우화 형식으로 인간 사회를 풍자한 작품

작품	주제
호질(虎叱)	양반의 위선과 부도덕성 풍자
장끼전	남존여비(男尊女卑) 사상과 여성의 개가(改嫁) 금지에 대한 비판과 풍자
토끼전	무능하고 부패한 지배 계층에 대한 비판
서동지전	봉건적 가치관에 대한 풍자와 비판
금수회의록	인간 세계의 모순, 비리와 타락성 풍자

정답 설명

③ 설의적 표현을 통해 말하고자 하는 바를 강조하고 있다.

→ '범의 본성이 인간의 본성보다 어질지 않느냐?', '잔인무도한 것이 무엇이 너희보다 더하겠느냐?'와 같은 설의적 표현을 사용하여 인간의 부도덕함과 탐욕스러움을 비판하고 있다.

오답 분석

① 열거법을 사용하여 범의 본성을 드러내고 있다.

→ 인간 세계의 형벌과 인간의 잘못된 행실들을 열거하고 있으나, 이는 인간의 부도덕함을 비판하기 위한 것일 뿐 범의 본성을 드러내기 위한 것이 아니다.

② 옛글을 인용하여 상대의 부정적인 면을 지적하고 있다.

→ 《맹자(孟子)》에 일렀으되 ~ 하였습니다', '성현(聖賢)의 말씀에 ~ 하셨느니라'와 같이 옛글을 인용한 부분은 드러나나, 이는 북곽 선생이 목숨을 구걸하거나 자신의 행동을 합리화하기 위한 것일 뿐, 상대의 부정적인 면을 지적하기 위함은 아니다.

④ 유추를 통해 인간이 본받아야 할 범의 특성을 제시하고 있다.

→ '범의 세계에서는 원래 그런 형벌이 없으니 이로 보면 범의 본성이 인간의 본성보다 어질지 않느냐?'와 같이 범이 인간보다 어질다는 점을 강조하고 있으나, 인간이 본받아야 할 범의 특성을 제시하고 있지는 않으며 유추를 사용한 부분도 확인할 수 없다.

- 유추: 두 개의 대상의 성질이나 관계, 기능, 구조 등이 유사하거나 동일할 때, 어느 한쪽 대상에서 나타나는 속성이 다른 쪽 대상에서도 유사하거나 동일할 것이라고 추론하는 논지 전개 방식

10 인물의 심리 및 태도

정답 설명

③ 위기를 모면하자 다시 위선을 부리고 있다.

→ 범에게 목숨을 구걸하던 북곽 선생은 범이 사라진 것을 확인하자, 비굴하게 엎드려 있던 행동을 합리화하며 위선을 부리고 있다.

작품 분석 노트 ✏️

📖 **박지원 〈호질〉**

갈래	한문 소설, 우화 소설
성격	풍자적, 비판적, 우의적
제재	양반의 허위의식
주제	양반의 위선적인 삶과 이중적인 도덕관에 대한 풍자
특징	• 우의적 수법을 사용하여 양반 계급의 허위를 풍자함 • 인물의 행위를 희화화하여 제시함

1 작품의 풍자 대상

북곽 선생과 동리자	북곽 선생은 높은 학식과 고매한 인품을 가진 선비로 추앙받으나 실상은 부도덕하고 위기 상황에서 아첨을 일삼는 인물이며, 동리자는 열녀로 추앙받는 과부이나 성이 다른 다섯 아들을 두고 있다. 이처럼 겉과 속이 다른 이중적인 두 인물의 위선과 부도덕성을 풍자하고 있다.
양반 사회와 인간 사회	북곽 선생으로 대표되는 유학자들의 위선과 속물근성, 인간 사회 전반에 걸친 인간의 부도덕성과 악행을 비판하고 있다.
동리자의 아들들과 농부	동리자의 아들들과 농부는 북곽 선생의 위선적인 모습을 목격하고도 그대로 받아들이지 못하는 어리석은 인물들로, 고정관념 때문에 대상의 본질을 보지 못한다는 점에서 풍자의 대상이 된다.

2 '범'의 역할과 우화적 성격

'범'은 작가 의식을 대변하는 존재로, 현실 사회의 위선적 속성을 폭로하며 비판하는 역할을 한다. 유교 사회에서는 직접적인 현실 비판이 받아들여질 수 없었기 때문에 작가는 의인화된 대상인 '범'을 내세워 북곽 선생으로 대표되는 당대 지배층의 위선과 인간들의 부도덕한 악행을 신랄하게 비판하고 있다.

우화는 일반적으로 의인화된 등장인물의 부정적 속성을 풍자하는데, 〈호질〉의 경우 우화의 기법을 사용하고 있으면서도 '범'이 인간 사회의 부정적 속성을 고발하고 있다는 점에서 일반적인 우화와 차이를 보인다. 이와 같이 의인화된 '범'을 통한 우회적인 비판은 직접적인 비판보다 풍자의 효과가 크다.

1	②	2	①	3	③	4	③	5	②
6	③	7	④	8	②	9	④	10	②

1 작품의 내용 파악

정답 설명

② 흥보의 큰아들은 아버지가 매를 맞는 것을 만류하고 있다.
→ (다)에서 흥보의 큰아들은 흥보에게 매품팔이 한 돈으로 '모초의(비단 옷)', '비단 주머니' 등 동생들보다 더 좋은 물건을 사달라며 철없는 요구를 하고 있다. 따라서 흥보의 큰아들이 아버지가 매를 맞는 것을 만류하고 있다는 ②는 제시된 작품의 내용과 부합하지 않는다.

오답 분석

① 흥보 아내는 흥보가 병영에 가는 것을 반대하고 있다.
→ (가)에서 흥보의 아내는 여러 날 굶은 흥보의 몸이 곤장을 맞고 견디지 못할 것을 걱정하여 병영에 가는 것을 반대하고 있다.

③ 흥보의 자식들은 아버지에게 물건을 사 올 것을 요구하고 있다.
→ (다)에서 흥보의 자식들은 매품팔이 하러 가는 흥보에게 '오동철병(구리로 만든 병)', '창옷(소매가 좁은 웃옷)' 등을 사 달라고 조르고 있다.

④ 흥보는 매품으로 삼십 냥을 받기로 했고 마삯으로 다섯 냥을 받아 왔다.
→ (가)에서 흥보가 '곤장 맞기로 삼십 냥에 결단하고 마삯 돈 닷 냥 받아 왔네'라고 말하는 것을 통해 알 수 있다.

2 서술상의 특징

정답 설명

① 반어적 표현을 통해 해학성을 유발하고 있다.
→ [A]에서 반어적 표현이 사용된 부분은 확인할 수 없다.

오답 분석

② 대구와 반복을 통하여 리듬감을 형성하고 있다.
→ '~되어/하여/하였으면 ~에 앉아 볼까'와 같이 유사한 통사 구조를 반복하고 있으며 이와 같은 대구와 반복을 통하여 리듬감을 형성하고 있다.

③ 구체적인 상황들을 열거하여 주장을 강화하고 있다.
→ 흥보가 정승이 되어 평교자(가마)에 앉거나, 육판서가 되어 초헌(수레)에 앉는 등의 여러 구체적인 상황들을 열거하고 있다. 이러한 구체적인 상황들은 흥보에게 일어날 수 없는 비현실적인 일이므로 자신의 볼기는 결국 매품을 파는 데 사용해야 한다는 흥보의 주장을 강화해 준다.

④ 사설을 장황하게 늘어놓으며 흥미를 고조시키고 있다.
→ 흥보의 볼기가 매품팔이에 사용되는 것 외에는 마땅히 구실을 할 수 없는 상황을 장황하게 늘어놓으며 흥미를 고조시키고 있다. 참고로, 이와 같은 사설은 판소리계 소설의 특징 중 하나이다.

3 작품의 종합적 감상

정답 설명

③ 비상한 능력을 가진 인물을 중심으로 이야기가 전개되고 있다.
→ 비상하거나 비범한 능력을 가진 인물이 아닌, 평범하고 가난한 인물인 흥보를 중심으로 이야기가 전개되고 있다.

오답 분석

① 작품이 창작될 당시의 불합리한 사회상을 엿볼 수 있다.
→ 흥보는 가족들의 양식을 구하기 위해 좌수(座首) 대신 곤장을 맞고 돈을 받는 매품팔이를 하게 된다. 이를 통해 돈과 권력이 있는 자들은 죄에 대한 처벌까지도 돈으로 해결할 수 있었던 반면, 가난한 자들은 돈을 벌고 싶어도 할 수 있는 일이 없는 불합리한 조선 후기의 사회상을 엿볼 수 있다.

② 판소리의 영향을 받아 운율이 느껴지는 문체가 사용되고 있다.
→ 제시된 작품은 판소리 〈흥보가〉가 문자로 정착된 판소리계 소설로, '대장부/한 걸음에/삼십 냥이/들어가네'와 같이 4음보의 운율이 느껴지는 문체가 사용되고 있다.

④ 서민 계층의 언어와 양반 계층의 언어가 뒤섞여서 나타나고 있다.
→ '후레아들 놈들'과 같은 서민 계층의 언어인 비속어와 '평교자(平轎子)', '초헌(軺軒)', '호사(豪奢)' 등 양반 계층의 언어인 한자어가 함께 나타나고 있다.

4 인물의 심리 및 태도

정답 설명

③ 흥보는 자식들에 대한 야속함을 드러내고 있다.
→ 흥보는 '너희 놈들이 내 마른 볼기를 대송방(大松房)으로 아는 놈들이로구나'라고 표현하며, 매품을 팔아 번 돈으로 값비싼 물건들을 사 달라고 조르는 철없는 자식들에 대한 야속함을 표현하고 있다.

① 흥보는 가난한 현실을 외면하고 있다.

→ 흥보는 돈을 벌기 위해 매를 대신 맞는 것을 선택했고, 매품팔이를 반대하는 아내를 오히려 설득하고 있다. 이를 통해 흥보가 가난한 현실을 외면하고 있는 것이 아니라 가장으로서 가난을 극복하기 위해 노력하고 있음을 알 수 있다.

② 흥보는 벼슬길에 오르겠다고 다짐하고 있다.

→ 흥보가 벼슬아치(정승, 육판서, 사복시 관리 등)가 되어 '평교자(가마)', '초헌(수레)', '임금 타는 말' 등에 앉아 보는 상황들을 나열하고 있으나, 이는 매품을 파는 것이 자신의 볼기의 유일한 쓰임이라는 점을 강조하기 위한 표현일 뿐 벼슬길에 오르겠다고 마음먹은 것은 아니다.

④ 흥보는 매품을 파는 것을 내키지 않아 하고 있다.

→ 흥보는 매품을 팔기로 하고 집으로 돌아와 '대장부 한 걸음에 삼십 냥이 들어가네'라고 말을 하고 있는데, 이는 오랜만에 돈을 벌게 된 흥보의 자부심이 반영된 표현이다. 또한 흥보는 매품팔이를 반대하는 아내에게 매품을 팔아 돈을 버는 것이 볼기의 구실이라며 설득하고 있으므로 매품 파는 일을 내키지 않아 한다는 것은 적절하지 않은 설명이다.

5 문장의 의미

② ⓒ: 가난에서 벗어나길 바라는 소망이 반영되어 있다.

→ ⓒ은 흥보가 병영에 간다는 소식을 들은 아들이 호사를 누릴 수 있으리라 생각하는 것으로, 아버지가 매를 맞는 것을 걱정하기보다 사치스러운 물건을 먼저 떠올리는 흥보 아들의 철없음이 드러나는 표현일 뿐 가난에서 벗어나길 바라는 소망은 드러나지 않는다.

① ⊙: 매품을 팔아야 하는 이유를 설명하기 위한 말이다.

→ ⊙은 흥보가 매품 파는 것을 만류하는 아내를 설득하기 위해 하는 말이다. 흥보는 볼기의 구실이 있다고 말하며 자신의 볼기는 쓸모가 없으므로 곤장을 맞아 매품이라도 팔아야 한다고 주장하고 있다.

③ ⓒ: 불가능한 상황을 제시하는 해학적 표현이 나타난다.

→ ⓒ은 흥보의 아들이 '오동철병(검붉은 빛이 나는 구리로 만든 병)'을 사 달라고 보채며 하는 말로, 사 오기만 하면 '귀밑머리'나 '생갈비'에라도 차겠다는 불가능한 상황을 제시함으로써 웃음을 유발하고 있다.

④ ⓔ: 흥보가 자식들에게 탄식하는 이유가 드러난다.

→ ⓔ은 흥보의 큰아들이 동생들을 꾸짖으면서 정작 본인은 동생들보다 더 값비싼 물건을 요구하는 철없는 모습이 담긴 장면으로, 흥보가 '네 아무것도 안 찾을 듯이 하더니 단계를 높여 하는구나'라며 한탄하게끔 만들고 있다.

6 작품의 내용 파악

③ 매품을 팔러 온 사람들은 누가 더 가난한지를 다투었다.

→ (라)에서 사람들이 매품을 팔러 왔음을 알 수 있으며, (마)의 '내 가난 들어 보오', '족히 먹고살 수는 있겠소' 등의 표현을 통해 이들이 자신이 더 가난한 처지임을 강조하며 다투는 것을 확인할 수 있다.

① 흥보는 김딱직에게 자신의 궁핍한 처지를 설명했다.

→ (마)의 '동무님 내 매품이나 잘 팔아 가지고 가오. 나는 돌아가오'라는 표현을 통해 흥보는 다른 사람들의 가난 자랑을 듣고 자신의 처지는 가난한 처지도 아니라는 생각에 매품 파는 것을 포기했음을 알 수 있다. 따라서 흥보는 자신의 궁핍한 처지에 대해 누구에게도 설명하지 않았다.

② 흥보의 처는 흥보가 빈손으로 돌아오자 아쉬워했다.

→ (바)의 '우리 낭군 병영 내려갔다 매 아니 맞고 돌아오니, 이런 영화 또 있을까'라는 표현을 통해 흥보의 처는 흥보가 매를 맞지 않고 그냥 돌아오자 기뻐하고 있음을 알 수 있다.

④ 김딱직은 '가난 자랑'을 통해 매품 팔 사람을 정하자고 제안했다.

→ (라)에서 흥보가 '그리 말고 서로 가난 자랑하여 아무라도 제일 가난한 사람이 팔아 갑세'라고 하였으므로 '가난 자랑'을 제안한 것은 김딱직이 아닌 흥보임을 알 수 있다.

7 문장의 의미

④ ⓔ: 아무도 자신의 가난을 알아주지 않음을 불평하고 있다.

→ '목득'은 이름이 무엇인지 모르는 귀신의 이름을 뜻하는 '목두기'를 가리키는 말로, ⓔ '아무 목득의 아들놈도 못 팔아 갈 것이니'는 자신을 제외하고는 그 어떤 사람도 매품을 팔지 못할 것이라는 뜻이다.

① ⊙: 집이 매우 좁음을 과장하여 표현하고 있다.

→ ⊙ '닫는 벼룩 쪼그려 앉을 데 없고'는 자신의 집이 벼룩이 앉을 공간이 없을 정도로 좁다고 과장하여 표현한 말이다.

② ⓒ: 먹을 것조차 없는 극심한 가난을 강조하고 있다.

→ ⓒ '부엌의 노랑 쥐 밥알을 주우려고 다니다가 다리에 가래톳 서서 종기 터뜨리고 드러누운 지가 석 달 되었소'는 쥐가 부엌에서 밥알을 찾으러 돌아다니다가 드러누웠다는 뜻으로, 쥐가 집안에서 먹을 것을 구할 수 없을 정도로 가난한 상황임을 강조하는 표현이다.

③ ©: 앞서 말한 가난 자랑을 인정하지 않고 있다.
→ '장자'란 큰 부자를 점잖게 이르는 말로, © '거기는 참으로 장자라 할 수 있소'는 앞서 말한 사람은 자신에 비해 부자라고 할 수 있다는 뜻이다. 따라서 ©은 앞서 말한 가난 자랑을 인정하지 않겠다는 의도가 드러나는 표현이다.

8 내용 추리, 한자 성어

정답 설명

② 삼순구식(三旬九食)
→ @가 포함된 문장은 매품을 팔러 온 사람이 자신의 가난을 과장하여 표현한 것이다. 따라서 @에 들어갈 한자 성어로 적절한 것은 '삼십 일 동안 아홉 끼니밖에 먹지 못한다는 뜻으로, 몹시 가난함을 이르는 말'인 ② '三旬九食(삼순구식)'이다.

오답 분석

① 약육강식(弱肉強食)
→ 약한 자가 강한 자에게 먹힌다는 뜻으로, 강한 자가 약한 자를 희생시켜서 번영하거나, 약한 자가 강한 자에게 끝내는 멸망됨을 이르는 말

③ 이식위천(以食爲天)
→ 사람이 살아가는 데 먹는 것이 가장 중요함을 이르는 말

④ 발분망식(發憤忘食)
→ 끼니까지도 잊을 정도로 어떤 일에 열중하여 노력함

9 서술상의 특징

정답 설명

④ 복선을 통해 주인공의 삶이 더욱 어려워질 것임을 나타냈다.
→ 흥보는 슬퍼하는 아내를 달래며 '마음만 옳게 먹고 의롭지 않은 일 아니 하면 장래 한때 볼 것이니'라고 말하는데, 이는 주인공인 흥보에게 앞으로 좋은 일이 생길 것임을 암시하는 복선의 역할을 하고 있다.

오답 분석

① 자연물에 감정을 투영하여 표현했다.
→ '접동 두견 꾀꼬리는 때를 찾아 슬피 우니'는 궁핍한 처지에 있는 흥보 내외가 느낀 슬픔의 정서를 자연물인 '접동(새)', '두견(새)', '꾀꼬리'에 이입한 표현이다.

② 서술자의 생각을 나타내는 편집자적 논평이 드러난다.
→ '뉘 아니 슬퍼하리'는 가난을 슬퍼하며 서로 위로하는 흥보 내외에 대한 서술자의 견해가 직접적으로 드러난 것으로, 편집자적 논평에 해당한다.

③ 고사를 인용하여 등장인물의 정서를 효과적으로 전달했다.
→ '아황 여영', '왕소군', '반첩여', '우미인' 등은 모두 원통한 일을 당하고 죽은 중국 고사의 인물로, 흥보 아내의 설움을 이들의 설움에 빗대어 흥보 아내가 느끼는 서러움을 강조하고 있다.

10 작품의 종합적 감상

정답 설명

② 상식에서 벗어난 표현을 사용하여 웃음을 유발하는군.
→ 흥보 내외가 먹고 싶은 음식의 이름을 나열하는 부분에서 '숭늉에는 고춧가루를 많이 치고 들기름을 많이 쳐'와 같이 상식에서 벗어난 말을 하여 웃음을 유발하고 있다.

오답 분석

① 입체적 인물을 등장시켜 갈등을 심화하고 있군.
→ 제시된 부분에서는 사건이 전개됨에 따라 성격이 변화하는 입체적 인물은 등장하지 않는다.

③ 요약적인 서술을 통해 속도감 있게 사건을 전개하는군.
→ 제시된 부분에서는 인물의 대화를 중심으로 사건을 전개하고 있을 뿐, 요약적인 서술을 통해 속도감 있게 사건을 전개하는 부분은 확인할 수 없다.

④ 흥보는 반복되는 비극으로 인해 삶에 대한 의지를 상실했군.
→ (바)에서 흥보는 빈곤한 처지를 한탄하는 아내를 위로하며 '마음만 옳게 먹고 의롭지 않은 일 아니 하면 ~ 서러워 말고 살아나네'라고 말하는데, 이는 가난이라는 비극적 상황을 극복할 수 있다는 의지가 드러나는 표현이다. 따라서 흥보가 삶에 대한 의지를 상실했다는 감상은 적절하지 않다.

작품 분석 노트 ✎

📖 작자 미상 〈흥보전〉

갈래	국문 소설, 판소리계 소설
성격	해학적, 교훈적, 풍자적
제재	흥보의 선행과 놀보의 악행
주제	• 형제간의 우애와 권선징악(勸善懲惡) • 몰락한 양반과 신흥 부농 간의 갈등
특징	• 과장된 표현과 해학적 묘사 등을 통해 골계미를 드러냄 • 조선 후기의 사회상을 반영하고 있음

1 주제의 양면성

표면적 주제	• 형제간의 우애와 권선징악을 강조함 • 표면적으로는 유교적 가치를 권장하는 교훈적인 내용을 주제로 함
이면적 주제	• 지배층의 허위와 탐욕에 대한 비판, 빈부 격차에 따른 갈등을 드러냄 • 이면적으로는 조선 후기 신분제의 동요 속에서 성장한 민중들의 근대적 의식과 현실 모순에 대한 자각이 반영되어 사회적·경제적 문제에 대해서 이야기함

2 '가난 자랑' 대목의 기능

매품을 팔러 병영에 모인 사람들의 '가난 자랑' 대목은 서로 매를 맞기 위해 자신이 더 가난하다고 다투는 상황을 익살스럽게 나타낸 부분으로, 과장된 표현을 통해 이들의 궁핍한 처지를 강조하면서 비극을 웃음으로 극복하려는 판소리의 해학적 특성이 두드러진다. 흥보는 매우 가난한 인물로 묘사되고 있지만, 매품팔이를 하러 온 사람들은 흥보를 '큰 부자'라고 부르는데 이를 통해 흥보 같은 가난은 가난하다고도 할 수 없을 정도로 당대 사회에 빈곤층이 많았음을 보여 준다.

3 표현상의 특징

해학적 표현	• 흥보가 매품팔이를 하기 위해 아내를 설득하는 장면, 가난한 이들의 가난 자랑 대목 등에서 비극적 상황을 웃음으로 극복하는 해학적 표현이 나타남
과장된 표현	• 매품을 팔러 온 사람들이 자신의 가난을 의도적으로 과장하여 표현함으로써 웃음을 유발함
장면의 확대	• 특정한 상황을 장황하게 서술하여 의도적으로 장면을 확대함 • 판소리 공연에서 광대가 흥미로운 내용을 중심으로 사설을 첨가하는 부분이 판소리계 소설에서는 장면의 확대로 나타남

1	④	2	④	3	①	4	②	5	②
6	④	7	③	8	③	9	③	10	④

1 문장의 의미

정답 설명

④ 자신의 이기적인 본성에 대한 깨달음

→ 〈보기 1〉과 〈보기 2〉를 통해 권 씨는 굶주린 시위대가 땅에 떨어진 참외를 먹는 모습을 보고, 자신의 안위를 위해 시위에 참여하지 않은 것에 대해 양심의 가책을 느꼈음을 알 수 있다. '나' 역시 돈을 돌려받지 못할 수 있다는 생각에 권 씨의 어려움을 모른 척한 것에 대한 부끄러움을 느끼고 있으므로 문맥상 ⓐ의 의미는 ④ '자신의 이기적인 본성에 대한 깨달음'이다.

2 작품의 내용 파악

정답 설명

④ 권 씨는 직장에서 월급을 가불 받아 수술 보증금을 마련했다.

→ 직장에서 월급을 가불 받고 직장 동료들에게 돈을 빌려서 수술 보증금을 마련한 사람은 권 씨가 아닌 '나'이다.

오답 분석

① 원장은 권 씨에게 수술 보증금을 요구했다.

→ 권 씨에게 보증금을 마련해 오랬더니 오전에 나가서 아직 들어오지 않았다는 원장의 말을 통해 알 수 있다.

② '나'와 권 씨는 집주인과 세입자의 관계이다.

→ '나'가 전셋돈을 담보 삼아 권 씨의 수술비를 대신 내 주었으며, 산부인과 원장이 '나'가 권 씨의 셋방 주인임을 알게 되었다고 서술하고 있으므로 '나'와 권 씨는 집주인과 세입자의 관계이다.

③ 권 씨는 '나'에게 아내의 수술비를 빌리러 왔다.

→ 권 씨는 아내의 산부인과 수술비를 마련하기 위해 집주인인 '나'에게 돈을 빌리러 왔다.

3 인물의 태도

정답 설명

① '권 씨'는 부탁을 거절한 '나'를 원망한다.

→ '권 씨'는 '나'에게 돈을 빌려 달라고 부탁하고 있으며, '나'가 부탁을 거절하자 자존심이 상한 기색을 보일 뿐 '나'를 원망하고 있다는 것은 제시된 작품을 통해 알 수 없다.

오답 분석

② '나'는 '권 씨'의 사정을 딱하게 여기고 있다.
→ '나'는 '권 씨'의 부탁을 듣고 '책임이 따르는 동정은 피하는 게 상책이었다'라고 생각하는데, 이는 '나'가 '권 씨'에게 연민을 가지고 있었음을 알 수 있는 표현이다. 또한, 이후에 자신의 이기적인 행동에 대해 부끄러움을 느끼고 수술비를 대신 내 준 것으로 보아 '나'가 '권 씨'의 사정을 딱하게 여기고 있음을 알 수 있다.

③ '원장'은 '권 씨'에 대해 불만을 가지고 있다.
→ '원장'은 '아버지가 되는 방법도 정말 여러 질이군요. 보증금을 마련해 오랬더니 오전 중에 나가서는 여지껏 얼굴 한 번 안 비치지 뭡니까'라고 말하는데, 이는 '권 씨'에 대한 불만을 노골적으로 드러낸 것이다.

④ '나'는 '원장'을 속물적인 사람이라고 생각한다.
→ '나'는 '의사가 애를 꺼내는 방법도 여러 질이듯이 아버지 노릇하는 것도 아마 여러 질일 겁니다'라고 말하는데, 이는 사람의 목숨이 오가는 상황에서도 돈을 우선시하는 '원장'의 이해타산적이고 속물적인 행동을 비꼬아 표현한 것이다.

4 문장의 의미

정답 설명

② ㉠은 잠시나마 아내에 대한 걱정을 잊기 위한 행동이다.
→ 권 씨가 가난한 형편에도 구두를 윤이 나게 닦아 신고 다니는 것으로 보아 권 씨의 구두는 그의 자존심을 상징함을 알 수 있다. 따라서 ㉠과 같이 구두를 닦는 것은 아내에 대한 걱정을 잊기 위한 행동이 아니라 돈을 빌려 달라는 부탁을 거절당해 무너진 자신의 자존심을 회복하기 위한 무의식적인 행동이다.

오답 분석

① ㉠과 ㉡은 모두 권 씨의 자존심과 관련이 있다. / ③ ㉡은 자신이 대학까지 나온 지식인임을 강조하는 것이다. / ④ ㉡은 부탁을 거절당한 후 상처 입은 자존심을 회복하기 위한 의도이다.
→ ㉠과 ㉡은 '나'에게 돈을 빌리는 것을 거절당한 후 자존심에 상처를 입은 권 씨의 행동과 말이다. ㉠은 자신의 자존심을 상징하는 '구두'를 닦음으로써, ㉡은 대학을 나온 지식인임을 강조함으로써 상처받은 자존심을 회복하고자 하는 행동과 말이므로 ①, ③, ④의 설명은 적절하다.

5 작품의 종합적 감상

정답 설명

② 상징적인 소재를 통해 인물의 내면 심리를 드러내고 있다.
→ 권 씨의 자존심을 상징하는 '구두'라는 소재를 통해 권 씨가 도시 빈민층으로 전락했음에도 지식인으로서 자존심을 지키고자 하는 심리를 드러내고 있다.

오답 분석

① 작품의 주인공이 자신의 이야기를 서술하고 있다.
→ 제시된 작품은 1인칭 서술자인 '나'가 작품의 주요 인물인 '권 씨'를 관찰하여 서술하는 1인칭 관찰자 시점이다.

③ 의식의 흐름 기법으로 인물의 내적 독백을 서술하고 있다.
→ '하마터면 나는 잊을 뻔했다', '퍼뜩 깨달았다' 등 인물의 내면 심리를 서술하고 있으나, 경험이나 생각, 느낌 등을 다듬지 않고 떠오르는 그대로 서술하는 의식의 흐름 기법은 나타나지 않는다.

④ 인물 간의 갈등이 첨예하게 드러나며 분위기가 고조되고 있다.
→ 제시된 작품에서 인물 간의 첨예한 갈등은 드러나지 않는다.

6 인물의 태도, 작품의 내용 파악

정답 설명

④ 끝까지 자존심을 내세우는 권 씨를 고지식하다고 생각했다.
→ '나'는 마지막으로 자존심을 내세우려 '이래 봬도 나 대학까지 나온 사람이오'라고 말하는 권 씨의 모습을 보고 그의 느닷없는 말에 '누가 뭐라고 그랬나?'라며 의아함을 표현하고 있을 뿐, 그가 고지식하다고 생각하는 부분은 확인할 수 없다.

오답 분석

① 강도에 대한 평가를 직접적으로 제시하고 있다.
→ '나'는 강도의 떨고 있는 모습과 어설픈 행동을 보고 '무척 모자라는 강도였다'라며 강도에 대한 평가를 직접적으로 제시하고 있다.

② 강도의 엉성한 행동을 보고 그의 정체를 알아차렸다.
→ 강도가 자신의 처지를 망각한 채 문간방으로 들어가려고 하자, '나'는 대문은 저쪽이라며 그의 실수를 지적한다. 또한 이러한 지적은 훗날을 위한 부득이한 조처였다고 서술한다. 이는 '나'가 강도의 엉성한 행동을 보고 그가 자신의 집 문간방에 세 들어 사는 권 씨임을 확신하였기 때문에 가능했던 것들이므로 '나'가 그의 정체를 알아차렸음을 알 수 있다.

③ 권 씨에게 자신이 수술비를 냈음을 우회적으로 전달했다.
→ '혹 누가 압니까, 당신을 아끼는 어떤 이웃이 당신의 어려움을 덜어 주었을지'라고 말하며 권 씨에게 자신이 수술비를 냈음을 우회적으로 전달했다.

7 작품의 종합적 감상

③ '나'는 권 씨가 자존심을 지키며 살려는 모습에 거리감을 느끼고 있군.
→ '나'는 강도 구두를 확인하고 싶은 충동을 참는데, 이는 권 씨의 자존심을 지켜주기 위한 행동이다. 또한 '나'는 강도의 신분을 잊고 자기 집인 문간방으로 들어가려는 권 씨의 실수를 지적하고 있는데, 이 역시 권 씨의 자존심을 지켜주기 위한 행동이다. 따라서 '나'는 권 씨가 자존심을 지키며 살려는 모습에 거리감을 느끼고 있는 것이 아닌, 연민과 애정을 품고 있음을 알 수 있다.

① '나'는 강도로 침입한 권 씨에게 적대적인 태도를 취하지 않는군.
→ '나'는 강도에게 적대적인 태도를 취하기는커녕 동정하면서 공감해 준다.

② '나'는 작품의 서술자로서 권 씨의 모습을 관찰하여 전달하고 있군.
→ 제시된 작품은 1인칭 서술자인 '나'가 권 씨의 모습을 관찰하여 전달하고 있는 1인칭 관찰자 시점이다.

④ '나'가 평범한 소시민이라면, 권 씨는 소외된 소시민이라고 볼 수 있겠군.
→ '나'는 오랜 셋방살이 끝에 집을 마련한 교사로, 가난한 이들의 삶을 외면하지 않지만 그렇다고 이들을 적극적으로 돕지도 못하는 평범하고 전형적인 소시민을 상징하는 인물이다. 권 씨는 대학을 나왔으나 시위를 주도하다가 전과자가 된 이후 무능력하게 살아가는 지식인으로, 산업화의 흐름에서 소외되어 주변부로 밀려난 소시민을 상징하는 인물이다.

8 문장의 의미

③ ©: 권 씨의 정체를 알고 있음을 밝히는 것
→ ©은 권 씨의 자존심에 상처를 주지 않고 돌려 보내려던 의도를 의미한다. '나'는 이러한 의도를 바탕으로 우호적인 말과 행동을 하지만 이는 오히려 권 씨의 자존심을 상하게 만든다.

① ①: 아내의 수술비를 마련해야 하는 것
→ 권 씨는 아내의 수술비를 마련하기 위해 '나'의 집에 강도로 위장해 들어왔다.

② ©: 정체를 들켰을지도 모른다는 생각
→ '나'가 식구 중에 누군가 아픈 사정에 대해 언급하자 권 씨는 자신의 정체를 들켰을지도 모른다고 생각한다.

④ ②: 강도 행위를 벌이는 것
→ 권 씨는 강도로 변장하고 '나'의 집에 들어왔다.

9 인물의 태도, 한자 성어

③ 주객전도(主客顚倒)
→ [A]는 강도를 당한 '나'가 오히려 강도에게 윽박지르고 지시를 하는 모습이므로 이와 어울리는 한자 성어는 ③ '주객전도(主客顚倒)'이다.
• 주객전도(主客顚倒): 주인과 손의 위치가 서로 뒤바뀐다는 뜻으로, 사물의 경중·선후·완급 따위가 서로 뒤바뀜을 이르는 말

① 자가당착(自家撞着)
→ 같은 사람의 말이나 행동이 앞뒤가 서로 맞지 아니하고 모순됨

② 일도양단(一刀兩斷)
→ 1. 칼로 무엇을 대번에 쳐서 두 도막을 냄 2. 어떤 일을 머뭇거리지 아니하고 선뜻 결정함을 비유적으로 이르는 말

④ 동병상련(同病相憐)
→ 같은 병을 앓는 사람끼리 서로 가엾게 여긴다는 뜻으로, 어려운 처지에 있는 사람끼리 서로 가엾게 여김을 이르는 말

10 문장의 의미

④ 권 씨가 집으로 돌아오게 될 것임을 암시한다.
→ 권 씨는 자신의 정체를 들킨 것을 알고 자존심이 상해 돌아서는데, '보안등 하나 없는 칠흑의 어둠 저편'으로 사라진다는 것은 그가 집으로 다시 돌아오지 않을 것임을 암시한다고 볼 수 있다.

① 권 씨에 대한 연민을 유발한다.
→ 권 씨가 강도에 실패하고 느닷없이 학력을 밝힌 것은 자포자기의 심정으로 마지막 자존심을 내세우기 위한 행동으로, 이런 느닷없는 행동을 하고 저편으로 사라지는 것은 그에 대한 연민을 유발한다.

② 권 씨의 미래가 불투명함을 보여 준다.
→ '칠흑의 어둠 저편'으로 사라진다는 것은 어둠만큼 그의 미래가 불투명하며, 불행한 길을 가게 될 것임을 암시한다.

③ 권 씨의 자존심이 회복될 수 없음을 나타낸다.
→ '나'에게 정체를 들킨 권 씨는 자존심이 상한 채 대문 밖의 어둠 속으로 사라진다. 이는 상처 받은 권 씨의 자존심이 쉽사리 회복되지 않을 것임을 나타낸다.

📖 윤흥길 〈아홉 켤레의 구두로 남은 사내〉

갈래	중편 소설, 세태 소설, 연작 소설
성격	사실적, 현실 비판적
배경	• 시간 – 1970년대 후반 • 공간 – 경기도 성남 일대
시점	1인칭 관찰자 시점
주제	산업화 과정에서 소외된 계층의 고된 삶
특징	• 상징적인 소재를 통해 인물의 성격을 드러냄 • 시대상이 드러나는 구체적인 사건을 사용해 사실성을 높임 • 작품 속 서술자가 주인공을 관찰하며 주인공의 심리를 분석함 • 열린 결말을 통해 독자의 상상력을 자극함

1 전체 줄거리

고생 끝에 집을 장만한 '나'는 '광주 대단지 사건'의 주동자로 경찰의 감시를 당하는 권 씨에게 세를 준다. 평범한 회사원이었던 권 씨는 회사를 그만둔 후 제대로 된 일자리를 구하지 못해 공사판을 전전하지만 그는 구두만은 윤이 나게 닦아 신고 다닌다. 어느 날 '나'는 권 씨가 철거민들의 시위에 휘말려 전과자가 된 사연을 듣게 된다. 가난한 권 씨는 돈이 없어서 임신한 아내가 출산 수술을 받지 못할 지경에 이르자 '나'에게 돈을 꾸러 오고, 이를 거절한 '나'는 뒤늦게 양심의 가책을 느껴 돈을 마련해 병원비를 지불했으나, 그날 밤 그 사실을 모르는 권 씨가 강도로 침입한다. '나'는 그가 권 씨임을 알아차리고, 자신의 정체가 탄로 났다는 것을 눈치챈 권 씨는 아홉 켤레의 구두를 남긴 채 자취를 감춘다.

2 인물 소개

'나' (오 선생)	고생 끝에 집을 마련한 교사, 권 씨로 대표되는 소외된 이들에게 연민을 가지고 있으나 자신의 안위를 우선시하는 소시민적 태도를 보임. 그러나 그러한 자신의 태도를 반성하는 양심을 지님
권 씨 (권기용)	자존심이 강하지만 무능력하게 살아가는 대졸 출신의 지식인으로, 선량한 소시민이었던 그는 우연히 시위에 휘말려 전과자가 된 후 변변치 못한 인생을 살아감

3 소재의 의미

구두	
권 씨가 늘 반짝거리게 닦고 다님	지식인으로서 권 씨가 지키고 싶어 하는 자존심
열 켤레였던 권 씨의 구두가 강도 사건 이후 아홉 켤레만 남음	• 권 씨의 부재 • 자존심마저 상실하게 된 권 씨의 처지

1	④	2	②	3	⑤	4	②	5	②
6	④	7	③	8	④	9	①	10	④

1 작품의 종합적 감상

[정답 설명]

④ '관상가'는 대상의 본질을, '거사'는 대상의 이면에 숨겨진 의미를 강조하고 있다.

→ '관상가'는 대상의 현재 모습이 아닌 미래의 모습, 즉 이면에 숨겨진 의미를 헤아려 관상을 보고 있으며 '거사'는 거울이 흐려져도 그 본질은 맑음은 변하지 않는 것임을 강조하고 있다. 따라서 '관상가'는 대상의 이면에 숨겨진 의미를, '거사'는 대상의 본질을 강조하고 있음을 알 수 있다.

[오답 분석]

① '거사'는 현실주의적인 태도가 필요함을 이야기하고 있다.
→ '거사'는 거울을 깨뜨릴 바에야 차라리 먼지에 흐려진 채로 두는 것이 낫다고 말하고 있다. 이러한 거사의 말은 지나치게 청렴한 태도로 상황을 더 안 좋게 만드는 것보다는 적당히 현실주의적인 태도를 지닐 필요가 있음을 의미한다.

② '관상가'는 현재의 모습이 아닌 미래를 기준으로 관상을 본다.
→ '관상가'는 부귀하고 살찐 사람에게는 몹시 야위겠다고 말하고 아프고 파리한 사람에게는 살찌고 귀하게 될 것이라 말하는데, 이는 누구나 상황에 따라 가난해져서 굶주릴 수도 있고 반대로 운수가 트일 수도 있다고 본 것이다. 따라서 '관상가'는 현재의 모습이 아닌 미래를 기준으로 관상을 보는 것임을 알 수 있다.

③ '관상가'와 '거사'는 고정 관념에 얽매이지 않는 시각을 지니고 있다.
→ '관상가'와 '거사'는 사람들이 일반적으로 생각하는 것과는 다른 시각으로 세상을 바라보고 있다.

2 주제 및 중심 내용 파악

[정답 설명]

② 결점을 유연하게 수용할 줄 아는 태도가 필요하다.

→ 〈보기〉에서는 작가인 이규보가 신흥 사대부 출신으로서 무신의 난을 통해 정권을 잡은 세력에 협조하였으며, 이와 달리 명예를 우선시하여 현실 정치와 멀어진 이들에 대해서는 비판적이었다는 점을 설명하고 있다. 이를 통해 제시된 작품에서 작가는 지나치게 청렴한 태도만을 추구하는 처세관은 바르지 않다는 것과 상대방의 결점(허물)도 유연하게 수용할 줄 아는 태도가 필요하다는 것을 말하고자 하였음을 알 수 있다.

3 작품의 내용 파악

정답 설명

② '나그네'는 군자의 사회적 역할에 대한 고정관념을 지니고 있다.
→ '나그네'는 군자가 거울을 보는 목적(맑은 것을 취함)을 설명할 뿐, 군자의 사회적 역할에 대해 언급하고 있지는 않다.

오답 분석

① '거사'는 흐린 거울을 통해 통찰한 삶의 이치를 설명하고 있다.
→ '거사'는 흐린 거울을 보는 이유를 설명하면서 인간의 결점을 유연하게 받아들이는 포용적인 태도가 필요함을 주장하고 있다.

③ '거사'는 인간의 보편적인 심리를 근거로 들어 견해를 밝히고 있다.
→ '거사'는 대부분의 사람들이 결점을 가지고 있고, 이러한 결점을 감추고 싶어 한다는 인간의 보편적인 심리를 근거로 들어 자신의 견해를 밝히고 있다.

④ '나그네'는 '거사'의 행동이 거울을 보는 목적에 어긋난다는 점을 지적한다.
→ '나그네'는 '거사'가 흐린 거울을 보는 행동이 얼굴을 비추거나 인격 수양을 하기 위한 목적에 어긋난다는 점을 지적하고 있다.

4 인물의 태도, 한자 성어

정답 설명

② 선입지견(先入之見)
→ '나그네'는 사물을 고정된 시각으로 바라보는 태도를 지니고 있으므로 이와 관련된 한자 성어는 ② '선입지견(先入之見)'이다.
  • 선입지견(先入之見): 어떤 대상에 대하여 이미 마음속에 가지고 있는 고정적인 관념이나 관점

오답 분석

① 견리사의(見利思義)
→ 눈앞의 이익을 보면 의리를 먼저 생각함

③ 각주구검(刻舟求劍)
→ 융통성 없이 현실에 맞지 않는 낡은 생각을 고집하는 어리석음을 이르는 말

④ 아전인수(我田引水)
→ 자기 논에 물 대기라는 뜻으로, 자기에게만 이롭게 되도록 생각하거나 행동함을 이르는 말

5 서술상의 특징

정답 설명

② 등장인물 간의 문답 형식으로 주제를 드러내고 있다.
→ 나그네가 거사에게 흐린 거울을 보는 이유에 대해 묻고, 거사가 이에 대해 답하는 문답 형식을 통해 주제 의식을 드러내고 있다.

오답 분석

① 다양한 관점을 제시하여 공감을 유도하고 있다.
→ 일반적인 통념에 반하는 관점을 제시하고 있을 뿐, 다양한 관점을 제시하고 있지는 않다.

③ 서술자의 어릴 적 일화를 들어 교훈을 이끌어 내고 있다.
→ 올바른 처세관에 대한 교훈을 제시하고 있으나, 이는 '거울'이라는 제재를 통해 전달하는 것일 뿐 서술자의 어릴 적 일화를 제시하고 있지는 않다.

④ 사물에 대한 의문을 제기하고 올바른 삶의 태도를 스스로 깨달아 가는 과정을 그리고 있다.
→ 나그네가 사물에 대한 의문(흐린 거울을 보는 까닭)을 제기하고, 의문에 대한 답을 스스로 깨닫는 것이 아니라 거사의 대답을 통해 올바른 삶의 태도를 깨달아 가는 과정이 나타나 있다.

6 서술상의 특징

정답 설명

④ 반어를 활용하여 말하고자 하는 바를 강조하고 있다.
→ 〈보기〉와 제시된 작품에서 실제와 반대되는 의미의 표현을 통해 뜻을 강조하는 반어가 활용된 부분은 확인할 수 없다.

오답 분석

① 대조적 예시를 통해 주제를 부각하고 있다.
→ 〈보기〉에서는 '개의 죽음'과 '이의 죽음', 제시된 작품에서는 '잘생긴 사람'과 '못생긴 사람'이라는 대조적 예시를 통해 주제를 부각하고 있다.

② 두 사람의 대화 형식으로 글을 전개하고 있다.
→ 〈보기〉와 제시된 작품 모두 일반적인 통념을 제시하는 인물과 그에 대해 반박하며 깨달음을 제시하는 인물 간의 대화 형식으로 글을 전개하고 있다.

③ 일상적인 소재를 이용하여 교훈을 전하고 있다.
→ 〈보기〉는 '개와 이의 죽음', 제시된 작품은 '거울'이라는 일상적 소재를 이용하여 교훈을 전하고 있다.

7 소재의 의미

정답 설명

③ ⓒ 먼지에 흐려진 그대로 두는 것

→ ⓒ은 결점이 있어도 그것을 이해하며 유연하게 받아들이는 태도를 의미하며, 나머지 ⊙ⓛ② 은 청렴결백함만을 추구하는 경직된 태도와 관련이 있다. 따라서 성격이 다른 하나는 ⓒ '먼지에 흐려진 그대로 두는 것'이므로 답은 ③이다.

오답 분석

① ⊙ 얼굴이 잘생기고 예쁜 사람

→ ⊙은 성인·군자와 같이 도덕적으로 결함이 없는 소수의 사람을 의미한다.

② ⓛ 맑은 거울

→ ⓛ은 타인이 바라보는 나의 모습을 있는 그대로 비춰주는 거울을 의미하므로 결점을 지적하는 태도와 관련이 있다.

④ ② 옛날에 거울을 보는 사람들

→ ②은 거울의 맑은 것을 취하는 사람이므로 청렴결백함만을 추구하는 태도와 관련이 있다.

8 문장의 의미

정답 설명

④ 상황을 파국으로 몰아가는 것

→ @의 앞에서는 못생긴(결점이 있는) 사람들은 자신의 결점이 그대로 보이는 맑은 거울을 보기 싫어한다고 설명하고 있다. 그로 인해 거울을 @ '깨쳐 버릴 바'에 흐린 상태로 두는 것이 낫다고 말하고 있는데, 이는 지나치게 결백한 태도를 지녀 상황을 파국으로 몰아가는 것보다 부정적인 면에 대해 어느 정도는 눈 감아 주는 것이 낫다는 의식이 내재되어 있는 표현이다. 따라서 @의 의미로 적절한 것은 ④이다.

9 소재의 의미

정답 설명

① '거울'이 흐려져도 본질은 변하지 않는다.

→ 먼지는 '거울'의 겉만을 흐리게 할 뿐 본연의 맑은 것은 그냥 남아 있다는 거사의 말을 통해, 거사는 '거울'이 흐려져도 그 본질은 변하지 않는다고 생각함을 알 수 있다.

오답 분석

② '거울'에 낀 먼지는 제거해야 할 대상을 의미한다.

→ 거사는 흐린 거울의 먼지를 제거해서 맑은 것을 취하기보다 오히려 흐린 거울을 그대로 취해야 한다고 말하고 있으므로 거사는 '거울'에 낀 먼지를 제거해야 할 대상으로 보지 않음을 알 수 있다.

③ '거울'의 본래 목적은 맑음을 취하기 위함이다.

→ 거사가 아닌 나그네의 견해이다.

④ '거울'을 통해 부정적인 사고를 깨뜨릴 수 있다.

→ 제시된 작품을 통해 알 수 없는 내용이다.

10 작품의 종합적 감상

정답 설명

④ 대조적인 두 예시를 들고 이를 절충하여 작가가 말하고자 하는 바를 드러낸다.

→ 잘생긴 사람은 맑은 거울을 좋아하지만, 못생긴 사람에게는 오히려 흐린 거울이 필요하다는 대조적인 두 예시를 들고 있으나, 이를 절충하여 작가가 말하고자 하는 바를 드러내고 있지는 않다. 작가는 세상에는 못생긴 사람(결함이 있는 사람)이 **훨씬 많으므로** 흐린 거울을 취해야 한다는 결론을 내리고 있다.

오답 분석

① 나그네가 제기한 의문은 거사의 말을 통해 해소된다.

→ 나그네가 흐린 거울을 보는 까닭에 대해 질문하고, 거사가 남의 결점을 유연하게 받아들이기 위해 흐린 것을 취한다고 답변하는 구조로 이루어져 있다.

② 거울을 보는 행위에 빗대어 올바른 처세관을 설명하고 있다.

→ 청렴결백한 태도로 일관하는 것을 맑은 거울을 보는 행위에, 상대의 결점을 수용하는 유연한 태도를 흐린 거울을 보는 행위에 빗대어 설명하고 있다.

③ 일반적인 통념을 제시하고 그 통념을 깨뜨리는 방식으로 주제가 부각된다.

→ 거울을 보는 것은 그 맑음을 취하기 위함이라는 일반적인 통념을 제시한 뒤 인간의 보편적인 심리를 들어 그 통념을 깨뜨리고 있다. 이를 통해 타인의 단점을 유연하게 수용하는 태도의 필요성이라는 주제를 부각하고 있다.

작품 분석 노트 ✎

📖 이규보 〈경설〉

갈래	한문 수필, 설(說)
성격	교훈적, 관조적
제재	(흐린) 거울
주제	• 세상을 살아가는 바람직한 삶의 자세 • 사물의 본질을 꿰뚫어 보는 통찰력
특징	• 대화 형식으로 교훈을 전달함 • '거울'을 통해 올바른 삶의 자세를 상징적으로 　표출함

1 작품의 구성

거사의 행동	흐린 거울을 봄	
↓		
손의 질문	맑은 거울이 아닌 흐린 거울을 보는 것에 의문을 제기함	통념에 해당함
↓		
거사의 답변	인간의 보편적인 심리를 바탕으로 흐린 거울을 취한 이유를 설명함	통념을 깨뜨림

2 작품에 나타난 비유적 표현의 의미

비유적 표현	의미
맑은 거울	타인의 눈에 비친 나의 모습 - 결점이 잘 드러남
흐린 거울	타인의 눈에 비친 나의 모습 - 결점이 숨겨짐
맑은 거울을 봄	도덕적인 결함을 용납하지 않고 청렴결백함을 고수함
흐린 거울을 봄	결점을 유연하게 포용함
잘생긴 사람	성인이나 군자처럼 도덕적으로 결함이 없는 소수의 사람
못생긴 사람	도덕적으로 결함이 있는 다수의 사람

3 작품의 교훈

작가는 '거울'이라는 소재를 통해 지나치게 청렴결백한 처세에 대한 비판 의식을 드러내고 있다. 거울에 먼지가 끼었더라도 대상을 비추는 거울의 본질은 사라지지 않는다는 '거사'의 말을 통해, 부정적인 현실을 수용한다고 해서 사람의 본성이 흐려지는 것은 아니라는 메시지를 전달한다. 또한 '거사'는 세상에는 잘생긴 사람들보다 못생긴 사람들이 많은데, 그들에 의해 거울이 깨질 바에는 거울을 흐리게 두는 것이 낫다고 이야기한다. 즉 완벽한 사람들보다 결함을 가지고 있는 사람들이 많기 때문에 청렴결백한 태도만을 고수할 경우 현실에 부딪혀 깨어지기 쉬우므로, 타인의 결함이나 잘못도 너그럽게 수용하는 유연한 자세가 필요하다고 본 것이다.

1	③	2	②	3	②	4	③	5	②
6	②	7	③	8	①	9	④	10	④

1 서술상의 특징

정답 설명

③ 전기적인 사건들을 통해 이야기가 전개되고 있다.
→ 성진이 팔선녀 앞에 복사꽃을 던지자 복사꽃이 명주(아름다운 구슬)로 변한다거나, 팔선녀가 바람을 타고 이동하는 등 기이하고 비현실적인 상황들을 바탕으로 이야기가 전개되고 있다.
• 전기적(傳奇的): 기이하여 세상에 전할 만한 것

오답 분석

① 서술자의 직접적인 개입이 나타나고 있다.
→ 제시된 부분에서는 서술자가 인물이나 사건에 대해 자신의 견해를 서술하는 등 작품에 직접 개입하는 장면은 확인할 수 없다.

② 부분적으로 역순행적 구성을 취하고 있다.
→ 성진이 용궁에서 겪었던 일과 연희봉으로 돌아오는 과정에서 일어난 사건들이 시간의 흐름에 따라 전개되고 있으므로 제시된 작품은 순행적 구성을 취하고 있다.

④ 입체적인 인물을 등장시켜 긴장감을 조성하고 있다.
→ 입체적 인물이란 사건이 진행되는 동안 성격이 변화하는 인물을 의미하는 것으로, 제시된 작품에서는 확인할 수 없다.

2 작품의 내용 파악

정답 설명

② 성진은 불교의 교리를 지키기 위해 술을 마시지 않았군.
→ 성진은 용왕이 술을 권하자 술은 불가에서 크게 경계하는 대상이라 계율을 어길 수 없다고 사양했으나, 용왕의 정성 어린 권유에 결국 술을 마시게 되었다.

오답 분석

① 성진은 연화봉으로 돌아가는 길에 팔선녀를 만났군.
→ 성진은 용궁에서 연화봉으로 돌아오는 길에 석교에서 팔선녀를 만나게 되었다.

③ 팔선녀는 성진의 스승을 만나고 돌아오는 길에 성진을 만났군.
→ 성진이 팔선녀에게 자신을 육관 대사의 제자라고 이야기하는 것을 통해 육관 대사가 성진의 스승임을 알 수 있다. 또한, 팔선녀가 성진에게 육관 대사께 문안을 하고 돌아가는 길이라고 이야기하였으므로 팔선녀가 성진의 스승을 만나고 돌아가는 길임을 알 수 있다.

④ 팔선녀는 일반화되어 있는 사회적 규칙을 언급하며 주장을 피력하고 있군.

→ 팔선녀는 '길에서 남자는 왼쪽으로 가고 여자는 오른쪽으로 간다'는 당시의 사회적 규칙을 언급하며 성진이 다른 길로 갈 것을 주장하고 있다. 참고로, 팔선녀가 인용한 말은 유교 경전 중 하나인 〈예기〉에 나오는 구절이다.

3 소재의 의미

정답 설명

② ⓒ 달마 존자

→ ㉠, ㉢, ㉣은 모두 성진을 지칭하는 표현이나, ⓒ '달마 존자(達摩尊者)'는 중국의 승려 달마 대사를 가리키는 표현이다. 따라서 ㉠~㉣ 중에서 가리키는 대상이 다른 것은 ⓒ이므로 답은 ②이다.

오답 분석

① ㉠ 빈승

→ ㉠ '빈승'은 도학(道學)이 깊지 못한 승려를 의미하는 것으로, 육관 대사의 제자라고 하였으므로 ㉠ '빈승'은 성진이 자신을 일컫는 표현이다.

③ ⓒ 화상

→ ⓒ '화상'은 '승려'를 높여 이르는 말로, ⓒ이 포함된 문장에서 ⓒ '화상'이 육관 대사에게 도를 배웠다면 반드시 신통한 기술이 있을 것이라고 하였으므로 ⓒ '화상'은 육관 대사에게 가르침을 받은 성진이다.

④ ㉣ 가난한 중

→ ㉣ '가난한 중'은 명주(明珠) 여덟 개로 길 값을 치르겠다고 하였는데, 다음 장면에서 팔선녀에게 명주를 준 사람이 성진임을 알 수 있으므로 ㉣ '가난한 중'은 성진이다.

4 인물의 심리 및 태도

정답 설명

③ 대사는 성진의 실수를 관대하게 용서하고 있다.

→ 대사는 늦게 돌아온 이유에 대해 거짓으로 고한 성진을 방에 돌려보내고 있다. 하지만 제시된 부분만으로는 이러한 행동이 대사가 성진의 실수를 용서했기 때문인지는 알 수 없다. 참고로, 제시된 부분의 이어지는 장면에서 대사는 불교의 교리를 어긴 죄에 대한 벌로 성진을 인간계로 추방한다.

오답 분석

① 성진은 팔선녀와 서로 희롱하고 있다.

→ 성진과 팔선녀는 바람을 타고 다니는 등 좁은 석교를 지나갈 수 있는 충분한 능력이 있음에도 서로 석교에서 비켜줄 것을 요구하며 실랑이를 벌이고 있으므로 이와 같은 실랑이는 서로를 희롱하기 위함임을 알 수 있다.

② 성진은 세속적 가치에 관심을 가지고 있다.

→ 성진은 팔선녀가 떠난 뒤에도 오랫동안 석교 위에 머무르며 팔선녀가 가는 곳을 바라보고 있다. 이를 통해 성진이 이성에 대한 관심(세속적 가치)을 가지고 있음을 알 수 있다.

④ 성진은 자신이 불교의 계율을 어겼음을 인지하고 있다.

→ 용궁에서 돌아오는 길에 성진은 '만일 얼굴이 붉으면 사부께서 ~ 크게 꾸짖지 않으리오'라고 생각하며 사부(대사)에게 꾸지람을 들을 것을 염려하고 있다. 이를 통해 성진이 술을 마시지 말라는 불교의 계율을 어긴 것을 인지하고 있음을 알 수 있다.

5 작품의 종합적 감상

정답 설명

② 성진은 전형적인 영웅의 모습을 드러내고 있다.

→ 제시된 부분에서는 성진의 영웅적 면모가 드러나는 장면을 확인할 수 없다.

오답 분석

① 장면의 전환이 빈번하게 일어난다.

→ 성진이 이동하는 경로(수정궁 → 연화산 아래 → 석교 → 법당)에 따라 장면이 여러 번 바뀌고 있다.

③ 도교 사상과 불교 사상이 작품에 반영되어 있다.

→ '용왕', '위부인', '팔선녀' 등은 도교 사상이 반영된 것이며, '오계', '달마 존자' 등은 불교 사상이 반영된 것이다.

④ 비현실적인 공간이 극중 배경으로 제시되고 있다.

→ 제시된 작품의 배경은 천상계, 용궁 등으로 현실에 존재하지 않는 비현실적인 공간이다.

6 작품의 종합적 감상

정답 설명

② (다)와 (라)의 서술 시점은 다르다.

→ (다)의 '승상이 망연하여 가로되', '승상이 정신이 아득하여 마치 취몽 중에 있는 듯하더니'와 같은 표현과 (라)의 '정히 경황하여 하더니', '정신이 황홀하여'와 같은 표현을 통해 작품 밖에 위치한 서술자가 인물의 내면 심리를 서술하고 있음을 알 수 있다. 따라서 (다)와 (라)는 모두 전지적 작가 시점에 해당한다.

오답 분석

① (다)는 꿈이고, (라)는 현실이다.

→ (다)에서 '호승'이 춘몽을 깨우기 위한 도술을 부리자 (라)에서 주인공의 모습과 시공간적 배경이 변화하였다. 이를 통해 (다)는 '양소유'로 살았던 꿈속이고, (라)는 불제자 '성진'으로 돌아온 현실임을 알 수 있다.

③ 인물의 생애를 요약적으로 제시하고 있다.
→ (다)에서 '양소유'가 '호승'과 함께 지낸 적이 없음을 이야기하며, 자신의 생애를 요약해 말하고 있다. 또한 (라)에서 꿈에서 깬 '성진'이 양가의 아들로 태어났던 '양소유'의 삶을 회상하며, 그 생애를 요약적으로 제시하고 있다.

④ 배경 묘사를 통해 시공간의 변화를 나타냈다.
→ (라)에서 구름이 걷힌 뒤, 높은 대와 집이 사라지고 작은 암자 중에 앉아 있었다는 표현으로 공간의 변화를 드러내고 있다. 또한 향로에 불이 사라지고, 지는 달이 창에 비치었다는 표현으로 시간이 경과하여 새벽이 되었음을 드러내고 있다.

7 작품의 내용 파악

정답 설명

③ '대사'는 '성진'이 경험한 꿈에 대해 알지 못하고 있다.
→ '대사'는 꿈에서 깬 '성진'에게 인간 부귀를 지내니 어떠한지 묻고 있는데, '성진'이 지닌 인간 부귀는 '양소유'로서 부귀영화를 누린 것을 의미한다. 따라서 '대사'는 '성진'이 꿈에서 경험한 일을 알고 물은 것이므로 ③은 적절하지 않은 설명이다.

오답 분석

① '양소유'는 과거에 급제한 뒤 여러 벼슬을 지냈다.
→ 꿈에서 깬 '성진'이 '양소유'의 삶을 회상하며 장원 급제를 하여 한림학사를 하고 출장입상했다고 서술하고 있다. 여기서 '출장입상(出將入相)'은 나가서는 장수가 되고 들어와서는 재상이 된다는 뜻으로, 문무를 다 갖추어 장상(將相)의 벼슬을 모두 지냄을 이르는 말이므로 적절하다.

② '성진'은 죄를 지어 인간 세상으로 내려가게 되었다.
→ '성진'이 '대사'에게 스스로가 죄를 지어 인세(人世)에 윤회한 것이라고 표현하고 있으므로 적절하다.

④ '양소유'는 '호승'을 꿈에서 만난 것으로 기억하고 있다.
→ '양소유'는 '호승'에게 꿈에서 경을 강론하던 '화상'이 맞느냐고 묻고 있으므로 적절하다.

8 인물의 심리 및 태도

정답 설명

① 꿈과 현실을 구분하는 것이 무의미함을 일깨우고 있다.
→ [A]는 꿈을 통해 깨달음을 얻었다는 '성진'의 말에 대한 '대사'의 질책으로, 꿈과 현실을 구분하는 것은 부질없으므로 둘을 구별하려는 생각마저 버려야 한다는 가르침을 전하고 있다.

오답 분석

② '성진'이 여전히 꿈속에 있다는 사실을 각인시키고 있다.
→ [A]에서 '오히려 꿈을 채 깨지 못하였도다'라는 표현은 '성진'이 여전히 꿈속에 있다는 사실을 각인시키는 표현이 아닌, 꿈과 현실을 구분하여 인식하는 '성진'의 어리석음을 꾸짖는 표현이다.

③ 호접지몽 고사를 인용하여 현재의 소중함을 부각하고 있다.
→ [A]에서 '나비'와 자신을 분간하지 못하고 물아일체의 경지에 올랐다는 '장주(장자)'의 이야기를 하고 있는데, 이는 '호접지몽(胡蝶之夢)' 고사를 인용한 표현이다. 하지만 이러한 고사의 인용은 현재의 소중함을 부각하기 위함이 아닌, 현실과 꿈의 구별이 무의미함을 강조하기 위해 사용한 표현이다.

④ '성진'이 꿈속의 부귀영화를 그리워하는 것에 대해 질책하고 있다.
→ [A]의 앞에서 '성진'이 눈물을 흘리며 참회하는 것으로 보아 '성진'은 부귀영화를 그리워하는 것으로 볼 수 없으므로 적절하지 않다.

9 작품의 종합적 감상

정답 설명

④ 갈등이 심화되고 있음을 인물 간의 대화를 통해 드러내고 있다.
→ (다)와 (라)는 '성진(양소유)'이 '대사(호승)'와의 대화를 통해 가르침을 얻은 후 이에 대해 감사를 표하고 있는 부분으로, 갈등이 심화되는 부분은 확인할 수 없다.

오답 분석

① 비현실적인 사건을 제시하고 있다.
→ (다)에서 '호승'이 석장(지팡이)으로 석난간을 치니 구름이 일어나는 등 기이하고 비현실적인 사건이 제시되고 있다.

② 일상에서 잘 사용하지 않는 문어체 표현이 사용됐다.
→ '~가로되'와 같이 일상에서 잘 사용하지 않고 글에서 주로 쓰는 말투인 문어체 표현을 사용하고 있다.

③ 두 가지 이야기가 교차되는 액자 구성 방식의 작품이다.
→ 꿈속의 '양소유' 이야기가 내화(다)로, 현실의 '성진' 이야기가 외화(라)로 구성되어 두 가지 이야기가 교차되어 나타나는 액자 구성 방식을 취하고 있다.

10 소재의 의미

정답 설명

④ ㉡, ㉣, ㉤
→ ㉡ '승상', ㉣ '양 장원', ㉤ '상공'은 모두 '양소유'를 지칭하는 표현이며, ㉠ '고인', ㉢ '노부'는 모두 '호승'을 지칭하는 표현이다. 따라서 ㉠~㉤ 중 지시하는 대상이 동일한 것끼리 묶인 것은 ④이다.

📖 김만중 〈구운몽〉

갈래	국문 소설, 몽자류 소설, 양반 소설
성격	전기적, 이상적, 불교적
배경	• 시간 - 중국 당나라 • 공간 - 중국 남악 형산 영희봉 동정호(현실) 　　　　당나라 서울과 변방(꿈)
제재	인생무상의 깨달음과 불교의 공(空) 사상
주제	인생무상(人生無常)의 자각(自覺)을 통한 불교에의 귀의
특징	• 꿈과 현실의 이원적 구조를 취함 • 유·불·도교 사상이 복합적으로 나타남 • 몽자류 소설(주인공이 꿈을 통해 깨달음을 얻고 다시 깨어나는 이야기)의 효시임

1 전체 줄거리

발단	성진은 용궁으로 육관 대사의 심부름을 갔다가 용왕의 극진한 대접에 술을 마시고, 돌아오는 길에 팔선녀를 만나 서로 희롱함
전개	절에 돌아온 성진은 팔선녀를 그리워하며 부귀영화를 생각하다가 속세로 추방되어 양소유로 환생하고, 팔선녀 또한 환생하여 양소유와 차례로 연을 맺음
위기	양소유는 인간 세상에서 입신양명하여 여덟 낭자와 인연을 맺고 부귀영화를 누림
절정	벼슬에서 물러나 여생을 즐기던 양소유는 어느날 문득 인생무상(人生無常)을 느끼고, 그때 육관 대사가 나타나 양소유의 꿈을 깨움
결말	꿈에서 깬 성진은 자신의 잘못을 뉘우친 후 불교에 귀의하고, 팔선녀와 함께 불도에 정진하여 극락에 이름

2 제목의 상징적 의미

구(九)	인물: 성진과 팔선녀
운(雲)	주제: 인생무상(人生無常)
몽(夢)	구성: 꿈에서 깨달음을 얻는 환몽 구조

3 작품의 환몽 구조

현실(천상계)		꿈(지상계)		현실(천상계)
성진이 팔선녀를 만난 후 세속적 욕망으로 인해 번뇌함	→	양소유로 환생하여 유교적 입신양명과 부귀영화를 성취함	→	꿈에서 깬 성진은 깨달음을 얻고 불교에 귀의하게 됨

1	④	2	③	3	③	4	④	5	③
6	①	7	③	8	④	9	③	10	③

1 작품의 내용 파악

정답 설명

④ 김 첨지는 날씨 때문에 세 번째 손님 받기를 망설인다.

→ (다)에서 김 첨지는 남대문 정거장까지 간다는 손님의 말을 되물으며 잠시 주저하는데, 이는 궂은 날씨 때문에 망설인 것이 아니라 집을 나올 때 나가지 말라고 부탁하던 아내의 말이 마음에 걸렸기 때문이다.

오답 분석

① 김 첨지에게는 아내와 어린아이가 있다.

→ 오늘 번 돈으로 아내에게 설렁탕을 사 주고, 배고파 보채는 개똥이(세 살배기)에게 죽을 사 줄 수도 있다며 기뻐하는 김 첨지의 모습을 통해 아내와 어린아이를 둔 가장임을 알 수 있다.

② 김 첨지는 최근에 돈을 거의 벌지 못했다.

→ '근 열흘 동안 돈 구경도 못했다'는 표현을 통해 최근에 돈을 거의 벌지 못했음을 알 수 있다.

③ 김 첨지는 앓고 있는 아내의 병명을 모른다.

→ (나)에서 김 첨지의 아내는 한 달 전부터 병을 앓고 있으며 의사에게 보인 적이 없어 무슨 병인지는 알 수 없다고 하였다.

2 작품의 종합적 감상

정답 설명

③ 흐린 하늘은 김 첨지가 자신의 비극적인 운명을 인식하고 있음을 보여 주는군.

→ 김 첨지는 집을 나오기 전 아내가 했던 말을 떠올리며 불안함을 느끼지만, 자신의 비극적인 운명을 인식하고 있다는 점은 알 수 없으므로 적절하지 않다.

오답 분석

① 불길한 겨울비의 이미지는 아내의 죽음을 암시한다고도 볼 수 있군.

→ 〈보기〉에서 작품의 제목과 배경은 비극적 효과를 극대화하기 위한 것이라고 설명하고 있으므로 추적추적 내리는 겨울비의 이미지는 아내의 죽음을 암시한다고 볼 수 있다.

② 겨울비가 내리는 배경은 작품 전체에 음울한 분위기를 형성하고 있군.

→ 겨울비는 차갑고 음울한 느낌을 연상시키면서 작품 전체에 음산하고 쓸쓸한 분위기를 형성하고 있다.

④ 눈을 기대했지만 비가 내렸다는 것은 김 첨지의 하루도 기대와 다르게 흘러갈 것임을 암시하는군.

→ '눈'을 기대했지만 얼다가 만 '비'가 내렸다는 것은 김 첨지의 기대(운수 좋은 날, 행운)가 무너지고 불행을 겪게 될 것임을 암시한다고 볼 수 있다.

3 문장의 의미

정답 설명

③ ⓒ: 아내가 회복하지 못할 것을 깨달은 김 첨지의 절망감을 나타내고 있다.

→ ⓒ은 아픈 아내의 눈물을 보고 안쓰러움과 애처로움을 느낀 김 첨지의 감정을 나타낸 것일 뿐이다. 김 첨지가 아내가 회복하지 못할 것이라고 생각하는 장면은 제시된 작품에서 확인할 수 없다.

오답 분석

① ㉠: 적은 돈에도 크게 기뻐하는 김 첨지의 소박한 성품을 보여 준다.

→ 오랜만에 번 돈에 크게 기뻐하는 김 첨지의 소박한 성품과 하루 벌어 하루를 먹고사는 가난한 하층민의 현실을 보여 주고 있다.

② ㉡: 돈이 없어서 약을 쓰지 못하는 자신의 형편을 합리화하고 있다.

→ '조밥도 굶기를 먹다시피 하는 형편'이라고 하였으므로 김 첨지는 매우 가난하여 약 한 첩 쓰는 것조차 버거운 상황임을 알 수 있다. 이러한 상황에서 약을 쓰면 병이 자꾸 온다는 자기의 신조에 따라 약을 쓰지 않는 것이라고 자신의 형편을 합리화하고 있다.

④ ㉣: 아내가 자신의 불길한 운명을 예감하고 있음을 알 수 있다.

→ 김 첨지의 아내는 자신이 죽을 것임을 예감하고 김 첨지에게 나가지 말라고 부탁하고 있다.

4 서술상의 특징

정답 설명

④ 인물 간의 갈등 양상을 구체적으로 서술하고 있다.

→ 제시된 부분에서 인물 간의 갈등은 제시되어 있지 않다.

오답 분석

① 인물의 외양을 사실적으로 묘사하고 있다.

→ (다)에서 '뼈만 남은 얼굴', '유달리 크고 옴폭한 눈'과 같이 병색이 완연한 아내의 외양을 사실적으로 묘사하고 있다.

② 부분적으로 3인칭 관찰자 시점이 나타난다.

→ 전체적으로는 전지적 작가 시점에 해당하나, (나)에서 '김 첨지의 말에 의지하면'이라고 서술된 부분에서는 부분적으로 3인칭 관찰자 시점이 나타난다.

③ 하층민의 언어를 생동감 있게 그려 내고 있다.

→ '오라질 년', '지랄병' 등 비속어를 빈번하게 사용하는 김 첨지의 언행을 통해 하층민의 언어를 생동감 있게 그려 내고 있다.

5 인물의 심리 및 태도

정답 설명

③ 돈 앞에서 계산적인 모습을 보인다.

→ 김 첨지는 두 손님을 연달아 받은 후 벌게 된 돈을 보고 가족들에게 설렁탕과 죽을 사 줄 생각에 기뻐하고 있을 뿐, 돈 앞에서 계산적인 모습을 보이고 있지는 않으므로 적절하지 않은 설명이다.

오답 분석

① 아픈 아내를 안쓰러워하고 있다.

→ 아내가 눈물을 흘리는 것을 보고 김 첨지의 눈시울도 뜨거워졌다고 하는 부분을 통해 아픈 아내를 안쓰러워하고 있음을 알 수 있다.

② 어리석고 고지식한 성격을 지녔다.

→ 아내가 병을 앓고 있는데도 굳이 약을 쓸 필요가 없다는 것을 신조로 여기고, 아내의 병이 심해진 까닭이 조밥을 먹고 체했기 때문이라고 여기는 등 가난을 합리화하는 모습을 통해 김 첨지의 어리석고 고지식한 성격을 알 수 있다.

④ 잇따른 행운에 불안감을 느끼고 있다.

→ 남대문 정거장으로 가는 손님 앞에서 주저한 것이 계속되는 행운에 겁이 났기 때문이라는 서술을 통해 김 첨지가 불안감을 느끼고 있음을 알 수 있다.

6 인물의 태도, 한자 성어

정답 설명

① 허장성세(虛張聲勢)

→ ⓐ의 앞에서 김 첨지는 불안함을 애써 떨쳐 버리기 위해 일부러 큰 고함을 치며 들어오고 있으므로 ⓐ에는 '실속은 없으면서 큰소리치거나 허세를 부림'을 뜻하는 '허장성세(虛張聲勢)'가 들어가는 것이 적절하다.

오답 분석

② 고식지계(姑息之計)

→ 우선 당장 편한 것만을 택하는 꾀나 방법. 한때의 안정을 얻기 위하여 임시로 둘러맞추어 처리하거나 이리저리 주선하여 꾸며 내는 계책을 이른다.

③ 자격지심(自激之心)
→ 자기가 한 일에 대하여 스스로 미흡하게 여기는 마음

④ 경거망동(輕擧妄動)
→ 경솔하여 생각 없이 망령되게 행동함. 또는 그런 행동

7 소재의 의미

정답 설명

③ '집'은 김 첨지의 내적 갈등이 해소되는 공간이다.
→ 김 첨지는 '집'에 도착해서 불길한 침묵을 느끼며 불안해 하고 있다. 따라서 '집'은 김 첨지의 불안함을 고조시키는 공간이며, 김 첨지의 내적 갈등이 해소되는 공간이 아니다.

오답 분석

① '궂은비'는 음울한 분위기를 형성하고 있다.
→ '궂은비'가 내리는 배경은 음울한 분위기를 형성하여 불행한 결말이 이어질 것임을 암시한다.

② '무덤 같은 침묵'은 아내의 죽음을 암시한다.
→ '무덤 같은 침묵'은 아내의 기침 소리나 숨소리가 들리지 않는 것을 비유적으로 표현한 것으로, 아내의 죽음을 암시한다.

④ '설렁탕'은 아내에 대한 김 첨지의 사랑을 의미한다.
→ '설렁탕'은 아픈 아내가 생전에 먹고 싶어 했던 음식으로, 김 첨지가 취중에도 아내를 생각하며 사 가지고 가는 모습에서 아내에 대한 김 첨지의 사랑을 느낄 수 있다.

8 작품의 종합적 감상

정답 설명

④ ㉣: 작품의 비극성을 심화시킨다.
→ 아내가 먹고 싶어 했던 설렁탕을 사 왔지만 이미 죽어버린 아내를 보고 슬퍼하는 김 첨지의 모습을 통해 아내의 죽음이 가지는 비극성이 심화되고 있다.

오답 분석

① ㉠: 서술자의 개입이 나타난다.
→ ㉠은 3인칭 서술자가 인물의 심리를 추측하여 서술한 것일 뿐, 서술자가 작중 상황이나 인물에 대해 주관적인 생각이나 평가를 드러내는 서술자의 개입이 아니다.

② ㉡: 아내에 대한 원망을 드러내고 있다.
→ ㉡은 아내의 죽음을 부정하기 위해 일부러 고함을 치는 것으로, 아내에 대한 원망을 드러내고 있지는 않다.

③ ㉢: 폭력적인 행동을 정당화하고 있다.
→ ㉢은 폭력적인 행동을 통해 불안감을 떨쳐 버리려는 것으로, 폭력적인 행동 자체를 정당화하는 것은 아니다.

9 수사법

정답 설명

③ 먼 훗날 당신이 찾으시면 / 그때에 내 말이 "잊었노라." / 당신이 속으로 나무라면 / "무척 그리다가 잊었노라."
→ ⓑ는 김 첨지가 평소와 달리 돈을 많이 벌어 운수가 좋은 날이었으나, 결국 마지막엔 아내의 죽음이라는 큰 불행을 맞이하게 되는 반어적인 상황을 나타낸 표현이다. 이와 표현법이 가장 유사한 것은 반어법이 사용된 ③이다.
  • ③: 떠나간 임을 '잊었다'라고 말하지만 사실은 잊을 수 없음을 반어적으로 표현하고 있다.

오답 분석

① 낙동강 빈 나루에 달빛이 푸릅니다. / 무엔지 그리운 밤 지향 없이 가고파서 / 흐르는 금빛 노을에 배를 맡겨 봅니다.
→ 달빛에 반짝이는 물결을 '금빛 노을'에 빗댄 은유법이 사용되었다.

② 쫓기는 마음! 지친 몸이길래 / 그리운 지평선을 한숨에 기오르면 / 시궁치는 열대 식물처럼 발목을 에워쌌다.
→ 화자를 구속하는 절망적인 상황인 '시궁치(시궁창)'를 '열대 식물'에 빗댄 직유법이 사용되었다.

④ 봄안개 어리인 시냇가에, 푸른 고양이 / 곱다랗게 단장하고 있소, 울고 있소. / 기름진 꼬리를 쳐들고 / 밝은 애달픈 노래를 부르지요.
→ '밝은 애달픈 노래'에서 모순 형용을 통한 역설법이 사용되었다.

10 작품의 종합적 감상

정답 설명

③ 궁핍한 하층민의 비극적 삶과 극복 과정을 구체적으로 형상화했다.
→ 김 첨지를 통해 궁핍한 하층민의 비극적 삶을 형상화하고 있는 것은 맞으나, 극복 과정이 드러나 있지 않다.

오답 분석

① 일제강점기 우리 민족의 삶이 사실적으로 반영되어 있다.
→ 〈보기〉를 통해 제시된 작품이 일제강점기의 서울 빈민가를 배경으로 한다는 점을 알 수 있으므로 ①은 적절한 설명이다.

② 김 첨지의 속되고 거친 말투는 하층민의 언어를 나타낸 것이다.
→ 욕설과 거친 말투를 쓰는 김 첨지를 통해 하층민의 언어를 생생하게 표현하여 사실성을 높이고 있다.

④ 김 첨지는 고난을 겪는 식민지 빈민층을 대표하는 전형적 인물로 볼 수 있다.
→ 김 첨지는 가난한 인력거꾼으로 일제강점기 시기의 도시 빈민층을 대표하는 인물이며, 그가 아내를 잃게 된 비극적인 상황을 제시하여 식민지 하층민들의 비참한 생활상을 담아냈다.

작품 분석 노트 ✏️

📖 현진건 〈운수 좋은 날〉

갈래	단편 소설, 사실주의 소설
성격	사실적, 반어적, 비극적
배경	• 시간 - 일제 강점기의 어느 비 오는 겨울날 • 공간 - 서울 빈민가
시점	전지적 작가 시점(부분적으로 3인칭 관찰자 시점)
제재	인력거꾼 김 첨지의 하루
주제	일제 강점기 도시 하층민의 궁핍하고 비극적인 삶
특징	• 반어적 의미를 지닌 제목을 통해 비극성을 드러냄 • 하층민의 일상적 구어체를 사용해 사실성을 높임

1 전체 줄거리

열흘 넘게 돈 구경도 못하고 있었던 인력거꾼 김 첨지는 오랜만에 운 좋게 연달아 손님을 맞게 되어 기분이 좋으면서도 아침에 일을 나가지 말라고 부탁했던 아내가 떠올라 계속된 행운에도 마음이 불안해진다. 불안감에 휩싸인 김 첨지는 바로 귀가하지 않고 친구와 술을 마시며 이상한 말과 행동을 한다. 김 첨지는 취중에도 아내에게 먹일 설렁탕을 사서 집으로 돌아가는데, 집안은 불길한 침묵만 가득 차 있다. 김 첨지는 폭력적인 행동으로 허세를 부리며 불안감을 떨치려고 하지만 결국 아내의 죽음을 확인하고 슬픔에 잠긴다.

2 표현상의 특징

반어적 표현	유달리 운이 좋아 보이던 김 첨지의 하루 끝에 아내의 죽음이 기다리는 비극적 상황을 '운수 좋은 날'이라고 반어적으로 표현하여 비극성을 심화시킴
복선의 사용	작품 전반에 걸쳐 내리는 비와 일을 나가지 말라고 이야기하는 아내의 모습을 통해 앞으로 비극적인 사건이 펼쳐질 것을 암시한다.

3 '집'을 중심으로 한 사건의 전개와 갈등 구조

가까워질수록 다리가 무거워 짐	→	집	←	멀어질수록 다리가 가벼워 짐
아내에 대한 걱정과 불안감		김 첨지의 내적 갈등		돈을 벌어야만 하는 가난한 현실

1	②	2	③	3	④	4	②	5	④
6	③	7	②	8	①	9	③	10	④

1 작품의 종합적 감상

정답 설명

② 유교적 가치를 권장하는 내용을 담고 있다.
→ 제시된 작품은 부친의 눈을 뜨게 하기 위해 희생하는 심청을 통해 '효(孝)'라는 유교적 관념을 형상화하고 있으므로 제시된 작품에 대한 설명으로 가장 적절한 것은 ②이다.

오답 분석

① 비극적인 상황을 웃음으로 승화하고 있다.
→ 제시된 부분에서 아버지의 눈을 뜨게 하기 위해 심청이 인당수 제물로 팔려 가게 된 비극적인 상황이 나타나고 있으나, 이러한 상황에 대한 등장인물의 슬픔을 직접적으로 제시하고 있을 뿐, 웃음으로 승화하고 있지는 않다.

③ 독백을 통해 고조된 감정을 드러내고 있다.
→ 인물이 혼자 이야기하는 독백은 나타나지 않는다. 제시된 작품은 심청과 심 봉사의 대화 위주로 사건이 전개되며 이러한 대화를 통해 인물들의 극적인 감정이 드러난다.

④ 인물 간의 갈등을 중심으로 사건이 전개된다.
→ 인물 간의 갈등보다는 현실의 가혹함과 이를 극복하는 과정에 초점을 맞추어 사건이 전개된다.

2 소재의 의미

정답 설명

③ '꿈'은 심 봉사와 심청이 모두 긍정적으로 여기는 징조이다.
→ 심 봉사는 수레가 귀한 사람이 타는 것이라 생각하여 간밤에 꾸었던 '꿈'을 긍정적으로 해석하고 있다. 심청은 '그 꿈이 참 좋습니다'라고 말을 하고 있으나 이는 부친을 안심시키기 위함이며 '자기가 죽을 꿈'이라고 생각하고 있으므로 적절하지 않다.

오답 분석

① '수레를 타고 가는 것'은 심청의 죽음을 의미한다.
→ 심청은 심 봉사의 꿈 얘기를 들은 뒤 분명히 자기가 죽을 꿈이라고 생각하고 있으므로, '수레를 타고 가는 것'은 심청의 죽음을 의미하는 것임을 알 수 있다. 참고로 '꿈'은 제시된 작품인 '심청전'의 내용을 전체적으로 보았을 때 심청이 나중에 황후가 될 것임을 암시하는 복선 역할을 한다고 볼 수도 있다.

② '진짓상'은 아버지에 대한 심청의 마음이 담긴 소재이다.
→ 심청은 각별히 신경 써 올린 진짓상을 물린 이후 자신이 인당수에 제물로 바쳐진다는 것을 알리고 눈물로 이별을 고하고 있다. 따라서 '진짓상'은 이별을 앞두고 아버지를 마지막으로 봉양하기 위해 정성껏 차린 것으로, 이를 통해 심청의 지극한 효심을 엿볼 수 있다.

④ '공양미 삼백 석'은 심청이 인당수의 제물이 되기로 마음먹은 계기이다.
→ '공양미 삼백 석을 누가 저를 주오리까. 남경 장사 선인들께 삼백 석에 몸이 팔려 인당수 제수(祭需)로 가기로 하여'라는 심청의 말을 통해 알 수 있다.

3 서술상의 특징

[정답 설명]

④ 전기적인 요소를 활용하여 일어난 사건을 서술하고 있다.
→ '하느님의 어지심과 귀신의 밝은 마음'에서 비현실적인 전기적 요소를 언급하고 있으나, 이는 선인들에게 벌을 받을 것이라는 저주를 하기 위해 활용했을 뿐 일어난 사건을 서술하기 위함이 아니다.

[오답 분석]

① 대구법을 사용해 비통한 심정을 드러내고 있다.
→ '네가 살고 내 눈 뜨면 그는 응당 좋으려니와 네가 죽고 내 눈 뜨면 그게 무슨 말이 되랴'에서 유사한 통사 구조의 반복을 통해 딸인 심청이 자신의 눈을 위해 희생하게 된 비극적 상황에 대한 비통한 심정을 드러내고 있다.

② 선인들에 대한 적대감과 원망을 표현하고 있다.
→ 선인들을 '무지한 강도놈'이라고 칭하며 사람을 사서 제수하는 걸 어디서 보았냐고 말하는 등 선인들에 대한 적대감과 원망을 표현하고 있다.

③ 과거의 경험을 서술하며 불행한 처지를 부각하고 있다.
→ 아내를 잃고 동냥젖을 얻어 먹이며 심청을 키워야 했던 과거의 경험을 서술하면서 일찍이 아내가 죽고 자식마저 곧 죽을 상황에 놓인 자신의 불행한 처지를 부각하고 있다.

4 서술상의 특징

[정답 설명]

② ⓒ 심청이 들어 보니 분명히 자기 죽을 꿈이로다.
→ ㉠, ㉢, ㉣은 모두 서술자가 사건에 대한 자신의 견해를 드러내는 '편집자적 논평'에 해당하나, ⓒ은 작중 인물의 생각을 서술한 부분이므로 ㉠~㉣ 중 가장 성격이 다른 하나는 ②이다.

5 작품의 종합적 감상

[정답 설명]

④ 고난을 겪는 인물 앞에 조력자가 나타나 도울 것임을 암시한다.
→ 심청이 죽을 위기에 처한 것은 맞으나, 제시된 부분에서 조력자가 나타날 것임이 암시되거나 조력자가 나타나는 장면은 확인할 수 없으므로 ④는 적절하지 않다. 참고로, 이후 전개된 부분에서 인당수에 몸을 던진 심청은 바닷속 용왕에게 구출되어 환생하게 된다.

[오답 분석]

① 유교적 덕목인 '효'를 강조하고 있다.
→ 아버지의 눈을 뜨게 하기 위해 자신을 희생하는 심청이라는 인물을 통해 유교적 덕목인 '효'를 강조하고 있다.

② 시간의 흐름에 따라 사건이 전개되고 있다.
→ 심청이 아버지를 마지막으로 봉양하고 인당수의 제물로 바쳐지기 전 인사를 올리는 장면까지 시간의 흐름에 따라 사건이 전개되고 있다.

③ 서술자가 사건에 대해 직접적으로 견해를 드러낸다.
→ '사람이 슬픔이 극진하면 도리어 가슴이 막히는 법이라', '도화동 남녀노소 뉘 아니 슬퍼하리'와 같이 서술자가 사건에 대해 직접적으로 견해를 드러내는 편집자적 논평이 나타난다.

6 문장의 의미

[정답 설명]

③ ⓒ: 부인의 슬픈 심경과 대비되는 배경을 제시하고 있다.
→ 깊은 밤중에 첩첩이 쌓인 안개와 연기는 고요하고 처연한 분위기를 형성해 심청의 제사를 지내는 부인의 슬픈 심경을 부각하는 배경이 되므로, 부인의 심경과 대비되는 배경을 제시했다는 ③의 설명은 적절하지 않다.

[오답 분석]

① ㉠: 전기적 요소를 통해 비현실성을 드러내고 있다.
→ 심청이 남긴 족자에 물이 흐르고 빛이 변하는 것은 현실에서는 일어나기 어려운 전기적인 요소이므로, 이를 통해 비현실성을 드러내고 있다.
  • 전기적(傳奇的): 기이하여 세상에 전할 만한 것

② ㉡: 인당수에 뛰어든 심청이 용왕에게 구출되었음을 암시한다.
→ 족자에 물이 흐르고 빛이 검게 변하자 부인은 심 소저가 물에 빠져 죽었는가 생각하며 슬퍼하다가 ㉡에서 물이 걷히고 빛이 변하자 심 소저를 누가 구하여 살아난 것이 아닌지 생각하고 있다. 따라서 ㉡은 인당수에 뛰어든 심청이 용왕에게 구출되었음을 암시하는 부분이다.

④ ㉣: 심청의 희생을 자연물에 빗대어 애도하고 있다.
→ '꽃'과 '나비'는 심청을 빗댄 대상으로, 심청의 희생을 꽃이 흩어지고 나비가 불에 드는 것으로 빗대어 표현함으로써 애도하고 있다.

7 인물의 태도

정답 설명

② '심청'은 환생하여 아버지와 재회하기를 소망하고 있다.
→ '심청'은 자신이 죽은 후 홀로 남겨진 아버지를 떠올리며 걱정하고 있으나, 환생해서 아버지와 재회하기를 소망하고 있는 것은 아니므로 적절하지 않다.

오답 분석

① '장 승상 댁 부인'은 심청의 효심을 칭송하고 있다.
→ '장 승상 댁 부인'은 사람이라면 죽기를 싫어하는 것은 당연한 것인데 그럼에도 부모의 은덕을 갚기 위해 죽음을 택한 심청을 안타까워하면서도 그 극진한 효심을 칭송하고 있다.

③ '부인'은 자신이 세상을 떠난 후 그동안의 일을 궁금해하고 있다.
→ '부인'은 심청에게 '너의 부친 가난에 절어 그 모습이 어떠하냐? 응당 많이 늙었으리라. ~ 네게 극진하지 않더냐?'와 같이 물으며 자신이 죽은 후 심 봉사와 심청이 잘 지냈는지 그동안의 일을 궁금해하고 있다.

④ '심청'은 어머니를 만나 기뻐하면서도 홀로 남겨진 아버지를 염려하고 있다.
→ '심청'은 돌아가신 어머니를 만나게 되자 좋아하는 동시에 외로이 남겨진 아버지가 떠올라, 부친은 누구를 보고 반기겠냐며 홀로 계실 아버지를 염려하고 있다.

8 작품의 종합적 감상

정답 설명

① 요약적 서술로 사건이 빠르게 전개되고 있다.
→ (마)는 심청과 어머니의 대화를 중심으로 서술되고 있으며, 요약적 서술은 드러나지 않으므로 적절하지 않은 설명이다.

오답 분석

② 심청의 희생에 대한 보상이 이루어지고 있다.
→ 아버지를 위해 자신의 목숨을 바친 심청은 초월적 세계에서 어머니와 다시 재회하게 되는데, 이는 심청의 숭고한 희생정신에 대한 보상으로 볼 수 있다.

③ 비현실적 세계에서 벌어지는 일들이 제시되고 있다.
→ 심청의 죽음 이전에는 현실 세계를 배경으로 하여 눈 먼 아버지를 봉양하며 살아가던 심청의 삶을 그리고 있으나, 이후에는 인당수에 몸을 던진 심청이 용왕에게 구출되어 '수정궁(용궁)'에 머무는 등 비현실적 세계를 배경으로 한 사건들이 전개된다.

④ 심청이 아버지와 재회하게 될 것임을 암시하고 있다.
→ 심청의 어머니는 심청과 이별하는 장면에서 '오늘날 나를 다시 이별하고 너의 부친을 다시 만날 줄을 네가 어찌 알겠느냐?'라고 말하고 있는데, 이는 심청이 인간 세상으로 돌아가 아버지와 재회하게 될 것임을 암시하는 것이다.

9 소재의 의미

정답 설명

③ 두 사람이 모녀 사이임을 확인할 수 있는 징표이다.
→ 심청의 어머니는 심청을 낳고 7일 만에 죽었기 때문에 심청과 어머니는 서로의 얼굴을 모르는 상황이다. 그런데 어머니가 당신이 살아생전에 끼고 있던 '옥지환'을 심청이 차고 있는 것을 보고 심청이 자신의 딸임을 알아챘다. 따라서 '옥지환'은 만난 적이 없던 두 사람이 모녀 사이임을 확인할 수 있게 하는 징표이다.

10 작품의 종합적 감상

정답 설명

④ 심청이 아버지를 지극정성으로 봉양했던 것은 전생에 지은 죄를 뉘우치기 위함이군.
→ <보기>는 심청이 인당수에 몸을 던진 후에 용왕에게 구출되어 자신의 전생에 대한 이야기를 듣는 장면이다. 이를 통해 심청은 자신의 전생을 기억하지 못하고 있으며, 아버지인 심 봉사를 정성으로 봉양한 것은 효심에서 비롯된 행동일 뿐 전생의 죄를 뉘우치기 위한 것이 아님을 알 수 있다.

오답 분석

① '초간왕의 딸'과 '노군성'은 부녀지간으로 환생하게 되었군. / ③ 천상계의 존재가 인간 세상에서 다시 태어난다는 적강(謫降) 화소가 나타나는군.
→ '노군성'을 인간 세상에 내쳐 '초간왕의 딸'과 부녀간이 되게 했다는 용왕의 말을 통해 본래 천상계의 존재였던 '노군성'과 '초간왕의 딸'이 인간 세상에 귀양 보내진 것임을 알 수 있다. 이는 천상계의 존재가 인간 세상에 내려오거나 사람으로 태어나는 적강(謫降) 화소에 해당한다.

② '옥황상제'가 등장하는 것으로 보아 도교 사상을 배경으로 하고 있군.
→ '옥황상제'는 민간 도교에서 받드는 최고신의 명칭이므로 도교 사상을 배경으로 하고 있음을 알 수 있다.

작품 분석 노트 ✏️

📖 작자 미상 〈심청전〉

갈래	판소리계 소설, 설화 소설
성격	교훈적, 환상적, 비현실적, 우연적
시점	전지적 작가 시점
제재	심청의 효심
주제	• 부모에 대한 지극한 효성 • 인과응보(因果應報)
특징	• '효(孝)'의 윤리관이 나타남 • 유·불·도교 등 여러 사상이 복합적으로 드러남

1 전체 줄거리

태어나자마자 어머니를 여읜 심청은 맹인 아버지인 심학규 밑에서 자란다. 심청은 공양미 삼백 석을 시주하면 아버지가 개안(開眼)할 수 있다는 어떤 중의 말에 남경 상인들에게 자신의 몸을 팔아 삼백 석을 받고 인당수에 뛰어든다. 물에 빠진 심청은 용왕에게 구출된 뒤 용궁에서 어머니와 재회하고, 삼 년 후에 연꽃에 싸여 인당수 수면 위로 떠오른다. 남경 상인들이 연꽃을 발견하여 왕에게 바치자, 왕은 연꽃에서 나온 심청을 황후로 맞이한다. 심청은 아버지를 그리워하여 맹인 잔치를 벌이고, 맹인 잔치에서 딸을 만난 심 봉사는 놀라면서 개안(開眼)을 한다.

2 작품에 대한 이해

〈심청전〉은 여러 전래 설화에 바탕을 둔 대표적인 고전 소설이다. 심청이 맹인 아버지의 개안(開眼)을 위해 희생한 것은 유교적 가치관인 '효(孝)'를 형상화한 것이고, 인당수에 빠졌다가 다시 살아난 심청이 황후가 되어 아버지와 재회하는 것은 불교의 '인과응보(因果應報)' 사상이 나타난 것이다. 또한 궁핍했던 심청이 황후가 되어 부귀영화를 누리게 되는 것은 미천한 사람이라도 자기희생이나 효행에 대한 보상으로 고귀한 신분에 이를 수 있다는 당시 민중들의 신분 상승 욕구가 반영된 것이라고 볼 수 있다.

3 작품의 구성

구분	전반부	후반부
배경	현실적, 세속적 공간	환상적, 초월적 공간
내용	• 가난한 집안에서 태어난 심청은 홀로 심 봉사를 봉양하며 살아감 • 심청이 심 봉사의 눈을 뜨게 하기 위해 공양미 삼백 석에 몸을 팔고 인당수의 제물이 되기로 결심함	• 인당수에 빠진 심청은 용왕에게 구출되어 어머니와 재회함 • 심청이 환생하여 황후가 되고, 아버지를 만나기 위해 맹인 잔치를 엶 • 심 봉사와 심청은 재회하고, 행복한 삶을 살다가 천상계로 복귀함

1	②	2	①	3	④	4	③	5	④
6	①	7	②	8	④	9	③	10	②

1 작품의 내용 파악

정답 설명

② ㉡은 울음이 감정을 해소하는 수단이라고 생각한다.
→ ㉡은 울음을 단순히 '슬픈 감정'에 의해 만들어지는 것으로만 보고 있다. 울음을 감정 해소의 수단으로 보는 것은 ㉠으로, ㉠은 답답하고 울적한 감정을 풀어 버리는 것으로 소리쳐 우는 것보다 더 빠른 방법은 없다고 말하고 있다. 따라서 ㉠과 ㉡의 관점에 대한 설명으로 적절하지 않은 것은 ②이다.

오답 분석

① ㉠의 발상은 창의적이며, ㉡의 발상은 보편적이다.
→ ㉡은 슬픈 감정만이 울음을 자아낸다고 알고 있으므로 광활한 벌판을 보고 눈물을 흘린다는 생각을 하지 못한다. 반면, ㉠은 광활한 벌판을 보고 '좋은 울음터'라고 말하며 모든 감정이 울음을 자아낼 수 있음을 설명하고 있는데, 이는 보통 사람들이 생각하지 못하는 창의적인 발상이다. 따라서 ①은 적절한 설명이다.

③ ㉠은 모든 칠정(七情)이 눈물을 자아낸다고 생각한다.
→ ㉠은 '희로애락애오욕(喜怒哀樂愛惡欲)'의 일곱 가지 감정[七情]이 모두 눈물을 자아낼 수 있으며, 어떤 감정이든 극에 달하면 울게 된다고 설명한다. 따라서 ③은 적절한 설명이다.

④ ㉡은 눈물이 슬픈 감정으로부터 비롯된다고 생각한다.
→ ㉡은 칠정 가운데 슬픔[哀]만이 울음을 자아낸다고 여긴다. 따라서 ④는 적절한 설명이다.

2 서술상의 특징

정답 설명

① 대상을 관찰하며 얻은 깨달음을 강조하고 있다.
→ 제시된 작품은 광활한 요동 벌판을 보며 느낀 감회를 서술한 내용으로, 작가의 관점과 발상이 드러나 있을 뿐 대상에 대한 관찰과 이를 통해 얻은 깨달음은 드러나 있지 않다.

오답 분석

② 여행의 여정을 기록한 기행문의 형식을 띠고 있다.
→ '삼류하(三流河)를 건너 냉정(冷井)에서 아침밥을 먹었다'라는 대목에서 여행의 여정이 드러나는데, 이를 통해 기행문의 형식을 취하고 있음을 알 수 있다.

③ 화제에 대해 묻고 답하는 형식으로 이루어져 있다.
→ 제시된 작품은 정 진사가 묻고 작가가 대답하는 문답 형식으로 내용이 전개된다. 정 진사가 광활한 벌판을 보고 울고 싶어 하는 까닭을 묻자 작가는 칠정이 극에 달하면 울게 된다고 답하였으며, 칠정 가운데 어느 정을 골라 울어야 하는지에 대한 물음에는 넓은 세상으로 나온 기쁨과 즐거움으로 울면 된다고 답하고 있다.

④ 경치에 대한 묘사보다 작가의 주장이 주를 이룬다.
→ 광활한 요동 벌판을 '좋은 울음터'라고 생각하는 이유에 대한 작가의 주장이 주된 내용이다.

3 수사법

④ 도체비꽃이 낮에 혼자 무서워 파랗게 질린다
→ '백탑(白塔)'은 중국의 전탑(甎塔)을, '현신하다'는 다른 사람에게 자신을 보이는 일을 뜻한다. 따라서 ⓐ는 '백탑'을 의인화하여 일행이 백탑에 가까이 왔음을 표현한 부분이다. '도체비꽃이 낮에 혼자 무서워 파랗게 질린다'에서도 '도체비꽃'을 의인화하고 있으므로 ⓐ에 사용된 표현법과 가장 유사한 것은 ④이다.
- 의인법: 사람이 아닌 사물이나 관념에 인격을 부여하여 표현하는 방법

① 애수는 백로처럼 날개를 펴다
→ '애수는 백로처럼'에서 직유법이 사용되었다.
- 직유법: '~처럼', '~같이' 등의 연결어를 사용하여 원관념과 보조 관념을 직접 연결하는 방법

② 해설피 금빛 게으른 울음을 우는 곳
→ '금빛(시각) 게으른 울음(청각)'에서 청각을 시각화한 공감각적 심상이 드러난다.
- 공감각적 심상: 하나의 감각을 다른 감각으로 옮겨 표현한 심상

③ 금방울과 같이 호동그란 고양이의 눈에
→ '금방울과 같이'에서 직유법이 사용되었다.

4 작품의 내용 파악

③ 정 진사는 요동 벌판에 대한 작가의 생각에 공감하지 못하고 있다.
→ 정 진사는 요동 벌판을 보고 '좋은 울음터'라고 표현하는 작가의 말을 처음에는 이해하지 못했다가, 울음이 인간의 일곱 개의 감정과 관련이 있다는 말을 듣고는 그렇다면 칠정 가운데 어느 '정'을 골라 울어야 하는지 물어 보고 있다. 이를 통해 정 진사가 작가의 생각에 어느 정도 공감하고 있음을 알 수 있다.

① 작가는 광활한 자연을 바라보며 충격을 받았다.
→ 작가는 산기슭을 벗어난 후 눈앞에 펼쳐진 드넓은 요동 벌판을 보고 '눈앞이 아찔해지며 눈에 헛것이 오르락내리락하여 현란했다'라고 표현하는데, 이는 광활한 자연을 바라보며 현기증이 날 정도로 큰 충격을 받았음을 의미한다.

② 갓난아이의 울음은 칠정 가운데 '희(喜)'와 '락(樂)'에 속한다.
→ 갓난아이가 처음 태어날 때 우는 울음은 '기쁨과 즐거움'이라고 하였으므로 칠정 가운데 '희(喜)'와 '락(樂)'에 속한다.

④ 울음에 대한 기존의 통념을 먼저 제시한 뒤 이와 다른 새로운 해석을 제시하고 있다.
→ 사람들이 가지고 있는 울음에 대한 기존의 통념(슬픈 감정만이 울음을 자아냄)을 먼저 제시한 뒤 슬픔뿐만 아니라 모든 감정이 극에 달하면 울음을 자아내는 것이라는 점을 설명하면서 기존의 통념을 깨고 새로운 해석을 제시하고 있다.

5 작품의 종합적 감상

④ 민지: 갓난아이가 세상에 나왔을 때 울음을 터뜨리듯 작가도 청나라의 신문물을 목격한 후 조선의 현실에 대해 느낀 충격과 절망감으로 인해 울고 싶었던 것이 아닐까?
→ ⓒ의 앞에서 갓난아이의 울음은 칠정 가운데서도 '기쁨'과 '즐거움'으로 인한 것이라고 하였으므로 작가 역시 청나라의 새로운 문물과 드넓은 땅을 마주한 기쁨과 즐거움을 울음으로 표현한 것이라 볼 수 있다. 작가가 광활한 요동 벌판을 '좋은 울음터'라고 느낀 것은 조선의 현실에 대해 느낀 충격과 절망감으로 인한 것이 아니므로 적절하지 않다.

① 원영: 드넓은 요동 벌판을 보고 울기 좋은 곳이라고 생각한 이유를 아이가 태어날 때 우는 것에 비유하여 설명하고 있어.
→ 작가는 드넓은 요동 벌판을 보고 '한바탕 울어 볼 만'하다고 표현하는데, 그 이유에 대해 아이가 넓은 세상으로 나올 때 울음을 터뜨리는 것에 비유하여 사람의 칠정 모두 울음을 자아낼 수 있다고 설명하고 있다.

② 유진: '아이'가 작가 자신이라면 비좁은 '어미 태 속'은 당대 조선 사회를 의미하는 것이 아닐까?
→ <보기>에서는 당시 조선 양반들의 고루한 인식으로 인해 작가의 실학사상이 받아들여지지 않았다고 설명하고 있는데, 이를 통해 비좁은 '어미 태 속'은 당시의 폐쇄적인 조선 사회를 의미하는 것임을 알 수 있다.

③ 해린: 그렇다면 '탁 트인 넓은 곳'은 선진 문물로 가득한 청나라를 비유한 것이겠구나.
→ <보기>에서 작가가 청나라를 여행하며 다양한 선진 문물을 접했다고 하였으므로 '탁 트인 넓은 곳'은 청나라를 비유한 것임을 알 수 있다.

작품 분석 노트 ✏️

📖 박지원 〈열하일기 中 통곡할 만한 자리〉

갈래	고전 수필, 한문 수필, 기행 수필
성격	체험적, 논리적, 교훈적
제재	요동 벌판
주제	• 광활한 요동 벌판을 보면서 느낀 감회 • 새로운 세계를 만나게 된 기쁨
특징	• 묻고 답하는 구성 방식으로 내용을 전개함 • 일반적인 통념을 깨트리는 작가의 창의적 발상이 도드라짐 • 적절한 비유와 구체적인 예시로 대상을 실감나게 표현함

1 작품의 구성

기		글쓴이가 요동 벌판을 보며 '좋은 울음터'라고 말함
승	문	정 진사가 울고 싶어 하는 이유를 물음
	답	사람은 칠정(七情), 즉 모든 감정이 극에 달하면 울음이 터져 나온다고 답함
전	문	정 진사가 칠정 가운데 무엇을 골라 울어야 하는지 물음
	답	갓난아이가 세상에 나왔을 때 터뜨리는 울음처럼 넓은 곳에 처한 기쁨과 즐거움으로 울면 된다고 답함
결		요동의 드넓은 풍경을 묘사하고, 통곡할 만한 자리임을 다시 확인함

2 작품에 드러난 대상을 바라보는 관점

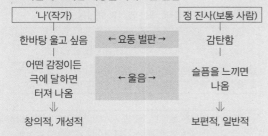

3 작품의 독특한 발상

일반적으로 사람들은 천하의 장관을 보면 감탄한다. 또한 보통 사람들은 울음을 터뜨리는 것은 대개 슬프기 때문이라고 생각한다. 하지만 작가는 광활한 요동의 장관을 바라보며 한바탕 울어 볼 만하다고 이야기하여 주변 사람에게 의문을 사고 있다. 이에 작가는 인간의 모든 감정(희로애락애오욕)이 극에 달하면 울음이 나오니, 복받쳐 나오는 감정이 이치에 맞아 터지는 것이 웃음과 다르지 않다는 주장을 통해 이러한 의문을 해소하고 있다. 이와 같이 작가는 기존의 통념을 깨트리는 독특하고 참신한 발상을 통해 독자에게 신선한 충격을 주고 있다.

6 서술상의 특징

정답 설명

① 흐르는 물을 의인화하여 역동적 이미지로 표현하였다.
→ 듣는 이에 따라 다양하게 받아들일 수 있는 여러 물소리의 이미지를 제시하고 있으나, 흐르는 물을 의인화하고 있지는 않으므로 적절하지 않다.

오답 분석

② 직접 체험한 내용을 통해 깨달은 바를 제시하고 있다.
→ '산중의 내 집 문앞에는 ~ 내가 일찍이 문을 닫고 누워서 소리 종류를 비교해 보니'를 통해 작가가 직접 체험한 내용임을 알 수 있으며, 이를 통해 듣는 이의 마음가짐에 따라 물소리가 다르게 들릴 수 있다는 깨달음을 제시하고 있다.

③ 시냇물이 흐르는 소리를 전차와 대포 소리에 비유하였다.
→ 시냇물이 갑자기 불었을 때 '거기(車騎, 전차와 기마)'와 '포고(砲鼓, 대포와 북)'의 소리를 듣게 되었다고 하였으므로 시냇물이 흐르는 소리를 전차와 대포 소리에 비유하고 있음을 알 수 있다.

④ 물소리가 듣는 이의 마음가짐에 따라 달라질 수 있음을 설명하고 있다.
→ 물소리는 '흉중(마음속)에 먹은 뜻을 가지고 귀에 들리는 대로 소리를 만든 것'이라고 설명하고 있다.

7 작품의 내용 파악

정답 설명

② 흘러가는 물을 보지 않기 위해
→ ⓐ의 뒤에서 이어지는 내용을 통해 거세게 흐르는 물을 보고 있으면 현기증이 나면서 물에 빠질 수 있으므로, 물을 보지 않으려고 일부러 하늘을 본다는 것을 알 수 있다.

8 문장의 의미

정답 설명

④ ⓔ: 걱정이 많아 마음이 쉽게 동요하는 사람
→ ⓔ '마음이 어두운 자'는 귀와 눈이 누(累)가 되지 않는다고 하였으므로 눈으로 보고 귀로 듣는 것, 즉 겉으로 나타나는 현상에 동요하지 않고 평정을 유지하는 사람을 의미한다.

오답 분석

① ㉠: 홍수로 인해 붉어진 황톳빛 물이 거세게 흐르는 모습
→ ㉠은 홍수로 인해 황톳빛을 띠는 강물을 '붉은 물결'로 표현하고 있다.

② ㉡: 보이는 것에만 집중하므로 물소리가 들리지 않는다고 착각함
→ ㉡은 낮에 강을 건널 때, 눈으로 보이는 강물을 두려워하느라 물소리를 듣지 못했던 사람들이 물소리가 들리지 않았다고 착각하여 말한 것을 인용한 표현이다.

③ ㉢: 낮과 달리 오직 들리는 것에만 신경을 써서 물소리에 두려움을 느낌
→ ㉢은 밤에 강을 건널 때에는 눈으로 주변 상황을 확인할 수 없어 귀로 듣는 것에만 신경이 집중되므로 물소리에 두려움을 느끼는 것을 의미한다.

9 주제 및 중심 내용 파악

정답 설명

③ 외물(外物)에 흔들리지 않는 마음가짐
→ 화자는 강을 건널 때 두려움을 느끼게 되는 이유가 강물의 흐름이나 소리에만 집중하여 사물 본연의 것을 인식하지 못하기 때문이라는 것을 경험한다. 이러한 경험을 통해 눈과 귀를 통해 지각된 외물(外物)에 현혹되지 않는 삶의 자세가 필요하다는 것을 역설하고 있으므로 제시된 작품을 통해 이끌어 낼 수 있는 교훈으로 가장 적절한 것은 ③이다.

10 문장의 의미, 한자 성어

정답 설명

② 물아일체(物我一體)
→ ⓑ는 '물'과 '나'를 분리하지 않고 하나로 생각한다는 의미이므로 이에 해당하는 한자 성어로 가장 적절한 것은 ② '물아일체(物我一體)'이다.
  • 물아일체(物我一體): 외물(外物)과 자아, 객관과 주관, 또는 물질계와 정신계가 어울려 하나가 됨

오답 분석

① 창해일속(滄海一粟)
→ 넓고 큰 바닷속의 좁쌀 한 알이라는 뜻으로, 아주 많거나 넓은 것 가운데 있는 매우 하찮고 작은 것을 이르는 말

③ 조변석개(朝變夕改)
→ 아침저녁으로 뜯어고친다는 뜻으로, 계획이나 결정 따위를 일관성이 없이 자주 고침을 이르는 말

④ 상하탱석(上下撑石)
→ 아랫돌 빼서 윗돌 괴고 윗돌 빼서 아랫돌 괸다는 뜻으로, 몹시 꼬이는 일을 당하여 임시변통으로 이리저리 맞추어서 겨우 유지해 감을 이르는 말

작품 분석 노트 ✏️

📖 박지원 〈열하일기 中 일야구도하기〉

갈래	고전 수필, 한문 수필, 기행 수필
성격	체험적, 사색적, 교훈적, 분석적
제재	하룻밤 동안 아홉 번 강을 건넌 경험
주제	• 외물(감각)에 현혹되지 않는 삶의 태도 • 이목(耳目)에 구애되지 않는 초연한 마음가짐 • 마음을 다스리는 일의 가치
특징	• 구체적인 경험을 바탕으로 깨달은 삶의 이치를 제시함 • 치밀하고 날카로운 관찰력으로 사물의 본질을 꿰뚫어 봄 • 적절한 예시와 고사를 제시하여 주장을 뒷받침하고 설득력을 강화함

1 작품의 구성

기	듣는 이의 마음가짐에 따라 물소리가 다르게 들림
승	• 낮과 밤의 물소리가 다르게 들리는 까닭 • 인간은 외물(外物)에 현혹되기 쉬움
전	• 외물에 현혹되지 않고 마음을 평정하면 사나운 강물에도 익숙해짐 • 강물을 건너는 경험을 통해 진리를 깨달음
결	• 인간의 감각은 외물에 영향을 받으며, 그와 같은 상태에서는 사물을 제대로 파악할 수 없음 • 사물의 본질을 보기 위해서는 감각과 그것에 의해 움직이는 감정에 구애되지 말아야 함

2 '낮'과 '밤'의 '강물'에 대한 인식과 깨달음

낮	밤
시각에 주목	청각에 주목
보이는 강물에 대한 두려움으로 물소리가 들리지 않음	앞이 보이지 않으므로 들리는 물소리가 두려움

↓

• 낮과 밤의 강물은 동일한 것인데, 시각이나 청각에 의존한다면 보고 듣는 것에 현혹되어 사물의 본질을 인식할 수 없게 됨
• 마음을 다스려야 이를 극복할 수 있음

3 〈열하일기〉의 문학사적 의의

조선 후기 실학자인 박지원이 청나라 황제의 피서지인 '열하'를 여행할 때의 경험을 적은 견문록이다. 총 26편으로 구성되어 있으며 각 편은 다시 수많은 작품들로 구성되어 있다. 압록강에서 북경, 열하를 거쳐 다시 북경으로 돌아오는 여정을 일기 형식으로 기록하였으나, 북경에 머무른 시기에 얻은 견문들은 시화, 잡록 등의 형식으로 정리했다는 특징이 있다. 독창적이고 사실적인 문체로 청나라의 신문물과 실학사상을 자세히 소개했다는 점과 당시의 사회 문제를 신랄하게 풍자했다는 점에서 문학사적 의의가 크다.

| 1 | ② | 2 | ③ | 3 | ③ | 4 | ② | 5 | ④ |
| 6 | ④ | 7 | ① | 8 | ③ | 9 | ① | 10 | ② |

1 작품의 내용 파악

정답 설명

② '나'는 흥분한 '어머니'를 만류하여 진정시켰다.
→ (라)에서 '나는 ~ 점점 심해 가는 어머니의 광란을 지켜볼 수밖에 없었다'라고 하였으므로 '나'는 흥분한 '어머니'를 진정시키지 못했음을 알 수 있다.

오답 분석

① '어머니'는 수술을 받고 병원에 입원해 있다.
→ (나)의 '오늘의 수술 환자 중에서뿐 아니라 ~ 입원한 모든 환자 중에서도 어머니는 최고령일지도 모른다'라는 서술을 통해 '어머니'가 수술을 받고 병원에 입원해 있음을 알 수 있다.

③ '어머니'는 자신의 다리를 '오빠'라고 생각하고 있다.
→ (다)에서 '어머니'가 자신의 다리를 잡고 '가엾은 내 새끼 여기 있었구나'라고 말하는 장면을 통해 '어머니'가 자신의 다리를 '오빠'라고 생각하고 있음을 알 수 있다.

④ '나'는 '어머니'가 저승사자의 환각을 본다고 생각했다.
→ (나)의 '나는 저승의 사자가 ~ 어머니에게만 보일지도 모른다는 생각이 들었다'라는 서술을 통해 '나'는 '어머니'가 저승사자의 환각을 본다고 생각했음을 알 수 있다.

2 작품의 종합적 감상

정답 설명

③ 전쟁의 상처를 안고 살아온 어머니를 통해 분단의 아픔이 계속되고 있는 현실을 보여 준다.
→ 〈보기〉에서 작가는 분단을 이미 결정된 사실로 인식하고, 통일을 진심으로 염원하지 않으면서 무의미하게 구호로만 앞세우는 현실을 비판하고 있다. 이로 미루어 보아 제시된 작품은 전쟁 중에 아들을 잃은 어머니가 아들이 죽던 날의 기억을 환각으로 보는 모습을 통해, 세월이 흐른 후에도 전쟁의 상처가 아물지 않은 현실을 보여 주고자 했음을 알 수 있다.

3 인물의 심리 및 태도

정답 설명

③ ©: 수술 후 고통을 겪는 어머니에 대한 걱정이 드러난다.
→ ©은 어머니가 환각 속에서 군관이 아들을 죽이는 장면을 보고 있다는 것을 알게 된 나의 반응으로, 어머니에게는 자신의 죽음보다 아들이 목숨을 잃었던 기억을 상기하는 것이 더 큰 고통임을 깨달은 '나'의 안타까움이 드러난다. 수술로 인한 고통을 걱정하는 것은 아니므로 ③은 적절하지 않다.

오답 분석

① ⊙: 간호원은 어머니의 상태를 대수롭지 않게 여기고 있다.
→ ⊙은 어머니가 환각 증세를 보인다는 '나'의 말에 대한 간호원의 대답으로, ⊙ 뒤에서 간호원이 심드렁하게 말을 하고 특별한 조치 없이 나가 버렸다는 서술을 통해 어머니의 상태를 대수롭지 않게 여기고 있음을 알 수 있다.

② ©: '나'는 어머니에게 죽음이 가까워졌다고 생각하고 있다.
→ ©은 '나'가 어머니의 이상한 행동을 보고 난 후 떠올린 생각으로, © 뒤의 '저승의 사자한테 어머니를 내줄 각오를 하고 있었다'라는 서술을 통해 어머니에게 죽음이 가까워졌다고 생각하고 있음을 알 수 있다.

④ @: 아들을 지키고자 하는 어머니의 절박함을 엿볼 수 있다.
→ @은 어머니가 아들을 죽인 군관의 환각을 보는 것을 묘사한 부분으로, 호통과 아부를 번갈아 하며 어떻게든 아들을 지키려는 어머니의 절박한 심정이 드러난다.

4 서술상의 특징

정답 설명

② 작품 속의 서술자가 자신의 내면을 상세하게 서술하고 있다.
→ 제시된 작품은 1인칭 주인공 시점으로, '나는 놀랍다기보다는 다리가 후들댈 만큼 겁부터 났다', '나는 이미 저승의 사자한테 어머니를 내줄 각오를 하고 있었다'와 같은 표현을 통해 작품 속의 서술자인 '나'가 자신의 심리나 생각 등을 상세하게 설명하고 있음을 알 수 있다.

오답 분석

① 작품 속의 서술자가 주인공의 행위를 관찰하고 있다.
→ 1인칭 관찰자 시점에 대한 설명으로, 제시된 작품은 주인공인 '나'가 자신에 대해 서술하는 1인칭 주인공 시점에 해당한다.

③ 1인칭 시점과 3인칭 시점이 교차되어 다각도로 사건을 서술하고 있다.
→ 제시된 작품에서는 1인칭 시점의 서술만 확인할 수 있을 뿐, 3인칭 시점의 서술은 확인할 수 없다.

④ 전지적 존재인 서술자가 인물의 심리와 사건의 전모를 상세하게 전달하고 있다.
→ 전지적 작가 시점에 대한 설명으로, 제시된 작품은 1인칭 서술자가 주관적인 생각을 전달하고 있을 뿐, 주변 인물의 심리나 자신이 개입하지 않은 사건의 전모를 전달하고 있지는 않다.

5 소재 및 문장의 의미

정답 설명

④ ⓐ, ⓓ, ⓔ
→ ⓐ '그놈', ⓓ '어머니의 적', ⓔ '군관'은 모두 어머니가 환각 속에서 보는 아들을 죽인 군관을 가리키며, ⓑ '오래빌(오라비)'과 ⓒ '내 새끼'는 어머니의 아들이자 나의 오빠를 가리킨다. 따라서 지시하는 대상이 동일한 것끼리 묶인 것은 ④이다.

6 작품의 내용 파악

정답 설명

④ 어머니는 오빠의 유골을 바닷가에 뿌렸군.
→ (사)를 통해 어머니가 오빠의 시신을 화장하여 개풍군 땅이 보이는 강화도 바닷가에 뿌렸음을 알 수 있다.

오답 분석

① 오빠는 올케의 뜻에 따라 화장되었군.
→ (바)를 통해 올케는 가매장한 남편의 시신을 공동묘지로 이전할 것을 주장했으나, 어머니의 완강한 뜻에 따라 결국 화장하게 된 것임을 알 수 있다.

② '나'는 오빠의 장례를 기억하지 못하는군.
→ (마)의 '잊다니요. 그걸 어떻게 잊을 수가'라는 '나'의 말을 통해 '나'가 오빠의 장례를 기억하고 있음을 알 수 있다.

③ 올케는 오빠의 장례식에 참석하지 않았군.
→ 제시된 작품을 통해 확인할 수 없는 내용이다.

7 문장의 의미

정답 설명

① ㉠: 고령의 어머니가 건강했던 시절을 그리워하고 있다.
→ ㉠은 마지막 순간까지 꿋꿋함을 잃지 않는 어머니의 모습을 서술한 부분으로, 아들처럼 화장을 해 달라는 어머니의 강한 의지를 '어머니의 손의 악력'으로 나타내고 있다. 어머니가 건강했던 시절을 그리워하는 것은 아니므로 적절하지 않은 것은 ①이다.

② ㉡: 직접 갈 수 없는 고향으로 아들을 보내고자 하는 소망이 드러난다.
→ ㉡에서 '지척으로 보이되 갈 수 없는 땅'은 가족의 선영이 있는 땅인 개풍군을 의미하는 것으로, 개풍군이 보이는 바닷가에 아들의 유골을 뿌림으로써 분단으로 인해 갈 수 없는 고향 땅에 아들을 보내고자 하는 어머니의 소망이 드러난다.
• 선영: 조상의 무덤. 또는 그 근처의 땅

③ ㉢: 시간이 흘러도 변하지 않은 현실에 대한 문제의식이 드러난다.
→ ㉢은 어머니의 유언에 대한 나의 생각으로, '괴물'은 남북의 분단을, '그 짓'은 강화도 바닷가에 유골을 뿌리는 것을 의미한다. 즉, ㉢은 30년의 세월이 흘렀음에도 여전히 남북이 분단되어 있는 현실에 대한 문제의식을 드러낸 표현이다.

④ ㉣: 전쟁으로 인한 어머니의 상처가 여전히 아물지 않았음을 의미한다.
→ ㉣은 표면적으로는 어머니가 아직 병원에 입원 중임을 의미하나, 그 이면에는 6·25 전쟁 때 아들의 비극적인 죽음을 겪은 어머니의 상처와 아픔이 아직 아물지 않았다는 의미를 담고 있다.

8 서술상의 특징

정답 설명

③ 과거의 사건을 회상하는 역순행적 구성을 취하고 있다.
→ '나'는 (마)에서 오빠처럼 화장을 해서 유골을 뿌려달라는 어머니의 유언을 들은 뒤, (바)와 (사)에서 오빠의 장례와 관련된 과거의 일을 회상하고 있다. 따라서 제시된 작품은 소설 내의 시간의 흐름에 변화를 주어, 현재에서 과거로 거슬러 올라가는 역순행적 구성을 취하고 있다.

오답 분석

① 인물 간의 대화를 통해 갈등이 심화되고 있다.
→ '나'와 어머니의 대화를 중심으로 이야기가 서술되고 있으나, 인물 간의 갈등이 심화되고 있는 부분은 확인할 수 없다.

② 인물의 내면 심리가 변화하는 과정을 나타내고 있다.
→ 제시된 작품은 '나'의 생각과 심리를 상세하게 서술하고 있으나, '나'의 내면 심리가 변화하는 과정은 나타나 있지 않다.

④ 비유적 표현을 활용하여 풍경을 실감나게 묘사하고 있다.
→ (사)의 '어머니의 모습엔 ~ 약하고 다소곳한 여자 티는 조금도 없었다. 방금 출전하려는 용사처럼 씩씩하고 도전적이었다'와 같은 서술에서 비유적 표현이 사용되었으나, 이러한 표현을 통해 풍경을 실감나게 묘사하고 있지는 않다.

9 인물의 심리 및 태도

① '나'라면 어머니의 뜻을 이해할 것이라고 생각했기 때문이다.

→ 오빠처럼 화장하여 바다에 뿌려달라는 어머니의 유언은 평생 아들의 죽음으로 인한 한과 상처로부터 자유롭지 않았던 어머니가 아들이 뿌려진 곳으로 가서 아들을 지키고자 하는 의도가 담겨 있다. 어머니가 이와 같은 유언을 '나'에게 부탁하는 것은 6·25 전쟁 중에 혈연의 죽음이라는 아픔과 체험을 '나'와 함께 공유하였기 때문에 유언의 뜻을 이해할 수 있을 것이라고 생각한 것이다. 따라서 답은 ①이다.

10 작품의 종합적 감상

② 올케는 남편의 죽음의 원인이 어머니에게 있다고 믿고 있다.

→ (바)의 '어머니는 오빠를 죽게 한 것이 자기 죄처럼, 젊어 과부 된 며느리한테 기가 죽어 지냈었는데'라는 표현을 통해 어머니가 오빠의 죽음이 자신의 탓이라고 생각하며 죄책감을 느끼고 있음을 알 수 있으나, 올케가 남편의 죽음이 어머니로 인한 것이라 생각하는지는 알 수 없다.

① '나'의 오빠는 6·25 전쟁 중에 목숨을 잃었다.

→ (바)의 '무정부 상태의 텅 빈 도시', '서울이 수복되고'와 같은 서술을 통해 오빠는 6·25 전쟁 중에 목숨을 잃었음을 알 수 있다.

③ 비극적인 현실에 맞서는 어머니의 의지적 태도를 엿볼 수 있다.

→ (사)에서 어머니는 오빠의 유골을 고향이 보이는 바닷가에 뿌렸고, (아)에서 '나'는 어머니의 행동을 '어머니가 도저히 이해할 수 없는 분단이란 괴물을 홀로 거역할 수 있는 유일한 수단'이라고 말하고 있다. 이를 통해 유골을 바닷가에 뿌린 어머니의 행동은 분단이라는 비극적인 현실에 맞서려는 어머니의 의지가 반영된 행동임을 알 수 있다.

④ 서술자가 관찰한 어머니의 모습을 통해 분단의 비극을 드러내고 있다.

→ 서술자인 '나'는 전쟁 중에 자식을 잃은 어머니의 아픔이 세월이 흘러도 여전히 한으로 남아 있는 모습을 보여 주며 전쟁이 남긴 상처와 분단의 비극을 드러내고 있다.

작품 분석 노트 🖊

📖 박완서 〈엄마의 말뚝 2〉

갈래	중편 소설, 연작 소설, 전후 소설
성격	자전적, 회고적, 사실적
배경	• 시간 - 6·25 전쟁 당시와 현재 • 공간 - 서울
시점	1인칭 주인공 시점
제재	전쟁으로 인한 상처
주제	전쟁이 남긴 상처와 비극적 현실에 맞서려는 의지
특징	• 세 편의 이야기로 구성된 연작 소설 중 한 편에 해당하는 부분임 • 역순행적 구성을 취해 현재에서 과거를 회상함

1 전체 줄거리

'나'는 다섯 남매의 엄마로 일상적인 삶을 사는 전업주부이다. 어느 날 친정 엄마가 눈길에서 낙상으로 다리를 다쳤다는 소식을 듣는다. 그 때문에 '나'는 병원에서 엄마를 간호하게 된다. 수술 후 마취에서 완전히 깨어나지 못한 엄마는 환각 증세를 보인다. 6·25 전쟁 당시 북한 인민군에게 아들이 총살당했던 사건을 환각 속에서 다시 경험하게 된 것이다. 엄마는 정신이 든 후, 자신의 유골도 아들의 유골을 뿌린 곳에 뿌려 줄 것을 '나'에게 부탁한다.

2 인물 소개

나	어머니
• 전쟁과 가족의 죽음을 어머니와 함께 겪음 • 어머니에게 연민의 감정을 느낌	• 전쟁 중 아들을 잃은 상처를 갖고 살아감 • '나'에게 유언을 남기고 꼭 지켜달라고 당부함

3 '엄마의 말뚝'의 상징적 의미

• 남편을 잃고 홀로 두 자식을 키워 낸 어머니의 억척
• 아들의 비극적 죽음으로 인해 가슴 속에 깊이 박힌 어머니의 한(恨)
• 분단과 전쟁의 비극에 죽어서라도 대항하려는 어머니의 의지

4 서술상의 특징

〈엄마의 말뚝〉은 등장인물인 '나'가 직접 자신의 내면 심리와 어머니를 관찰한 내용을 서술하는 1인칭 주인공 시점을 취하고 있다. 1인칭 주인공 시점은 서술자와 독자의 거리가 가까워 전쟁통에 오빠를 잃은 서술자 자신의 심리와 '나'의 시선을 통해 바라보는 전쟁으로 인한 어머니의 상처를 생생하게 전달하고 있다.

1	③	2	③	3	④	4	③	5	①
6	②	7	②	8	④	9	①	10	①

1 인물의 심리 및 태도

정답 설명

③ 자신이 원하는 방향대로 상황을 이끌어 가는 인물이다.
→ 말뚝이는 재치 있는 언행을 통해 양반의 권위를 실추시키는 인물로서, 양반의 권위에 굴하지 않고 적극적으로 양반을 조롱하고 있다. 또한 호통을 치는 양반 삼 형제에게는 그럴듯한 변명으로 안심시켜 자신의 조롱을 눈치채지 못하도록 하는 등 상황을 자유자재로 이끌어 가고 있다.

오답 분석

① 양반과 천민을 화합시키는 중재자적 인물이다.
→ 말뚝이는 천민을 대표하는 인물로, 양반 삼 형제를 조롱하며 신분적 권위에 굴복하지 않는 모습을 보여 주고 있으나 양반과 천민을 화합시키는 인물은 아니다.

② 양반의 권위를 이용해 신분 상승을 노리는 인물이다.
→ 말뚝이가 하는 언행은 양반층을 신랄하게 풍자하는 데 목적이 있다.

④ 재치 있는 입담을 통해 서민 계층의 무지를 풍자하고 있다.
→ 말뚝이는 언어유희, 열거, 대구 등을 활용한 재치 있는 입담을 통해 양반 계층을 조롱하고 비판하고 있을 뿐, 서민 계층의 무지를 풍자하거나 비판하지는 않는다.

2 작품의 종합적 감상

정답 설명

③ 근대 사회에 대한 비판 의식을 반영한 작품이다.
→ 제시된 작품에서 말뚝이는 자신이 모시는 양반을 풍자하고 조롱함으로써 양반 계층의 저속한 문화를 폭로하고 허례허식을 비판하고 있다. 이는 근대 사회가 아닌 봉건 사회에 대한 비판 의식이 반영된 결과이다.

오답 분석

① 언어유희를 통해 해학성을 드러내고 있다.
→ 말뚝이는 '양반'이 개잘량의 '양' 자와 개다리소반의 '반' 자를 사용한다고 말하고 있는데, 이는 동음이의어를 활용한 언어유희가 사용된 표현이다. 또한 '노새 원님'도 늙은 생원을 의미하는 '노(老) 생원님'과 발음의 유사성을 활용한 언어유희가 사용된 표현이다. 이와 같이 제시된 작품에서는 언어유희를 통해 양반을 풍자하고 해학성을 드러내고 있다.

② 무대와 객석이 엄격하게 구분되어 있지 않다.
→ 말뚝이가 양반들(관객)이나 악공에게 직접 말을 건네는 장면을 통해 관객의 극중 개입이 가능하며, 무대와 객석의 구분이 엄격하지 않음을 알 수 있다.

④ 인과 관계가 없는 사건들이 연속적으로 나열되고 있다.
→ 특정 구조가 반복되는 여러 재담이 나열되고 있는데, 이러한 재담들은 순서를 바꾸거나 삭제해도 작품 전체의 흐름에 영향을 주지 않는다. 따라서 각 재담은 인과 관계가 없는 독립적인 사건들이다.

3 문장의 역할 및 기능

정답 설명

④ 갈등이 일시적으로 해소되었음을 알린다.
→ 갈등이 일시적으로 해소되었음을 알리는 것은 '춤'의 기능이다. 참고로 '춤'은 재담이 끝났음을 나타내는 동시에 장면을 구분 짓고, 극의 분위기와 신명을 고조하는 역할을 수행한다.

오답 분석

① 관객의 주의를 환기한다. / ② 춤과 음악을 중단시킨다. / ③ 새로운 사건의 시작을 예고한다.
→ ⓐ '쉬이'는 각 재담의 시작에 공통적으로 사용되는 대사로, 관객의 주의를 환기하고 시선을 집중시키며 새로운 사건의 시작을 알리는 기능을 한다. 또한 춤과 음악을 중단시켜 춤에서 대사로의 전환을 나타내고 춤과 재담의 경계를 구분 짓는 역할도 한다.

4 서술상의 특징

정답 설명

③ 미암이 읩다 울고 쓰르람이 쓰다 우니, / 산채(山菜)를 읩다는가 박주(薄酒)를 쓰다는가.
→ ⓐ '노새 원님'은 늙은 생원을 의미하는 '노(老) 생원님'과의 발음의 유사성을 이용한 언어유희이다. ③에서도 '미암(매미)-읩다(맵다)', '쓰르람(쓰르라미)-쓰다'와 같이 발음의 유사성을 이용한 언어유희가 나타난다.

오답 분석

① 충신(忠臣)은 만조정(滿朝廷)이요 효자(孝子)는 가가재(家家在)라.
→ 태평성대임을 강조하기 위해 충신과 효자, 만조정과 가가재를 비슷한 통사 구조로 짝 지어 표현하는 대구법을 사용하였다.

② 님그려 우는 눈물은 올커니와 입흐고 코는 어이 므스 일 조차셔 후루룩 빗쥭 ᄒᆞ느니
→ 임이 그리워 눈물을 흘리는 화자의 모습을 구체적이고 해학적으로 표현하기 위해 의태어 '후루룩'과 '빗쥭'을 사용하였다.

④ 사랑(思郎)이 엇써터니 둥고더냐 모지더냐 / 길더냐 져르더냐 발일넌냐 즈힐너냐 / 각별(各別)이 긴 줄을 모로디 씃 간 듸를 몰뇌라
→ 사랑의 역설적인 속성을 제시하기 위해 질문을 한 뒤 스스로 답을 하는 문답법을 사용하였다.

❤ 현대어 풀이

① 충신은 조정에 가득하고 효자는 집집마다 있다.   - 작자 미상
② 임 그리워 우는 눈물은 물론이거니와 입하고 코는 어찌하여 무슨 일로 후루룩 코를 흘리며 (입은) 삐쭉거리느냐.   - 작자 미상
③ 매미가 맵다고 울고 쓰르라미가 쓰다고 우니, / 산나물이 맵다고 우는 것인가, 변변치 못한 술이 쓰다고 우는 것인가?   - 이정신
④ 사랑이 어떻더냐? 둥글더냐, 모나더냐? / 길더냐, 짧더냐? 발[丈]로 재겠더냐, 자[尺]로 재겠더냐? / 특별히 긴 줄은 모르겠으되 끝 간 곳을 모르겠구나.   - 작자 미상

5 인물의 심리 및 태도, 한자 성어

정답 설명

① 표리부동(表裏不同)
→ ㉠은 말뚝이의 조롱에 대해 양반들이 호통을 치자 말뚝이가 일시적으로 양반의 권위와 위엄을 인정하고 있는 부분이다. 말뚝이는 속으로는 양반을 풍자와 비판의 대상으로 여기고 있으나, 표면적으로는 양반의 위엄을 인정하는 듯한 태도를 취하고 있다. 이러한 말뚝이의 태도와 어울리는 한자 성어는 '겉으로 드러나는 언행과 속으로 가지는 생각이 다름'을 뜻하는 ① '표리부동(表裏不同)'이다.

오답 분석

② 득의만면(得意滿面)
→ 일이 뜻대로 이루어져 기쁜 표정이 얼굴에 가득함

③ 당랑거철(螳螂拒轍)
→ 제 역량을 생각하지 않고, 강한 상대나 되지 않을 일에 덤벼드는 무모한 행동거지를 비유적으로 이르는 말

④ 백척간두(百尺竿頭)
→ 백 자나 되는 높은 장대 위에 올라섰다는 뜻으로, 몹시 어렵고 위태로운 지경을 이르는 말

6 작품의 종합적 감상

정답 설명

② 독백을 통해 인물의 내적 갈등을 드러내고 있다.
→ 제시된 작품에서 독백이 사용되거나 인물의 내적 갈등이 드러나는 부분은 확인할 수 없다.

오답 분석

① 양반 계층의 가혹한 횡포에 대해 고발하고 있다.
→ 취발이를 잡아 와 돈을 뺏는 장면에서 '이놈의 모가지를 뽑아서 밑구녕에다 갖다 박아라'와 같은 표현을 통해 서민에게 횡포를 부리는 양반의 모습을 확인할 수 있다.

③ 양반층의 언어와 서민층의 언어가 혼재되어 있다.
→ '인의예지(仁義禮智)', '효제충신(孝悌忠信)' 등 양반층의 언어인 한자어와 '모가지', '밑구녕' 등 서민층의 언어인 비속어가 혼합되어 사용되고 있다.

④ 특별한 무대 장치가 필요 없는 탈춤의 특징이 나타나고 있다.
→ '채찍을 가지고 원을 그으며 한 바퀴 돌면서', '새처방으로 들어간 양을 한다'와 같은 지문을 통해, 특별한 무대 장치 없이 '새처'를 구현하고 있음을 알 수 있다.

7 문장의 의미

정답 설명

② ㉡: 신흥 상인 계층에 대한 양반층의 두려움이 반영된 표현이다.
→ 생원은 신흥 상인 계층을 상징하는 취발이를 얼굴이 붉고 얼룩덜룩한 뱀의 모습으로 묘사하고 있다. 이는 신흥 상인 계층에 대한 양반층의 두려움이 아닌 혐오감을 반영한 표현이다.

오답 분석

① ㉠: 양반을 가축으로 비하하며 조롱하고 있다.
→ 말뚝이가 준비한 '새처(사처)'는 울장(말뚝)을 꽂고 깃(짚)을 깐 지붕 없는 곳으로, 마구간을 의미한다. 이러한 표현을 통해 말뚝이가 양반을 가축처럼 취급하며 조롱하고 있음을 알 수 있다.

③ ㉢: 양반의 권위가 여전히 유지되고 있음을 보여 주고 있다.
→ 말뚝이는 힘이 세고 날쌘 취발이를 전령 없이는 잡아 올 수 없다고 하는데, 이때 '전령'은 양반의 권위를 상징한다. 취발이가 전령을 보자 순순히 양반 앞으로 끌려오는 장면을 통해 양반의 권위가 아직 건재함을 알 수 있다.

④ ㉣: 작품이 창작된 당시의 시대상이 드러나는 표현이다.
→ '시대가 금전이면 그만인데'라는 표현은 작품이 창작된 조선 후기에 만연했던 배금주의와 황금만능주의적 가치관을 풍자하는 표현이다.

8 작품의 내용 파악

정답 설명

④ 취발이는 억울한 누명을 쓰고 양반의 앞으로 끌려왔다.
→ 양반은 취발이가 나랏돈을 횡령했다는 이유로 말뚝이에게 취발이를 잡아들이라고 하였으나, 취발이가 실제로 횡령을 한 것인지 혹은 누명을 쓴 것인지는 제시된 부분을 통해 알 수 없다.

① 취발이는 양반에 비해 신분이 낮다.
→ 취발이가 양반이 작성한 전령을 보고 순순히 잡혀 오는 모습을 통해 취발이가 양반보다 신분이 낮음을 알 수 있다.

② 말뚝이는 새처를 소재로 하여 양반을 조롱했다.
→ 말뚝이는 양반이 거처할 새처를 마구간에 빗대어 표현함으로써 양반을 가축으로 비하하며 조롱했다.

③ 말뚝이는 양반들에게 취발이를 풀어 줄 것을 제안했다.
→ 말뚝이는 취발이를 죽이라는 양반의 명령에 '시대가 금전이면 그만인데, 하필 이놈을 잡아다 죽이면 뭣 하오? 돈이나 몇백 냥 내라고 하야 ~ 샌님은 못 본 체하고 가만히 계시면'이라고 하며 취발이에게 돈을 받고 풀어 줄 것을 제안했다.

9 서술상의 특징

① 상대방의 비위를 맞추는 척하다 다시 조롱하고 있다.
→ [A]는 새처의 모습을 전형적인 양반의 거처 형태로 묘사하며 유교적 관념과 겉치레를 중시하는 양반의 비위를 맞추는 척하는 부분이다. 그러나 마지막 문장에서 '삼털 같은 칼담배를 저 평양 동푸루 선창에 돼지 똥물에다 축축 축여 놨습니다'라며 다시 양반을 조롱하고 있다. 따라서 [A]에 나타난 말하기 방식에 대한 설명으로 가장 적절한 것은 ①이다.

② 화려한 거처의 모습을 열거하여 상대방을 예찬하고 있다.
→ '호박 주초', '비취 연목', '화문석' 등 양반의 화려한 거처의 모습과 세간을 열거하고 있으나, 이는 양반의 삶을 예찬하기 위한 의도가 아닌, 양반의 허위를 풍자하기 위해 사용되었다.

③ 동음이의어를 활용한 언어유희로 상대방을 풍자하고 있다.
→ [A]에서 동음이의어를 활용한 언어유희는 확인할 수 없다. 참고로, [A]에서는 '똥'을 연상시키는 '동푸루'라는 지명을 사용하여 양반을 풍자하고 있다.

④ 자신과 상대방의 처지를 비교하여 동정심을 유발하고 있다.
→ 양반의 화려한 삶을 묘사하고는 있으나, 말뚝이가 이와 대비되는 자신의 삶을 제시하여 동정심을 유발하고 있지는 않다.

10 인물의 심리 및 태도

① 말뚝이는 양반의 질책을 무시하고 있다.
→ 말뚝이는 자신의 조롱에 대한 양반의 호통에 변명을 하면서 비위를 맞추고 있다. 따라서 말뚝이가 양반의 질책을 무시하고 있지는 않음을 알 수 있다.

② 말뚝이는 평민 문화에 대한 자부심을 드러내고 있다.
→ 말뚝이는 양반이 시조를 부르자 민요창으로 답가를 부르고 있는데, 이는 평민 문화가 양반 문화보다 못할 것이 없다는 말뚝이의 자부심이 드러난 부분이다.

③ 취발이는 양반 계층의 권위와 위력에 순종하고 있다.
→ 양반은 나랏돈을 횡령했다는 이유로 취발이를 잡아들여 돈을 뜯어내려 하고 있다. 이때 취발이는 양반이 작성한 전령을 보고 말뚝이에게 순히 잡혀 오고 있는데, 이는 취발이가 양반의 권위와 위력에 순종하고 있음을 알 수 있는 부분이다.

④ 생원은 말뚝이에게 조롱당하고 있음을 눈치채지 못하고 있다.
→ 생원을 비롯한 양반들은 '쇠털 같은 담배를 꿀물에다 축여 놨다 그리 하였소'와 같은 말뚝이의 변명을 들은 뒤 노래를 하며 춤을 추고 있다. 이를 통해 생원은 변명에 속아 말뚝이의 조롱을 눈치채지 못하고 있음을 알 수 있다.

작품 분석 노트 ✎

📖 작자 미상 〈봉산 탈춤〉

갈래	민속극, 가면극(탈춤) 대본
성격	서정적, 서경적, 지사적
제재	말뚝이의 양반 조롱
주제	양반에 대한 풍자와 조롱
특징	• 일정한 구조를 가진 다섯 개의 재담이 인과 관계 없이 독립적으로 제시됨(옴니버스식 구성) • 언어유희, 대구, 과장 등을 통해 대상을 풍자하고 비판함 • 무대와 객석, 배우와 관객이 엄격하게 구분되지 않음

1 작품의 구성

인물의 등장	말뚝이가 양반 삼 형제를 인도하여 등장함
말뚝이의 양반 조롱	'양반'의 뜻풀이, 담배, 새처 정하기 등의 재담을 통해 양반을 조롱하며 풍자함
양반의 허세 풍자	양반들의 시조 짓기, 운자 놀이, 파자 놀이 등을 통해 양반의 어리석음과 무능함을 드러냄
양반의 비리 풍자	취발이를 잡아들여 돈을 뜯어내는 양반의 횡포를 비판함
인물의 퇴장	굿거리장단에 맞추어 모두가 춤을 추면서 퇴장함

2 양반춤 과장에 나타나는 해학과 풍자

〈봉산탈춤〉의 제6과장인 양반춤 과정에서는 언어유희, 대구, 과장 등을 통해 해학성과 풍자성을 드러내고 있다. 특히 말뚝이의 재치 있는 언행은 양반을 희화화하여 웃음을 유발하는 동시에 양반 계층의 허위와 무지를 폭로하고 있다. 말뚝이는 양반의 권위에 굴하지 않고 적극적으로 양반을 비판하는 저항적 인물로 등장하는데, 이는 탈춤이 평민들을 중심으로 연행되던 놀이였기 때문이다.

3 양반춤 과장의 재담 구조

양반춤 과장은 '양반' 뜻풀이 재담, 담배를 소재로 한 재담, 장단을 소재로 한 재담, 조기를 소재로 한 재담, 새처를 소재로 한 재담 등으로 구성되어 있다. '쉬이'라는 말로 재담이 시작 되고 다같이 춤을 추며 재담이 마무리되는데, 각 재담별로 '양반의 위엄-말뚝이의 조롱-양반의 호통-말뚝이의 변명-양반의 안심'이라는 유사한 구조가 반복된다.

양반의 위엄	양반이 하인 말뚝이 앞에서 위엄을 나타냄
↓	
말뚝이의 조롱	말뚝이의 조롱으로 양반의 위엄이 파괴됨
↓	
양반의 호통	양반은 민감한 반응을 보이면서 말뚝이의 조롱을 부정함
↓	
말뚝이의 변명	말뚝이는 표면적으로 조롱을 부정하고 양반의 위엄을 인정하는 척함
↓	
양반의 안심	양반은 자신의 위엄이 유지되었다고 안심하며 피상적인 말뚝이의 변명을 받아들이지만, 실제로는 양반의 위엄이 부정되고 말뚝이의 조롱이 긍정됨

1	②	2	④	3	④	4	③	5	④
6	④	7	③	8	②	9	①	10	③

1 작품의 내용 파악

정답 설명

② 허 생원과 조 선달은 함께 동이를 나무랐다.

→ (가)에서 허 생원이 충줏집과 농탕친 동이를 질책하는 것은 확인할 수 있으나, 조 선달이 동이를 나무라는 것은 제시된 작품에서 확인할 수 없다. 따라서 ②는 적절하지 않은 감상이다.

오답 분석

① 허 생원은 술자리에서 동이의 뺨을 때렸다.

→ '결김에 따귀를 하나 갈겨 주지 않고는 배길 수 없었다'라는 서술을 통해 허 생원이 동이의 뺨을 때렸음을 알 수 있다.

③ 허 생원은 가정을 꾸리지 않고 외롭게 살아왔다.

→ '계집과는 연분이 멀었다. 얼금뱅이 상판을 쳐들고 대어 설 숫기도 없었으나, 계집 편에서 정을 보낸 적도 없었고, 쓸쓸하고 뒤틀린 반생이었다'라는 서술을 통해 허 생원이 평생 가족 없이 외롭고 쓸쓸하게 살아왔음을 알 수 있다.

④ 허 생원은 이십여 년간 나귀 한 마리와 장을 돌아다녔다.

→ '반평생을 같이 지내 온 짐승이었다. ~ 장에서 장으로 걸어다니는 동안에 이십 년의 세월이 사람과 짐승을 함께 늙게 하였다'라는 서술을 통해 허 생원이 이십여 년 동안 나귀 한 마리와 장을 돌아다녔음을 알 수 있다.

2 인물의 심리 및 태도

정답 설명

④ ②: 자신의 초라한 처지로 인해 처량함을 느끼고 있다.

→ ②은 허 생원이 자신의 당나귀가 암당나귀를 보고 발광을 했다고 놀리는 아이의 말을 듣고 보인 반응이다. 이는 허 생원이 충줏집에게 관심이 있는 자신의 모습과 당나귀의 모습을 동일시하고 있음이 드러나는 부분으로, 허 생원은 자신의 치부가 드러난 듯하여 부끄러움을 느끼고 있다. 따라서 ④의 설명은 적절하지 않다.

① ㉠: 충줏집에 대한 애정으로 인해 동이에게 질투를 느끼고 있다.
→ ㉠은 허 생원이 동이가 충줏집과 농탕치는 모습을 보고 느끼는 감정이다. ㉠의 앞 문장에서 허 생원은 '충줏집을 생각만 하여도 철없이 얼굴이 붉어지고 발밑이 떨리고 그 자리에 소스라쳐 버린다'라고 표현하고 있는데, 이를 통해 허 생원이 충줏집에게 애정이 있다는 것을 알 수 있다. 따라서 ①의 설명은 적절하다.

② ㉡: 동이를 질책한 것을 미안해하고 있다.
→ ㉡은 허 생원이 동이를 질책한 이후에 술을 마시며 떠올린 생각이다. 충줏집에 대한 질투 때문에 동이를 나무랐으나, 술기운이 오르자 책망을 받고 나간 동이에게 무슨 일이 생겼는지 궁금해하고 있다. 또한 ㉡의 뒤에서 동이를 나무란 자신의 행동을 자책하고, 동이가 허 생원을 황급히 부르러 오자 정신없이 허덕이며 따라 나서는 모습을 통해 허 생원이 동이에게 미안해하고 있음을 알 수 있다. 따라서 ②의 설명은 적절하다.

③ ㉢: 동이가 도움을 준 것에 대해 감동을 받고 있다.
→ ㉢은 허 생원이 당나귀의 소식을 전해 준 동이에게 느끼는 감정이다. ㉢의 앞 문장에서 동이의 마음씨가 허 생원의 가슴을 울렸다고 표현하고 있는데, 이는 동이가 자신에게 질책을 들었음에도 당나귀가 위험에 처한 사실을 알려 준 것에 감명을 받았다는 표현이다. 따라서 ③의 설명은 적절하다.

3 서술상의 특징

④ 공감각적 표현을 사용하여 배경을 묘사하고 있다.
→ 제시된 부분에서 어떤 감각이 다른 감각으로 전이되어 나타나는 공감각적 표현을 사용해 배경을 묘사한 부분은 확인할 수 있다.

① 과거의 일을 요약적으로 서술하고 있다.
→ (다)에서 '같은 주막에서 잠자고, 같은 달빛에 젖으면서 장에서 장으로 걸어다니는 동안에 이십 년의 세월이 사람과 짐승을 함께 늙게 하였다'와 같이 허 생원과 당나귀가 함께 지내온 이십 년의 세월을 요약적으로 서술하고 있다.

② 인물의 성격을 간접적으로 제시하고 있다.
→ (가)에서 '충줏집을 생각만 하여도 철없이 얼굴이 붉어지고 발밑이 떨리고 그 자리에 소스라쳐 버린다'와 같이 허 생원의 내성적이고 소심한 성격을 인물의 태도와 행동을 통해 간접적으로 제시하고 있다.

③ 자연물을 통해 시간의 경과를 드러내고 있다.
→ (라)에서 '해가 꽤 많이 기울어진 모양이었다'와 같이 자연물인 '해'를 통해 시간의 경과를 드러내고 있다.

4 소재의 의미

③ 허 생원이 장돌뱅이 일을 시작한 동기가 되었다.
→ ⓐ '당나귀'는 허 생원과 반평생을 함께 장을 돌아다닌 동반자적 존재이나 허 생원이 장돌뱅이 일을 시작하게 된 동기가 되었는지는 제시된 작품을 통해 알 수 없다.

① 허 생원과 유사한 외양을 가지고 있다.
→ '까스러진 목 뒤 털은 주인의 머리털과도 같이 바스러지고, 개진개진 젖은 눈은 주인의 눈과 같이 눈곱을 흘렸다'라는 서술을 통해 ⓐ '당나귀'가 허 생원과 같이 늙고 볼품없는 외양을 가진 존재임을 알 수 있다.

② 허 생원이 자신의 분신처럼 생각하는 존재이다.
→ ⓐ '당나귀'가 암샘을 냈다고 놀리는 아이의 말에 허 생원은 낯이 뜨거워졌는데, 이는 충줏집에게 관심이 있다는 자신의 치부가 드러난 듯하여 부끄러움을 느낀 것이다. 이를 통해 허 생원이 ⓐ '당나귀'를 자신과 동일시하며 분신처럼 생각하고 있음을 알 수 있다.

④ 허 생원과 동이의 갈등이 해소되는 계기를 제공한다.
→ 허 생원은 동이가 자신에게 꾸지람을 들었음에도 ⓐ '당나귀'가 처한 위급한 상황을 알려 준 것에 감동하였고 이를 계기로 허 생원과 동이의 갈등이 해소되게 된다.

5 작품의 종합적 감상

④ 작품 속 인물이 자신의 관점에서 이야기를 서술하고 있다.
→ 제시된 작품에서 '나'는 등장하지 않으며, 3인칭 서술자가 등장인물들의 내면을 모두 서술하는 전지적 작가 시점에 해당하므로 ④는 적절하지 않다.

① 중심인물 간의 갈등이 나타난다.
→ 중심인물인 '허 생원'과 '동이'가 충줏집으로 인해 갈등을 빚고 있다.

② 인물의 심리를 직접적으로 드러내고 있다.
→ '동이를 만났을 때에는 어찌 된 셈인지 발끈 화가 나버렸다', '동이의 마음씨가 가슴을 울렸다'와 같이 허 생원의 심리를 직접적으로 드러내고 있다.

③ 대상의 외양을 비유법을 활용하여 묘사하였다.
→ 당나귀의 외양을 '까스러진 목 뒤 털은 주인의 머리털과도 같이 바스러지고, 개진개진 젖은 눈은 주인의 눈과 같이 눈곱을 흘렸다'와 같이 비유법을 활용하여 묘사하고 있다.

6 작품의 내용 파악

정답 설명

④ 조 선달은 허 생원의 추억담을 여러 번 들은 적이 있다.
→ (마)의 '조 선달은 친구가 된 이래 귀에 못이 박히도록 들어 왔다'라는 서술과 (사)의 '제천인지로 줄행랑을 놓은 건 그다음 날이렷다'라는 조 선달의 말을 통해 조 선달이 허 생원의 추억담을 여러 번 들은 적이 있음을 알 수 있다.

오답 분석

① 동이는 허 생원의 이야기에 장단을 맞추고 있다.
→ (바)와 (사)에서 '팔자에 있었나 부지', '제천인지로 줄행랑을 놓은 건 그다음 날이렷다'와 같은 말로 장단을 맞추고 있는 것은 동이가 아닌 조 선달이다.

② 조 선달은 허 생원의 이야기를 듣지 못하고 있다.
→ (마)의 '허 생원의 이야기 소리는 꽁무니에 선 동이에게는 확적히는 안 들렸으나'를 통해 허 생원의 이야기를 듣지 못하고 있는 것은 조 선달이 아닌 동이임을 알 수 있다.

③ 허 생원은 '물방앗간'을 보고 추억을 회상하고 있다.
→ (마)의 '달밤에는 그런 이야기가 격에 맞거든'이라는 말을 통해 허 생원은 '물방앗간'이 아닌 '달밤'이라는 시간적 배경으로 인해 추억을 회상하고 있음을 알 수 있다.

7 소재의 의미

정답 설명

③ 주인공의 애환을 심화시키는 대상이다.
→ ⓐ '달밤'은 허 생원이 소중하게 여기는 과거의 추억을 회상하는 계기가 될 뿐, 주인공 허 생원의 애환을 심화시키는 대상은 아니다.

오답 분석

① 낭만적 분위기를 형성한다.
→ ⓐ '달밤'의 정경은 '짐승 같은 달의 숨소리'와 같은 비유적 표현과 '부드러운 빛을 흠뻑 흘리고 있다', '달에 푸르게 젖었다'와 같은 감각적 이미지를 활용한 표현을 통해 섬세하고 아름답게 묘사되고 있다. 따라서 ⓐ '달밤'은 낭만적이고 서정적인 분위기를 형성하는 역할을 한다.

② 과거와 현재를 연결하는 매개체이다.
→ ⓐ '달밤'은 허 생원이 추억을 회상하게 만드는 대상으로, 등장인물들이 대화로 이동하는 현재의 시간적 배경임과 동시에, 허 생원이 성 서방네 처녀를 만났던 과거의 시간적 배경이다. 따라서 ⓐ '달밤'은 과거와 현재를 연결하는 매개체 역할을 한다.

④ 허 생원이 성 서방네 처녀를 만나게 된 계기를 제공한다.
→ 허 생원은 달이 너무 밝은 까닭에 돌밭에서 옷을 벗지 못하고 물방앗간으로 들어갔다. 마침 물방앗간에는 성 서방네 처녀가 있었고 이것이 허 생원과 성 서방네 처녀의 첫 만남이었다. 따라서 ⓐ '달밤'은 허 생원이 성 서방네 처녀를 만나게 된 계기를 제공하는 역할을 한다.

8 내용 추론, 속담

정답 설명

② 꿩 귀 먹은 자리야
→ [A]의 전후로 성 서방네 처녀의 온 집안이 사라진 후 허 생원이 제천 장판을 여러 번 뒤졌던 일을 이야기하고 있다. 따라서 문맥상 [A]에는 처녀의 흔적을 찾을 수 없었다는 의미의 표현이 들어가야 하므로 가장 적절한 것은 ② '꿩 귀 먹은 자리야'이다.

· 꿩 구워 먹은 자리: 1. 어떠한 일의 흔적이 전혀 없음을 비유적으로 이르는 말 2. 일은 하였으나 뒤에 아무런 결과도 드러나지 아니함을 비유적으로 이르는 말

오답 분석

① 개밥에 도토리야
→ 개밥에 도토리: 개는 도토리를 먹지 아니하기 때문에 밥 속에 있어도 먹지 아니하고 남긴다는 뜻에서, 따돌림을 받아서 여럿의 축에 끼지 못하는 사람을 비유적으로 이르는 말

③ 꿔다 놓은 보릿자루야
→ 꾸어다 놓은 보릿자루: 여럿이 모여 이야기하는 자리에서 아무 말도 하지 않고 한옆에 가만히 있는 사람을 비유적으로 이르는 말

④ 들 적 며느리 날 적 송아지야
→ 들 적 며느리 날 적 송아지: 며느리는 시집올 적에만 대접을 받고 송아지는 태어날 때만 잠시 귀염을 받는다는 뜻으로, 며느리는 출가해 온 후 일만 하고 산다는 말

9 서술상의 특징

정답 설명

① 대화와 독백을 통해 사건을 전개한다.
→ 제시된 작품은 인물 간의 대화와 서술자의 서술을 통해 사건을 전개하고 있을 뿐, 독백이 사용된 부분은 확인할 수 없으므로 적절하지 않다.

오답 분석

② 과거와 현재의 서사가 교차되어 나타난다.
→ 허 생원, 조 선달, 동이 세 사람이 '대화'로 이동하는 현재의 서사와 허 생원이 회상하는 과거의 서사가 교차되어 나타난다.

③ 풍경 묘사를 통해 인물의 여정을 간접적으로 제시한다.
→ '길은 지금 긴 산허리에 걸려 있다'라는 풍경 묘사를 통해 세 사람이 산 중턱을 지나고 있다는 것을 간접적으로 제시한다.

④ 시적이고 서정성이 깊은 문체를 사용하여 낭만적인 분위기를 조성한다.
→ '밤중을 지난 무렵인지 죽은 듯이 고요한 속에서 짐승 같은 달의 숨소리가 손에 잡힐 듯이 들리며 ', '붉은 대궁이 향기같이 애잔하고, 나귀들의 걸음도 시원하다 ~ 세 사람은 나귀를 타고 외줄로 늘어섰다' 등과 같이 작품 전반에 시적인 문체를 사용하고 있으며 이러한 문체를 통해 서정적이고 낭만적인 분위기를 조성한다.

10 작품의 종합적 감상

정답 설명

③ ⓒ: 성 서방네 처녀와의 일이 밝혀질까 두려워하는 심정을 나타냈다.
→ '평생인들 잊을 수 있겠나', '옛 처녀나 만나면 같이나 살까'와 같은 표현을 통해 허 생원이 성 서방네 처녀와의 만남을 아름답고 소중한 추억으로 생각하고 있음을 알 수 있다. 따라서 ⓒ '생각하면 무섭고도 기막힌 밤이었어'는 성 서방네 처녀와의 일이 밝혀질까 두려워하는 심정이 아닌, 아름다운 추억에 대한 그리움을 나타낸 표현이다.

오답 분석

① ⓐ: 과거 봉평에서 성 서방네 처녀를 만났던 일을 말한다.
→ ⓐ '그런 이야기'는 허 생원이 '달밤'에 격이 맞다고 표현한 이야기로, 과거 봉평에서 '달밤'에 경험했던 성 서방네 처녀와의 아름다운 사랑 이야기를 지칭한 것이다.

② ⓑ: 허 생원의 이야기가 동이에게 들리지 않도록 하기 위한 설정이다.
→ ⓑ으로 인해 허 생원과 동이는 각각 행렬의 맨 앞과 맨 뒤에서 이동하게 되었고, 물리적 거리가 떨어짐에 따라 허 생원의 이야기가 동이에게 뚜렷이 들리지는 않게 되었다. 이와 같은 설정은 동이가 허 생원과 자신의 관계를 짐작하지 못하도록 하여 서사적 긴장감을 유지하기 위한 것이다.

④ ⓓ: 허 생원의 숙명론적 인생관이 드러나는 표현이다.
→ ⓓ '난 거꾸러질 때까지 이 길 걷고 저 달 볼 테야'는 장돌뱅이 생활을 청산하고 싶다는 조 선달의 말에 이어지는 허 생원의 말로, 장돌뱅이로 유랑하는 자신의 삶을 운명으로 여기고 받아들이는 허 생원의 인생관이 드러나는 표현이다.

작품 분석 노트 ✎

📖 이효석 〈메밀꽃 필 무렵〉

갈래	단편 소설, 순수 소설, 낭만주의 소설
성격	서정적, 낭만적
배경	• 시간 - 1920년대 어느 여름날 • 공간 - 강원도 봉평에서 대화 장터로 가는 길
시점	전지적 작가 시점
제재	장돌뱅이의 삶
주제	떠돌이 삶의 애환 속에 펼쳐지는 인간 본연의 애정
특징	• 서정적이고 시적인 문체를 사용해 배경을 낭만적으로 묘사함 • 암시와 여운을 남기는 방식으로 결말을 구성함

1 전체 줄거리

왼손잡이 장돌뱅이인 허 생원은 과거 어느 여름 달밤에 우연히 정을 나누고 헤어진 성 서방네 처녀를 잊지 못하고 봉평 장을 매번 찾는다. 장판을 일찍 마치고 주막에 들린 허 생원은 젊은 장돌뱅이인 동이가 충줏집에게 수작을 부리는 것을 보고 심하게 나무라며 뺨을 때린다. 그날 밤, 다음 장이 서는 대화까지 허 생원은 장돌뱅이 친구 조 선달과 함께 밤길을 걸으면서 성 서방네 처녀와 있었던 기막힌 인연을 다시 한번 들려준다. 이들과 함께 대화장까지 가던 동이에게 낮의 일을 사과하던 허 생원은 동이의 가정사를 듣다가 동이의 어머니가 성 서방네 처녀일지도 모르겠다는 기대를 한다. 허 생원은 대화 장이 끝나면 동이의 어머니가 산다는 제천으로 가기로 결심한다.

2 배경의 의미와 역할

시간적 배경	달밤: 서정적인 분위기를 형성하며 인간 본연의 애정(혈육의 정)이 드러나게 함
공간적 배경	• 산길: 삶의 역경, 허 생원과 동이가 혈육 관계임을 확인시켜 줌 • 개울: 허 생원이 동이에게 혈육의 정을 느끼게 함

↓

달밤의 메밀밭과 산길의 묘사를 통해 향토적인 분위기를 조성함

3 서술상의 특징

과거와 현재의 교차	• '달빛'을 매개로 과거의 시간과 현재의 시간이 교차되며 허 생원의 내면세계를 부각함 • 과거에 대한 회상은 주로 요약적 서술로 제시됨
서정적인 문체의 사용	여러 감각이 전이되어 나타나는 표현을 통해 서정적인 분위기가 부각됨 예 붉은 대궁이 향기같이 애잔하고, 나귀들의 걸음도 시원하다

| 1 | ① | 2 | ④ | 3 | ④ | 4 | ① | 5 | ③ |
| 6 | ② | 7 | ③ | 8 | ④ | 9 | ② | 10 | ① |

1 서술상의 특징

정답 설명

① 인물의 행동 위주로 내용이 전개된다.

→ 제시된 작품은 인물들 간의 관계나 인물의 사고방식을 보여 주는 데 초점을 맞추고 있어, 행동보다 내면 서술 위주로 내용이 전개된다.

오답 분석

② 3인칭 서술자가 인물의 심리를 서술한다.

→ 작품 속에 '나'가 등장하지 않으므로 3인칭 서술자임을 알 수 있고, 문중의 사람들이 조 의관에게 치산에 필요한 금액을 요구한 이면의 이유와 인물들의 복잡한 내면 심리까지 서술자가 모두 제시하고 있다. 참고로, 이러한 소설 시점을 전지적 작가 시점이라 한다.

③ 서술자가 인물의 말을 요약하여 서술한다.

→ '제절 앞의 석물도 ~ 조 의관이 내놓아야 하겠다는 것이다'라고 서술된 부분은 조 의관에게 치산에 들어갈 돈을 요구하는 창훈의 말을 요약하여 서술한 것이다.

④ 인물의 내면 서술을 통해 성격이 간접적으로 제시된다.

→ 조 의관은 치산을 하는 데 필요한 천 원을 내놓으면서 부족한 것은 조씨 일가에서 부역을 통해 보태라고 말하며, 그렇게 하면 천 원을 내놓았지만 이천 원 들인 생색을 낼 수 있다고 생각하고 있다. 이러한 내면 서술을 통해 조 의관의 계산적이고 영악한 모습이 간접적으로 제시되고 있다.

2 인물의 태도

정답 설명

④ 치산을 추진하는 창훈에 대한 반감을 나타내고 있다.

→ ⓐ는 치산을 '장한 사업'이라고 반어적으로 표현하여 치산을 추진하는 창훈에 대한 반감을 나타낸 부분이다. 상훈은 치산에 대해 '새판으로 일을 꾸민다'라고 말하며 치산을 족보 사업과 마찬가지로 불필요한 행위로 생각하고 있으므로 이러한 일을 추진하는 창훈에게도 반감을 가지고 있는 것이다.

3 문장의 의미

정답 설명

④ ⓔ: 치산을 하는 데 들어가는 예산을 계산한 것임을 알 수 있다.

→ ⓔ은 치산을 추진하는 이들이 요구한 금액이며, 실제로 치산을 하는 데 들어가는 예산을 계산한 것은 아니다. ⓔ의 뒤에서 문중 사람들이 돈을 받기 위한 구실로 치산을 하자고 했다는 점과 조 의관에게 요구하는 돈의 액수가 점점 커졌다는 점을 언급하고 있으므로 정확한 예산을 계산한 것이 아님을 알 수 있다.

오답 분석

① ⓐ: 족보를 사는 행위를 이해하지 못하고 있다.

→ 상훈은 돈을 주고 양반(족보)을 사는 행위를 굴욕적이라고 느끼고 있으므로 족보를 산 조 의관의 행동을 이해하지 못하고 있음을 알 수 있다.

② ⓑ: 돈을 주고 족보를 산 행동을 정당화하고 있다.

→ 조 의관은 족보를 사서 조씨 집안을 양반으로 만들면 이현부모(以顯父母: 효도의 한 방법으로, 부모의 이름을 드러내는 것)인 셈이라고 생각하며 족보를 산 행동을 정당화하고 있다.

③ ⓒ: 족보를 사 오고 나니 치산을 하자고 하는 것을 의미한다.

→ 새판으로 일을 꾸민다는 것은 족보를 사 오고 일이 마무리 될 즈음에 치산을 하자고 하며 또다시 일을 벌이는 것을 비꼬는 표현이다.

4 작품의 내용 파악

정답 설명

① 조 의관은 치산에 드는 돈을 모두 부담하였다.

→ 창훈의 말을 통해 조 의관은 치산에 드는 돈 중 일부인 천 원만 내놓았고, 나머지는 치산을 추진하는 사람들이 모으기로 했음을 알 수 있다.

오답 분석

② 문중 사람들은 족보를 구실로 치산을 추진하려고 한다.

→ 조 의관의 돈에 기대어 살아가는 조가의 문중 사람들은 족보를 구실로 치산을 추진함으로써 돈을 얻어 내려 하고 있다.

③ 조 의관은 족보를 사 와 조씨 일가를 양반의 후손처럼 꾸몄다.

→ '있는 돈 좀 들여서 양반 되기로'라는 부분을 통해 조 의관은 돈 주고 족보를 사서 조씨 일가를 양반의 후손인 것처럼 꾸몄음을 알 수 있다.

④ 창훈은 치산이 조씨 집안을 위해 하는 일인 것처럼 말하고 있다.

→ 창훈은 자신에게 반감을 드러내는 상훈에게 '그런 소린 아예 말게 ~ 자자손손이 번창해 나가야 하지 않겠나'라고 이야기하며, 치산이 조씨 집안을 위해서 하는 일인 듯이 말하고 있음을 알 수 있다.

5 작품의 종합적 감상

③ 조 의관과 상훈은 가치관의 충돌로 갈등을 빚을 가능성이 있겠군.
- → 〈보기〉를 통해 조 의관은 봉건적 가치관, 상훈은 근대적 가치관을 지닌 인물임을 알 수 있다. 제시된 작품에서 상훈은 돈을 주고 족보를 산 조 의관의 행위를 이해하지 못하고 있으므로 두 사람이 가치관의 충돌로 갈등을 빚을 가능성이 있다고 추측할 수 있다.

① 조 의관은 치산을 봉건 의식의 잔재로 여기겠군.
- → 치산을 봉건 의식의 잔재로 여기는 인물은 신식 교육을 받은 세대인 상훈이다.

② 상훈은 가문을 중시하는 유교 중심적 가치관을 지니고 있겠군.
- → 가문을 중시하는 유교 중심적 가치관을 지닌 인물은 돈을 주고 양반 족보를 사들인 조 의관이다.

④ 상훈은 재산을 물려받지 못할까 걱정되어 치산에 대해 반감을 갖는 것이군.
- → 상훈이 치산을 탐탁지 않게 여기는 까닭은 가치관과 종교적인 차이에서 비롯된 것이다. 제시된 부분에서 재산을 물려받지 못할까 걱정하는 상훈의 모습은 확인할 수 없다.

6 인물의 태도

② ㉠, ㉢
- ㉠: 앞서 조 의관이 족보에 끼어드는 것을 반대하는 이들에게 상당한 돈을 주었음을 언급하고 있는데, 이를 '병신구실'이라고 표현한 것으로 보아 뇌물로 많은 돈을 쓴 것을 억울해 하고 있음을 알 수 있다.
- ㉢: 상훈을 없는 자식 취급하겠다는 표현은 부자간의 연을 끊겠다는 의미이며 앞서 '너(상훈)는 ~ 굶어 죽는다 하여도 한 푼 막무가내다'라고 말하였으므로 재산을 물려주지 않겠다고 선언한 것임을 알 수 있다.

- ㉡: 조 의관은 제자이자 친구의 딸인 경애를 첩으로 삼은 상훈의 부도덕하고 위선적인 행동을 폭로하고 있는데, 이는 집안의 위신을 떨어뜨렸다는 이유로 지적한 것이 아니라 돈을 쓸모 있게 쓰라는 상훈의 말을 듣고 화가 나서 상훈의 치부를 들추어 낸 것이다.

7 문장의 의미, 한자 성어

③ 사상누각(沙上樓閣)
- → ⓐ는 금방이라도 터질 것 같이 매우 위태로운 상황을 묘사한 표현으로, ① '일촉즉발(一觸卽發)', ② '풍전등화(風前燈火)', ④ '누란지위(累卵之危)'는 모두 위기 상황 또는 위태로운 처지를 의미하므로 ⓐ의 상황에 어울린다. 반면 ③ '사상누각(沙上樓閣)'은 이러한 상황과 관련이 없으므로 ⓐ의 상황에 어울리는 한자 성어로 적절하지 않은 것은 ③이다.
  - 사상누각(沙上樓閣): 모래 위에 세운 누각이라는 뜻으로, 기초가 튼튼하지 못하여 오래 견디지 못할 일이나 물건을 이르는 말

① 일촉즉발(一觸卽發)
- → 한 번 건드리기만 해도 폭발할 것같이 몹시 위급한 상태

② 풍전등화(風前燈火)
- → 바람 앞의 등불이라는 뜻으로, 사물이 매우 위태로운 처지에 놓여 있음을 비유적으로 이르는 말

④ 누란지위(累卵之危)
- → 층층이 쌓아 놓은 알의 위태로움이라는 뜻으로, 몹시 아슬아슬한 위기를 비유적으로 이르는 말

8 인물의 심리 및 태도

④ 예의를 차리기 위해 하고 싶은 말을 에둘러서 전달하고 있다.
- → 상훈은 부친 앞이라 말을 공손하게 하려고는 하지만, 돈을 유리하게(쓸모 있게) 쓰라는 조언과 치산 사업에 반대하는 바를 에둘러서 말하지 않고 직접적으로 전달하고 있다.

① 자신의 치부를 언급하자 무안해하고 있다.
- → 상훈은 조 의관이 '남의 딸자식 유인'했다며 경애와의 관계를 언급하자 얼굴이 벌게지며 무안해하고 있다.

② 조 의관이 하는 일을 구시대적인 발상이라고 생각한다.
- → 상훈은 조 의관에게 치산을 하고 서원을 짓는 것이 지금 시대에 마땅한 일이냐며 반대하는데, 이를 통해 조 의관이 하는 일을 구시대적인 발상이라고 생각하고 있음을 알 수 있다.

③ 사회 문제에 관심이 많으며 근대적 가치관을 지닌 인물이다.
- → 해야 할 일로 교육 사업, 도서관 사업, 조선어 자전 편찬 등을 언급하는 것으로 보아 상훈은 교육 분야 등의 사회 문제에 관심이 많으며 근대적 가치관을 지닌 인물임을 알 수 있다.

9 작품의 내용 파악

[정답 설명]

② 조 의관은 상훈과 경애의 관계를 지금껏 묵인해 왔다.
→ 상훈과 경애의 관계를 수원집에게 전해 들어 알고 있던 조 의
관은 상훈 내외가 이 문제로 싸운 이후로는 이때껏 눈감아 오
고 있었다고 서술하고 있으므로, 조 의관이 두 사람의 관계를
묵인해 왔음을 알 수 있다.

[오답 분석]

① 상훈은 조 의관에게 재산을 상속받기를 원한다.
→ 조 의관이 상훈에게 재산을 상속하지 않을 것이라고 공표하
고 있으나, 상훈이 조 의관에게 재산을 상속받기를 원하는지
는 제시된 부분을 통해서 알 수 없다.

③ 덕기는 재산을 상속받기 위해 조 의관과 상훈의 갈등을 부추겼다.
→ 조 의관과 상훈은 돈을 쓰는 방법에 대해서 이견을 보이며 다
투고 있고, 다툼 끝에 조 의관이 덕기에게 재산의 반을 물려주
겠다고 선언하고 있다. 하지만 덕기가 재산을 상속받기를 원
하거나, 조 의관과 상훈의 갈등을 부추기는 모습은 제시된 부
분을 통해서 알 수 없다.

④ 조 의관은 돈을 모으는 방법을, 상훈은 돈을 쓰는 방법을 더 중
요하게 생각한다.
→ 조 의관과 상훈 모두 돈 자체의 중요성을 인지하고 있으며 '돈
을 쓰는 방법'에 대해 갈등하고 있을 뿐, 조 의관이 돈을 쓰는
방법보다 돈을 모으는 방법을 더 중하게 여기는 지는 제시된
부분을 통해서 알 수 없다.

10 수사법

[정답 설명]

① 빼앗긴 들에도 봄은 오는가?
→ ⓑ에서 '동전 한 닢'은 조 의관의 재산을 의미하며, 대상의 부
분을 들어 전체를 나타내는 대유법이 사용되었다. '빼앗긴 들
에도 봄은 오는가?'에서 '들'은 우리 조국을 의미하며, 대유법
이 사용된 표현이므로 답은 ①이다.

[오답 분석]

② 병든 나무처럼 생명이 부대낄 때
→ 직유법: '~처럼'과 같은 연결어를 사용하여 원관념(생명)을 보
조관념(병든 나무)에 빗대었다.

③ 모든 산맥들이 / 바다를 연모해 휘달릴 때도
→ 의인법: 사람이 아닌 대상(산맥들)에 인격을 부여하여 바다를
연모해 휘달린다고 표현하였다.

④ 산에서도 오히려 산을 그리며 / 꿈 같은 산정기를 그리며 산다
→ 역설법: 산에 있으면서 산을 그리워 한다는 모순적인 표현을
통해 의미를 강조하고 있다.

작품 분석 노트 ✎

📖 염상섭 〈삼대〉

갈래	장편 소설, 세태 소설, 가족사 소설
성격	사실주의적, 비판적
배경	• 시간 - 1920~30년대 일제 강점기 • 공간 - 서울 중산층의 집안
시점	전지적 작가 시점
제재	일제 강점기 중산층 집안의 삶
주제	일제 강점기 중산층 집안을 둘러싼 세대 간, 계층 간의 갈등과 몰락
특징	• 세대 간의 갈등을 통해 식민지 조선의 사회상 을 사실적으로 그림 • 각 세대의 가치관을 대표하는 전형적인 인물들 이 등장함

1 전체 줄거리

일본 유학생인 덕기는 방학을 이용해 집에 왔다가 조부(조 의관)
와 부친(상훈)의 갈등, 모친과 조 의관의 첩인 수원집의 갈등 등
집안의 복잡한 갈등 관계를 목격하게 된다. 덕기는 동경으로 돌
아갔다가 조부가 위독하다는 소식을 듣고 귀국하게 되고, 조 의
관은 덕기에게 집안 재산의 관리를 맡긴다. 조부가 사망하게 되
자 재산을 둘러싸고 집안의 갈등이 심화되고, 덕기는 사상 문제
로 체포된다. 덕기는 무혐의로 풀려나지만 앞으로 어떻게 살아야
할 것인가를 놓고 망연해한다.

2 작품의 주요 문제: '돈'

작가는 근대 사회를 움직이게 만드는 원동력이 '돈(자본/경제)'
이라는 것을 인식하고, '돈' 문제를 인간의 삶에서의 핵심적인 문
제로 묘사했다. '삼대'에서 조 의관의 재산 상속 문제가 사건 전
개 과정의 핵심으로 기능하는 것은 이러한 작가의 근대적 의식
이 반영된 결과이다.

3 작품의 갈등 양상

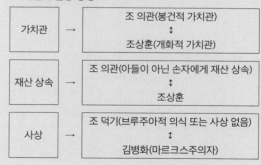

가치관	→	조 의관(봉건적 가치관) ↕ 조상훈(개화적 가치관)
재산 상속	→	조 의관(아들이 아닌 손자에게 재산 상속) ↕ 조상훈
사상	→	조 덕기(브루주아적 의식 또는 사상 없음) ↕ 김병화(마르크스주의자)

4 인물 소개

1대(할아버지): 조 의관	• 구한말 세대를 대표함 • 보수적, 유교적, 봉건적 가치관을 지님 • 가문과 제사를 중시하는 모습을 보임
2대(아버지): 조 상훈	• 개화기 세대를 대표함 • 기독교적, 반봉건적 가치관을 지님 • 기독교와 신학문을 접하였으며 3·1 운동의 좌절을 경험함
3대(아들): 조 덕기	• 식민지 세대를 대표함 • 근대적 가치관을 지님 • 보수주의, 사회주의 등 다양한 이념 지향 성을 지님 • 덕기의 친구인 김병화와 상훈의 첩인 홍병 기로도 대표됨

DAY 29
p.115

1 작품의 종합적 감상

정답 설명

② 구체적인 작품의 배경은 드러나 있지 않다.
→ 사또 자제 도련님이 광한루에 오셨다가 춘향을 보게 되었다는 방자의 말을 통해 공간적 배경은 '광한루'임을 알 수 있다. 또한 '지금은 녹음과 향기로운 풀이 꽃보다 좋은 봄이라'라는 방자의 말과 '오늘이 단옷날'이라는 춘향의 말을 통해 시간적 배경은 늦봄~초여름임을 알 수 있다. 따라서 구체적인 배경이 드러나 있지 않다는 ②는 적절하지 않다.

오답 분석

① 인물의 심리가 간접적으로 표현되어 있다.
→ 혼인을 요구하는 이 도령의 말에 대한 춘향의 불편한 심리를 '고운 눈썹 찡그리며 ~ 목소리 겨우 열어 고운 음성으로 여쭈오되'와 같은 외양 묘사를 통해 간접적으로 표현하고 있다.

③ 음성 상징어를 활용하여 행동을 묘사하고 있다.
→ 방자는 춘향이 그네 타는 모습을 '붉은 치맛자락이 펄펄, 흰 속옷 갈래 동남풍에 펄렁펄렁, 박속같은 네 살결이 흰 구름 사이에 희뜩희뜩'한다고 묘사하고 있는데, 이때 '펄펄, 펄렁펄렁, 희뜩희뜩'과 같은 음성 상징어가 사용되었다.

④ 판소리의 영향을 받아 운문체와 산문체가 혼합되어 있다.
→ '춘향 불러 건너갈 때 맵시 있는 방자 녀석', '고운 눈썹 찡그리며 붉은 입술 반쯤 열고' 등에서 4·4조의 운율감이 느껴지는 운문체가 사용되었음을 확인할 수 있다. 제시된 작품은 판소리의 영향을 받은 판소리계 소설이므로 운문체와 산문체가 혼합되어 있다는 문체적 특징이 있다.

2 소재의 의미

정답 설명

③ ⓒ 파랑새
→ 몽룡은 방자에게 춘향을 불러오라고 시키면서 '형산에서 나는 백옥과 여수에서 나는 황금이 각각 임자 있느니라'라고 말하고 있다. 이는 자신이 춘향에게 맞는 짝(임자)이라는 생각을 드러내는 것으로, 이때 ㉠ '백옥'과 ㉡ '황금'은 ㉣ '춘향'을 빗댄 표현이다. 그러나 ⓒ '파랑새'는 춘향을 부르러 가는 '방자'의 모습을 빗댄 표현이므로 성격이 다른 하나는 ③이다.

3 서술상의 특징

정답 설명

① 자신의 입장을 근거로 상대를 설득하고 있다.

→ 방자는 도령이 춘향의 그네 타는 모습을 보고 춘향을 만나고 싶어 한다는 것을 설명하며 설득하고 있으나, 자신의 입장을 근거로 들지는 않았으므로 적절하지 않다.

오답 분석

② 당대 사회상을 들어 춘향의 행위를 지적하고 있다.

→ '계집아이 행실로 그네를 타려면 네 집 후원 담장 안에 줄을 매고 타는 게 도리에 당연함이라'를 통해 여성의 바깥출입이 제한적이었던 당대 사회상을 들어 춘향이 광한루 근처에서 그네를 탔던 행위를 지적하고 있음을 알 수 있다.

③ 대구법을 사용하여 광한루의 풍경을 묘사하고 있다.

→ 광한루의 초여름 풍경을 묘사한 부분인 '향기로운 풀은 푸르고, 앞 시냇가 버들은 초록색 휘장을 둘렀고, 뒤 시냇가 버들은 연두색 휘장을 둘러'에 대구법이 사용되었다.

  • 대구법: 비슷한 어조나 어세를 가진 어구를 짝 지어 표현의 효과를 나타내는 수사법

④ 춘향의 그네 타는 모습을 비유적으로 표현하고 있다.

→ '외씨(오이씨) 같은 두 발길로 흰 구름 사이에서 노닐 적에'와 같이 그네를 타는 춘향의 모습을 비유적으로 나타내고 있다.

4 작품의 내용 파악

정답 설명

③ 유교적 가치관보다 자유연애 사상이 우선시되고 있다.

→ 자신의 의사대로 혼인하고자 하는 이 도령의 모습에서 자유연애 사상이 드러나나, 춘향은 열녀는 지아비를 바꾸지 않는다고 말하며 '열녀불경이부(烈女不更二夫)'라는 유교적 가치관을 앞세워 이 도령의 제안을 거절하고 있다. 따라서 유교적 가치관보다 자유연애 사상이 우선시되고 있다고 볼 수 없다.

오답 분석

① 이 도령은 춘향과 혼인하기를 원한다.

→ 하늘이 정한 인연이라며 혼인해 좋은 연분을 만들고 평생 즐겨 보자는 이 도령의 말을 통해 알 수 있다.

② 양반층에 대한 비판 의식이 드러난다.

→ 처음 만난 춘향에게 혼인을 요구하는 이 도령의 경솔한 모습을 부각하여 서민층의 여인을 가벼이 여기는 양반층을 풍자하고 신분제의 모순에 대한 비판 의식을 드러내고 있다.

④ 춘향은 신분 차이를 들어 이 도령의 혼인 요구를 거절하고 있다.

→ '도련님은 귀공자요 소녀는 천한 계집이라 ~ 그런 분부 마옵소서'라는 춘향의 말을 통해 알 수 있다.

5 서술상의 특징

정답 설명

③ 중의적 표현을 사용하여 인물의 심리를 묘사하고 있다.

→ 제시된 부분에서 중의적 표현이 사용된 부분은 없으므로 적절하지 않은 것은 ③이다.

오답 분석

① 운율감이 느껴지는 문체가 사용되었다.

→ '인궤(印櫃) 잃고 과줄 들고, 병부(兵符) 잃고 송편 들고'와 같이 4·4조의 운율감이 느껴지는 문체가 사용되었다.

② 비유적 표현을 통해 웃음을 유발하고 있다.

→ '본관이 ~ 멍석 구멍 새앙쥐 눈 뜨듯 하고'에서 공포에 휩싸인 본관의 모습을 비유적으로 표현하여 희화화하고 있다.

④ 인물들의 행위를 묘사한 부분에서 장면의 극대화가 드러난다.

→ 인궤와 병부를 잃고 허둥대는 수령들의 모습을 '인궤(印櫃) 잃고 과줄 들고 ~ 깨지느니 북, 장구라'와 같이 묘사함으로써 수령들이 어사출두를 피해 도망가는 장면을 극대화하여 서술하고 있다.

  • 장면의 극대화: 사건 전개와는 별개로 특정 장면이 구체적이고 장황하게 서술되는 것

6 서술상의 특징

정답 설명

④ 개잘량이라는 '양'자에 개다리소반이라는 '반'자를 쓰는 양반이 나오신단 말이오.

→ '양반(兩班)'의 동음이의어를 활용하여 대상을 풍자하는 언어유희에 해당한다.

오답 분석

① 술 먹고 수란(水卵)먹고, 갓 쓰고 갓모 쓰네

→ 발음의 유사성을 이용한 언어유희에 해당한다.

② 허리 꺾어 절반인지, 개다리소반인지, 꾸레미전에 백반인지

→ 유사 음운의 반복을 통한 언어유희에 해당한다.

③ 어 추워라, 문 들어온다, 바람 닫아라. 물 마른다, 목 들여라.

→ 언어 도치를 통한 언어유희에 해당한다.

7 문장의 의미

정답 설명

④ 불의한 지배 계층에 의해 고통 받는 백성들의 처지를 헤아리고 있다.

정답·해설   해커스공무원 국어 문학 333 Vol. 1

→ 어사또가 지은 시인 ©은 백성들의 고혈로 호화스러운 생일 잔치를 벌이는 본관사또의 가렴주구(苛斂誅求)를 비판하는 내용이므로, 지배 계층의 가혹한 정치에 의해 고통 받는 백성들의 처지를 헤아리고 있음을 알 수 있다.
  • 가렴주구(苛斂誅求): 세금을 가혹하게 거두어들이고, 무리하게 재물을 빼앗음

오답 분석

① 부조리한 사회를 개혁하고자 하는 의지가 드러난다.
  → 부조리한 사회에 대한 비판 의식은 드러나 있으나, 사회를 개혁하고자 하는 의지는 드러나 있지 않다.

② 백성들을 핍박하는 관리들에 대해 직설적으로 비판하고 있다.
  → 가혹한 정치로 인한 백성들의 고통을 보여 주며 관리들에 대해 간접적으로 비판하고 있으나, 직설적인 비판은 드러나 있지 않다.

③ 본관 사또의 사치스러운 모습과 본인의 처지를 대비하고 있다.
  → 본관 사또의 사치스러운 생일잔치와 곤궁한 백성들의 처지를 대비하고 있을 뿐, 본인의 처지와 대비하고 있지는 않다.

8 작품의 종합적 감상

정답 설명

① 극적인 반전이 이어질 것임을 암시하고 있다.
  → [A]는 어사또의 시험에도 굳은 절개를 지키겠다고 다짐하는 춘향의 모습이 제시된 부분으로, 어떠한 반전을 암시하고 있지는 않으므로 적절하지 않은 것은 ①이다.

오답 분석

② 반어적 표현을 통해 인물의 태도를 드러내고 있다.
  → 춘향은 어사또의 수청 요구를 듣고는 '내려오는 관장(官長)마다 개개이 명관이로구나'라는 반어적 표현을 사용하여 어사또에 대한 냉소적 태도를 드러내고 있다.

③ '높은 바위, 푸른 나무'는 절개를, '바람, 눈'은 시련을 의미한다.
  → '높은 바위, 푸른 나무'는 춘향의 절개를, '바람, 눈'은 춘향의 절개가 시험당하는 상황(시련)을 의미한다.

④ 여성의 정절 의식을 높이 평가하는 유교적 가치관이 반영되어 있다.
  → 춘향은 이몽룡에 대한 정절을 지키기 위해 어사또의 수청 요구를 거절하고 있는데, 이러한 태도에는 여성의 정절 의식을 높이 평가하는 유교적 가치관이 반영되어 있다.

9 작품의 내용 파악

정답 설명

④ 어사또는 거처를 옮기도록 지시한 후에 본관 사또를 봉고파직하였다.
  → '이 골은 대감이 좌정하시던 골이라, 훤화(喧譁)를 금하고 객사(客舍)로 사처(徙處)하라'라는 말을 통해 어사또는 대감(아버지)에 대한 효심으로 거처를 옮기도록 명령했음을 알 수 있다. 이후 '본관은 봉고파직(封庫罷職)하라'라는 말을 통해 본관 사또를 봉고파직했음을 알 수 있으므로 ④는 적절하다.

오답 분석

① 어사또는 옥에 갇힌 사람들을 모두 석방하였다.
  → 어사또는 형리를 불러 옥에 갇힌 이들을 문죄한 뒤 죄가 없는 자만 풀어 주었다.

② 춘향은 옥에 갇힌 후로 아무도 만나지 못하였다.
  → 마지막 장면에서 춘향이 향단에게 하는 말(어젯밤에 옥문간에 와 계실 제 천만 당부하였더니)을 통해 춘향은 옥에 갇힌 후에 이몽룡(어사또)을 만난 적이 있음을 알 수 있다.

③ 춘향은 어사또의 정체를 눈치챘으나 모르는 체하고 있다.
  → 춘향은 어사또의 수청 요구를 거부하며 이몽룡에 대한 절개를 지킬 것을 다짐하고 있는데, 이를 통해 어사또의 정체를 눈치채지 못하였음을 알 수 있다.

10 서술상의 특징

정답 설명

③ 반어법을 사용하여 자조적인 심경을 드러내고 있다.
  → '내려오는 관장(官長)마다 개개이 명관이로구나'라는 춘향의 말에서 반어법이 사용되었으나, 이를 통해 자조적인 심경을 드러내는 것은 아니다.

오답 분석

① 사건 전개 과정에서 서술자의 개입이 나타난다.
  → '어사또 상을 보니 어찌 아니 통분하랴'와 같이 형편없는 상차림에 대해 서술자가 직접 개입하여 인물의 심리를 제시하고 있다. 또한 '이 글 뜻은'과 같이 어사또가 지은 한시에 대한 해설을 덧붙이는 부분에서도 서술자의 개입이 나타난다.

② 해학적인 묘사를 통해 대상을 희화화하고 있다.
  → 어사출두 이후 허둥대는 본관의 모습을 '본관이 똥을 싸고 멍석 구멍 새앙쥐 눈 뜨듯 하고 내아(內衙)로 들어가서'와 같이 해학적으로 묘사하면서 희화화하고 있다.

④ 상반된 반응을 보이는 대상을 제시하여 특정 대상을 풍자하고 있다.
→ 관리들의 가렴주구를 비판한 한시 내용을 본관은 이해하지 못하였으나, 운봉은 시를 듣고 '아뿔싸, 일이 났다'라고 생각하였으므로 그 의미를 알고 어사또의 정체를 눈치챘음을 알 수 있다. 이와 같이 본관 사또와 운봉의 상반된 반응을 제시하여 본관 사또의 어리석음을 풍자하고 있다.

작품 분석 노트 ✎

📖 작자 미상 〈춘향전〉

갈래	판소리계 소설, 염정 소설
성격	해학적, 풍자적, 평민적
제재	춘향의 정절
주제	• 신분을 초월한 순수한 사랑 • 신분적 한계를 극복한 인간 해방 • 부패한 지배층에 대한 저항과 위정자의 각성 촉구
특징	• 풍자와 해학을 통한 골계미가 두드러짐 • 서술자의 개입과 논평이 빈번히 나타남 • 판소리의 영향으로 운문체와 산문체가 혼합되어 나타남

1 전체 줄거리

발단	남원 부사의 아들 이몽룡과 기생의 딸 성춘향은 첫눈에 반해 백년가약을 맺음
전개	몽룡의 아버지가 한양으로 부임하게 되면서 몽룡과 춘향이 이별함
위기	남원에 새로 부임한 사또 변학도는 춘향에게 수청을 강요하나, 춘향은 이를 거부하고 옥에 갇힘
절정	장원급제하여 암행어사로 남원에 내려온 몽룡은 변학도의 생일잔치에 출두하고, 변학도를 봉고파직함
결말	춘향은 몽룡과 함께 한양으로 올라가 정렬부인에 봉해지고, 두 사람은 백년해로함

2 주제의 양면성

표면적 주제	• 춘향과 이몽룡의 연애담 • 춘향이 몽룡에 대한 지조를 지킴 → 신분을 초월한 사랑, 여성의 정절
이면적 주제	춘향이 양반인 이몽룡과 결혼함으로써 신분적 제약에서 벗어남 → 신분적 제약을 극복한 인간 해방과 평등 사상

1	①	2	②	3	④	4	②	5	②
6	④	7	④	8	②	9	④	10	④

1 작품의 내용 파악

정답 설명

① 인력거꾼은 삯으로 50전을 받았다.
→ (라)에서 인력거꾼은 삯으로 50전을 불렀으나, 윤 직원 영감은 '돈 50전이 뉘 애기 이름인 종 아넝가?', '50전씩이나 달라구 허닝개 말이여!'와 같이 말하며 50전을 주지 않으려 하고 있다. 이를 통해 인력거꾼이 삯을 받지 못하고 있음을 알 수 있으므로 ①은 적절하지 않다.

오답 분석

② 윤 직원은 계동에서 소문난 부자이다.
→ (가)에서 윤 직원을 '계동의 이름난 장자[富者]'라고 설명하고 있다. 참고로, '장자'는 큰 부자를 점잖게 이르는 말이다.

③ 인력거꾼은 부민관에서부터 윤 직원을 태워 왔다.
→ (라)에서 인력거꾼이 윤 직원에게 '부민관서 예꺼정 모시구 왔는뎁쇼!'라고 말하고 있다.

④ 윤 직원은 인력거 삯을 내지 않기 위해 말꼬리를 잡고 있다.
→ (다)에서 윤 직원은 '그저 처분해 줍사요!'라고 말한 인력거꾼의 말을 내 마음대로 하라는 말로 이해했다고 말하며 인력거 삯을 내지 않으려 하고 있다.

2 인물의 태도

정답 설명

② ㄱ, ㄹ
→ • ㄱ: (라)에서 ⓐ '인력거꾼'은 삯으로 일 환을 달라고 했다가 ⓑ '윤 직원'과 실랑이를 하는 동안 다른 벌이까지 놓칠까 싶어 절반 값인 50전만 달라며 말을 바꾼다. 이로 보아 ⓐ는 ⓑ와의 흥정을 빨리 끝내고 싶어 함을 알 수 있다.
• ㄹ: (나)에서 ⓐ '인력거꾼'이 '그저 처분해 줍사요'라고 한 것은 삯을 알아서 넉넉하게 달라는 의미였으나, (다)에서 ⓑ '윤 직원'은 '처분대루 허람 말은 맘대루 허람 말이 아닝가?'라고 말하며 삯을 내지 않으려 하고 있으므로, ⓑ는 ⓐ가 요구한 바를 본뜻과 다르게 해석했다는 것을 알 수 있다.

- ㄴ: (라)에서 50전이 누구의 아기 이름인 줄 아느냐고 말하는 ⓑ '윤 직원'에게 ⓐ '인력거꾼'이 '부민관서 예껴정 모시구 왔는뎁쇼!'라고 말하는 것으로 보아 ⓐ는 ⓑ가 인력거를 타고 온 거리가 꽤 멀다고 생각한다는 것을 알 수 있다.
- ㄷ: ⓑ '윤 직원'이 ⓐ '인력거꾼'이 농담을 하고 있다고 생각하는지는 알 수 없다. 오히려 (다)에서 ⓐ '인력거꾼'이 '이 어른이 끝끝내 농을 하느라고 이러는가 했지만'이라고 생각하고 있으므로, ⓐ는 ⓑ가 농담을 하고 있나 의아해한다는 것을 알 수 있다.

3 서술상의 특징

④ 경어체 표현을 사용하여 독자와의 친밀감을 형성한다.
→ 작품 전체에서 '~입니다', '~습니다'와 같은 경어체를 사용하여 독자와의 거리를 좁히고 공감대를 형성하며 친밀감을 높이고 있다. 참고로, 이러한 경어체 문장은 작중 인물인 윤 직원에 대한 풍자를 극대화하는 효과도 있다.

① 서술자가 인물에 대해 직접적으로 비판한다.
→ 인물의 말과 행동을 통해 부정적인 면을 간접적으로 드러낼 뿐, 서술자가 직접적으로 인물을 비판하고 있지는 않다.

② 여러 사건을 병치하여 극적 긴장감을 높인다.
→ 제시된 부분에서는 인력거꾼과 윤 직원이 인력거 삯으로 인해 실랑이를 벌이는 하나의 사건만 등장하며, 여러 사건을 병치하고 있지는 않다.

③ 과거 회상을 통해 사건을 입체적으로 표현한다.
→ 제시된 부분에서 과거의 회상은 드러나지 않는다.

4 문장의 의미

② ㉡: 윤 직원의 체구가 매우 큼을 의미한다.
→ ㉡ '28관 하고도 6백 몸메'에서 '관'과 '몸메(몬메)'는 무게의 단위로, '28관'은 약 105kg이며, '6백 몸메'는 2.25kg이다. 따라서 ㉡은 윤 직원이 100kg이 넘는 거구임을 의미한다.
  - 몬메: '돈쭝'을 뜻하는 일본말. 1돈쭝은 한 돈쯤 되는 무게이나 흔히 한 돈의 무게로 쓴다.

① ㉠: 인력거꾼이 하루 종일 운수가 나빴음을 의미한다.
→ ㉠은 윤 직원 같은 손님을 만난 것이 운이 없었다는 뜻으로, 인력거꾼이 덩치가 큰 윤 직원을 태우느라 고생했음을 의미한다.

③ ㉢: 삯을 주지 않는 윤 직원에 대한 불만의 표현이다.
→ ㉢은 인력거꾼이 윤 직원의 말을 이해하지 못하고 외상을 하려는 것인지 물어보는 표현이다.

④ ㉣: 인력거꾼의 생각을 그대로 옮긴 표현이다.
→ ㉣은 인력거꾼이 아닌 윤 직원의 생각을 그대로 옮긴 것으로, 인력거꾼이 윤 직원의 질문의 속뜻을 이해하지 못한 채 윤 직원의 질문에 대답하여 인력거꾼이 눈치 없음을 드러내는 부분이다.

5 작품의 종합적 감상

② 한자 성어를 사용하여 주제 의식을 나타낸다.
→ 윤 직원은 '일구이언(一口二言)'이라는 한자 성어를 사용하여 '일구이언(一口二言)은 이부지자(二父之子)', 즉 한 입으로 두 말을 하면 아버지가 둘이라는 저급한 표현으로 인력거꾼을 나무라고 있다. 이는 윤 직원의 염치없고 뻔뻔한 성격을 드러내기 위한 것일 뿐, 주제 의식을 나타내는 것은 아니므로 ②는 적절하지 않다.

① 서술자가 자신의 생각을 드러낸다.
→ (나)의 '이 이야기를 쓰고 있는 당자 역시 전라도 태생이기는 하지만 ~ 좀 경망스럽습니다'는 서술자가 독자에게 자신의 생각을 직접 설명하는 부분이다.

③ 작품의 배경은 가을 저녁 윤 직원의 집 앞이다.
→ (가)의 '가을 해가 저물기 쉬운 어느 날 석양'이라는 서술을 통해 작품의 시간적 배경이 가을 저녁임을 알 수 있으며, '윤 직원(尹直員) 영감이 ~ 마악 댁의 대문 앞에서 내리는 참입니다'라는 서술을 통해 공간적 배경은 윤 직원의 집 앞임을 알 수 있다.

④ 등장인물의 성격을 간접적으로 드러내어 풍자하고 있다.
→ 윤 직원이 인력거 삯을 깎기 위해 인력거꾼과 실랑이를 하는 모습을 통해 인색하고 탐욕스러운 성격을 지닌 인물임을 간접적으로 드러내며 풍자하고 있다.

6 소재의 의미

④ 가족 간의 유대가 굳건해지는 계기를 제공한다.
→ ⓐ '전보'는 윤 직원의 신뢰를 받던 종학이 사회주의 운동으로 피검되었다는 소식을 담고 있으며, 이로 인해 윤 직원과 그의 집안이 몰락할 것임이 암시된다. 가족 간의 유대가 굳건해지는 계기를 제공하지 않으므로 ④는 적절하지 않은 설명이다.

오답 분석

① 작품의 분위기를 전환시키는 역할을 한다. / ③ 종학이 사상범이 되었다는 소식을 담고 있다.
→ ⓐ '전보'는 종학이 사회주의 운동으로 검거되었다는 소식을 담고 있으며, 이러한 소식을 접한 이후 작품의 분위기가 극적으로 전환된다.

② 종학에 대한 윤 직원의 기대를 무너뜨린다.
→ '그놈이 경찰서장 하라닝개루 생판 사회주의 허다가 뎁다 경찰에 잽혀'라는 윤 직원의 말을 통해, 종학이 경찰서장이 될 것이라 생각했던 윤 직원의 기대가 무너졌음을 알 수 있다.

7 작품의 내용 파악

정답 설명

④ 윤 직원은 종학이 피검된 것을 윤 주사의 탓으로 돌리고 있군.
→ 윤 직원은 윤 주사가 들고 온 전보를 읽고 충격을 받았을 뿐, 종학이 피검된 것을 윤 주사의 탓으로 돌리고 있지는 않다.

오답 분석

① 윤 직원의 집안이 부유하다는 것을 알 수 있군.
→ 윤 직원이 자신의 손자인 종학을 '부자 놈의 자식'이라고 지칭하고 있으므로 윤 직원의 집안이 부유하다는 것을 알 수 있다.

② 윤 직원은 종학이 경찰서장이 되기를 바라고 있었군.
→ '그놈이 경찰서장 하라닝개루'라는 윤 직원의 말을 통해 종학이 경찰서장이 되기를 바라고 있었음을 알 수 있다.

③ 윤 직원은 사회주의에 참여한 종학을 저주하고 있군.
→ 윤 직원은 종학이 사회주의에 참여하다 경시청에 붙잡혔다는 소식을 듣고 '오─사 육시를 헐 놈', '착착 깎어 죽일 놈'이라며 종학을 저주하고 있다.

8 작품의 종합적 감상

정답 설명

② ⓒ: 윤 직원이 종학의 신변을 걱정하고 있다.
→ 윤 직원은 종학이 사회주의 운동을 했다는 사실에 분노와 두려움을 느끼고 있는데, ⓒ의 앞 내용을 통해 이는 종학의 신변을 걱정해서가 아니라 빈부의 격차를 없애자는 사회주의에 대한 적개심으로 인한 것임을 알 수 있다. 따라서 윤 직원이 종학의 신변을 걱정하고 있다는 것은 적절하지 않다.

오답 분석

① ⓐ: 윤 직원이 받은 정신적 충격을 비유적으로 표현하고 있다.
→ 종학의 소식을 듣고 충격을 받은 윤 직원의 상태를 '몽치로 뒤통수를 얻어맞은 것같이', '앉아 있는 땅이 지함을 해서 수천 길 밑으로 꺼져 내려가는 듯'과 같은 다른 충격적인 상황에 빗대어 표현하고 있다.

③ ⓒ: 윤 직원의 왜곡된 역사의식을 풍자적으로 그리고 있다.
→ 윤 직원은 일제의 식민 지배 덕분에 자신의 재산과 안위가 보장되는 지금 이 시기가 바로 '태평천하'라고 이야기하며 왜곡된 역사의식을 드러낸다. 이를 통해 역사에 대한 주체성이 부재한 채 식민 체제에 순응하며 살아가는 윤 직원의 모습을 풍자적으로 그리고 있다.

④ ⓓ: 윤 직원의 몰락을 암시하며 주제 의식을 드러내고 있다.
→ 종학의 소식을 듣고 분노하는 윤 직원을 보는 가족들의 반응을 '장수의 죽음을 만난 군졸들'에 빗댄 표현으로, '장수의 죽음'은 윤 직원의 몰락을 암시한다. 이와 같이 왜곡된 역사의식을 지닌 인물과 그 가족의 몰락을 암시함으로써 올바른 역사의식과 바람직한 현실 대응 방식에 대한 주제 의식을 드러내고 있다.

9 인물의 심리 및 태도

정답 설명

④ 손자의 행동을 이해하지 못하며 그를 답답하게 여기고 있다.
→ 윤 직원은 '그놈이 그게 어디 당헌 것이라구 지가 사회주의를 하여? 부자 놈의 자식이 무엇이 대껴서 부랑당패에 들어?'라고 말하는데, 이를 통해 사회주의에 참여한 손자인 종학의 행동을 이해하지 못하며 답답하게 여기고 있음을 알 수 있다.

오답 분석

① 부조리한 사회에 대한 분노를 표출하고 있다.
→ 윤 직원은 식민 체제에 순응하며 살아가는 인물로, 이러한 사회를 부조리하다고 생각하지 않는다.

② 자신의 잘못이 드러날 것을 두려워하고 있다. / ③ 가족들 앞에서 실수를 한 것에 대해 수치심을 느끼고 있다.
→ 제시된 작품에서 확인할 수 없는 내용이다.

10 서술상의 특징

정답 설명

④ 방언을 사용하여 목가적인 분위기를 형성했다.
→ '이게 무슨 소리다냐', '그놈이 경찰서장 하라닝개루 ~ 뎁다 경찰에 잽혀'와 같이 윤 직원의 전라도 방언을 사실적으로 그리고 있는데, 이는 부정적인 인물을 희화화하기 위한 것이다.
• 목가적: 농촌처럼 소박하고 평화로우며 서정적인 것

오답 분석

① 판소리 사설 형식의 문체를 사용했다.
→ 제시된 작품에서 '변방을 막으려 만리장성을 쌓던 진시황, 그는 ~ 오히려 행복이라 하겠습니다'와 같이 인물과 사건에 대한 서술자의 생각이 나타난다. 이는 서술자를 작품 내부와 독자의 사이에 위치시켜 인물을 풍자하는 판소리 사설의 형식을 계승한 문체이다.

② 고사를 인용하여 인물의 몰락을 암시했다.

　→ 자식에 의해 멸망한 진나라 진시황의 고사를 인용하여, 윤 직원 역시 손자인 종학에 의해 몰락할 것임을 암시하고 있다.

③ 과장적인 행동 묘사를 통해 인물을 희화화했다.

　→ '아까보다 더 크게 외치면서 벌떡 뒤로 나동그라질 뻔하다가 겨우 몸을 가눕니다'와 같이 인물의 행동을 과장되게 묘사하여, 부정적인 인물인 윤 직원을 희화화하고 있다.

작품 분석 노트 ✎

📖 채만식 〈태평천하〉

갈래	중편 소설, 풍자 소설, 가족사 소설
성격	풍자적, 반어적, 비판적
배경	• 시간 – 1930년대 후반 • 공간 – 서울의 어느 대지주의 집안
시점	전지적 작가 시점
제재	윤 직원 영감의 가족사
주제	일제 강점기 한 지주 집안의 세대 간 갈등과 가족의 몰락
특징	• 방언과 구어체, 판소리 사설 문체를 사용하여 등장인물을 희화화함 • 왜곡된 역사의식을 지닌 인물을 중심으로 이야기를 전개하여 당시 현실을 풍자함

1 전체 줄거리

친일파 대지주인 윤 직원 영감은 구한말에 화적 떼에게 아버지를 잃었다. 이러한 이유로 윤 직원은 일제와 결탁하여 고리대금업으로 재산을 늘리고 그것을 지키는 데 몰두한다. 돈으로 족보를 사서 만들고 기생 춘심에게 흑심을 품기도 하지만 궁극적인 관심은 재산을 불리고 지키는 일이므로, 그는 손자들이 군수와 경찰서장이 되기를 바란다. 그러나 아들 창식은 도박에 빠져 재산을 탕진하기만 하고, 장손인 종수는 방탕한 생활을 한다. 경찰서장이 될 것이라며 가장 기대를 걸었던 둘째 손자 종학은 일본 유학 중 사회주의 운동으로 검거된다. 일제 치하를 재산의 위협을 받을 일이 없는 태평천하로 생각하는 윤 직원 영감은 종학의 행태에 분노하며 좌절한다.

2 인물 소개

부정적 인물	
윤 직원	지주이자 고리대금업자로 일제 강점기를 '태평천하'로 여기며, 식민지 체제에 안주하며 이윤만을 추구하는 속물적인 인물
윤창식	윤 직원의 아들로 쾌락만을 추구하고 방탕한 생활만 하는 타락한 인물
윤종수	윤 직원의 큰손자로 아버지 윤창식처럼 타락하고 방탕한 인물

↕

긍정적 인물	
윤종학	윤 직원의 둘째 손자이자 가장 큰 기대를 받았던 인물로, 사회주의 운동을 하다가 피검되어 윤 직원에게 큰 좌절을 안겨 주고 집안의 몰락을 촉진하는 인물

3 표현상의 특징

풍자와 해학	부정적인 인물을 겉으로는 치켜세우는 것 같지만 실제로는 격하시켜 인물을 희화화함
경어체	독자에게 말을 건네듯이 '~입니다', '~습니다' 등의 경어체를 사용하여 독자와의 거리를 좁히고 인물을 신랄하게 비판·조롱함
서술자의 개입	서술자가 판소리의 창자(唱者)같은 역할을 함으로써 등장인물과 작중 상황을 평하고 서술자의 생각을 독자에게 전달함

4 '전보'의 기능

• '종학'이 사회주의 사상 관계로 경시청에 피검되었다는 사실을 전달함
• '전보'를 중심으로 작품 분위기가 반전됨
• 직접적으로 등장하지 않았던 '종학'이라는 인물을 간접적으로 등장시킴
• 상황이 반전되어 윤 직원과 그의 집안이 몰락할 것을 암시함

01	④	02	③	03	①	04	②	05	①	06	①	07	②	08	②	09	②	10	③
11	②	12	④	13	①	14	③	15	②	16	①	17	②	18	①	19	②	20	①
21	①	22	④	23	④	24	③	25	①	26	①	27	②	28	②	29	②	30	④
31	④	32	④	33	②	34	④	35	④	36	②	37	②	38	②	39	②	40	④
41	③	42	①	43	④	44	①	45	②	46	③	47	②	48	④	49	③	50	②

01 작품의 종합적 감상

정답 설명

④ '이자'는 대상의 효용성을 강조하며 주장을 피력하고 있다.

→ 겨울철 저장고로서의 역할과 방한 효과를 들어 토실의 효용성을 강조한 것은 '종들'이다. '이자'는 사계절의 이치와 자연에 질서에 순응해야 한다는 것을 강조하며 토실을 허물 것을 주장하고 있다.

오답 분석

① 일상생활의 경험을 바탕으로 교훈을 전달하고 있다.

→ '토실'과 관련된 일상생활의 경험을 바탕으로 인간의 편리를 위해 자연의 섭리를 거슬러서는 안 된다는 교훈을 전달하고 있다.

② 자연의 섭리를 역행하는 행위에 대해 비판하고 있다.

→ '만일 이와 반대가 된다면 곧 괴이한 것이다'와 같은 서술을 통해 자연의 순리를 거스르는 행위는 괴이한 것이라고 비판하고 있음을 알 수 있다.

③ '이자'는 '토실'에 대한 부정적 인식을 드러내고 있다.

→ '무엇 때문에 집 안에다 무덤을 만들었느냐?'에서 '무덤'은 '토실'을 지칭한 표현으로, '토실'에 대한 '이자'의 부정적 인식이 담긴 표현이다.

02 인물의 심리 및 태도, 화자의 정서 및 태도

정답 설명

③ 청산(靑山)도 절로절로 녹수(綠水)도 절로절로 / 산(山) 절로 수(水) 절로 산수(山水) 간(間)에 나도 절로 / 그중에 절로 자란 몸이 늙기도 절로절로.

→ (나)에서 화자는 토실이 '사시(사계절)'의 정상적인 이치에 반하는 것이자 '하늘의 권한'을 빼앗는 것이기 때문에 이를 허물라고 말하고 있는데, 이를 통해 자연의 질서에 순응해야 한다는 자연친화적 태도를 드러낸다. 이와 태도가 가장 유사한 것은 ③으로, '청산(靑山)'과 '녹수(綠水)'가 자연의 섭리에 따라 존재하듯이 그 속에서 자란 자신 역시 자연의 섭리에 순응하며 늙어가고 싶다는 자연친화적 태도를 드러내고 있다.

오답 분석

① 삼동(三冬)에 뵈옷 닙고 암혈(巖穴)에 눈비 마자 / 구름 씬 볏뉘도 쐰 적이 업건마는, / 서산(西山)에 히지다 ᄒ니 눈물겨워 ᄒ노라.

→ 임금을 '해'에 비유하여 군신유의(君臣有義)의 유교적 정신을 드러내며 임금의 승하를 애도하고 있다.

② 대쵸 볼 불근 골에 밤은 어이 뜻드르며, / 벼 뷘 그르헤 게는 어이 누리는고. / 술 닉쟈 체 쟝스 도라가니 아니 먹고 어이리.

→ 풍요로운 농촌 풍경을 묘사하며 농촌 생활의 흥취를 노래하고 있다.

④ 지당(池塘)에 비 뿌리고 양류(楊柳)에 늬 씨인 제, / 사공(沙工)은 어듸 가고 뷘 빈만 믹엿ᄂ고. / 석양(夕陽)에 짝 일흔 골며기ᄂ 오락가락 ᄒ노매.

→ 화자의 적막하고 외로운 심정을 객관적 상관물인 '뷘 비(빈 배)'와 '짝 일흔 골며기(짝 잃은 갈매기)'를 통해 간접적으로 드러내고 있다.

💥 현대어 풀이

① 한겨울에 삼베옷을 입고 바위 굴에서 눈비 맞으며(산중에 은거하며) / 구름 사이에 비치는 햇볕도 쐰 적이(임금의 은혜를 입은 적이) 없건마는, / 서산에 해가 졌다(임금께서 승하하셨다)는 소식을 들으니 눈물을 이기지 못하겠노라. – 조식

② 대추가 발갛게 익은 골짜기에 밤은 어찌 뚝뚝 떨어지며, / 벼를 베고 난 그루터기에는 게는 어찌 내려와 기어다니는가? / 술이 익자마자 체 장수가 체를 팔고 돌아가니 (이렇게 술 먹기 좋은 여건에서) 아니 먹고 어찌 하겠는가? – 황희

③ 푸른 산도 저절로 (된 것이며) 푸른 물도 저절로 (된 것이다.) / (이처럼) 산과 물이 자연 그대로이니 그 속에서 자란 나도 역시 자연 그대로다. / 자연 속에서 저절로 자란 몸이니, 이제 늙는 것도 자연의 순리에 따라가리라. – 송시열

④ 연못에는 비가 내리며 버들가지에는 물안개가 끼어 있는데, / 뱃사공은 어디를 갔기에 빈 배만 매여 있는가? / 해 질 무렵에 짝을 잃은 갈매기는 오락가락하는구나. – 조헌

작품 분석 노트 ✎

📖 이규보 〈괴토실설〉

갈래	한문 수필, 설(設)
성격	교훈적, 체험적, 자연 친화적
제재	토실(土室)
주제	자연의 섭리에 순응하는 삶 추구
특징	• 자연 친화적인 삶의 태도를 나타냄 • 일상적인 경험에서 도출한 깨달음을 전달함

1 작품에 대한 이해

〈괴토실설〉은 자연의 순리를 따르지 않고 거역하려는 인간의 태도를 꾸짖는 교훈적인 수필이다. 글쓴이의 일상적 경험을 토대로 썼으며, 종들을 꾸짖는 '이자'는 글쓴이인 이규보이다. 글쓴이는 종들이 마당에 '토실(土室)'을 짓는 것을 나무라며 허물 것을 명하는데, 이는 인간의 편의를 추구하기 위해 자연의 순리에 역행하는 것은 하늘의 명을 거역하는 것이라고 생각하기 때문이다.

2 작품의 구성

사실	종들에게 토실을 만든 이유를 물어봄
의견	토실은 자연의 순리를 거스른 것이므로 바람직하지 않다는 의견을 제시함

3 '토실'에 대한 견해 차이

종들		이자(이규보)
토실을 만듦		토실을 허물라고 함
토실의 실용성과 편리성을 중시함(저장성, 방한성)	↔	• 토실을 만드는 것은 자연의 이치에 어긋나는 행동임 • 자연의 순리를 따르는 것을 강조함
인간 중심적인 태도		자연 친화적 태도

---

03 작품의 내용 파악

① 지상에 있는 동료들의 도움으로 도적을 물리쳤다.

→ 무사는 지상에 있는 동료들의 도움이 아닌 여인의 도움으로 샘물을 마셔 힘을 기르고 도적을 물리쳤다. 참고로, 지상의 동료들은 정승의 세 딸을 구출한 공을 가로채기 위해 무사에게 밧줄을 내려 주지 않았다.

---

② 지하국의 샘물을 통해 비범한 능력을 얻게 되었다.

→ 지하국의 샘물을 마시기 전 무사는 도적이 제기차기를 하는 바위를 움직일 수도 없었으나, 한 달간 샘물을 마신 후 그 바위를 자유자재로 가지고 놀 수 있게 되었다. 이는 평범한 인간이었던 무사가 샘물을 통해 강하고 비범한 능력을 얻게 되었음을 의미한다.

③ 정승의 세 딸을 구한 뒤 지상으로 먼저 올려 보냈다.

→ 무사는 도적을 처치하고 정승의 세 딸을 구하게 되었는데, 지상으로 올라가는 바구니에 세 사람밖에 탈 수 없었기 때문에 정승의 세 딸을 먼저 올려 보내게 된다.

④ 학에게 자신의 팔 한쪽을 먹이고 지상으로 올라왔다.

→ 학이 무사를 태우고 지상과 지하를 잇는 구멍으로 날아가는 과정에서 학에게 먹일 고기가 떨어지자, 무사는 자신의 팔 한쪽을 베어 학에게 먹이고 지상으로 올라왔다.

---

04 서술상의 특징

② 결말에서 권선징악(勸善懲惡)의 주제 의식이 드러난다.

→ 무사가 자신을 배신한 사람들을 모두 처치하고 정승의 세 딸과 결혼하는 결말에서 권선징악(勸善懲惡)의 주제 의식이 드러난다.

  • 권선징악(勸善懲惡): 착한 일을 권장하고 악한 일을 징계함

① 이야기를 뒷받침하는 구체적인 증거물을 제시한다.

→ 제시된 작품에는 이야기를 뒷받침하는 구체적인 증거물은 제시되어 있지 않다.

③ 대화를 통해 인물 간의 갈등이 고조되고 있음을 보여 준다.

→ 여인의 말과 무사의 말이 각각 제시되고 있을 뿐, 인물간의 대화는 드러나지 않는다.

④ 전기적 요소를 배제하고 현실적인 사건을 중심으로 전개된다.

→ 제시된 작품에서는 지하국이 존재한다는 설정, 지하국의 샘물을 먹고 강해지는 주인공, 학의 도움을 받아 지하국을 탈출한다는 내용 등에서 전기적 요소가 빈번하게 나타난다.

작품 분석 노트 ✎

📖 작자 미상 〈지하국 대적 퇴치 설화〉

갈래	설화, 민담
성격	전기적, 교훈적
제재	지하국 도적으로부터 여인을 구출한 무사의 행적
주제	무사의 위기를 극복하기 위한 노력과 과업 성취
특징	• 주인공이 조력자의 도움을 받아 위기를 극복하는 영웅 설화 구조를 지님 • 권선징악의 주제 의식을 드러냄 • 인간과 비인간의 대결에서 인간이 승리하는 인간 중심적 사고가 나타남

1 작품의 구성

여인의 납치	정승의 세 딸이 지하국 도적에게 납치되자 정승이 딸을 구출할 사람을 찾음
지하국 도착	사람들과 함께 떠난 무사가 혼자 바구니를 타고 지하국에 도착함
여인의 도움 (조력자 ①)	여인은 무사가 지하국 도적을 물리칠 수 있도록 도움을 줌
도적 퇴치	무사가 도적을 물리치고 딸들을 구출함
동료의 배신 (두 번째 위기)	지상의 사람들이 배신하여 무사가 지하국에 갇힘
노인과 학의 도움 (조력자 ②)	노인이 알려 준 대로 학을 타고 땅 위로 올라옴
행복한 결말	배신자들을 처치하고 정승의 세 딸과 혼인함

2 작품의 의의

• 전 세계적으로 널리 분포되어 있는 이야기 구조임
• 후대에 <김원전>, <금령전>, <홍길동전> 등 전기 소설과 영웅 소설에서 차용하는 모티브(화소)임

3 작품에 담긴 민중 의식

〈지하국 대적 퇴치 설화〉는 평범한 능력을 가진 '무사'(약자)가 비현실적이자 비범한 능력을 가진 '도적'(강자)과의 대결에서 승리하고 과업을 달성한다는 내용이다. 이와 같은 서사 구조는 노력이나 의지를 통해 어떤 고난이나 시련도 극복할 수 있다는 민중들의 바람과 삶에 대한 낙관적인 태도가 반영된 결과이다.

05 서술상의 특징

정답 설명

① 잦은 장면 전환으로 사건의 긴장감이 고조되고 있다.
→ 제시된 작품의 전반부는 '조조'와 '정욱'의 대화로, 후반부는 새타령으로 서사가 전개되고 있다. 따라서 잦은 장면의 전환은 나타나지 않는다.

오답 분석

② 대화를 통해 조조의 모습을 간접적으로 희화화하고 있다.
→ '조조'와 '정욱'의 대화에서 '정욱'은 메추리를 보고 놀란다거나 상황에 맞지 않게 술안주를 찾는다거나 하는 '조조'를 비웃고 있다. 이를 통해 영웅적 인물로 그려지던 '조조'가 희화화되고 있음을 알 수 있다.

③ 새의 울음소리로 전쟁 상황과 관련된 의미를 나타내고 있다.
→ 새타령 부분에서는 새의 울음소리와 전쟁 상황을 연결 지어 표현하고 있는데, '귀촉도 귀촉도'라는 울음소리는 '귀촉'의 뜻과 연결되어 고향에 돌아가기를 원하는 군사들의 심경을 나타내며, '소탱 소탱'은 '소댕(솥뚜껑)'과 연결되어 식량 문제로 고생하는 군대의 모습을 나타낸다.

④ 서술자의 개입을 통해 대상의 부정적인 면모를 부각하고 있다.
→ '새가 어이 울랴마는, 적벽 싸움에 죽은 군사 원조(怨鳥)라는 새가 되어 조 승상을 원망하여 지지귀며 우더니라'는 적벽전에서 죽은 군사들이 새가 되어 '조조'를 원망하며 운다는 의미로, 서술자가 작품에 개입하여 인물이나 상황에 대한 평가를 제시하고 있는 부분이다. 이를 통해 백성들을 전쟁과 죽음으로 내몬 '조조'의 부정적인 면모를 부각하고 있다.

06 소재의 의미

정답 설명

① ㉠ 귀촉도
→ ㉠ '귀촉도'는 고향으로 돌아가고 싶은 군사들의 심정을 나타내는 반면 ㉡ '삐쭉새', ㉢ '꾀꼬리', ㉣ '까마귀'는 '조조'를 희화화하는 표현이므로 나머지 셋과 성격이 다른 하나는 ①이다.

오답 분석

② ㉡ 삐쭉새
→ '삐쭉새'는 백만 대군을 잃고 삐쭉대는 '조조'를 희화화한 표현이다.

③ ㉢ 꾀꼬리
→ '꾀꼬리'는 도망갈 꾀를 궁리하는 '조조'를 희화화한 표현이다.

④ ㉣ 까마귀
→ '까마귀'는 전쟁에서 패배해 숨을 수밖에 없는 '조조'를 희화화한 표현이다.

작품 분석 노트 ✏️

📖 작자 미상 〈적벽가〉

갈래	판소리 사설
성격	풍자적, 희화적, 해학적
제재	적벽전
주제	영웅들의 활약과 전쟁으로 인해 고통받는 하층민의 비애
특징	• 소설 '삼국지연의(三國志演義)'의 적벽전을 주체적으로 수용함 • 지배층에 대한 민중의 저항 정신을 표출함 • 군사들의 설움을 통해 전쟁의 참혹함과 서민의 고통을 드러냄

1 작품의 줄거리

발단	유비, 관우, 장비가 삼고초려하여 제갈공명을 데려옴
전개	조조는 강남 정벌을 위하여 백만 대군을 이끌고 군사들은 각자 자신의 설움을 토로함
위기	조조는 제갈공명과 장비에게 패함
절정	제갈공명은 손권과 주유를 설득해 조조와 적벽전을 벌여 대승(大勝)함
결말	조조는 화용도에서 관우에게 다시 패한 후, 간신히 살아 돌아감

2 인물 소개

조조	원작의 영웅적 모습과 달리 부정적 특징이 부각됨. 나라와 백성을 도탄에 빠뜨리며 어리석고 비굴한 인물로 희화화됨
정욱	조조보다 신분은 낮으나 풍자와 조롱을 통해 조조를 희화화하는 방자형 인물
조자룡	유비 휘하의 인물로 용맹하고 강직함. 적벽 대전에서 조조의 군사를 기습함

3 주제의 양면성

표면적 주제	이면적 주제
군사들은 행복하고 평범한 일상생활을 포기하고 전쟁터로 나옴 → 국가에 대한 충성심	조조는 개인적 욕심을 위해 백성들을 전쟁에 동원함 → 지배층에 대한 비판

07 표현상의 특징과 효과

정답 설명

② (나): 냉소적 어조를 통해 시름이 해소되지 않음을 토로하고 있다.
→ (나)는 '불러 보리라'와 같은 의지적 어조를 통해 노래로 시름을 풀고자 하는 소망을 드러내었으나, 냉소적 어조는 드러나지 않는다.

오답 분석

① (가): 연쇄법을 활용하여 자연과 더불어 사는 즐거움을 드러내고 있다.
→ (가)는 청량산의 아름다움을 예찬한 시조이다. 초장의 끝과 중장의 시작에 '백구(白鷗)'를, 중장의 끝과 종장의 시작에 '도화(桃花)'를 연쇄적으로 배치하여 자연과 더불어 사는 기쁨을 강조하고 있다.

③ (다): 문답법과 영탄법을 활용하여 다섯 벗을 소개하고 있다.
→ (다)는 자연물인 수(水), 석(石), 송(松), 죽(竹), 월(月)을 오우(五友)로 의인화하여 예찬한 시조이다. '내 버디 몃치나 ᄒᆞ니'라는 물음에 '수석(水石)과 송죽(松竹)이라'라고 답하는 문답법을 사용하고 있으며, '두어라'와 같은 감탄사를 사용하여 오우(五友)에 대한 예찬을 드러내는 영탄법을 활용하고 있다.
• 두어라: 옛 시가에서, 어떤 일이 필요하지 아니하거나 스스로의 마음을 달랠 때 영탄조로 하는 말

④ (라): '거줏말이'의 반복으로 운율을 형성하고 점층법을 통해 주제를 부각하고 있다.
→ (라)는 임에 대한 그리움을 노래한 시조로, 초장과 중장에서 '거줏말이'를 반복하여 운율을 형성하고 있다. 또한 '거줏말이(거짓말이니)'의 주어가 '사랑'→'임이 나를 사랑한다는 것'→'꿈에 와 보인다는 말'로 변주되며 문장의 의미를 심화시키는 점층법을 사용하여 임에 대한 사랑과 그리움이라는 작품의 주제를 부각하고 있다.

08 작품의 종합적 감상

정답 설명

② 자연의 아름다움을 알지 못하는 사람들을 안타까워하고 있다.
→ 화자는 종장에서 속세인(俗世人)을 상징하는 '어주자(魚舟子)'가 자연의 아름다움을 알게 될 것을 걱정하고 있다. 이를 통해 화자가 자연의 아름다움을 다른 사람에게 알리고 싶어 하지 않음을 알 수 있으므로 ②는 적절하지 않다.

오답 분석

① 의인화를 통해 대상과의 친밀감을 드러내고 있다.
→ 종장과 중장에서 '백구(白鷗)'와 '도화(桃花)'를 의인화하여 자연물과의 친밀함을 드러내고 있으므로 적절하다.

③ 자연 속에서 유유자적하는 화자의 모습을 통해 우아미를 느낄 수 있다.

→ 화자는 자연을 상징하는 '청량산(淸凉山)'에서의 흥취와 만족감을 노래하고 있다. 이를 통해 현실 속에서 이상이 이미 실현되어 있을 때 유발되는 '우아미'를 느낄 수 있으므로 적절하다.

④ 무릉도원과 관련된 소재를 사용하여 대상의 아름다움을 우회적으로 드러내고 있다.

→ '도화(桃花)'는 〈도화원기〉에 등장하는 탈속적 이상향인 무릉도원과 관련된 소재로, 이를 사용하여 청량산의 아름다움을 무릉도원의 아름다움에 견주어 우회적으로 드러내고 있다.

  • 무릉도원(武陵桃源): 도연명의 〈도화원기〉에 나오는 말로, '이상향', '별천지'를 비유적으로 이르는 말.

작품 분석 노트 ✎

📖 (가) 이황 〈청량산 육륙봉을〉

갈래	평시조
성격	한정가, 낭만적, 풍류적, 자연 친화적
제재	청량산 육륙봉
주제	청량산의 아름다움을 예찬
특징	• 의인법, 연쇄법을 통해 자연과 더불어 사는 즐거움을 형상화함 • 도연명의 〈도화원기〉를 인용해 청량산의 아름다움을 간접적으로 표현함

🖐 현대어 풀이

청량산 열두 봉우리를 아는 사람이 나와 흰 갈매기뿐이로다.
흰 갈매기야, 야단스럽게 떠들겠냐마는 복숭아꽃은 믿지 못하겠다.
복숭아꽃아, 떠나지 마렴. 어부가 너를 보고 이곳을 알까 걱정되는구나.   - 이황

📖 (나) 신흠 〈노래 삼긴 사름〉

갈래	평시조
성격	의지적, 영탄적
제재	노래
주제	노래로 한을 풀고자 하는 마음
특징	• 연쇄법을 사용하여 노래로 시름을 풀고자 하는 화자의 소망을 드러냄 • 영탄법을 사용하여 화자의 정서를 강조함

🖐 현대어 풀이

노래를 (처음으로) 만든 사람, 시름이 많기도 많았구나.
말로 하려 하나 다 못 하여 (노래로) 풀었단 말인가?
진실로 풀릴 것이면 나도 불러 보리라.   - 신흠

📖 (다) 윤선도 〈오우가〉

갈래	연시조
성격	예찬
제재	물, 바위, 소나무, 대나무, 달
주제	오우(五友)를 예찬함
특징	• 자연물을 예찬하며 자연 친화적 태도를 드러냄 • 자연물을 의인화하여 인간 중심의 가치관을 드러냄

🖐 현대어 풀이

내 벗이 몇인가 하니 물과 바위와 소나무와 대나무이다.
동산에 달이 또 오르니 그 더욱 반갑구나.
두어라, 이 다섯 밖에 또 더하여 무엇하리.   - 윤선도

📖 (라) 김상용 〈사랑이 거짓말이〉

갈래	평시조
성격	연군가(戀君歌)
제재	거짓말, 꿈
주제	임에 대한 사랑과 그리움
특징	반복법, 점층법, 설의법을 사용하여 화자의 정서를 강조함

🖐 현대어 풀이

사랑한다는 것이 거짓말이니, 임이 나를 사랑하는 것이 거짓말이니
꿈에 와 보인다는 말이 그 더욱 거짓말이니
나같이 잠이 오지 않으면 어느 꿈에 보이겠는가?   - 김상용

09 작품의 내용 파악

정답 설명

② 진사는 특이 제안한 계획을 실천에 옮기고자 한다.
→ 특은 진사에게 궁궐에 있는 '임(운영)'을 보쌈해 올 것을 제안했으나, 진사는 위험한 계획이라고 거절하며 정성을 다해서 호소하는 것이 나을 것이라고 이야기하고 있다.

오답 분석

① 운영은 자란의 도움으로 위기를 벗어나게 되었다.
→ 운영은 대군에게 의심을 받는 상황에서 자결하려는데, 이때 자란이 대군에게 운영을 죽게 하면 더 이상 글을 쓰지 않겠다고 말하며 운영의 결백을 주장하여 위기를 벗어나게 된다.

③ 진사는 운영에 대한 그리움으로 인해 상사병에 걸렸다.
→ 진사는 궁궐 출입이 금지된 이후 운영을 보지 못해 상사병에 걸리게 된다.

④ 대군은 운영이 지은 시를 보고 김 진사와의 관계를 의심하고 있다.
→ 대군은 운영이 지은 시에서 임을 그리워하는 마음이 드러나고, 김생(김 진사)의 상량문에도 의심스러운 부분이 있다며 두 사람의 관계를 의심하고 있다.

10 작품의 종합적 감상

정답 설명

③ 천상계에서 벌어진 사건을 꿈이라는 매개체를 통해 전달하고 있군.
→ 운영과 김 진사는 현실의 존재가 아닌 죽은 사람의 환신(幻身)으로, 꿈은 유영과 이들을 연결해 주는 매개체가 된다. 그러나 제시된 부분에서는 운영이 겪은 과거의 사건을 전달하고 있을 뿐, 천상계를 배경으로 하고 있지는 않으므로 ③의 설명은 적절하지 않다.

오답 분석

① 제시된 부분은 내부 이야기에 해당한다고 볼 수 있겠군.
→ 제시된 부분은 운영과 김 진사의 사랑 이야기이므로 유영이 꿈속에서 듣게 되는 내부 이야기에 해당한다.

② 운영이 서술의 주체가 되어 자신의 이야기를 하고 있군.
→ 서술자가 자신을 '저'라고 지칭하고 있으므로 운영이 서술의 주체가 되어 자신의 이야기를 하고 있음을 알 수 있다.

④ 몽유자는 내부 이야기의 서술자와 동일한 시간대의 인물이 아니겠군.
→ 유영이 과거에 살았던 운영과 김 진사를 꿈에서 만난다는 설정이므로, 몽유자 유영과 내부 이야기의 서술자인 운영은 동일한 시간대의 인물이 아니다.

작품 분석 노트 ✎

📖 작자 미상 〈운영전〉

갈래	염정 소설, 몽유 소설, 액자 소설
성격	염정적, 비극적
배경	• 시간 - 조선 초기 ~ 중기 • 공간 - 한양의 수성궁, 천상계
시점	• 외화 - 전지적 작가 시점 • 내화 - 1인칭 주인공 시점
제재	궁녀 운영과 김 진사의 사랑
주제	신분을 초월한 남녀의 비극적 사랑
특징	• 액자식 구성을 취함 • 시(詩)를 작품의 주요 전개 수단으로 활용함 • 고전 소설의 보편적 주제인 권선징악형 서사에서 탈피하여 자유연애 사상을 드러냄

1 작품의 액자식 구성

외화 ①	선비 유영이 수성궁 터에서 홀로 술을 마시다가 잠이 들고 꿈속에서 김 진사와 운영을 만남
내화 ①	김 진사와 궁녀 운영이 사랑에 빠져 서로 편지를 주고받음
내화 ②	김 진사와 운영은 도망칠 계획을 세웠으나 인평 대군에게 둘의 사이가 발각되어 운영은 자결함
내화 ③	김 진사도 이별의 슬픔을 견디지 못하고 상사병으로 죽음
외화 ②	유영이 잠에서 깬 후 김 진사와 운영의 일이 기록된 책을 발견함

2 인물 소개

유영	운영과 김 진사로부터 그들의 비극적 사랑 이야기를 전해 듣고 전달함
운영	안평 대군의 궁녀로, 운명에 맞서 참된 사랑을 이루고자 하나 비극적 운명 앞에 좌절하여 자결함
김 진사	안평 대군의 시객. 운영과 사랑에 빠지나, 운영의 죽음에 상심하여 식음을 전폐하다가 세상을 떠남
안평대군	학문과 시를 즐기는 도덕군자. 궁녀들의 삶을 구속하는 전근대적인 인물임

3 주제의 양면성

표면적 주제	이루어질 수 없는 남녀 간의 비극적인 사랑
이면적 주제	인간의 본능을 억압하는 사회에 대한 저항, 자유연애 사상

11 작품의 내용 파악

정답 설명

② 강남홍은 원수가 양창곡임을 알고 대결에 응했다.
→ '일 합을 맞붙기 전에 강남홍의 총명으로 어찌 양창곡의 모습을 몰라보겠는가'를 통해 강남홍은 원수와 싸우려는 순간에 그가 양창곡임을 알아보았음을 알 수 있다.

오답 분석

① 강남홍은 나탁에게 신임을 받고 있는 장수이다.
→ 몸이 불편하여 퇴각했다는 강남홍의 말을 듣고 왕인 나탁이 직접 간병하겠다고 하는 것으로 보아, 강남홍은 나탁에게 신임을 받고 있음을 알 수 있다.

③ 강남홍은 양창곡과 대적하지 않기 위해 의도적으로 칼을 떨어뜨렸다.
→ 양창곡을 알아본 강남홍은 그와 대적하지 않기 위해 의도적으로 칼을 떨어뜨린 후 말을 걸었다.

④ 양창곡은 죽은 강남홍의 원혼이 자신에게 말을 건 것이라고 생각하고 있다.
→ 양창곡은 오랑캐의 장수로 등장한 강남홍이 물에 빠져 죽은 강남홍의 원혼이며, 원한을 하소연하기 위해 자신 앞에 나타난 것으로 생각하고 있다.

12 서술상의 특징

정답 설명

④ 대립적인 두 인물을 등장시켜 갈등의 심화를 예고한다.
→ 양창곡과 강남홍은 서로 다른 진영에 속해 전쟁에서 대적하게 되었으나, 양창곡을 알아본 강남홍이 스스로의 정체를 밝히고 싸움을 피하였으므로 두 인물 간의 갈등은 확인할 수 없다.

오답 분석

① 내적 독백을 통해 인물의 심리를 드러낸다.
→ (다)에서 양창공의 내적 독백을 통해 자신과 대적한 오랑캐의 장수가 진짜 강남홍인지 반신반의(半信半疑)하는 양찬곡의 심리를 드러내고 있다.
• 반신반의(半信半疑): 얼마쯤 믿으면서도 한편으로는 의심함

② 서술자가 작중 인물에 대한 평가를 직접 제시한다.
→ (가)의 '강남홍의 총명으로 어찌 양창곡의 모습을 몰라보겠는가', '양창곡이라도 ~ 오랑캐 장수가 되었으리라고 어찌 생각이나 했겠는가'와 같은 서술에서 작중 인물인 강남홍과 양창곡에 대한 서술자의 평가를 직접 제시하는 편집자적 논평이 나타난다.

③ 비유적인 표현을 사용하여 인물의 모습을 묘사한다.
→ (가)에서 강남홍과의 만남이 믿기지 않아 가만히 서있는 양창곡의 모습을 '조각상'에 빗대어 표현하고 있다.

작품 분석 노트 ✏️

📖 남영로 〈옥루몽〉

갈래	한문 소설, 염정 소설, 영웅 소설, 군담 소설
성격	전기적, 비판적
배경	중국 명나라
제재	양창곡의 영웅적 일대기
주제	• 양창곡과 다섯 여인의 결연과 영웅담 • 부패한 현실에 대한 비판
특징	• 여성들의 적극적이고 주체적인 성격에서 근대적 애정관이 드러남 • 현실 세계의 부귀영화를 긍정함 • 유교적 이상을 긍정적으로 평가함 • 환몽 구조를 취함

1 전체 줄거리

발단	천상계의 신선인 문창성은 인간 세상을 사모하는 시를 짓고 다섯 선녀를 희롱한 벌로 지상계에서 양창곡으로 환생함
전개	양창곡은 과거를 보러 가던 중 강남홍을 만남. 양창곡은 장원 급제하고 윤 소저, 벽성선, 황 소저와 결연하게 됨. 한편 강남홍은 위기에 빠져 강물에 투신했다가 윤 소저의 도움을 받아 남쪽 탈탈국으로 가게 됨
위기	남만이 침공하자 양창곡은 명나라의 대원수로 출정함. 남만의 장수로 참전한 강남홍은 적장이 양창곡임을 알아채고 명나라로 달아나 명나라 군의 부원수가 됨
절정	적국 축용국의 공주인 일지련은 강남홍에게 잡힌 후 양창곡을 연모하게 되어 부왕을 명나라에 항복하도록 만듦. 천자는 양창곡을 연왕에, 강남홍을 만성후에 봉함
결말	양창곡은 두 부인(윤 소저, 황 소저)과 세 첩(강남홍, 벽성선, 일지련)과 함께 부귀영화를 누리다가 천상계로 복귀해 다시 신선이 됨

2 여성 주인공을 통해 나타나는 근대적 의식

강남홍은 기녀이자 첩이었지만 적극적이고 진취적인 모습을 보이며 집안과 전쟁터에서 종횡무진 활약하고 조정에서까지 능력을 인정받게 된다. 이와 같이 여성 주인공을 중심으로 방대한 서사를 진행한다는 점에서 '옥루몽'은 당대의 근대적이고 진보적인 의식이 반영된 작품이라고 할 수 있다.

3 작품에 나타나는 서사 양식

적강(謫降) 화소	천상계의 존재가 인간계로 내려오거나 환생함
환몽(幻夢) 구조	'꿈 - 현실 - 꿈' 구조를 취함
몽자류(夢字類) 소설	주인공 양창곡이 꿈을 통해 현실과 다른 일생을 겪은 후 깨달음을 얻음
영웅(英雄) 소설	주인공이 입신양명하고 부귀영화를 누림
여걸(女傑) 소설	여성 주인공이 영웅적 모습을 보임
군담(軍談) 소설	반란을 진압하고 전쟁을 승리로 이끎
염정(艶情) 소설	남녀 간의 사랑에 대해 다룸

4 작품의 배경과 기능

〈옥루몽〉에는 양창곡, 강남홍과 적대 관계에 있는 간신들의 악행이 세세하게 제시되어 있다. 이는 당대 지배 계층의 부조리와 불합리한 사회의 모순을 비판, 고발하고자 하는 작가의 의도가 담긴 것이다. 이때 작품의 배경을 중국 명나라로 설정하여 조선 조정의 병폐를 마치 중국에서 일어나는 이야기인 것처럼 제시하여 조선 사회를 간접적으로 비판하고 있다.

13 작품의 내용 파악

정답 설명

① '대별'은 '소별'의 속임수를 알았지만 이승을 양보하였다.
→ '대별'과 '소별'은 각각 이승과 저승을 다스릴 이를 정하기 위해 꽃을 기르는 시합을 하게 되었는데, '대별'은 '소별'이 자신의 꽃을 바꿔치기하는 속임수를 썼다는 사실을 알았으나 결국 '소별'에게 이승을 양보하였다.

오답 분석

② '소별'은 엄격한 법도로 이승을 다스려 좋은 세상을 만들었다.
→ '소별'이 엄격한 법도로 이승을 다스렸음은 알 수 있으나, 엄한 법도를 피해 악행을 저지르는 이들이 끊이지 않았다고 하였으므로 좋은 세상이 되었다고 볼 수는 없다.

③ '천지왕'은 '대별'과 '소별'이 자신의 아들들임을 한눈에 알아보았다.
→ '천지왕'은 '대별'과 '소별'이 자신의 자식이라면 증명해 보일 것을 요구했다.

④ '대별'이 쏜 화살에 달이 부서지면서 서쪽 하늘에 별이 생겨나게 되었다.
→ 화살을 쏘아 달을 부수어 서쪽 하늘에 별을 만든 것은 '소별'이다. '대별'은 태양을 부수어 동쪽 하늘에 별을 만들었다.

14 작품의 종합적 감상

정답 설명

③ 국가 설립의 정당성을 부여하고 건국 이념을 설파하고 있다.
→ 제시된 작품은 '대별'과 '소별'의 과업 달성 과정을 통해 세상의 창조와 자연 현상의 기원에 대해 설명하고 있는 창세 신화일 뿐, 건국과 관련된 내용은 확인할 수 없으므로 적절하지 않다.

오답 분석

① 인간 중심적 사고가 반영되어 있다.
→ '대별'과 '소별'이 인간 세상인 이승을 다스리고 싶어 하는 것으로 보아 인간 중심적 사고가 반영되어 있음을 알 수 있다.

② 악행이 자행되는 현실에 대한 비판 의식이 담겨 있다.
→ '소별'이 이승을 다스리게 된 이후에도 눈을 피해 악행을 저지른 자들이 끊이지 않았다는 서술을 통해 부정적인 현실에 대한 비판 의식이 담겨 있음을 알 수 있다.

④ 우주의 기원에 대해 설명하는 창세 신화적 성격을 지니고 있다.
→ '대별'과 '소별'이 태양과 달을 활로 쏘아서 오늘날과 같이 하나의 태양과 달만 뜨는 세상이 되었다는 점과 이 과정에서 부서진 태양과 달의 조각이 별이 되었다는 유래를 보여 주고 있으므로 우주의 기원에 대해 설명하는 창세 신화적 성격을 지니고 있음을 알 수 있다.

작품 분석 노트 🖉

작자 미상 〈천지왕본풀이〉

갈래	서사무가, 본풀이, 창세 신화
성격	신화적, 서사적, 무속적, 교훈적
제재	대별왕과 소별왕의 과업 달성 과정
주제	세상을 구원하고 각각 저승과 이승의 왕이 된 대별왕과 소별왕
특징	• 세상과 천체가 만들어진 유래, 세상의 질서가 정립되는 과정을 설명함 • 제주도 큰굿의 서막인 '초감제'에서 불림

1 전체 줄거리

천지왕의 업적	인간 세상에서 수명장자가 인간들을 괴롭히는 것을 보고 수명장자를 징벌하기 위해 지상으로 내려온 천지왕이 총명 아기와 혼인하여 대별과 소별을 낳음
대별왕과 소별왕의 업적	• 천지왕의 아들임을 증명하기 위해 두 개의 해와 달을 각각 하나씩 활로 쏘아 떨어뜨리고 세상을 구원함 • 꽃을 피우는 과제를 통해 이승은 소별왕이, 저승은 대별왕이 다스리게 됨

2 작품의 성격

〈천지왕본풀이〉는 제주도 큰굿의 서막이라 할 수 있는 '초감제' 중 처음 벌이는 굿거리를 이르는 말로, 이때 불리는 서사 무가를 뜻하기도 한다. 또한 의례적 성격과 신화적 성격을 함께 지니고 있으며, 천지왕과 그 아들들인 대별왕과 소별왕의 내력을 서술하는 내력담으로도 볼 수 있다.

3 인물의 특성

대별	소별
• '소별'에게 자애롭게 세상을 다스릴 것을 당부함 • 공명정대하게 저승을 다스림	• 이승을 다스리고 싶은 욕심에 '대별'을 속임 • 이승의 법도를 세우기 위해 엄하게 다스림

↓

속임수를 쓴 소별이 이승을 다스리게 됨으로써 현실 세계에서 발생하는 모순과 혼란을 설명함과 동시에 이상 사회에 대한 희망을 품게 됨

3 작품에 나타나는 서사 양식

적강(謫降) 화소	천상계의 존재가 인간계로 내려오거나 환생함
환몽(幻夢) 구조	'꿈 - 현실 - 꿈' 구조를 취함
몽자류(夢字類) 소설	주인공 양창곡이 꿈을 통해 현실과 다른 일생을 겪은 후 깨달음을 얻음
영웅(英雄) 소설	주인공이 입신양명하고 부귀영화를 누림
여걸(女傑) 소설	여성 주인공이 영웅적 모습을 보임
군담(軍談) 소설	반란을 진압하고 전쟁을 승리로 이끎
염정(艶情) 소설	남녀 간의 사랑에 대해 다룸

4 '옥루몽'의 공간적 배경의 의미

〈옥루몽〉은 작품의 배경을 중국 명나라로 설정하고 있다. 이는 조선 조정의 병폐를 마치 중국에서 일어나는 이야기인 것처럼 제시하여 조선 사회를 간접적으로 비판하고자 한 작가의 의도가 담긴 것이다.

15 작품의 종합적 감상

정답 설명

② 노동하는 삶에 대한 긍정적 시각이 드러난다.
→ (가)는 땀 흘리며 일한 후 한가롭게 휴식을 취하는 농부의 모습을 제시하여 노동의 고귀함과 농사일의 즐거움을 간접적으로 일깨우고 있으며, (나)는 보리타작하는 농민들을 바라보며 육체와 정신이 합일된 건강한 삶을 예찬하고 있다. 따라서 (가)와 (나)의 공통점으로 적절한 것은 ②이다.

오답 분석

① 화자는 직접 농사일에 참여하는 농민이다.
→ (가)의 화자는 땀 흘리며 농사짓는 농부이나, (나)의 화자는 농사일을 하는 농민들을 관찰하는 인물이다.

③ 대구법을 통해 노동의 현장을 사실적으로 그려냈다.
→ (가)의 초장 '씀은 듣는 대로 듣고(땀은 떨어질 대로 떨어지고)/ 볏슨 쬘 대로 쬔다(볕은 쬘 대로 쬔다)'에서 유사한 통사 구조가 반복되는 대구법을 사용하여 농민들의 노동 현장을 사실적으로 묘사했다. 그러나 (나)에서 대구법이 사용된 부분은 확인할 수 없다.

④ 자기 성찰을 통한 화자의 깨달음과 반성이 나타난다.
→ (나)의 '낙원이 먼 곳에 있는 게 아닌데 / 무엇하러 고향 떠나 벼슬길에 헤매리오'에서 화자는 농민들의 삶을 통해 자신의 삶을 성찰하며, 진정한 '낙원'이 거창한 것이 아니라는 깨달음과 '벼슬길'이라는 세속적 욕망에 집착해 온 것에 대한 반성을 드러내고 있다. 하지만 (가)에서는 화자의 깨달음이나 반성이 나타나는 부분은 확인할 수 없다.

16 표현상의 특징과 효과

정답 설명

① 대조되는 시어를 사용하여 화자의 처지를 부각하고 있다.
→ 11~12구에서 농민들의 건강한 삶을 의미하는 '낙원'과 화자가 추구했던 세속적 욕망을 의미하는 '벼슬길'이 대조적으로 사용되었으나, 이는 화자의 깨달음을 드러내기 위한 것일 뿐, 화자의 처지를 부각하기 위한 것이 아니다.

오답 분석

② 배경을 묘사한 후 그에 대한 화자의 정서를 드러내고 있다.
→ 1~8구에서 보리타작을 하는 농민들의 모습을 제시하고, 9~12구에서 몸과 정신이 조화로운 삶이 참된 삶이라 말하며 세속적 욕망에 집착했던 자신의 삶을 반성하고 있다. 따라서 제시된 작품은 자연이나 사물을 그대로 묘사한 후 화자의 정서를 드러내는 '선경후정(先景後情)'의 서술 방식을 따르고 있다.

③ 농민의 실생활과 관련된 소재를 사용하여 사실감을 높이고 있다.
→ '막걸리', '보리밥', '도리깨' 등 농민들의 실생활과 관련된 시어를 사용하여 농민들의 삶을 사실적으로 형상화하고 있다.

④ 감각적 심상을 통해 보리타작하는 현장을 생생하게 그리고 있다.
→ 4구 '검게 탄 두 어깨 햇볕 받아 번쩍이네'에서 농민들의 건강한 육체를 시각적으로 표현했으며, 5구 '옹헤야 소리 내며 발 맞추어 두드리니'에서 노동요를 부르며 일하는 모습을 청각적으로 표현하고 있다. 따라서 감각적 심상을 통해 보리타작하는 농민들의 모습을 생생하게 그리고 있음을 알 수 있다.

작품 분석 노트 ✏️

📖 (가) 위백규 〈씀은 듣는 대로 듣고〉

갈래	평시조
성격	농가, 전원적, 사실적
제재	농사
주제	농사일의 즐거움
특징	• 대구법을 통해 농촌의 생활상을 사실적으로 표현함 • '자연'을 건강한 생활 터전으로 인식함

1 작품의 구성

초장	땀 흘리며 일하는 농부의 모습
중장	일한 뒤 잠깐 동안의 휴식
종장	길 가던 손님이 휘파람 소리에 발길을 멈춤

↓

뜨거운 햇볕 아래에서 열심히 일하는 농부의 모습을 통해 노동의 고귀함을 일깨우고, 농촌의 일상을 따뜻하고 편안한 시선으로 바라보고 있음

🍴 현대어 풀이

땀은 떨어질 대로 떨어지고 볕은 쬘 대로 쬔다.
맑은 바람에 옷깃을 열고 긴 휘파람을 멋들어지게 불 때
어디서 길 가는 손님이 아는 듯이 멈춰 서 있는가.

📖 (나) 정약용 〈보리타작〉

갈래	한시
성격	사실적, 묘사적
제재	보리타작하는 농가
주제	농민들의 보리타작을 통해 본 삶의 깨달음
특징	• 감각적 이미지를 통해 노동 현장을 생동감 있게 묘사함 • 농촌의 일상과 관련된 시어를 사용함

1 작품의 구성

기	농민들의 활기찬 삶의 모습	선경(先景)
승	보리타작하는 마당의 정경	
전	심신이 조화된 농민의 삶	후정(後情)
결	농민들이 모습을 통한 자기성찰	

---

2 주요 시어의 의미

낙원		벼슬길
• 심신이 조화를 이룬 건강한 삶 • 진정한 삶의 즐거움을 누릴 수 있는 곳	↔	• 헛된 명분을 좇는 삶 • 과거의 화자의 삶

17 화자의 정서 및 태도

정답 설명

④ 화자는 청나라 사람들의 실용적인 삶의 태도를 예찬하고 있다.
→ 제시된 작품에서 청나라 사람들의 삶의 태도를 예찬하는 부분은 찾을 수 없으므로 적절하지 않다. '의복기 괴려ㅎ여 쳐음 보기 놀납도다(옷차림이 괴이하여 처음 보기에 놀랍도다)', '일 년 삼백육십 일에 양치 한 번 아니ㅎ여/이쏠은 황금이오 손톱은 다섯 치라(일 년 삼백육십 일에 양치 한 번 아니하여 이빨은 황금이고 손톱은 다섯 치로구나)'와 같은 표현을 통해 청나라 사람들의 의복, 외양, 생활 모습을 해학적으로 묘사하고 있으므로 그들에 대한 부정적인 태도를 지녔음을 알 수 있다.

오답 분석

① 화자는 부모의 곁을 처음 떠나는 것을 걱정하고 있다.
→ 3~4행의 '평일의 이측ㅎ여 오리 쩌나 본 일 업다(평소에 부모님 곁을 떠나 본 일이 없다)', '이위정이 어려우며(부모님 곁을 떠나는 정이 어려우며)'를 통해 알 수 있다.

② 화자는 고국을 떠나는 것에 대해 아쉬움을 느끼고 있다.
→ 8행의 '도라보고 도라보니 우리나라 다시 보쟈(돌아보고 돌아보니 우리나라 다시 보자꾸나)'를 통해 알 수 있다.

③ 화자는 청나라의 가옥과 도시의 번화함에 감탄하고 있다.
→ 16~17행의 '녹창 쥬호 여염들은 오식이 영농ㅎ고(녹색 창과 붉은 문의 여염집은 오색이 영롱하고), '화스 치란 시졍들은 만물이 번화ㅎ다(화려한 집과 난간의 시가지 모습은 만물이 번화하게 보이는구나)'를 통해 알 수 있다.

18 작품의 종합적 감상

정답 설명

① 이국적인 소재를 관찰하여 세심하게 묘사하였다.
→ 청나라 가옥과 도시의 모습, 청나라 사람들의 외양과 의복, 생활 습관 등을 자세하게 묘사하고 있으므로 적절하다.

② 향유 계층을 고려하여 주로 한자어를 사용하였다.

→ 한자어는 거의 사용되지 않고 주로 우리말을 사용하여 일반 백성들까지 쉽게 읽을 수 있도록 했다.

③ 시간의 흐름에 따라 계절의 변화를 드러내고 있다.

→ 제시된 작품은 기행 가사로서 시간의 흐름에 따른 여정이 제시되어 있으나, 계절의 변화는 드러나지 않는다.

④ 작가의 실사구시(實事求是)적인 면모가 드러나 있다.

→ 작가의 실사구시(實事求是)적인 면모는 드러나지 않는다.

• 실사구시(實事求是): 사실에 토대를 두어 진리를 탐구하는 것으로, 객관적 사실을 근거로 정확한 판단과 해답을 구하고자 하는 것

작품 분석 노트 ✐

📖 홍순학 〈연행가〉

갈래	기행 가사
성격	사실적, 서사적, 묘사적, 비판적
제재	청나라 연경 여행의 경험
주제	청나라 사행의 일원으로서 청나라를 다녀온 여정과 견문
특징	• 세밀한 관찰을 통해 대상을 자세하게 묘사함 • 한자어를 거의 사용하지 않고 우리말을 주로 구사함

1 작품의 구성

국내 (한양 → 의주)	사행 행차의 동기 및 구성, 조선 강역(疆域)에 대한 작가의 역사의식이 드러남
국외 (압록강 → 북경)	청나라로 사행을 떠나야 하는 조선의 현실에 대한 착잡함, 청의 문물에 대한 놀라움과 청에 대한 적개심이 드러남
귀로 (북경 → 한양)	고국으로 돌아오는 감회, 가족에 대한 그리움이 드러남

2 수용 계층을 고려한 열거의 구성 방식

작가는 청나라에서 보고 들은 것을 서술하는 과정에서 자신의 주관이나 의도를 깊게 반영하지 않고 글감을 나열하는 방식으로 내용을 제시하고 있다. 이는 해외 문물에 대해 호기심을 가진 사람들이 자신의 글을 읽을 것을 고려하여 문물을 소개하는 것에 주력한 것이다.

3 김인겸, '일동장유가'와의 비교

	연행가	일동장유가
사행(使行) 목적	청나라에 고정의 왕비 책봉을 주청(奏請)함	통신사로 일본에 가 문화 교류와 상호 이해를 꾀함
작가 신분과 의식	사대부 출신, 엄격한 성리학적 세계관을 지님	서자출신 근대문물에 대해 개방적인 시각을 지님
대상에 대한 태도	우리 문물에 대한 자부심을 지니고 있으며 일본, 청나라 문물을 열등한 것으로 보는 시각이 드러남	

🍴 현대어 풀이

비하지 못할 이내 마음 오늘이 무슨 날인가. 세상에 난 지 이십오 년 부모님 밑에서 자라나서 평소에 부모님 곁을 떠나 본 일이 없다. 반년이나 어찌하겠는가, 부모님 곁을 떠나는 정이 어려우며, 경기도 지방 백 리 밖에 먼 길 다녀 본 일 없다. 허약하고 약한 기질에 만 리 여행길이 걱정이로구나. 한 줄기 압록강이 양국의 경계를 나누었으니, 돌아보고 돌아보니 우리나라 다시 보자꾸나.

구연성 다다라서 한 고개를 넘어서니 아까 보았던 통군정이 그림자도 아니 보이고, 조금 보이던 백마산이 봉우리도 아니 보이는구나. 〈중 략〉

날이 밝기를 기다려 책문으로 향해 나아가니, 나무로 울타리를 하고 문 하나를 열어 놓고, 봉황성의 우두머리가 나와 앉아 사람과 말을 점검하며, 차례로 들어오니 검문이 매우 엄정하구나.

녹색 창과 붉은 문의 여염집은 오색이 영롱하고 화려한 집과 난간의 시가지 모습은 만물이 번화하게 보이는구나. 집집마다 호인들이 길에 나와 구경하니, 옷차림이 괴이하여 처음 보기에 놀랍도다. 머리는 앞을 깎아서 뒤만 땋아 늘어뜨려 당사실로 댕기하고 마래기라는 모자를 눌러 쓰며, 일 년 삼백육십 일에 양치 한 번 아니하여 이빨은 황금이고 손톱은 다섯 치로구나.

검은 빛 저고리는 깃 없이 지었으며 옷고름은 아니 달고 단추 달아 입었으며, 푸른빛 바지 남빛 속옷 허리띠로 눌러 매고, 두 다리에는 행전 모양하니 타오구라 이름하여 발목에서 오금까지 가뜬하게 들이 끼우고 깃 없는 푸른 두루마기 단추가 여럿이며, 좁은 소매가 손등을 덮어 손이 겨우 드나들고, 두루마기 위에 배자이며 무릎 위에 슬갑이로구나.

곰방대와 옥 물부리 담배 넣는 주머니에 부싯돌까지 껴서 들고 뒷짐을 지는 것이 버릇이라. 사람마다 그 모양이 모든 사람이 같은 모습이라. 소국 사람 온다 하고 저희끼리 지저귀며 무엇이라 인사하나 한 마디도 모르겠다.

- 홍순학, '연행가(燕行歌)'

정답 설명

② 연군지정(戀君之情)
  → 제시된 작품의 화자는 자신의 억울함을 하소연하면서 '임'에 대한 그리움을 드러내고 있으므로 화자의 상황을 적절하게 표현한 한자 성어는 ② '연군지정(戀君之情)'이다.
    • 연군지정(戀君之情): 임(임금)을 그리워하는 마음

오답 분석

① 이심전심(以心傳心)
  → 마음과 마음으로 서로 뜻이 통함

③ 교언영색(巧言令色)
  → 아첨하는 말과 알랑거리는 태도

④ 망운지정(望雲之情)
  → 자식이 객지에서 고향에 계신 어버이를 생각하는 마음

20 시어의 의미

정답 설명

① ㉠은 화자와 '임'을 가로막는 장애물을 의미한다.
  → ㉠ '자청전(紫淸殿)'은 '신선(임)이 사는 곳'을 의미하므로 적절하지 않다. 따라서 답은 ①이다.

오답 분석

② ㉡은 '임'에게 화자의 마음을 전하는 존재이다.
  → ㉡ '두견(杜鵑)'은 화자의 분신으로, '임'에게 화자의 억울함과 한탄을 전하는 존재이다.

③ ㉢은 화자의 외로움을 의미한다.
  → ㉢ '공산(空山) 촉루(髑髏)'는 '빈 산의 해골'을 뜻하는 것으로, 임자(임) 없이 홀로 지내는 화자의 외로움을 의미한다.

④ ㉣은 '임'에 대한 화자의 충절을 의미한다.
  → ㉣ '매화(梅花)'는 눈(시련) 속에서 혼자 피어난 존재로, '임'에 대한 화자의 충절을 의미한다.

작품 분석 노트 ✎

📖 조위 〈만분가〉

갈래	가사, 유배 가사
성격	원망적, 비분적, 한탄적
제재	무오사화로 인한 유배
주제	귀양살이의 억울함과 연군지정
특징	• 고사를 활용하여 억울함을 토로함 • 자연물에 의탁하여 화자의 정서를 드러냄 • 3·4조 4·4조의 운율을 이루고 있음

1 작품의 창작 배경

〈만분가〉에는 무오사화(戊午史禍)로 인해 유배당한 작가 조위의 경험이 드러나 있다. 조위는 《성종실록》 편찬 사업에 참여한 것으로 말미암아 청나라 하정사(賀正使)로 갔다 온 뒤 참형에 처하는 형벌이 내려지나, 이극균의 도움으로 의주로 유배를 가는 것에 그치게 된다. 그 후 조위는 순천으로 유배지를 옮기게 되는데, 이때 과거에는 충신이었으나 하루아침에 간신이자 역적이 된 자신의 억울함과 결백함을 토로하는 〈만분가〉를 지은 것이다.

2 시상 전개 방식

서사	유배지에서 선왕에게 마음에 쌓인 말을 하소연하고자 함
본사	죄 없이 유배 생활을 하는 것이 억울하고 비참하지만 이를 천명(天命)으로 여기고 임금의 처분을 기다림
결사	자신의 억울함과 안타까움을 알아주는 이가 있으면 평생을 두고 사귀고 싶음

3 표현상의 특징

〈만분가〉는 임금의 거처를 천상 세계로 설정하여 임금에 대한 그리움을 노래하고 있다.

백옥경(白玉京), 자청전(紫淸殿), 삼청 동리(三淸洞裏), 자미궁(紫微宮), 건덕궁(乾德宮)	• 옥황상제 또는 신선이 사는 곳 • 임금의 거처, 한양의 궁궐
두견(杜鵑), 구름, 만장송(萬丈松), 학(鶴), 매화(梅花)	• 화자의 분신 • 임금에게 화자의 마음을 전하는 존재

4 화자의 정서 및 태도

화자는 자신의 유배 생활에 대한 억울함을 토로한 뒤 이를 호소할 길이 없자 소나무, 학이라도 되어 임에게 자신의 심정을 전하겠다고 한다. 그러면서도 그 또한 옥황상제의 처분에 따르겠다고 하며 유배 생활에 대한 체념적 태도를 드러내고 있다. 즉 자신의 충정은 변함이 없지만, 유배 생활에서 벗어날 수 있을지에 대해서는 확신하지 못하는 절망적인 인식을 드러내고 있다.

♨ 현대어 풀이

천상 백옥경의 열두 누각은 어디인가? 오색구름 깊은 곳에 자청전이 가렸으니, 구만 리 먼 하늘을 꿈이라도 갈 듯 말 듯하구나. 차라리 죽어서 억만 번 변화하여 남산의 늦은 봄날 두견의 넋이 되어 배꽃 가지 위에서 밤낮으로 못 울거든, 삼청 동리(신선이 사는 고을)에 저문 하늘 구름 되어 바람에 흩날리며 날아 자미궁에 날아올라 옥황상제 앞에 놓은 상 앞에 가까이 나가 앉아 가슴속에 쌓인 말씀 실컷 아뢰리라. 〈중 략〉
임금의 은혜가 물이 되어 흘러가도 자취 없고, 임금의 얼굴이 꽃이로되 눈물 가려 못 보겠구나. 이 몸이 녹아도 옥황상제 처분이요, 이 몸이 죽어도 옥황상제 처분이구나. 녹아지고 죽어서 혼백이 흩어지고 공산 해골같이 임자 없이 굴러다니다가, 곤륜산 제일봉에 매우 큰 소나무가 되어 바람 비 뿌린 소리 임의 귀에 들리게 하거나, 오랜 세월 윤회하여 금강산 학이 되어 일만 이천 봉에 마음껏 솟아올라 가을 달 밝은 밤에 두어 소리 슬피 울어 임의 귀에 들리게 하는 것도 옥황상제 처분이겠구나.
한이 뿌리가 되고 눈물로 가지 삼아 임의 집 창밖에 외로운 매화 되어, 눈 속에 혼자 피어 베갯머리에 시드는 듯 드문드문 비치는 달 그림자가 임의 옷에 비치거든, 불쌍한 이 얼굴을 너로구나 반겨 주실까 궁금하구나. 동풍이 뜻이 있어 매화 향기를 불어 올려 고결한 이내 생애 자연에나 부치고 싶구나. 빈 낚싯대 비껴 들고 빈 배를 혼자 띄워, 한강 건너 저어 궁궐에 가고 싶구나. 그래도 한 마음은 조정에 달려 있어 연기 묻은 도롱이 속에 임 향한 꿈을 깨어, 일편 장안을 한눈에 바라보고 그르게 머뭇거리며 옳게 머뭇거리며 이 몸의 탓인가.

— 조위, '만분가(萬憤歌)'

---

21 인물의 태도

정답 설명

① ⑦: '나'는 감옥 안에서 고통 받는 사람들에게 연민을 느끼고 있다.
→ '나'는 감옥의 열악한 모습을 묘사하고 있을 뿐, 감옥 안의 사람들에게 연민을 느끼고 있지는 않으므로 ①의 설명은 적절하지 않다.

오답 분석

② ⑥: '나'는 '영감'이 겪을 태형의 고통에 공감하지 못하고 있다.
→ '나'는 '영감'이 태형 90대를 선고받은 것을 듣고 그가 겪을 고통에 공감하기보다는 그가 자신보다 빨리 출소할 것을 부러워하고 있다.

③ ⑥: '나'는 '영감'의 죽음보다 자신의 안위만을 생각하고 있다.
→ '나'는 '영감'이 죽는 것보다 감옥을 넓게 쓸 수 있다는 것을 더 중시하고 있다는 점에서 자신의 안위만을 생각하고 있음을 알 수 있다.

---

④ ⑧: '영감'은 다른 죄수들의 이기심에 마지못해 끌려 나갔다.
→ (나)에서 '영감'이 결국 태형을 당했음을 알 수 있는데, '영감'은 '나'를 포함한 다른 죄수들의 이기심에 내몰려 자신이 죽을 것을 알면서도 마지못해 태형을 받게 된 것이다.

22 작품의 종합적 감상

정답 설명

④ 사건을 병렬적으로 구성하여 감옥 안 죄수들의 이기심을 비판하고 있다.
→ 제시된 작품은 '감옥 안의 죄수들 사이에서 생겨나는 갈등'을 중심으로 한 하나의 사건만 제시되고 있으므로 두 가지 이상의 사건을 나란히 배열하는 병렬적 구성은 나타나지 않는다.

오답 분석

① '나'와 '영감'의 갈등을 중심으로 사건이 전개되고 있다.
→ 태형을 선고받은 '영감이' 공소하는 문제로 인한 '나'와 '영감'의 갈등을 중심으로 사건이 전개되고 있다.

② '나'는 자신의 이기적인 행동에 양심의 가책을 느끼고 있다.
→ '영감'이 태형을 맞는 소리가 들리자 '나'의 머리가 숙여지고 눈물이 나려 했다는 표현을 통해 '나'는 '영감'이 겪을 고통을 외면하고 자신의 편의만을 중시한 이기적인 행동에 양심의 가책을 느끼고 있음을 알 수 있다.

③ 구체적인 장면 묘사를 통해 인물이 처한 상황을 부각하고 있다.
→ 열악한 감옥 안의 상황을 '지옥'으로 표현하고 구체적으로 묘사함으로써, '나'를 포함한 죄수들이 극한의 상황에 처해 있음을 부각하고 있다.

작품 분석 노트 🖊

📖 김동인 〈태형〉

갈래	단편 소설
성격	사실적
배경	• 시간 - 일제 강점기 • 공간 - 감방 안
제재	감옥 안 죄수들 간의 갈등
주제	극한의 상황에서 나타나는 인간의 이기심
특징	감방 안의 극한 상황에서 황폐화된 인간성을 그림

1 전체 줄거리

3·1 운동 후, '나'는 잠도 교대로 누워서 자야만 하는 비좁은 감방에서 40여 명의 미결수와 함께 무더운 여름을 보내게 된다. 같은 감방의 영원 영감이 태형 90대를 선고받은 후 공소했다는 말을 들은 '나'는 한 사람이 나가면 남은 사람들의 자리가 그만큼 넓어지지 않냐며 영감을 비난한다. 영감은 태형으로 죽을 수도 있음을 알면서도 결국 공소를 취하하고, '나'를 비롯한 감방 사람들은 자리가 넓어진다는 것에 기쁨을 느낀다. 그러나 태형을 받는 노인의 비명을 들은 '나'는 양심의 가책을 느낀다.

2 인물 간의 갈등 구조

'나'와 죄수들		영원 영감
영감이 태형 90대를 맞고 감방에서 나가면 남은 사람들이 더 넓게 지낼 수 있으므로 공소한 영감을 이기적이라고 비난함	↔	태형을 받으면 죽을 것이라 생각하여 공소하였다가 이기적이라는 비난을 듣고 공소를 취하함

3 작품의 주제 의식

타인(영감)의 고통이나 죽음보다 자신의 안위를 더 중요시하는 '나'와 죄수들의 태도
↓
극한 상황에서 드러나는 인간의 이기심과 비도덕성

---

23 인물의 태도, 작품의 내용 파악

④ '그'는 자신의 삶의 과정이 낙오자가 되는 길이었음을 깨닫고 후회한다.
  → '그'는 자신의 삶을 '하나의 천재가 열등생으로 변모해 가는 과정'으로 인식하며, 한때는 촉망받는 인재였지만 결국 자신이 원했던 삶을 성취하지 못한 허무감을 드러내고 있다. 이를 통해 '그'가 자신이 살아온 과정이 낙오자가 되는 길이었음을 깨닫고 후회하고 있음을 알 수 있다.

① '그'는 자신이 처한 현실에 대한 극복 의지를 지니고 있다.
  → '그'는 자신을 '열등생'으로 표현하며 자조적인 태도를 취하고 인생에 대한 허무 의식을 드러내고 있으므로, 극복 의지를 지니고 있다는 설명은 적절하지 않다.

② '그'는 삶에 대한 절망감으로 출세를 위해 노력하지 않았다.
  → '그는 출세할 일(외국 유학)이라면 무엇이든지 할 준비가 되어 있다'와 '외국에 가는 기회는 단 하나도 그의 시도를 받지 않고 지나치는 법이 없다'를 통해 '그'가 출세를 위해 노력해 왔음을 알 수 있다.

③ '그'는 자신의 어린 시절을 이야기하며 불특정 다수를 격려하고 있다.
  → '그'는 자신의 어린 시절(천재가 열등생으로 변모해 가는 과정)을 이야기함으로써 누군가를 격려하는 것이 아니라, 단순히 자신의 삶을 한탄하며 처지를 비관하고 있다.

---

24 서술상의 특징

③ 인물에 대해 심리적 거리를 유지하며 객관적인 태도로 서술하고 있다.
  → 제시된 작품의 서술자는 인물에 대해 자신의 생각이나 판단을 드러내지 않고, 인물과의 심리적 거리를 유지하면서 인물의 생각이나 태도를 객관적이고 단조로운 어조로 서술하고 있다. 따라서 가장 적절한 설명은 ③이다.

① 작중 인물이 자신의 심리를 직접 제시하고 있다.
  → 제시된 작품은 3인칭 서술자가 인물의 내면 심리를 분석하여 서술하는 전지적 작가 시점에 해당한다.

② 추보식 구성을 통해 서사가 유기적인 짜임새를 갖추고 있다.
  → '추보식(追步式) 구성'은 시간의 흐름 또는 공간의 이동이 순차적으로 이어지는 서사 전개 방식이다. 그러나 제시된 작품은 인물의 내면 의식을 따라가는 과거 회상이 길게 서술되는 등 전체적인 서사 구조 속에서 유기성이 떨어지는 내용이 삽입되어 있으므로 적절하지 않다.

④ 배경을 구체적으로 묘사하여 작품 창작 당시의 시대적 상황을 나타내고 있다.
  → 제시된 작품에서 배경을 구체적으로 묘사하는 부분은 확인할 수 없다.

작품 분석 노트 ✏

📖 서정인 〈강〉

갈래	단편 소설
성격	사실적, 암시적, 서정적
배경	• 시간 - 1960년대 겨울 • 공간 - 버스 안과 군하리(시골 마을)
제재	군하리에서 만난 사람들의 삶
주제	소외된 현실을 살아가는 소시민들의 허무와 비애
특징	• 인과 관계가 없는 개별적인 사건이 나열되어 있음 • 제목을 통해 강처럼 흘러가는 인생의 모습을 우의적으로 나타냄

1 전체 줄거리

박 씨는 하숙생인 김 씨, 이 씨와 함께 버스를 타고 군하리의 혼삿집으로 가고 있다. 창밖에 날리는 진눈깨비를 보며 이들은 모두 생각에 빠지고, 시간이 지나 모두 같은 곳에서 하차하게 된다. 밤 늦게 혼삿집을 다녀온 세 사람은 거나하게 취하고, 버스가 끊기자 박 씨, 이 씨는 버스에서 만났던 작부의 술집으로 가고 김 씨는 여인숙에 머무른다. 김 씨는 침구를 가지고 방에 들어온 여인숙 집의 아이를 보며 자신의 과거를 생각하다 잠이 든다. 술집에서는 술판이 벌어지는데, 술집 여자는 이 씨에게서 김 씨가 대학생이란 이야기를 듣게 된다. 김 씨를 찾아 여인숙에 온 여자는 새우잠을 자는 김 씨를 편하게 누인 뒤, 김 씨의 얼굴을 가만히 들여다보다가 남폿불을 끈다.

2 서술상의 특징

서술자의 객관적 태도	• 서술자가 주인공들의 시선과 목소리에 관여하지만, 객관적 거리를 유지하며 상황을 전달함 • 객관적이고 단조로운 어조를 사용하여 사진을 찍는 것처럼 인물들의 대화를 묘사함
인과성과 유기성의 결여	• 다양한 대상을 전체적인 서사 구조 속에서 유기적으로 서술하지 않음 • 우발적인 계기를 통해 생성되는 인물의 내면과 행위를 인과 없이 나열함
서술자와 인물의 목소리 혼재	서술자의 목소리와 인물의 목소리가 구분되지 않고 공존함

25 문장의 의미

정답 설명

① ㉠: 자신의 목표를 동생들에게 강요했던 큰오빠에 대한 원망을 의미한다.
→ ㉠은 열악한 환경에서도 큰오빠의 뒷바라지로 동생들이 잘 자랐음을 의미하므로 적절하지 않다.

오답 분석

② ㉡: 노래에 완전히 동화된 '나'의 모습을 나타낸다.
→ '나'는 '은자'의 노래를 듣고 발밑의 어딘가로 불꽃을 튕기는 전류가 쏟아져 내리는 듯한 느낌을 받는다. 이는 '은자'가 혼신의 힘을 다해 부르는 '한계령'을 듣고 느낀 심리적 동요와 감동을 나타낸 표현으로, 이를 통해 ㉡이 '나'가 '은자'의 노래에 완전히 동화되었음을 알 수 있다.

③ ㉢: 소시민들에 대한 연민의 정을 느낄 수 있다.
→ '나'는 '은자'의 노래를 듣고 '취객(소시민)'들을 눈물 어린 시선으로 바라보며 그들이 지닌 삶의 아픔에 공감하고 있다. 이를 통해 '나'가 '소시민들'에 대한 연민을 느끼고 있음을 알 수 있다.

④ ㉣: '은자'를 만나는 것에 대한 '나'의 두려움이 나타난다.
→ '나'는 '은자'를 보러 클럽에 갔으나, 아는 척을 하지 않고 돌아올 만큼 '은자'를 만나는 것을 망설인다는 것을 알 수 있다. 이를 통해 ㉣에서도 '은자'와의 만남을 확신하지 못하고 두려워하는 '나'의 미묘한 심리가 나타나 있음을 알 수 있다.

26 작품의 종합적 감상

정답 설명

① '한계령'은 '큰오빠'의 삶을 떠올리게 하는 소재이다.
→ (나)에서 '어디 큰오빠뿐이겠는가. 나는 다시 한번 목이 메었다'라며 '은자'가 부른 '한계령'을 들은 '나'는 큰오빠의 삶을 떠올리며 큰오빠를 이해하고 있으므로 적절하다.

오답 분석

② 액자식 구성을 통해 '나'의 경험에 신뢰성을 부여한다.
→ '액자식 구성'이란 외부 이야기(외화) 속에 하나 또는 여러 개의 내부 이야기(내화)가 들어있는 소설의 구성을 의미한다. 제시된 작품은 등장인물과 배경 등이 동일한 하나의 이야기가 일관되게 전개되고 있으므로 액자식 구성이 사용되지 않았다.

③ 냉소적인 어조를 통해 현실에 대한 회의감을 드러낸다.
→ 제시된 작품은 소시민들의 고단한 삶에 대한 위로와 과거 소중했던 추억에 대한 그리움이 드러날 뿐, 냉소적인 어조로 현실에 대한 회의감을 드러내는 장면은 확인할 수 없다.

④ '나'가 '은자'를 만날 수밖에 없음에 대한 암시가 드러난다.
→ (라)에서 '나'가 '은자'가 차린 카페인 '좋은 나라'를 찾아가는 것에 확신을 갖지 못하고 있음을 알 수 있으므로 적절하지 않다.

작품 분석 노트 ✎

📖 양귀자 〈한계령〉

갈래	단편 소설, 연작 소설
성격	성찰적, 회고적, 애상적
배경	• 시간 - 1980년대 • 공간 - 서울, 부천
제재	소시민들의 삶
주제	현대 사회에서 소외된 소시민의 삶과 소박한 꿈
특징	대중가요 '한계령'을 삽입하여 주제 의식을 부각함

1 전체 줄거리

어린 시절 친구인 '은자'는 '나'에게 전화하여 자신이 노래하는 모습을 꼭 보러 와달라고 한다. '나'는 밤무대 가수가 된 '은자'를 만나면 과거의 추억이 망가질 것이 걱정되어 망설이게 된다. '나'는 '은자'의 전화를 받은 후 고향에 대한 기억과 큰오빠를 떠올린다. 큰오빠는 돌아가신 아버지를 대신해서 가족을 위해 희생했지만, 현재는 삶의 목표를 상실하고 허탈감을 느끼고 있는 상태이다. '나'는 '은자'가 일하는 마지막 날에 나이트클럽을 찾아 '한계령'이라는 노래를 듣지만, '은자'를 만나지는 않고 돌아온다. 며칠 후 '은자'는 '나'에게 전화해 새로 개업할 카페인 '좋은 나라'에 오라고 하지만, '나'는 여전히 '은자'와의 만남을 확신하지 못한다.

2 주요 소재의 의미

한계령	• '나'가 과거를 회상하게 하는 매개체 • '나'의 과거에 대한 향수를 자극함 • 고달픈 삶을 살았던 소시민들을 위한 노래 • 작품의 서정성과 애상감을 부각시킴
좋은 나라	• 삶에 지친 현대인들의 삶의 지향점 • 고된 삶을 살아 온 소시민들이 행복한 삶을 살 수 있기를 바라는 작가의 소망을 나타냄

3 작품에 제시된 소외된 인물들의 삶

	큰오빠	은자
과거	아버지 대신 가장으로서 동생들을 부양했음	빵집 주인의 딸로 노래를 잘 불렀음
현재	• 병과 싸우고 있음 • 중년의 허탈감에 빠져 괴로워함	• 밤무대 가수로 감동적인 노래를 부름 • 적극적 삶의 태도를 지님

27 인물의 태도

오답분석

④ ⓔ '가을 아욱국은 사위만 준다는 말이 그래서 생겼겠지'
→ 제시된 작품은 '나', '어머니', '작은아버지' 세 사람의 '아욱국(죽)'과 관련된 대화를 중심으로 전개되고 있다. 이때 ⓐ, ⓑ, ⓒ에는 전쟁 통에 아욱국으로만 끼니를 때워야 했던 '나'와 '작은아버지'의 아욱국에 대한 부정적인 태도가 드러난다. 그러나 ⓔ '가을 아욱국은 사위만 준다는 말이 그래서 생겼겠지'에는 '가을 아욱국'을 별미로 여기는 긍정적인 태도가 드러나고 있다. 따라서 ⓐ~ⓔ 중 대상에 대한 태도가 나머지 셋과 다른 것은 ④ ⓔ이다.

오답분석

① ⓐ '퍽이나 징징댔지. 맨날맨날 아욱죽만 먹인다고' / ② ⓑ '어머님 죽솥에 퉤퉤 마른침을 뱉다가'
→ 아욱죽이 먹기 싫었던 '나'와 '작은아버지'의 철없는 행동이다.

③ ⓒ '소증은 둘째 치고 나중엔 보기만 해도 절로 욕지기가 나오더만'
→ 전쟁으로 먹을 것이 없는 상황에서 아욱죽만 매일 먹은 탓에 아욱을 보기만 해도 메스꺼웠음을 나타내는 표현이다.

28 작품의 종합적 감상

정답설명

② 작은아버지는 '나'의 말에 동의하지 않고 있다.
→ '나'는 작은아버지가 아욱죽이 담긴 솥에 마른침을 뱉었던 과거의 일을 언급하며 자신만큼이나 아욱죽을 싫어했다고 말하는데, 작은아버지는 '허, 그랬지'라고 말하며 '나'의 말에 동의하고 있다.

오답분석

① 음식을 만드는 과정이 자세히 묘사되어 있다.
→ (나)에서 어머니가 아욱죽을 끓이는 과정을 자세하게 설명하고 있다.

③ 인물 간의 대화를 중심으로 이야기를 전개하고 있다.
→ '나', 작은아버지, 어머니 세 사람의 아욱국과 관련된 대화를 중심으로 이야기를 전개하고 있다.

④ '아욱국'은 인물들이 과거를 떠올리도록 하는 소재이다.
→ 작은아버지와 '나'는 '아욱국'을 보고 동란(6·25 전쟁) 때를 떠올리고 있다.

작품 분석 노트 ✎

📖 최일남 〈석류〉

갈래	단편 소설
성격	회상적, 해학적
배경	• 시간 - 최근의 어느 날 저녁 • 공간 - 어느 도시의 집 안
제재	음식
주제	우리나라의 음식에 얽힌 문화와 역사
특징	• 인물 간의 대화를 중심으로 서사를 전개함 • 의고체를 사용함

1 전체 줄거리

'어머니'를 모시고 사는 '나'의 집에 어느 날 '작은아버지'가 방문한다. '어머니'가 끓인 아욱국을 드신 '작은아버지'가 '어머니'의 음식 솜씨를 칭찬하면서, '어머니'와 '작은아버지'의 음식에 대한 이야기가 시작된다. 아욱국, 열무김치, 강냉이죽, 고추김치, 굴비포, 하이라이스 등 과거 '어머니'가 만들어 주셨던 음식들의 조리 과정과 그에 얽힌 추억들 그리고 그 추억 뒤에 놓인 역사적 현실에 대해 대화를 나눈다. 밤늦게까지 이야기판을 벌인 '작은아버지'가 집으로 돌아가고, '어머니'와 '나' 그리고 '아내'는 잠자리에 든다. 한밤중에 깬 '나'는 '어머니'가 식탁에서 홀로 석류를 드시며 죽은 딸 '숙진이'를 생각하는 말을 듣는다. '나'는 어릴 때 죽은 여동생 '숙진이'가 석류를 먹고 싶어 했으나 소원을 들어줄 수 없었던 '어머니'의 한(恨)을 생각한다.

2 인물 소개

나	작품의 서술자로, 어머니와 작은아버지의 대화를 들으며 음식 이야기가 지닌 의미를 심화하는 인물
어머니	음식의 조리 과정과 음식에 관련된 이야기를 재치 있게 이야기하지만 과거 아버지의 외도와 어린 딸의 죽음으로 인한 응어리를 지닌 인물
작은아버지	어릴 적부터 어머니와 함께 살았으며 어머니와 함께 음식에 대한 이야기를 해학적으로 풀어 나가는 인물

3 작품의 대화 구조

⟨석류⟩는 어머니와 작은아버지의 대화를 '나'가 듣는 구조를 취하고 있다. 대화는 아욱국으로 시작해, 열무김치, 고추김치 등 음식의 조리 과정에 대한 이야기와 음식에 얽힌 과거의 이야기를 축으로 하고 있다. 또한 서술자인 '나'의 상념이 대화 사이에 끼어들고 있다.

29 인물의 심리 및 태도

[정답 설명]

① '아버지'는 자신의 본심을 숨기고 '아들'을 격려하고 있다.
→ '아버지'는 성공해서 고국으로 돌아오겠다는 '아들'의 말에 '아므렴 그래야지. 만리타국의 호지에 가서 영영 뿌리가 백혀서야 쓰겠니'와 같이 전적으로 동의하며 조선으로 돌아오기를 소망하고 있으므로 본심을 숨기고 격려하는 것은 아니다.

[오답 분석]

② '피에로'는 이주민 가족에 대한 안타까움을 드러내고 있다.
→ '피에로'의 지시문인 '(방금 울듯이 그들의 뒤를 바라본다.)'를 통해 '피에로'가 조선을 떠나는 이주민 가족에 대한 안타까움을 드러내고 있음을 알 수 있다.

③ '아들'은 현재 상황을 긍정적으로 인식하여 극복하고자 한다.
→ '인제 잘되면 돌아와서 보아란 듯이 살 텐데'라는 '아들'의 말을 통해 미래에 대한 긍정적인 인식을 가지고 현실을 극복하고자 함을 알 수 있다.

④ '어머니'는 시간을 허비하고 있는 '아버지'에게 불만을 토로하고 있다.
→ '가든 길품을 메이고 예서 하루를 묵는단 말이요!'라는 '어머니'의 말을 통해 갈 길이 먼데 자식들에게 서울을 구경하라고 하는 '아버지'에게 불만을 토로하고 있음을 알 수 있다.

30 작품의 내용 파악

[정답 설명]

④ '아버지'는 조선인으로서의 정신이 부재한 인물로서 풍자의 대상이 된다.
→ '만리타국의 호지에 가서 영영 뿌리가 백혀서야 쓰겠니'라는 '아버지'의 말을 통해 비록 어쩔 수 없이 타국으로 떠나지만 조선인으로서의 정체성을 지키고자 하는 인물임을 알 수 있다. 따라서 조선인으로서의 정신이 부재한 인물이라는 설명은 적절하지 않다.

[오답 분석]

① 공간적 배경은 파고다 공원의 사리탑 근처이다.
→ '파고다 공원의 일부를 모사한 것 ~ 사리탑(舍利塔)을 배경으로 하고'를 통해 알 수 있다.

② '이주민 가족'은 어쩔 수 없이 조선을 떠나고 있다.
→ '북간도로 떠둥구러 가는 팔자에'라는 '어머니'의 말을 통해 '이주민 가족'이 어쩔 수 없이 조선을 떠나야 하는 상황임을 알 수 있다.

③ '피에로'는 관객과 같은 시각에서 대상을 관찰하고 있다.
→ '피에로'는 관객석을 등지고 사리탑을 바라보고 있으므로 관객과 같은 시각에서 대상을 관찰하고 있음을 알 수 있다.

작품 분석 노트 ✏️

📖 채만식 〈영웅 모집〉

갈래	희곡
성격	풍자적, 사실적, 실험적
배경	• 시간 - 1930년대 • 공간 - 서울 파고다 공원
제재	일제 강점기의 여러 삶의 군상
주제	일제 강점기의 비참한 현실과 희망을 줄 수 있는 진정한 영웅에 대한 기대
특징	• 관찰자적 시점의 중심인물 '피에로'가 여러 대상을 관찰하는 형식을 취함 • 사건과 사건 사이에 인과성이 없는 삽화식 구성임

1 전체 줄거리

1	두 소년의 대화: 카스텔라 한 조각을 두고 두 소년이 다툼
2	전문학교 학생들의 대화: 전문학교 학생들이 전문학교를 졸업해도 취직을 하지 못하는 실태에 관한 대화를 나눔
3	거리의 여자와 남자의 대화: 거리의 여자가 병든 삶을 근근이 이어 나감
4	신사들의 대화: 역사의식이 없는 신사가 공원에 유흥 시설을 짓겠다고 함
5	과부와 옛 친구의 대화: 어린 자식들을 위해 첩살이를 하다가 쫓겨나 다시 과부가 됨
6	순사와 노동자의 대화: 일자리를 구하지 못해 가족들을 사흘째 굶긴 병든 노동자가 절망함
7	룸펜과 행인들의 대화: 기회주의자들은 자신의 변절을 합리화하며 충족하게 살아가나 시대에 적응하지 못한 룸펜들은 가난에 시달림
8	이주민 가족의 대화: 온전한 세계관을 지녔으나 조선에서 살기 어려워 북간도로 떠남
9	주정꾼들의 대화: 술에 취해 일본어로 술주정을 하며 현실에 대한 고민 없이 살아감
10	피에로와 소년들의 대화: 피에로는 시대 상황을 목도하고 영웅의 필요성을 깨달으나, 영웅 모집 과정에서 자신의 잘못된 현실 인식을 드러내며 소년들에게 조롱당함

2 작품의 이중 풍자 구조

피에로는 파고다 공원을 지나는 다양한 사람들을 관찰하며 평가하고, 이를 통해 식민지 현실을 살아가는 우리 민족에게 희망을 줄 수 있는 진정한 영웅이 필요함을 깨닫는다. 피에로는 민족을 구원하려는 의지를 지닌 긍정적인 인물로 그려지지만, 작품의 후반부에서 영웅을 모집할 때에는 영웅에 대한 왜곡된 인식과 무지함을 드러내며 풍자의 대상으로 전락하기도 한다. 이처럼 〈영웅 모집〉은 현실을 비판하는 인물이 다시 비판을 받는 대상이 되는 이중 풍자 구조를 취하고 있다.

---

31 서술상의 특징

정답 설명

④ 장면에 따라 서술자를 교체하여 다양한 관점을 제시하고 있다.
→ 제시된 작품은 전체적으로 '옥이'가 떡을 먹고 봉변을 당한 사건에 대해 보고 들은 바를 전달한다는 점에서 일인칭 관찰자 시점을 취하고 있지만 '짜장 가슴을 죄인 것은 그래도 옥이 어머니 하나뿐이었다'와 같이 서술자인 '나'가 관찰할 수 없는 인물의 내면 심리를 서술자가 직접 전달하고 있으므로 전지적 작가 시점도 부분적으로 나타난다. 이를 통해 서술 시점이 혼재되어 있음은 알 수 있으나, 서술자는 일관적으로 '나'이며 서술자가 교체되는 것은 아니므로 적절하지 않다.

오답 분석

① 과거의 사건을 중심으로 서사가 전개되고 있다.
→ '옥이'가 떡을 먹고 탈이 났던 과거의 사건을 중심으로 서사가 전개되고 있다.

② 한 인물에 초점을 맞추어 서술이 이루어지고 있다.
→ '옥이'라는 인물에 초점을 맞추어 사건이 전개되고 있다.

③ 서술자가 개입하여 인물에 대해 평가를 내리고 있다.
→ 서술자는 '개똥어머니'가 한 말을 '빨간 거짓말'이라고 서술하며 부정적으로 평가하고 있다.

32 작품의 내용 파악

정답 설명

④ '옥이'는 '개똥어머니'의 만류에도 불구하고 과식을 해 탈이 났다.
→ (가)에서 '나'가 '개똥어머니'에게 왜 '옥이'를 말리지 않았냐고 묻는 부분을 통해 '개똥어머니'가 '옥이'의 행동을 말리지 않았음을 알 수 있다.

오답 분석

① 떡은 '옥이'가 평소에 맛보기 어려운 음식이다.
→ (가)의 '맛깔스러운 그 떡 맛 생전 맛 못 보던 그 미각을 한번 즐겨 보고자'라는 서술을 통해 알 수 있다.

② '옥이 어머니'는 '옥이'를 진심으로 걱정하고 있다.
→ (나)에서 탈이 나서 고통스러워하는 '옥이'를 걱정하는 사람은 '옥이 어머니' 한 명뿐임을 알 수 있다.

③ 마을 사람들은 '옥이'가 당한 봉변을 재밋거리로 삼고 있다.
→ (나)에서 '계집들(마을 사람들)'이 '옥이'가 죽을 뻔한 사건을 두고 서로 까불면서 떠들어대고 있음을 알 수 있다.

작품 분석 노트 ✎

📖 김유정 〈떡〉

갈래	단편 소설, 세태 소설, 풍자 소설
성격	풍자적, 사실적, 비판적
배경	• 시간 - 1930년대 겨울 • 공간 - 시골 마을
시점	1인칭 관찰자 시점
제재	떡
주제	일제 강점기 민중의 비참한 삶과 몰인정한 세태에 대한 풍자
특징	• 민중의 비참한 삶을 사실적으로 그려냄 • 1인칭 관찰자 시점, 전지적 시점이 혼재되어 있음 • 판소리 사설의 서술 방식이 드러남

1 전체 줄거리

일곱 살 난 옥이의 부모는 한때 소작농이었으나 땅을 잃고 개똥네 집에 빌붙어 산다. 옥이의 부친인 덕희와 옥이 어머니는 생계를 이어갈 능력이 없어 좁은 방에 누워 굶는 날이 많고, 덕희는 툭하면 술을 마시며 신세 한탄을 한다. 죽도 제대로 못 먹는 형편에 옥이는 늘 먹을 것을 갈구하고, 덕희는 그런 옥이를 모질게 대한다. 하루는 개똥 어머니가 지주인 도사댁 생일잔치에 가는데, 옥이가 그 뒤를 따라간다. 잔칫집에 모여든 동네 계집들은 그런 옥이를 박대하지만, 도사댁 작은아씨는 웃으면서 옥이에게 국밥을 말아 준다. 작은아씨는 옥이가 순식간에 그릇을 비우는 것을 보고는 떡을 차례로 내어 준다. 옥이는 이미 많은 양의 음식을 먹고도 떡들을 받아 꾸역꾸역 씹어 넘긴다. 동네 계집들은 옥이의 그런 행동을 말리지 않고 재밋거리로 삼는다. 결국 옥이는 탈이 나고 집으로 돌아오는 길에 먹은 것을 전부 게워 내고는 앓다가 겨우 살아난다.

2 제목 '떡'의 의미

옥이는 죽 한 그릇도 배불리 먹을 수 없을 정도로 늘 굶주린 생활을 한 탓에 잔칫집에서 떡을 보고는 욕심을 내어 과식하다가 크게 탈이 난다. 이를 통해 '떡'은 굶주림을 채워 주는 음식인 동시에 가난한 민중들이 추구하는 풍요로운 삶을 의미함을 알 수 있다.

3 서술 시점의 특징

'떡'은 전체적으로는 1인칭 관찰자 시점이나, 부분적으로 서술자의 관찰 범위를 벗어난 내용까지 서술하고 있다. 따라서 서술자가 직접 보고 듣지 못한 내용은 작중 인물의 시선을 빌려 서술하고 있는데, 이때 사용되는 '개똥어머니에게 좀 설명하여 받기로 하자'와 같은 표현은 전지적 시점의 창자가 작중에 개입하여 주관적인 생각을 밝히는 판소리 사설의 서술 방식과 유사하다.

---

33 문장의 의미

정답 설명

② ⓛ: 이미 죽은 사람은 중요하지 않음을 암시한다.
→ ⓛ은 죽은 사람의 수가 매우 많았음을 암시하는 문장이므로 ②는 옳지 않다.

오답 분석

① ⓖ: '적탄'은 '나'의 통증을 유발하는 원인이다.
→ ⓖ의 앞에서 장마 때면 사천 싸움에서 총을 맞은 왼편 어깨가 결렸다고 서술하고 있으므로 '적탄'이 어깨의 통증을 유발하는 원인이 되었음을 알 수 있다.

③ ⓒ: 전투가 끊이지 않고 발생했음을 알 수 있다.
→ 갑옷을 입는다는 것은 전투에 나서야 함을 의미하므로 갑옷을 벗을 새도 없을 만큼 끊이지 않고 전투가 발생했음을 알 수 있다.

④ ⓔ: 고통의 원인은 제거했으나 통증이 계속됨을 알 수 있다.
→ ⓔ의 앞에서 적탄을 제거하고 상처가 아물었으나, 통증을 계속 느꼈다고 서술하고 있다.

34 서술상의 특징

정답 설명

④ 단정적 어조를 통해 승전(勝戰)의 의지를 드러내고 있다.
→ 제시된 작품에는 단정적 어조가 드러나지 않으므로 적절하지 않다. 참고로 제시된 작품은 1인칭 주인공 시점으로, 독백을 통해 '나(이순신)'의 인간적 고뇌와 내면의 갈등을 드러내고 있다.

오답 분석

① 날씨 묘사를 통해 음산한 분위기를 형성하고 있다.
→ '붉은 노을과 검은 노을이 어지럽게 뒤엉키고 눅눅한 바람이 불어오면'과 같이 날씨를 묘사하여 전쟁 상황의 음산한 분위기를 조성하고 있다.

② 전투 장면을 간결하고 힘 있는 문체로 서술하고 있다.
→ '온전히 부수었다', '죽은 자는 헤아리지 않았다'와 같이 엿새 동안의 전투 과정을 간결하고 힘 있는 문체로 서술하고 있다.

③ 인물이 겪은 일의 의미가 독백을 통해 전달되고 있다.
→ '살아 있는 아픔이 ~ 적의 생명으로 느껴졌다'와 같은 독백을 통해 '적탄'으로 인해 자신이 겪고 있는 통증과 통증이 계속되는 상태가 마치 적군이 물러나지 않고 자신을 괴롭히는 상황처럼 느껴졌다는 생각을 드러내고 있다.

📖 **김훈 〈칼의 노래〉**

갈래	장편 소설, 역사 소설
성격	역사적, 사실적, 독백적
배경	• 시간 - 16세기 말 임진왜란 시기 • 공간 - 서울과 남해안 일대
제재	이순신 장군의 고뇌와 갈등
주제	이순신 장군의 인간적 고뇌와 내적 갈등
특징	• 역사적 사실에 작가의 상상력이 결합되어 내용을 전개함 • 국가의 위기 속에서 고뇌하고 갈등하는 이순신 장군의 내면이 잘 드러남 • 간결하고 힘 있는 문체로 전쟁 상황을 서술함

1 전체 줄거리

이순신은 왕명을 거역했다는 이유로 모함받아 서울로 압송되었다가 일본군과의 전쟁이 재개된 후 조선군이 전멸할 위기에 놓이자 다시 삼도 수군통제사로 임명된다. 이순신은 열악한 상황에서도 12척의 배만으로 명량 해전에서 승리하지만, 아들 면의 전사 소식을 듣는다. 명나라 장군이 왜장과 거래하여 퇴로를 열어 주기로 하자 이순신은 이에 반대하여 퇴로를 차단하기 위해 노량 해역에서 철수하려는 적들과 전투를 벌이던 중, 적의 총탄을 맞는다. 이순신은 자신의 죽음을 적에게 알리지 말라고 당부한 뒤 전투 중에 죽게 된 것에 안도하며 죽음을 맞이한다.

2 '통증'의 의미

작중에서 이순신은 자신의 어깨 통증과 허리, 무릎 통증에 대해 서술하고 있다. 이들은 모두 과거의 경험(적탄을 맞음, 의금부의 심문)으로 인해 생긴 것으로, 고통의 원인은 제거했지만 고통이 사라지지 않고 몸속에 남아 지속적으로 괴롭히고 있음을 보여 준다.

35 인물의 심리, 화자의 정서

정답 설명

④ 나모도 바히 돌도 업슨 뫼헤 매게 쪼친 가토리 안과 / 대천(大川) 바다 한가온대 일천 석(一千石) 시른 비에 노도 일코 닷도 일코 뇽총도 근코 돗대도 것고 치도 빠지고 부람 부러 물결치고 안개 뒤섯계 주자진 날에 갈 길은 천리만리(千里萬里) 나믄듸 사면(四面)이 거머어득 져믓 천지적막(天地寂寞) 가치 노을 썻눈듸 수적(水賊) 만난 도사공(都沙工)의 안과 / 엇그제 님 여흰 내 안히야 엇다가 フ을ᄒ리오

→ ⊙에는 수탈로 인해 농사를 지은 벼를 빼앗기게 된 농민들의 절박함과 절망감이 드러나 있다. 또한 ④는 과장과 열거를 통해 제시한 절박한 상황에 견주어 임을 잃은 화자의 절망감과 슬픔을 드러내고 있으므로 ⊙과 가장 유사한 정서가 드러나는 것은 ④이다.

오답 분석

① 동기로 세 몸 되어 한 몸같이 지내다가 / 두 아운 어디 가서 돌아올 줄 모르는고. / 날마다 석양 문외에 한숨 겨워 하노라.
→ 형제를 잃은 슬픔을 노래하고 있다.

② 하하 허허 흔들 내 우음이 졍 우움가 / 하 어쳑 업서셔 늦기다가 그리 되게 / 벗님닉 웃디를 말구려 아귀 쁴여디리라.
→ 잘못된 정치 현실에 대한 허탈함과 비판 의식을 드러내고 있다.

③ 한숨아 셰 한숨아, 네 어늬 틈으로 드러온다 / 고모장조 셰살장조 가로다지 여다지에 암돗져귀 수돗져귀 빅목걸새 쑥닥 박고 용(龍) 거북 조물쇠로 수기수기 초엿눈듸 병풍(屛風)이라 덜걱 져븐 족자(簇子)ㅣ라 듸듸글 몬다 네 어늬 틈으로 드러온다 / 어인지 너 온 날 밤이면 좀 못 드러 ᄒ노라
→ 그칠 줄 모르는 시름과 이로 인한 화자의 답답한 마음을 표현하고 있다.

🏵 **현대어 풀이**

> ① 동기로 태어난 세 몸(세 형제)이 한 몸같이 우애 있게 지내다가 두 아우는 어디 가서 돌아올 줄 모르는가.
> 날마다 해 지는 문밖에 서서 한숨을 못 이겨 하노라. — 박인로
> ② 하하 허허 하고 웃은들 내 웃음이 정말 웃음인가(정말 우스워서 웃는 것인가)?
> 하도 어처구니가 없어서 울다가 그리된 것이다.
> 사람들아 웃지를 말아라. 입이 찢어지리라. — 권섭
> ③ 한숨아 가느다란 한숨아, 네 어느 틈으로 들어오느냐?
> 고미장지, 세살장지, 가로닫이, 여닫이에 암톨쩌귀, 수톨쩌귀, 배목걸쇠 뚝딱 박고, 용 거북 자물쇠로 꼭꼭 채웠는데, 병풍처럼 덜컥 접고 족자처럼 대굴대굴 말았느냐 네 어느 틈으로 들어오느냐?
> 어찌 된 일인지 네가 오는 날 밤이면 잠 못 들어 하노라.
> — 작자 미상
> ④ 나무도 바위도 없는 산에 매에게 쫓긴 까투리의 마음과
> 넓은 바다 한가운데 일천 석 실은 배에 노도 잃고, 닻도 잃고, 돛줄도 끊어지고, 돛대도 꺾어지고, 키도 빠지고, 바람 불어 물결치고, 안개 뒤섞여 자욱한 날에 갈 길은 천리만리 남았는데, 사방은 깜깜하고 어둑어둑 저물어서 천지는 적막하고 사나운 파도는 이는데 해적을 만난 도사공의 마음과,
> 엊그제 임을 이별한 나의 마음이야 어디다 비교하리오.
> — 작자 미상

정답 설명

② 특정 인물의 주도로 농민들에 대한 계몽이 이루어진다.

→ 특정 인물에 의해서 계몽이 이루어지는 것이 아니라 농민들이 자발적으로 현실의 부조리함을 자각하고 지주, 조합 이사 등의 지배 집단에 대한 집단적인 저항 의식을 드러내고 있다.

오답 분석

① '빈 짚단, 콩대, 메밀대'는 농민들의 분노를 상징한다.

→ '빈 짚단, 콩대, 메밀대'는 농민들이 자신들의 탄원을 들어주지 않을 경우 '보광사'에 불을 지르기 위한 도구로, 이는 '보광사'에 대한 농민들의 분노를 상징한다.

③ 지주와 소작농 간의 갈등을 사실적으로 묘사하고 있다.

→ 제시된 작품은 농민(소작농)과 지주(보광사)의 갈등과 지주에 맞서는 농민들의 모습을 사실적으로 묘사하고 있다.

④ '입도 차압(立稻差押)의 팻말'은 지배 집단의 수탈을 의미한다.

→ '입도 차압(立稻差押)'은 논에서 자라고 있는 벼를 압류하겠다는 뜻으로, 조합 이사가 농민들이 농사지은 곡식을 빼앗겠다는 의미로 팻말을 내건 것이다.

작품 분석 노트 ✏️

📖 김정한 〈사하촌〉

갈래	단편 소설, 농촌 소설
성격	사실적, 현실 참여적, 저항적
배경	• 시간 – 1930년대 여름 • 공간 – 사하촌인 성동리와 보광리
제재	가난한 농민들의 고통스러운 삶
주제	부조리한 농촌 현실과 농민들의 저항 의식
특징	• 일반적인 농촌 계몽 소설과 달리 농민들이 스스로 깨달음을 얻음 • 특정한 주인공이 없으며 보광리, 성동리 사람들 전체의 모습을 조망함

1 전체 줄거리

논바닥이 말라붙을 정도의 극심한 가뭄으로 들깨는 논에 물을 대러 갔다가 허탕을 친다. 보광사 중들이 물을 모조리 끌어다 썼기 때문이다. 고 서방은 자기 논에 물꼬를 터놓았으나 보광리 사람들에게 폭행을 당한다. 주민들이 기우제를 지내지만 아무런 소용이 없었고 그해 농사는 흉작이었다. 밤을 줍다 산지기에게 쫓기던 차돌이 굴러 떨어져 죽자 차돌의 할머니는 미치고 만다. 농민 대표들의 노력에도 불구하고 보광사는 농민들의 논에 '입도 차압'의 팻말을 붙인다. 논까지 빼앗겨 더 이상 참을 수 없게 된 농민들은 차압 취소와 소작료 면제를 주장하며 볏짚단을 들고 보광사로 향한다.

2 작품의 갈등 양상

갈등의 내용	가뭄에 물 대기 싸움, '입도 차압' 팻말

↓

지배 집단		농민 집단
보광사 중 순사 조합 이사 면 주사	↔	들깨 고 서방 또쭐이 성동리 주민들

정답 설명

④ 자연과 인세(人世)의 대조를 통해 탈속에 대한 소망을 드러낸다.

→ 제시된 작품은 4연의 '울타리 밖에도'라는 표현을 통해 '울타리 안(인간의 마을)'과 '울타리 밖(자연)'을 구분 짓지 않는 자연과 인간의 조화를 나타내고 있으며, 자연과 인세의 대조를 통한 탈속에의 소망은 드러나지 않는다.

오답 분석

① 비슷한 통사 구조의 반복을 통해 운율을 형성하고 있다.

→ 4연의 '~ 마을이 있다'라는 통사 구조의 반복을 통해 운율을 형성하고 있다.

② 비유를 통해 시적 대상의 특성을 구체적으로 나타낸다.

→ 1연에서 '소녀의 머리(원관념)'를 '마늘쪽(보조 관념)'에 비유하여 '소녀'의 순수한 모습을 구체적으로 형상화하고 있다.

③ 시각적 심상을 통해 마을의 아름다운 풍경을 형상화한다.

→ 4연의 '울타리 밖에도 화초를 심는', '오래오래 잔광이 부신', '밤이면 더 많이 별이 뜨는'과 같은 표현을 통해 아름다운 '마을'의 풍경을 시각적으로 형상화하고 있다.

정답 설명

② 화자가 추구하는 이상적인 세계를 의지적인 어조로 묘사하고 있다.

→ 작품 전체에서 화자가 추구하는 이상적인 세계인 자연과 인간이 조화를 이룬 마을의 모습을 묘사하고 있다. 하지만 제시된 작품에서 '~(으)리라'와 같은 의지적인 어조는 사용하고 있지 않으므로 적절하지 않다.

① 하나의 시어를 독립적인 연으로 구성하여 시상을 집약하고 있다.

→ 3연은 '천연(天然)히'라는 하나의 시어로 독립적인 연을 구성하고 있는데, 이때 '천연(天然)히'는 '생긴 그대로 조금도 꾸밈이 없이'를 뜻한다. 이는 1연의 '소년'과 '소녀', 2연의 '아지랑이, 태양, 제비, 물', 4연의 '마을'이 가진 공통적인 속성이므로 3연은 시상을 압축하고 주제를 강조하는 역할을 하고 있다.

③ 중의적으로 해석되는 시어를 통해 대상 간의 유사성을 표현하고 있다.

→ 1연의 '같이'는 '처럼'이나 '함께'라는 두 가지 의미로 해석된다. '처럼'으로 해석하면 '낯이 설어도 사랑스러운 들길'이 '소녀', '소년'과 같은 존재라는 의미가 되고, '함께'로 해석하면 '소녀', '소년'과 '들길'이 모두 '낯이 설어도 사랑스러운' 존재임을 나타낸다.

④ 시간의 순서에 따라 시상을 전개하며 '마을'의 아름다움을 부각하고 있다.

→ '화초를 심는', '잔광이 부신', '별이 뜨는'은 각각 낮, 해질녘, 밤을 묘사하는 시어이므로, 4연은 시간의 순서에 따라 시상이 전개되고 있다. 또한 '화초를 심는', '잔광이 부신', '별이 뜨는'은 공통적으로 '마을'을 수식하고 있으므로 자연과 조화를 이루는 '마을'의 아름다움을 부각하는 역할을 하고 있다.

작품 분석 노트

📖 박용래 〈울타리 밖〉

갈래	자유시, 서정시
성격	향토적, 서정적, 자연 친화적
제재	울타리 안과 밖의 구분 없이 화초를 심는 마을
주제	• 자연과 인간이 조화를 이룬 세계에 대한 소망 • 자연과 인간이 어우러진 고향에 대한 그리움
특징	• 시각적 이미지를 활용해 마을의 풍경을 묘사함 • 연결 어미 '-듯'의 반복을 통해 다양한 소재에 통일성을 부여함 • 하나의 시어만으로 하나의 연을 구성해 주제를 함축적으로 전달함

1 주요 시어의 의미

	주요 시어	특성
1연	소녀, 소년, 들길	낯이 설어도 사랑스러움
2연	아지랑이, 태양, 제비, 물	천연함
3연	천연(天然)히	꾸밈없이 자연스러움
4연	울타리 밖, 화초, 마을, 잔광, 별	천연함

---

2 '울타리 밖에도' 의미

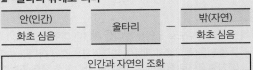

'울타리'는 원래 안과 밖의 경계를 나타내는 기능을 한다. 〈울타리 밖〉에서 안과 밖은 각각 인간과 자연, 두 세계를 나타낸다. 이때 조사 '도'를 사용해 울타리 안과 밖을 구분하지 않고 화초를 심는 마을의 모습을 드러내는데, 이는 인간과 자연이 조화를 이룬 이상적 세계를 상징하며, '잔광'과 '별'을 통해 아름답게 형상화되고 있다.

3 '천연(天然)히'의 역할과 기능

'천연히'는 1, 2연에서 제시된 인간(소녀, 소년 등)과 자연(아지랑이, 태양, 제비 등)의 속성에 대한 요약적 결론임과 동시에, 4연에서 제시하려는 마을과 자연에 대한 전제이다. 즉 '천연히'는 1, 2연과 4연을 연결하여 의미의 상호 관련성을 나타냄과 동시에 시상을 집약하여 주제를 함축하는 역할을 하고 있다.

---

39 표현상의 특징과 효과

② 반어적 표현을 통해 임의 실존에 대한 회의감을 드러내고 있다.

→ 제시된 작품에서 반어적인 표현은 드러나지 않으므로 옳지 않다. 임의 실존에 대한 회의감은 3연의 '꿈에나 아득히 보이는가'와 같은 설의적 표현을 통해 드러난다.

① 시어의 조탁을 통해 음악성을 높이고 있다.

→ 제시된 작품은 '날같이(나+ㄹ+같이)', '어리우는(어리+우+는)', '하오련만(하+오+련만)'과 같이 유음, 모음을 첨가하거나 '희미론(희미-+-로운)'과 같이 축약된 시적 허용어를 만들어 사용하여 시에 부드러움을 더하고 음악적 효과를 높이고 있다.

• 조탁(彫琢): 문장이나 글 따위를 매끄럽게 다듬음

③ 영탄적 표현을 통해 임에 대한 그리움을 직접적으로 드러내고 있다.

→ 3연의 '아, 그립다'와 같은 영탄적 표현을 통해 화자의 마음을 알아줄 임에 대한 간절한 그리움이 직접적으로 드러난다.

④ 도치법을 통해 화자의 마음을 알아줄 이가 없는 현실에 대한 안타까움을 드러내고 있다.

→ 4연의 '사랑도 모르리, 내 혼자 마음은'에 도치법이 사용되었다. 이렇게 어순을 뒤바꾸어 사랑하는 이조차 자신의 마음을 알지 못할 것이라는 화자의 안타까움을 강조하고 있다.

정답 설명

④ ㉣: 임에 대한 화자의 불확실한 마음

→ ㉣ '불빛에 연긴 듯 희미론 마음'은 화자의 마음을 '연기'에 비유한 것으로, 이는 겉으로 잘 드러나지 않아 다른 사람은 쉽게 알 수 없는 화자의 섬세한 서정을 의미한다. 또한 연기처럼 사라질 자신의 순수한 마음에 대한 안타까움의 표현이기도 하므로 ④는 적절하지 않다.

오답 분석

① ㉠: 화자 내면의 곱고 섬세한 서정

→ ㉠ '내 마음'은 임이 화자의 마음을 알아주기를 바라는 화자의 곱고 섬세한 서정을 의미하므로 적절하다.

② ㉡: 화자의 번뇌

→ ㉡ '티끌'은 곱고 섬세한 화자의 마음에 가끔 어리는 내적 번민 또는 고민 등을 의미하므로 적절하다.

③ ㉢: 화자의 그윽하고 순수한 사랑

→ ㉢ '향 맑은 옥돌'은 은근하게 달아오르는 화자의 그윽하고 순수한 사랑을 의미하므로 적절하다.

작품 분석 노트 ✏️

📖 김영랑 〈내 마음을 아실 이〉

갈래	자유시, 서정시
성격	여성적, 낭만적, 유미적, 독백적
제재	내 마음
주제	내 마음을 알아 줄 임에 대한 간절한 그리움과 회의
특징	• 언어의 조탁을 통해 서정적인 사랑의 정서를 드러냄 • 비유와 상징을 통해 '마음'을 구체적으로 형상화함 • 가정 어법과 자문자답의 형식으로 시상을 전개함

1 주요 시어의 의미

내 마음	섬세하고 고운 화자의 서정 세계	
티끌	화자 내면의 고뇌와 번민	섬세하고 고운 서정의 구체적 형상
눈물	내면적 슬픔, 순수, 진실	
보람	곱고 순수한 사랑의 보람	
향 맑은 옥돌	은근하고 순수한 사랑	
불빛에 연기	쉽게 드러나지 않는 곱고 순수한 화자의 서정	

2 작품의 구성

기	[가정] '나'의 마음을 알아 줄 임의 존재에 대한 기대
승	[다짐] 임에게 바치고 싶은 '나'의 순수한 사랑
전	[회의] 임의 존재에 대한 회의(물음)
결	[안타까움] 임의 부재에 대한 안타까움(대답)

3 김영랑 시의 '시어의 조탁(彫琢)'

작가는 1930년대 일제의 문화적 탄압 속에서도 모국어의 아름다움을 보존하기 위해 노력했다. 특히 우리말을 조탁하여 시의 음악성을 높이고 시적 정서와 표현법을 섬세하게 다듬는 것에 주력했다.

음악적 효과를 위한 음운의 첨가	• 날같이(나 + ㄹ 같이) • 어리우는(어리+우+는) • 하오련만(하+오+련만) → 모음과 유음을 첨가하여 부드러운 낭독 효과를 줌
인위적 조어(造語)	희미론(희미-+-로운 → 희미-+-론) → '희미-'에 '-롭다'의 관형사형인 '-로운'을 결합시켜 시적 허용어를 만들어 사용함 → '-로운'을 '-론'으로 축약하여 유음을 통한 부드러운 음악적 효과를 줌

정답 설명

③ 대립적인 이미지의 시어를 중심으로 시상을 전개하고 있다.

→ 긍정적 이미지의 시어인 '아름다운 혼(이상적 자아)', '또 다른 고향(이상향)'과 부정적 이미지의 시어인 '백골(분열된 자아)', '고향(식민지 조국의 현실)'의 대립을 중심으로 시상을 전개하고 있다.

오답 분석

① 가정적(假定的)인 상황을 설정하여 시상을 전개하고 있다. / ② 근경에서 원경으로 시선을 이동하며 시상을 전개하고 있다.

→ 제시된 작품에서 찾아볼 수 없다.

④ 시적 대상에게 말을 건네는 방식으로 시상을 전개하고 있다.

→ 제시된 작품은 화자 내면의 갈등에 의해 시상이 전개되고 있을 뿐, 특정한 시적 대상에게 말을 건네는 형식을 취하고 있지 않다.

정답 설명

① 일제 강점기의 지식인이 느끼는 내적 갈등과 현실 극복 의지가 드러나 있군.
→ 제시된 작품의 창작 시기는 일제 강점기이므로 암울한 현실 (밤) 속에서 분열된 자아(백골)로 인한 일제 강점기 지식인의 내적 갈등을 드러나면서, '아름다운 혼'이 지향하는 이상 세계인 '또 다른 고향'으로 가고자 하는 의지를 다지고 있다. 이는 작품에 반영된 현실 세계를 중심으로 해석하는 반영론적 관점에 해당한다.

오답 분석

② 청각적 심상을 사용하여 현실적 자아를 일깨우는 존재를 드러내고 있다.
→ 작품의 내부적 요소에 초점을 맞추어 작품을 분석하는 내재적 관점에 해당한다.

③ 아무리 절망적인 상황이라도 극복에 대한 의지를 잃지 말아야 한다는 깨달음을 주는군.
→ 작품이 독자에게 주는 효용 가치를 분석하는 효용론적 관점에 해당한다.

④ 반복적인 표현을 통해 이상 세계에 도달하고 싶은 화자의 간절한 마음을 강조하고 있군.
→ 6연에서 '가자'라는 표현을 반복하여 '고향(현실)'을 떠나 '또 다른 고향(이상 세계)'에 도달하고 싶은 간절함을 강조하고 있는데, 이는 작품 이외의 사실에 대한 고려를 배제하고 작품의 내부적 요소인 '수사법(반복법)'에 초점을 맞추어 작품을 분석하는 내재적 관점에 해당한다.

🚩 이것도 알면 합격

문학 감상의 관점

내재적 관점 (절대론적 관점)		작품 이외의 사실에 대한 고려를 배제하고 어조, 운율, 구성, 표현 기법, 미적 가치 등 작품의 내부적 요소를 분석하는 관점
외재적 관점	반영론적 관점	• 작품이 현실 세계를 반영한다고 보는 관점 • 작품과 작품의 대상이 되는 현실 세계와의 관계를 중시함
	표현론적 관점	• 작품이 작가와 맺는 관계를 중시하는 관점 • 작품 속에 작가의 체험, 사상, 감정 등이 표현되어 있다고 봄
	효용론적 관점	• 작품과 독자의 관계를 중시하는 관점 • 작품이 독자에게 주는 의미, 감동, 교훈 등에 초점을 맞추어 감상함

작품 분석 노트 ✏️

📖 **윤동주 〈또 다른 고향〉**

갈래	자유시, 서정시
성격	성찰적, 관조적, 의지적, 상징적
제재	고향 상실, 자의식의 세계
주제	이상 세계에 대한 동경과 자아 성찰
특징	• 자아의 분열로 인한 내적 갈등 구조가 나타남 • 상징적 시어를 통해 화자의 내면 의식을 드러냄 • 암울한 현실을 극복하고 이상향에 도달하고자 하는 소망이 드러남

1 작품의 구성

1, 2연	고향으로 돌아온 '나'의 암담한 현실 인식
3연	자아의 분열로 인한 내적 갈등
4, 5연	현실적 자아인 '나'를 일깨우는 소리
6연	이상 세계에 대한 동경

2 '또 다른 고향'의 의미

식민지 현실에서 화자는 '고향'을 어둡고 암울한 곳으로 묘사하고 있다. 고향으로 돌아온 화자는 현실의 모순과 부도덕함을 극복하기 위해 끊임없이 자아를 성찰하는데, 그 결과 화자는 '또 다른 고향'으로 갈 것을 떠올린다. 즉 '또 다른 고향'은 현실에서 '고향(조국)'을 상실해 버린 화자가 새롭게 설정한 '고향'으로, 자아와 고향의 본질을 회복할 수 있는 초월적 공간이라고 볼 수 있다.

고향		또 다른 고향
현실(일제 식민지) → 암울함	↔	초월적 공간 → 이상향

3 세 자아의 의미

백골	사회적 자아, 유한적 자아 → 부정적 현실 속에서 죽어가는 자아의 모습
나	개인적 자아, 본래적 자아 → '백골'과 '아름다운 혼'을 포괄하는 통합적인 자아
아름다운 혼	종교적 자아, 이상적 자아 → 현실의 어둠과 대조되는 이상과 화해의 공간을 지향하는 자아

정답 설명

④ 서로 관련이 없어 보이는 시어를 병치하여 현실의 모순을 드러내고 있다.

→ 제시된 작품은 샤갈의 그림인 '나와 마을'을 보고 작가가 떠올린 이미지를 감각적 언어로 형상화한 작품이다. 이때, '새로 돋는 정맥', '삼월의 눈', '겨울 열매' 등 상호 연관성이 적은 시어를 병치하여 이색적이고 환상적인 분위기를 형성하고 있으나, 현실의 모순을 드러내고 있지는 않으므로 ④는 적절하지 않다.

오답 분석

① 선명한 색채 대비를 통해 회화성을 강조하고 있다.

→ '눈(흰색)'과 '정맥(파란색)', '올리브빛(녹색)', '불(붉은색)'의 색채 대비를 통해 시각적 이미지를 선명하게 드러내어 회화성을 강조하고 있다.

② 현재 시제를 사용해 봄날의 생동감을 표현하고 있다.

→ '온다', '덮는다', '지핀다'와 같이 현재 시제를 사용하여 봄날의 생동감을 표현하고 있다.

③ 음성 상징어를 통해 시적 대상의 모습을 실감 나게 드러내고 있다.

→ '바르르'와 같은 의태어를 사용하여 사나이의 정맥이 떨리는 모습을 실감 나게 드러내고 있다.

1 작품의 구성

1행	눈이 내리는 샤갈의 그림 속 세계를 봄
2~4행	눈을 맞는 사나이의 모습에서 느껴지는 생명력
5~9행	샤갈의 마을에 눈이 내리는 모습
10~12행	눈 속에서 봄의 생명들을 발견함
13~15행	눈 속에서 봄의 아름다움을 발견함

2 '눈'의 역할과 시의 분위기

'눈'의 시적 기능	시의 분위기
• 사나이의 정맥을 어루만짐 • 마을과 지붕의 굴뚝을 덮음 • 겨울 열매들이 올리브빛으로 물들게 함 • 아낙들이 아궁이에 불을 지피게 함 →	• 봄이 왔음을 알림 • 순수하고 맑은 생명력을 일깨움 • 따뜻하고 생동감이 느껴짐

3 표현상의 특징과 효과

• '삼월의 눈', '사나이의 관자놀이에 새로 돋은 정맥', '겨울 열매', '아궁이를 지피는 아낙들'과 같은 이질적인 시어의 배치를 통해 이색적인 느낌을 줌
• '눈'과 '정맥', '올리브빛', '불'의 색채 대비를 통해 생동감을 줌
• 감각적인 시어를 사용하여 환상적인 분위기를 형성함

정답 설명

① 맑고 순수한 생명력을 의미한다.

→ 10~12행에서 마을에 '눈'이 내리면 '쥐똥만 한 겨울 열매들'이 '올리브빛'으로 물든다는 내용을 통해 '눈'은 메말랐던 겨울 열매들에 생명을 부여하는 존재임을 알 수 있으므로 ①의 설명은 적절하다.

작품 분석 노트 ✏

📖 김춘수 〈샤갈의 마을에 내리는 눈〉

갈래	자유시, 서정시
성격	감각적, 회화적, 환상적, 낭만적
제재	눈
주제	봄의 맑고 순수한 생명력
특징	• 의미의 전달보다 색채 위주의 감각적 이미지를 표현하는 것에 중점을 둠 • 현재형 어미를 통해 봄의 생동감을 표현함

정답 설명

① 그 밤 내 베갯머리에 옛날을 보리니 / 꿈속에서 옛날을 봐도 내사 울지 않으련다.

→ ㉠에는 역설법이 사용되었으나 ①은 반어법이 사용되었으므로 답은 ①이다.

• ㉠: '민주주의'를 숨어서 외칠 수밖에 없는 외로운 상황이지만, 그럴수록 '민주주의'는 더 밝게 빛난다는 역설적인 표현을 통해 '민주주의'의 가치를 강조하고 있다.

• ①: 꿈에 나타날 만큼 '옛날'을 그리워하지만 '옛날을 봐도 내사 울지 않으련다'라고 반어적으로 표현하여 슬픔과 그리움을 강조하고 있다.

오답 분석

② 괴로웠던 사나이, / 행복한 예수 그리스도에게 / 처럼 / 십자가가 허락된다면

→ 서로 모순되는 표현(괴로웠던, 행복한)으로 '예수 그리스도'를 수식하는 역설적 표현을 통해 의미를 강조하고 있다.

③ 즐겁고 아름다운 일은 양이 많을수록 좋은 것입니다. / 그런데 당신의 사랑은 양이 적을수록 좋은가 봐요.

→ '사랑'의 양이 적을수록 좋다는 역설적인 표현을 사용하고 있다.

④ 이 작은 주머니는 짓기 싫어서 짓지 못하는 것이 아니라 짓고 싶
어서 다 짓지 않는 것입니다.
→ 짓고 싶어서 짓지 않았다는 역설적인 표현을 사용하고 있다.

46 작품의 종합적 감상

정답 설명

③ 냉소적인 어조로 자유를 억압하는 현실을 비판하고 있다.
→ 제시된 작품은 단정적이고 의지적인 어조를 통해 부정한 현
실에 대한 분노와 민주주의에 대한 열망을 나타내고 있을 뿐,
냉소적 어조는 드러나지 않는다.

오답 분석

① 청각적 심상을 통해 시대적 상황을 형상화하고 있다.
→ 2연의 2~4행에서 '호르락 소리', '비명 소리', '신음 소리 통곡
소리 탄식 소리'와 같은 청각적 심상을 통해 억압적인 시대적
상황을 형상화하고 있다.

② 민주주의를 의인화하여 화자의 의지를 나타내고 있다.
→ 민주주의를 '너'로 의인화하여 표현함으로써 민주주의에 대한
화자의 열망과 의지를 나타내고 있다.

④ 화자의 정서를 점층적으로 표현하여 주제 의식을 강조하고 있다.
→ '떨리는 손 떨리는 가슴/떨리는 치떨리는 노여움으로'에서 독재
정권에 대한 분노를 점층적으로 표현하여 민주주의가 억압당
하는 현실을 극복하고자 하는 주제 의식을 강조하고 있다.

작품 분석 노트 ✎

📖 김지하 〈타는 목마름으로〉

갈래	자유시, 서정시, 참여시, 저항시
성격	의지적, 비판적, 저항적
제재	민주주의
주제	민주주의에 대한 강렬한 열망
특징	• 민주주의를 '너'로 의인화하여 표현함 • 반복, 점층, 상징, 역설법을 사용함 • 의지적 어조와 격렬한 시어를 사용함

1 작품의 구성

1연	밝은 이미지의 '신새벽'이라는 시간과 어두운 이미지의 '뒷골목'이라는 공간이 갖는 종합적 의미를 통해 화자가 처한 현실을 압축적으로 제시함
2연	• '발자욱 소리', '비명 소리', '탄식 소리' 등 여러 소리를 통해 억압적인 사회에서 느끼는 공포와 고통을 드러냄 • 점층적 표현을 통해 부정적 현실에 대한 분노와 비통함을 드러냄
3연	암울한 현실 속에서 화자는 흐느끼면서도 민주주의에 대한 강한 열망과 의지를 드러냄

2 시간적·공간적 배경

신새벽	↔	뒷골목
밝음의 이미지	대조	어둠의 이미지
↓		↓
민주주의에 대한 열망		민주주의가 실현되지 않는 암울한 현실

3 표현상의 특징

역설법	'외로운 눈부심'을 통해 고통과 억압 속에서도 민주주의가 눈부신 보석처럼 밝게 빛남을 표현함
청각적 심상	'발자욱 소리', '호르락 소리' 등을 통해 화자가 처한 억압적인 시대 상황을 드러냄
점층법	'떨리는 손 떨리는 가슴 / 떨리는 치떨리는 노여움으로'를 통해 부정적 현실에 대한 분노가 점층적으로 격양됨
반복법	'타는 목마름으로'의 반복을 통해 민주주의에 대한 열망을 강조함

47 작품의 종합적 감상

정답 설명

③ 대상에 대한 관찰에서 내면에 대한 성찰로 초점이 이동하고 있다.
→ 제시된 작품의 화자는 1~4연에서 '별'을 관찰하면서 '별'에 대
한 다양한 인상을 떠올린다. 이후 5연에서 문득 촉발된 '회한
(悔恨)'을 느끼고, 6연에서 기도를 통해 그 회한을 달래고자
하고 있으므로 대상에 대한 관찰에서 내면에 대한 성찰로 초
점이 이동하고 있음을 알 수 있다.

오답 분석

① '창유리'는 화자의 구도(求道) 의지를 나타낸다.
→ 3연에서 화자는 '창유리'를 통해 '별'을 바라보고 있다. 이를 통
해 '창유리'는 화자와 '별'을 매개하는 대상일 뿐, 화자의 구도
의지를 나타내는 대상이 아님을 알 수 있다.
• 구도(求道): 진리나 종교적인 깨달음의 경지를 구함

② 인간으로서의 한계를 느낀 화자의 절망감이 드러나 있다.
→ 화자는 '별'을 보며 느끼는 '회한(悔恨)'을 노래하고 있을 뿐, 인간으로서의 한계를 느낀 절망감은 드러내고 있지 않다.

④ 향토적인 시어를 사용하여 자연 친화적인 분위기를 조성하고 있다.
→ 제시된 작품에는 향토적인 시어가 사용되지 않았으며, 고뇌를 다스리기 위해 기도하는 경건한 분위기가 드러나므로 적절하지 않다.

48 표현상의 특징과 효과

정답 설명

④ 상승과 하강의 이미지를 통해 화자의 감정의 변화를 드러내고 있다.
→ 5연에서 '(불이) 피어오른다'와 같은 상승의 이미지를 통해 회한의 감정이 생기는 순간을 표현하고 있으나, 하강의 이미지는 드러나지 않는다.

오답 분석

① 줄표(─)를 통해 시적 대상과의 거리감을 드러내고 있다.
→ 1연의 '멀─고나'와 같은 표현을 통해 '별'과의 거리감을 시각적으로 표현하고 있다.

② 비유와 열거를 통해 대상의 다양한 특성을 묘사하고 있다.
→ 4연에서 여러 가지 형상의 별의 모습을 '~듯'과 같은 비유적인 표현을 사용하여 열거하고 있으므로 적절하다.

③ 관조적 어조를 통해 화자의 마음을 절제하여 표현하고 있다.
→ 5, 6연에서 대상을 차분하고 담담하게 관찰하는 관조적 어조를 통해 화자가 느끼는 내면적 고뇌와 '회한(悔恨)'의 감정을 절제하여 담담하게 표현하고 있다.

작품 분석 노트 🖉

📖 정지용 〈별〉

갈래	자유시, 서정시
성격	회화적, 감각적
제재	별
주제	별을 보고 느끼는 회한(悔恨)과 기도를 통한 극복
특징	• 섬세하고 감각적인 시어를 사용함 • 감정을 절제하여 표현함

1 작품의 구성

1연	방 안에서 멀리 있는 별을 바라봄	
2~3연	별이 방 안을 엿보는 것처럼 가깝게 보임	점층적으로 '별'과의 거리감이 좁아짐
4~5연	별이 지닌 다양한 인상을 느끼면서 '외로운 불'과 같은 뜨겁고 격렬한 감정을 느낌	
6연	기도를 통해 마음속에 일어난 회한을 극복함	

2 감정이 절제된 표현

화자는 '바람처럼 이는 회한(悔恨)'이 내면에 피어오르는 것을 느끼며 가슴 위에 손을 여미고 기도를 올린다. 이러한 화자의 태도에는 복잡한 내면의 고뇌를 절제된 표현을 통해 다스리고자 하는 마음이 반영되어 있다.

3 정지용의 신앙 시

정지용의 신앙 시에서는 진리에 대한 구도, 삶에 대한 성찰을 통한 정신적 고결함을 추구하는 다른 신앙 시들과는 달리 현실의 경험에서 비롯된 고통과 비애가 신앙의 기저를 이룬다. '별'의 화자는 기도를 통해 내면의 감정을 다스리고자 하는데, 이를 통해 정지용에게 신앙이란 현실의 고통과 비애에 대한 개인적 정화임을 알 수 있다.

49 표현상의 특징과 효과

정답 설명

③ 대조적 의미의 시어를 사용하여 시상을 전개했다.
→ '나'의 긍정적인 면을 의미하는 '홍안', '미소', '건강'과 '나'의 부정적인 면을 의미하는 '백발', '눈물', '죽음'을 대조하여 시상을 전개하고 있다.

오답 분석

① 설의법을 통해 주제 의식을 강조했다. / ② 역설적 표현을 통해 화자의 의지를 나타냈다.
→ 제시된 작품에서 설의법과 역설적 표현이 사용된 부분은 확인할 수 없다.

④ 경어를 사용하여 반성적이고 성찰적인 태도를 드러냈다.
→ '아닙니다', '까닭입니다'와 같이 경어를 사용하고 있으나, 반성적이고 성찰적인 태도를 드러내고 있지는 않다.

정답 설명

② ⊙과 ⓒ은 '나'가 진정으로 사랑하는 대상이다.

→ 제시된 작품은 ⊙ '다른 사람들'과 ⓒ '당신'이 '나'를 대하는 태도를 대조하여, 대상을 있는 그대로 받아들이는 사랑이 진정한 사랑임을 이야기하고 있다. '나'는 자신을 있는 그대로 사랑해 주는 '당신(ⓒ)'을 사랑한다고 고백하고 있으므로 ⓒ은 '나'가 진정으로 사랑하는 대상이나, ⊙은 '나'가 사랑하는 대상이 아니다.

오답 분석

① ⊙과 ⓒ은 '나'의 긍정적인 모습을 사랑한다. / ③ ⊙과 달리 ⓒ은 '나'의 부정적인 모습까지도 사랑한다.

→ ⊙은 '나'의 '홍안, 미소, 건강'만을 사랑한다고 표현하고 있으므로 '나'의 긍정적인 모습만을 사랑한다는 것을 알 수 있다. ⓒ은 '나'의 긍정적인 모습뿐만 아니라 '백발, 눈물, 죽음'까지도 사랑한다고 표현하고 있으므로 '나'의 긍정적인 모습과 부정적인 모습을 모두 사랑한다는 것을 알 수 있다.

④ ⊙과 달리 ⓒ은 '나'의 모습을 그대로 받아들이는 대상이다.

→ ⊙은 '나'의 긍정적인 모습만 사랑하지만, ⓒ은 '나'의 모든 면을 사랑하므로 '나'의 모습을 그대로 받아들이는 대상이다.

작품 분석 노트 ✎

📖 한용운 〈사랑하는 까닭〉

갈래	자유시, 서정시
성격	고백적, 상징적
제재	당신
주제	아무 조건 없이 '나'를 사랑하는 '당신'에 대한 사랑
특징	• 대조적 의미의 시어를 통해 시상을 전개함 • 통사 구조의 반복을 통해 의미를 강조함

1 시상 전개 방식

1연	'나'가 '당신'을 사랑하는 까닭	→	'당신'이 '나'의 긍정적인 면뿐만 아니라 부정적인 면도 사랑하기 때문에 '나' 또한 '당신'을 사랑함
2연	'나'가 '당신'을 그리워하는 까닭		
3연	'나'가 '당신'을 기다리는 까닭		

2 대조적인 시어를 통한 시상 전개

	'나'의 긍정적인 면	'나'의 부정적인 면
1연	홍안(젊음)	백발(늙음)
2연	미소(기쁨, 행복)	눈물(슬픔, 불행)
3연	건강(존재, 삶)	죽음(소멸)

↓

'당신'이 '나'에게 보여 주는 조건 없는 사랑의 의미 강조

MEMO

MEMO

해커스공무원 **단기 합격생**이 말하는
공무원 합격의 비밀!

해커스공무원과 함께라면
다음 합격의 주인공은 바로 여러분입니다.

대학교 재학 중,
7개월 만에 국가직 합격!

김*석 합격생

영어 단어 암기를 하프모의고사로!
———
하프모의고사의 도움을 많이 얻었습니다. **모의고사의 5일 치 단어를 일주일에 한 번씩 외웠고**, 영어 단어 **100개씩은 하루에** 외우려고 노력했습니다.

가산점 없이
6개월 만에 지방직 합격!

김*영 합격생

국어 고득점 비법은 기출과 오답노트!
———
이론 강의를 두 달간 들으면서 **이론을 제대로 잡고 바로 기출문제로** 들어갔습니다. 문제를 풀어보고 기출강의를 들으며 **틀렸던 부분을 필기하며** 머리에 새겼습니다.

직렬 관련학과 전공,
6개월 만에 서울시 합격!

최*숙 합격생

한국사 공부법은 기출문제 통한 복습!
———
한국사는 휘발성이 큰 과목이기 때문에 **반복 복습이 중요하다고** 생각했습니다. 선생님의 강의를 듣고 나서 바로 **내용에 해당되는 기출문제를 풀면서 복습** 했습니다.
